Os Historiadores
CLÁSSICOS DA HISTÓRIA

Dados Internacionais de Catalogação na Publicação (CIP)
(Câmara Brasileira do Livro, SP, Brasil)

Os historiadores : clássicos da história, vol. 2 :
    de Tocqueville a Thompson / Maurício Parada.
(org.). – Petrópolis, RJ : Vozes : PUC-Rio, 2013.

    Vários autores.
    Bibliografia

2ª reimpressão, 2019.

    ISBN 978-85-326-4466-4
    1. História 2. Historiadores I. Parada, Maurício.

12-13274   CDD-907

Índices para catálogo sistemático:
1. História dos clássicos da história   907

Maurício Parada
(org.)

Os Historiadores
CLÁSSICOS DA HISTÓRIA

Vol. 2
De Tocqueville a Thompson

Petrópolis

© 2013, Editora Vozes Ltda.
Rua Frei Luís, 100
25689-900 Petrópolis, RJ
www.vozes.com.br
Brasil

Todos os direitos reservados. Nenhuma parte desta obra poderá ser reproduzida ou transmitida por qualquer forma e/ou quaisquer meios (eletrônico ou mecânico, incluindo fotocópia e gravação) ou arquivada em qualquer sistema ou banco de dados sem permissão escrita da editora.

CONSELHO EDITORIAL

Diretor
Gilberto Gonçalves Garcia

Editores
Aline dos Santos Carneiro
Edrian Josué Pasini
Marilac Loraine Oleniki
Welder Lancieri Marchini

Conselheiros
Francisco Morás
Ludovico Garmus
Teobaldo Heidemann
Volney J. Berkenbrock

Secretário executivo
João Batista Kreuch

© Editora PUC-Rio
Rua Marquês de São Vicente, 225
Casa da Editora PUC-Rio
Gávea
22451-900 Rio de Janeiro, RJ
Tel.: (21) 3527-1760/1838
edpucrio@puc-rio.br
www.puc-rio.br/editorapucrio

Reitor
Pe. Josafá Carlos de Siqueira, S.J.

Vice-reitor
Pe. Álvaro Mendonça Pimentel, S.J.

Vice-reitor para Assuntos Acadêmicos
Prof. José Ricardo Bergmann

Vice-reitor para Assuntos Administrativos
Prof. Luiz Carlos Scavarda do Carmo

Vice-reitor para Assuntos Comunitários
Prof. Augusto Luiz Duarte Lopes Sampaio

Vice-reitor para Assuntos de Desenvolvimento
Prof. Sergio Bruni

Decanos
Prof. Júlio Cesar Valladão Diniz (CTCH)
Prof. Luiz Roberto A. Cunha (CCS)
Prof. Luiz Alencar da Silva Mello (CTC)
Prof. Hilton Augusto Koch (CCBM)

Conselho Gestor Editora PUC-Rio
Augusto Sampaio, Danilo Marcondes, Felipe Gomberg, Hilton Augusto Koch, José Ricardo Bergmann, Júlio Cesar Valladão Diniz, Luiz Alencar Reis da Silva Mello, Luiz Roberto Cunha, Miguel Pereira e Sergio Bruni.

Editoração: Maria da Conceição B. de Sousa
Diagramação: Sheilandre Desenv. Gráfico
Capa: Felipe Souza| Aspectos

ISBN 978-85-326-4466-4 (Vozes)
ISBN 978-85-8006-079-9 (PUC-Rio)

Editado conforme o novo acordo ortográfico.

Este livro foi composto e impresso pela Editora Vozes Ltda.

Sumário

Apresentação, 7
  Maurício Parada

1 Alexis de Tocqueville (1805-1859), 9
  Marcelo Jasmin

2 Johann Gustav Droysen (1808-1884), 36
  Pedro Spinola Pereira Caldas

3 Jules Michelet (1798-1874), 56
  Michelle Schreiner

4 Leopold von Ranke (1795-1886), 73
  André de Melo Araújo

5 Jacob Burckhardt (1818-1897), 95
  Antonio Edmilson Martins Rodrigues

6 Karl Marx (1818-1883), 113
  Marly de Almeida Gomes Vianna
  Ramón Peña Castro

7 Benedetto Croce (1866-1952), 138
  Raimundo Nonato Pereira Moreira

8 Robin George Collingwood (1889-1943), 159
  Sara Albieri
  Gustavo Freitas Pereira

9 Johan Huizinga (1872-1945), 179
  Marcelo Timotheo da Costa

10 Henri Pirenne (1862-1935), 200
Andréia Cristina Lopes Frazão da Silva

11 Lucien Febvre (1878-1956), 227
Raimundo Barroso Cordeiro Júnior

12 Marc Bloch (1886-1944), 254
José Carlos Reis

13 Fernand Braudel (1902-1985), 278
Luís Corrêa Lima

14 Edward Palmer Thompson (1924-1993), 300
João Alfredo Costa de Campos Melo Júnior

Apresentação

*Maurício Parada**

Após a edição bem-sucedida da coleção *Os filósofos – Clássicos da filosofia*, a Editora PUC-Rio e a Editora Vozes decidiram que seria o momento de criar um projeto semelhante sobre historiadores. No entanto, a condição de conhecimento interpretativo deixa, para qualquer historiador, uma dúvida de como eleger os "clássicos".

Enquanto Kant ou Hobbes podem ser, com suas obras, incontestes formuladores de teses sobre o juízo humano ou sobre o Estado, as interpretações sobre a Revolução Francesa e sobre a Antiguidade estão sempre em constante debate. Nesse caso, a relevância da obra não deveria recair sobre os temas e as abordagens, como a história metódica, o marxismo, o historicismo ou a micro-história? Apesar do dilema, optamos por organizar a obra por autores, e não por temas, e acreditamos que esse formato é o mais adequado ao público leitor.

Se, como afirma Italo Calvino, um clássico é o livro ou autor que nunca terminou o que tinha para dizer, algumas escolhas podem se tornar sofridas. No nosso caso não foi diferente; a seleção de historiadores que apresentamos ao final deste projeto foi fruto de muitas dúvidas.

Como dissemos, é comum em outras Ciências Sociais o uso do autor clássico. Temos, portanto, uma série de coleções abrangendo os principais economistas, filósofos, os clássicos da política, além de livretos de divulgação científica (não menos importantes) sobre físicos, astrônomos etc.

No entanto, não é comum encontrarmos em livrarias ou bancas de jornais títulos genéricos como entender o *Historiador X em uma hora* ou uma obra introdutória ao grande projeto histórico de determinado autor. Ao que parece, os historiadores, importantes trabalhadores do pensamento social desde Heródoto, não se tornaram muito visíveis para o público. Apesar do impressionante interesse dos últimos anos com obras de cunho histórico, como romances, revistas, filmes, novelas, centros culturais dedicados a palestras etc., o consumo da memória parece ter subvalorizado os historiadores.

---

* Doutor em História pela Universidade Federal do Rio de Janeiro (UFRJ) e professor da Pontifícia Universidade do Rio de Janeiro (PUC-Rio).

Pareceu-nos então conveniente o lançamento de uma coleção que contribua para que o público leitor tenha conhecimento sobre os intérpretes que "inventaram" o tempo e o passado que muitos hoje ansiosamente procuram encontrar.

A coleção *Os historiadores – Clássicos da história* foi concebida para atender a três públicos qualificados: 1) Segundo informes recentes da Capes (Coordenação de Aperfeiçoamento de Pessoal Superior), existem cerca de 60 cursos de pós-graduação em História no país e, provavelmente, quatro vezes mais de centros universitários e unidades isoladas com cursos de História por todo o Brasil. Em todos esses cursos existem disciplinas como Introdução ao Estudo da História, que tratam da obra dos "clássicos da história" e levam professores e alunos a recorrerem a estudos fragmentados, que muitas vezes deixam enormes lacunas. 2) Além do público universitário, existe o professor das escolas públicas e privadas que não dispõe de um auxílio pontual, mais consistente para a montagem de suas aulas. 3) Os fascinados e diletantes consumidores da informação histórica, que têm se revelado um público numeroso frente ao que se pode notar do sucesso dos chamados "romances históricos", que habitam cada dia com mais frequência a lista dos *best-sellers* ou de publicações periódicas de alta qualidade dedicadas à história.

A coleção *Os historiadores – Clássicos da história* será publicada em quatro volumes (sendo o volume 4 dedicado exclusivamente a historiadores brasileiros) e foi concebida com o propósito de expor e explicar o pensamento dos grandes historiadores mediante um ensaio escrito por um especialista, com uma linguagem *clara e acessível, mas ao mesmo tempo precisa e rigorosa*. Os ensaios obedecem à seguinte estrutura: 1) O historiador e seu tempo; 2) Percursos e influências; 3) Conceitos-chave; Notas e Bibliografia do e sobre o autor.

Por fim, gostaria de registrar que esse projeto seria impossível sem o engajamento dos diversos autores/especialistas que, com entusiasmo e competência, dispuseram-se a enfrentar esse desafio. A todos meu sincero agradecimento.

1
Alexis de Tocqueville (1805-1859)
A historiografia de L'Ancien Régime et la Révolution[1]

Marcelo Jasmin★

1 Apresentação

Em dezembro de 1850, afastado das atividades parlamentares e recolhido à cidade italiana de Sorrento para recuperar-se da doença pulmonar que há tempos o consumia, Alexis de Tocqueville escrevia aos seus principais correspondentes anunciando o desejo de voltar a escrever "uma grande obra" sobre "um grande tema de literatura política". O tema da obra não estava dado, mas os critérios para sua escolha sim: o assunto deveria mobilizar tanto a atenção do público como o interesse do autor, o que, em se tratando de Tocqueville, implicava um objeto contemporâneo. Isto porque, explicava ao amigo Louis de Kergolay, "a grandeza e a singularidade do espetáculo que o mundo de nossos dias apresenta absorve em demasia a atenção para que se dê muito valor às curiosidades históricas que satisfazem às sociedades ociosas e eruditas".

Conhecendo seus pendores intelectuais, Tocqueville supôs que alcançaria maior originalidade se a nova obra reunisse "um conjunto de reflexões e de avaliações sobre o tempo atual, um livre juízo sobre nossas sociedades modernas e a previsão de seu futuro provável". Considerava ainda que um desenvolvimento não dogmático de seu pensamento exigia uma "base sólida e contínua dos fatos" que só encontraria "escrevendo história": impunha-se a escolha de uma "época" do passado que lhe fornecesse a melhor oportunidade para apreender "os homens e as coisas de nosso século". Desde então, Tocqueville fixara-se no "longo drama" da Revolução Francesa e, inicialmente, no período do Império.

★ Doutor em Ciência Política pelo Iuperj, pós-doutor pela Universidade de Stanford, professor do Departamento de História da Pontifícia Universidade Católica do Rio de Janeiro (PUC-Rio), professor do Iesp-Uerj e pesquisador do Conselho Nacional de Desenvolvimento Científico e Tecnológico (CNPq).

Tocqueville sabia que sua verdadeira vocação era "julgar os fatos" mais que "contá-los". Por isso, quisera afastar-se da tarefa tradicional da "história propriamente dita", dedicada a "reconstituir bem a trama dos fatos", para encontrar outro modo discursivo que viabilizasse a reflexão e o julgamento sobre estes eventos. O projeto da nova obra literária concluía pela necessidade de fundir fatos e ideias, narração e juízo, a "história propriamente dita" e a "filosofia da história", pois "a primeira é a tela e a segunda a cor e é preciso ter as duas para compor o quadro" (OC XIII-2: 230-232)[2]. Sem ambicionar uma narrativa detalhada, queria "mostrar e fazer compreender a causa, o caráter, o alcance dos grandes acontecimentos que formaram os principais elos da cadeia deste tempo" (OC VIII-3: 343-344). Mais importante que o registro dos fatos em sequência temporal era a seleção daqueles que permitissem, "por assim dizer, sustentar as ideias", de modo que o leitor fosse "naturalmente conduzido de uma reflexão à outra" sem fatigar-se da erudição (OC XIII-2: 232; OC VIII-3: 344; OC XI: 232).

Para Tocqueville, o "modelo inimitável deste gênero" que almejava era o livro de Montesquieu sobre os romanos em que se percorre a "história sem deter-se; mas se percebe o suficiente dela para desejar as explicações do autor e compreendê-las" (OC XIII-2: 233). A referência ao autor das *Considérations sur les Causes de la Grandeur des Romains et de leur Décadence* não é surpreendente para os leitores de Tocqueville. Montesquieu integrava sua lista de autores prediletos, que ainda incluía Rousseau e Pascal, e foi, provavelmente, o autor de maior impacto para seu trabalho científico (cf. RICHTER, 1969 e 1970; DÍEZ DEL CORRAL, 1989: 273-309).

2 Percursos e diálogos

Pragmatismo e presentismo

Não cabe aqui detalhar a importância da obra histórica de Montesquieu para *L'Ancien Régime et la Révolution*[3], mas é plausível afirmar que traços relevantes do projeto historiográfico tocquevilliano tenham sido elaborados no espírito das *Considérations*. Como a historiografia de Montesquieu, a de Tocqueville permaneceu atrelada à sua utilidade para a reflexão política contemporânea, sua verdadeira vocação. E é neste sentido que se pode defini-la como *pragmática* e *presentista*. De fato, Tocqueville concebia que "a maneira pela qual se julga o passado pode ter uma grande influência sobre o futuro" e, por isso, a escrita da história é ela mesma uma "ação" (OC VI-1: 223)[4].

É dentro deste espírito pragmático que Tocqueville afirmava no prefácio ao primeiro volume de *L'Ancien Régime* ser sua finalidade pintar um quadro não só exato como "instrutivo" (ARR1: 73). Sempre distinguindo "as coisas que podiam ter um efeito direto sobre as ações dos homens" dos "devaneios improdutivos" desprovidos de aplicação (OC IX: 48), Tocqueville compreendia que a obra literária deveria preocupar-se com suas consequências práticas. Escrevendo a Arthur de Gobineau em 1856, ano da publicação de *L'Ancien Régime*, e referindo-se ao recém-publicado *Essai sur l'Inégalité des Races Humaines*, dizia que, "[s] e pecássemos por excesso de entusiasmo e de confiança em nós mesmos como nossos pais de 1789, eu veria sua obra como uma *ducha* salutar". Mas dado que o espírito do tempo era justo o oposto, uma obra que proclamava a obediência do homem à sua constituição física era equivalente ao "ópio dado a um doente cujo sangue detém-se por si mesmo" (OC IX: 245). E em carta anterior ao mesmo correspondente, datada de dezembro de 1853, afirmava:

> O século passado tinha uma confiança exagerada e um pouco pueril no poder que o homem exerce sobre si mesmo e naquele dos povos sobre seu destino. Era o erro da época; nobre erro, apesar de tudo, que, se levou a cometer muitas tolices, levou a muitas coisas grandiosas ao lado das quais a posteridade nos julgará muito pequenos. A fadiga das revoluções, o fastio das emoções, o aborto de tantas ideias generosas e tantas grandes esperanças nos precipitaram agora no excesso oposto. Após acreditarmos que podíamos nos transformar, nos vemos agora incapazes de nos reformar; depois de termos tido um orgulho excessivo, caímos numa humildade que não o é menos; acreditamos [ontem] tudo poder, acreditamos hoje que nada podemos e gostamos de crer que a luta e o esforço são, desde então, inúteis, e que nosso sangue, nossos músculos, nossos nervos serão sempre mais fortes que nossa vontade e nossa virtude. É esta propriamente a grande doença da época; doença totalmente oposta àquela de nossos pais. Vosso livro, independentemente do modo pelo qual arranjes as coisas, a favorece ao invés de combatê-la: ele impele, a despeito da tua vontade, a alma já muito lânguida de teus contemporâneos à languidez (OC IX: 205).

E concluía, ironicamente, afirmando que seu estudo da língua alemã ainda não o tinha transformado o suficiente para que "a novidade ou o mérito filosófico de uma ideia" o fizesse "esquecer o efeito moral ou político que ela pode produzir" (OC IX: 205).

O caráter presentista do projeto historiográfico é ainda mais saliente. Desde logo, Tocqueville propõe uma história que não perde de vista "a nova sociedade" e que se arrisca a "entrever nosso futuro". Por isso, sua historiografia quer denunciar os "vícios" que deterioraram a antiga sociedade e que ainda permanecem operantes no presente. "[T]ive o cuidado de iluminá-los, a fim de que, vendo bem o mal que nos fizeram, possamos compreender melhor aquele que ainda podem nos fazer". O individualismo moderno, a centralização administrativa, o afastamento dos cidadãos da experiência pública, o espírito literário em política, o excesso de zelo pelo bem-estar material, são alguns dos temas permanentes da narrativa de *L'Ancien Régime* cujo enfoque ultrapassa, em muito, as situações históricas específicas nas quais emergiram. São traços da continuidade entre o passado e o presente francês selecionados para um tratamento crítico que quer esclarecer a ação contemporânea em seu embate com as "trevas do futuro" (ARR1: 73).

Neste sentido, Tocqueville denunciava que a centralização administrativa do Antigo Regime era a mesma encontrada em meados do século XIX francês. Se suas "formas são menos definidas que hoje, seus passos menos medidos, sua existência mais perturbada", não deixa, por isso, de constituir o "mesmo ser" (p. 127). Do mesmo modo, o tratamento do ímpeto racionalista e planejador dos "fisiocratas" serve à denúncia simultânea do despotismo esclarecido do século XVIII e do socialismo contemporâneo a Tocqueville. "Crê-se que as teorias destrutivas que são hoje designadas pelo nome *socialismo* são de origem recente; é um erro: estas teorias são contemporâneas dos primeiros economistas [...Q]uando percorro os livros dos economistas, parece-me que vivi com esta gente e que acabo de falar com eles" (p. 213-214).

Em termos teóricos, o principal inimigo de Tocqueville continuava sendo aquele "despotismo democrático" que denunciara ao final de *De la Démocratie en Amérique* de 1840:

> Esta forma particular de tirania que chamamos o despotismo democrático, do qual a Idade Média não tinha ideia, já lhes é familiar [aos economistas]. Nada de hierarquia na sociedade, nada de classes definidas, nada de posições fixas; um povo composto de indivíduos quase semelhantes e inteiramente iguais, esta massa confusa reconhecida como o único soberano legítimo, mas cuidadosamente privada de todas as faculdades que lhe permitiriam dirigir e mesmo vigiar seu governo. Acima dela, um mandatário único, encarregado de tudo fazer em seu nome sem consultá-la. Para controlá-lo, uma razão pública sem órgãos; para pará-lo, revoluções, e não leis: de direito, um agente subordinado; de fato, um senhor (p. 213).

Sendo o despotismo uma imagem da continuidade entre o Antigo Regime e o presente francês, a análise historiográfica que a contempla deve pensá-la em seu contexto original, mas a partir de sua existência presente e da visão de seu futuro provável.

O outro lado da moeda presentista e pragmática está na função atribuída ao discurso histórico de salientar no passado as "virtudes viris que nos seriam as mais necessárias e que quase não as temos mais", como o "verdadeiro espírito de independência, o gosto pelas grandes coisas, a fé em nós mesmos e numa causa" (p. 73). É neste registro, por exemplo, que se pode compreender o elogio da independência e do patriotismo comunais da Idade Média que, se serve à descrição da origem da centralização administrativa francesa, é útil também na elaboração de alternativas contemporâneas para esta mesma centralização. Se nos Estados Unidos Tocqueville concebera as comunas republicanas como fundações do edifício da liberdade, em *L'Ancien Régime* as paróquias medievais francesas constituem um novo exemplo para a tese da associação necessária entre a participação cívica nos corpos locais e a liberdade política. Se não é possível reproduzir qualquer das duas experiências na França contemporânea dada a heterogeneidade dos contextos, a reflexão sobre elas serve à conclusão teórica que reivindica equivalentes funcionais daqueles corpos políticos como condição para viabilizar a liberdade nas condições da centralização na democracia francesa: "assembleias deliberativas", "poderes locais e secundários", "todos estes contrapesos que foram estabelecidos, nas diversas épocas, em todos os povos livres, para contrabalançar o poder central" (p. 210). Aliás, não custa lembrar, a proposta tem linha direta com a teoria política dos corpos intermediários de Montesquieu.

Universalidade e explicação

Para cumprir sua vocação pragmática, a historiografia deveria, para Tocqueville como para Montesquieu, alcançar *universalidade*, isto é, ser analítica e buscar as causas dos fenômenos, evitando perder-se no emaranhado dos detalhes eruditos e na superficialidade dos fatos particulares. A marcação simbólica desta perspectiva em *L'Ancien Régime et la Révolution* está na recusa de Tocqueville em apresentar sua obra como uma "história da Revolução". Trata-se de um "estudo" sobre a Revolução (p. 69), fórmula genérica que simboliza o desejo de se libertar do relato cronológico para atingir o que lhe parece principal: a discussão de problemas essenciais construídos na abordagem dos fatos selecionados. Contudo, ao contrário de Montesquieu que lançou mão do cabedal de fatos já estabelecidos pela tradição, Tocqueville foi buscar sua matéria-prima nas fontes primárias dos arquivos administrativos do Antigo Regime, na literatura "menor" da filosofia ilustrada, nas atas das assembleias e nos *cahiers de doléances*.

Para compreender a formação do espírito revolucionário, era imprescindível a pesquisa erudita que ultrapassasse a visão dos revolucionários sobre si mesmos e alcançasse as causas profundas inacessíveis aos agentes históricos. Por isso, a erudição e a pesquisa das fontes primárias estiveram sempre controladas pelas questões políticas que interessava esclarecer. Como notou François Furet em sua interpretação de *L'Ancien Régime et la Révolution*, Tocqueville prescindiu da prática corrente de copiar e criticar seus predecessores "menos por desprezo que pela preocupação de situar seu trabalho em um nível diferente do da história-relato. Sua história, sob esse aspecto extraordinariamente moderna, é um exame de certos problemas selecionados, a partir dos quais são construídas uma explicação e uma interpretação gerais da Revolução".

Daí também, como indica o mesmo autor, "a economia geral do livro, que exclui o plano cronológico em benefício da coerência lógica" (FURET, 1989: 153). De fato, como se pode concluir da leitura dos títulos de seus diversos capítulos, não se privilegia as várias fases da Revolução ou os nomes de suas personagens, mas sim uma longa lista de "comos" e "porquês" que definem o conteúdo próprio do interesse do autor. É a explicação que interessa a Tocqueville, a determinação das causas gerais e particulares que esclarece o devir da Revolução e que permite o olhar contemporâneo sobre ela.

É nesta perspectiva que Tocqueville estabelece, por exemplo, a afinidade objetiva e necessária entre centralização administrativa, alienação cívica e despotismo (ARR1: 74); que discrimina entre causas gerais e secundárias nos vínculos entre a propriedade camponesa e o ódio aos antigos direitos feudais (p. 105); que constrói a correspondência entre a melhoria das condições de vida e o crescimento das expectativas por novas mudanças (p. 222-223); ou que explica a causa do "caráter religioso" da Revolução pela natureza abstrata da filosofia do direito natural que a inspirou (p. 89).

A história-estudo de Tocqueville, ao recortar tematicamente seus objetos e ultrapassar o discurso narrativo dos eventos, propõe um conjunto amplo de teorias que servem à reflexão geral da política com independência do contexto específico no qual se originam. Nenhum dos fenômenos acima referidos foi desejado ou previsto pelos que lhes deram vida. Aconteceram como resultados de causas e princípios que ordenaram o devir da moderna sociedade francesa e que, na verdade, poderiam operar de modo semelhante em contextos heterogêneos dado que manifestam relações imanentes de causa e efeito. Neste sentido, parte substantiva das conclusões da historiografia tocquevilliana resulta numa ciência política que, embora formulada a partir de uma experiência peculiar, quer alcançar a universalidade da abstração teórica.

Ao mesmo tempo, o conjunto destas reflexões teóricas constitui um contexto de determinações que dá inteligibilidade ao processo histórico francês, permitindo que Tocqueville se afaste das explicações intencionais, evitando a distorção ideológica da interpretação jacobina e recusando toda teoria conspiratória. É este também o impulso que inspira sua crítica dos projetos voluntaristas e racionalistas dos fisiocratas, salientando a vitória das restrições ontológicas sobre a vontade e a razão desprovidas de experiência. Como em Montesquieu, a explicitação das "máximas" e "leis" políticas possibilita uma história racional-explicativa que pode prescindir, pelo menos em parte, da investigação dos motivos e intenções dos agentes no processo concreto.

Por outro lado, deve-se notar que, no estabelecimento das relações causais subjacentes à superfície dos eventos, Tocqueville incorporava muitas vezes um viés psicológico ausente ou mitigado na relação mais mecânica entre princípio e natureza de Montesquieu. Na historiografia de *L'Ancien Régime*, a explicação das ações é acompanhada do reconhecimento dos modos de cognição, por parte dos agentes sociais, das transformações operadas nas "condições, costumes e usos", implicando a incorporação, na economia explicativa dos eventos, das mudanças na sensibilidade social dos franceses. Dois exemplos são suficientes para ilustrar o ponto.

O primeiro é aquele que conferiu fama à teoria tocquevilliana da revolução ao indicar que não é nos momentos de maior opressão "objetiva" que ocorrem as revoluções. São as expectativas crescentes por mudança ainda maior das condições de vida num contexto de sua relativa melhora que produzem a vontade revolucionária de subverter a ordem para liberar o desenvolvimento das transformações em curso. É a prosperidade da monarquia de Luís XVI que apressa a revolução. À medida que se desenvolve, crescem com ela o "descontentamento público" e "o ódio contra todas as instituições antigas". A cada passo da melhora de suas condições, os franceses percebiam seus males como mais insuportáveis, e a prova empírica da eficiência desta sensibilidade é que "as partes de França que viriam a ser o principal foco desta revolução são precisamente aquelas onde os progressos se fizeram mais visíveis". A descoberta psicológica de Tocqueville permite generalização:

14

> Não é sempre indo de mal a pior que se cai numa revolução. Acontece, na maioria das vezes, que um povo que suportou sem se queixar, e como se não as sentisse, as leis mais opressivas, as rejeita violentamente quando seu peso diminui. O regime que uma revolução destrói é quase sempre melhor que aquele que o precedeu imediatamente, e a experiência ensina que o momento mais perigoso para um mau governo é geralmente aquele em que começa a se reformar. Só um grande gênio pode salvar um príncipe que começa a aliviar seus súditos após uma longa opressão. O mal que se sofreu pacientemente como inevitável parece insuportável logo que se concebe a ideia de livrar-se dele. Tudo que se retira então dos abusos parece melhor iluminar o que deles resta e tornar o sentimento em relação a eles mais agudo: o mal diminuiu, é bem verdade, mas a sensibilidade é mais viva (p. 223).

Para se conceber a "ideia de livrar-se dele" é necessário que a visão até então estável da inevitabilidade da ordem seja destruída. Enquanto preserva seu caráter de natureza, a opressão é suportável, ou, ainda, não é sequer vivida como opressão. A ordem estabelecida só será odiada quando a percepção das transformações sociais já realizadas sugere que ela não é imutável e que, por isso mesmo, outra ordem pode substituí-la (p. 89).

Outro exemplo do viés psicológico da concepção causal de Tocqueville refere-se à especificidade do questionamento dos direitos nobiliárquicos na França e a consequente vontade política de destruí-los naquele país. Ao abandonar seu antigo lugar aristocrático de mando e como que oferecê-lo sem resistências à administração estatal, a nobreza francesa rompeu o equilíbrio e a concórdia que conferiam estabilidade às relações feudais, segundo supunha Tocqueville calcado no modelo medieval da reciprocidade entre as ordens. Sua ação serviu de exemplo para mostrar que aqueles lugares sociais não eram fixos, fornecendo à nação o instrumento para repensar a artificialidade do lugar de cada um e da relação entre eles. A onda de sensibilidade criada com este fato novo alimentou o questionamento da legitimidade dos privilégios aristocráticos aos quais não mais correspondiam os antigos e nobres deveres. A transformação da aristocracia francesa numa "casta" odiada é resultante de um processo cognitivo e crítico cuja origem se encontra na ação da nobreza.

História e juízo

Note-se que, como em Montesquieu, os homens de Tocqueville não fazem a história que querem, mas aquela que, de algum modo, lhes é imposta pelas condições em que vivem ou que resultam do confronto das ações com estas condições. E mesmo os atos mais voluntariosos, como os revolucionários, encontram sua "razão de ser", sua justificativa "material" e "psicológica", nas causas gerais e particulares. No entanto, e seguindo ainda a pista do Barão de La Brède, a explicação histórica e sociológica não elimina nem amansa a componente ética e política da crítica, e Tocqueville não perde a oportunidade para lamentar os fatos que considera nefastos ao desenvolvimento da democracia francesa: o abandono por parte da nobreza de suas antigas funções, o caráter abstrato e literário da política dos fisiocratas, o viés religioso dos revolucionários que se propuseram a redenção do homem e não a mudança das condições opressivas do absolutismo francês, e mesmo a própria Revolução. E aqui podemos contrapor mais uma vez as concepções do mestre e do discípulo justamente pela presença, na obra tocquevilliana, de um complicado equilíbrio entre determinação e crítica, entre justificação histórico-sociológica e juízo de valor.

Para Tocqueville, cabe ao historiador *julgar* os fatos e as épocas não só para discriminar a relevância destes na compreensão do processo histórico como também para exercer uma *liberdade moral* que deve ser constitutiva do pragmatismo da historiografia. Diferentemente do narrador que procura ausentar-se sob sua narrativa como se pudesse deixar falar a história ela mesma, Tocqueville exige do historiador a sua opinião sobre o que narra e o seu juízo acerca das ações e dos agentes do passado. Esta é a dimensão ética que não pode ser oculta sob o risco de o narrador tornar-se mero reprodutor de fatos, um cronista e não um historiador.

Este elemento "clássico" e "pedagógico" da obra histórica de Tocqueville derivou de sua visão acerca dos problemas que a elisão do sujeito moral do objetivismo científico moderno poderia acarretar. Ao longo de sua vida, Tocqueville se indispôs com o que considerava serem consequências nefastas das concepções históricas "democráticas", especialmente os sistemas deterministas e toda perspectiva fatalista. Todavia, além da crítica ao caráter abstrato e sistêmico de tais concepções, desferida no capítulo sobre os historiadores em *De la démocratie en Amérique*, responsabilizou também a amoralidade das obras históricas "realistas" pela difusão intelectual do mesmo germe fatalista. Desde muito jovem Tocqueville sentira um "horror singular e a mais violenta antipatia" em relação à *Histoire de la Révolution*, de Thiers por seu "desgosto natural pelo bem" (OC XI: 29-30), característica que atribuía igualmente à *História de Florença* e a *O príncipe*, de Maquiavel na sua "indiferença pelo justo e pelo injusto" (OC XI: 19-20). Segundo Tocqueville, sempre mais atento às consequências políticas das ideias que à sua coerência interna, o "realismo" destes autores levou-os a produzirem um tipo de história que, sob a capa da objetividade, ocultava uma "estima profunda pelos vitoriosos". A perspectiva do registro objetivo de sucessos e reveses e do estabelecimento de suas causas sem que se os julgasse moralmente, transformava os fatos históricos em simples dados da realidade contra os quais não havia recurso na medida em que consumados como exitosos[5].

Não se poderia acusar Maquiavel ou Thiers de ocultarem o lugar da política e o papel de indivíduos e grupos na construção de seus destinos. Entretanto, a ausência do juízo eticamente orientado por parte destes historiadores e a decorrente naturalização ou amoralidade de suas narrativas implicavam, de outro modo, as dificuldades já denunciadas no fatalismo e nas doutrinas da necessidade. Tocqueville lamentava a historiografia de Thiers porque retirava "dos homens sua liberdade e dos atos sua moralidade" (OC VI-1: 319). De Hegel afirmara certa vez que era o "protegido dos governantes" porque sua filosofia da história "estabelecia em suas consequências políticas que todos os *fatos* eram respeitáveis e legítimos pelo simples fato de terem se produzido e [que, por isso] mereciam a obediência" (OC XV-2: 107). E a Gobineau, que escrevera que suas conclusões sobre a desigualdade das raças e a decadência geral de todas elas derivavam de "uma pesquisa, uma exposição, uma extração dos fatos" que "são ou não são", e que por isso não eram portadoras de uma moralidade maior ou menor que aquela inscrita na geologia, na medicina ou na arqueologia (OC IX: 261), Tocqueville respondia que, se o ato do conhecimento e do anúncio da verdade objetiva não era em si um ato imoral, nem por isso estaria isento de "consequências imorais ou perniciosas" (OC IX: 265). E alguns meses mais tarde, frente à insistência de seu correspondente em justificar-se pela objetividade de sua ciência, Tocqueville escreveu:

> Nós pertencemos a duas escolas diametralmente opostas [...] Somos perfeitamente lógicos em nossa maneira de pensar [...] Creio, como você, que nossos contemporâneos são muito pouco elevados, o que é a primeira causa de suas misérias e de sua fraqueza; mas acredito que uma educação melhor poderia corrigir o mal que uma má educação produziu; creio que não é permitido renunciar a uma tal empreitada. Creio que podemos ainda tirar partido deles como de todos os homens por um apelo hábil à sua honestidade natural e ao seu bom-senso. Quero tratá-los como homens de fato. Posso estar enganado. Mas sigo as consequências de meus princípios e, além disso, sinto um profundo e nobre prazer em segui-los. Você despreza profundamente a espécie humana, pelo menos a *nossa*; você a crê não só caída como incapaz de se levantar algum dia. Sua constituição a condena a servir [...] Aos meus olhos, as sociedades humanas como os indivíduos nada são que pelo uso da liberdade. Que a liberdade seja mais difícil de fundar e manter nas sociedades democráticas como as nossas que naquelas aristocráticas que nos precederam, eu sempre o disse. Mas que ela seja impossível, jamais serei tão audacioso para pensá-lo. Que deve-se perder a esperança de consegui-la, peço a Deus que nunca me inspire tal ideia" (OC IX: 280)[6].

Deste modo, a defesa da liberdade num discurso historiográfico produzido no e para o contexto intelectual e político de meados do século XIX exigia, segundo Tocqueville, o afastamento não só dos sistemas fatalistas como daquelas historiografias que, sob a capa do registro objetivo ou científico, acabavam fomentando a visão da ineficiência da consciência moral dos grupos e indivíduos.

As soluções para o dilema historiográfico moderno não eram simples. Afinal, Tocqueville mantinha como certa a perspectiva causal e operava plenamente com ela na explicação tanto dos acontecimentos revolucionários como dos eventos humanos em geral. Na verdade, Tocqueville chegou a pesquisar a possibilidade de um "encadeamento moral dos acontecimentos", do "sucesso segundo a honestidade e ao reverso do vício"; mas dizia só encontrar encadeamentos "lógicos" e concluía que só raramente "a moralidade do fato ou aquela da conduta" contribuía substantivamente para os resultados das ações na história (OC XVIII: 295-296). Contudo, isto não devia significar, como não significara para Montesquieu, que o historiador-filósofo fosse obrigado a abster-se de juízo em relação aos atos humanos. Mas a relação pouco crítica entre o "materialismo" e o "idealismo" de Montesquieu não era satisfatória dado o abismo aberto pela moderna noção de processo[7].

Entre Tocqueville e os autores do século anterior havia a experiência radical da Revolução Francesa e de seu prolongamento pelas revoluções de 1830 e 1848. E fora justamente a visão da Revolução como processo resultante de uma força "autônoma" em relação às consciências humanas o que tornara manifesto o dilema entre determinação e liberdade e impunha a obrigação de soluções novas. Não sendo correto negar a eficácia das causalidades "lógicas", o que comprometeria a imparcialidade da análise e seu componente persuasivo, era essencial encontrar ainda assim o espaço para a crítica ética e política no contexto da historiografia científica.

Nesta direção, o projeto historiográfico de Tocqueville realizou uma dupla saída para o dilema. Por um lado, manteve a solução tradicional de Montesquieu que transpunha a liberdade moral do objeto para o autor, exigindo deste último o exercício crítico do juízo como inerente à função pedagógica do historiador. Neste primeiro movimento, a linguagem de Tocqueville não esconde suas preferências e, ao longo de todo o texto de *L'Ancien Régime*, a crítica ética e política se exerce sem rodeios. A abolição das eleições por Luís XIV, em 1692, uma "grande revolução" motivada por necessidades pecuniárias da monarquia, e a consequente colocação das funções municipais *"en offices"* deviam merecer, segundo o autor, "todos os desprezos da história". "Não percebo traço mais vergonhoso em toda a fisionomia do Antigo Regime", afirmava Tocqueville (ARR1: 115-116). No comentário sobre o papel das assembleias das paróquias rurais às vésperas da Revolução concluía que "[q]uando se compara estas vãs aparências de liberdade com a impotência real que lhes acompanha, vê-se já em escala pequena como o governo o mais absoluto pode se combinar com algumas formas da mais extrema democracia, de tal sorte que à opressão vem acrescentar-se o ridículo de não admiti-la" (p. 121). A nobreza francesa, por sua vez, é acusada de, após perder a capacidade de governar, ter a "pusilanimidade de permitir que taxassem o terceiro estado desde que fosse ela própria isenta" (p. 160). Quanto aos franceses em geral, após brilharem em 1789 na luta pela liberdade, "limitaram-se a comprar a tranquilidade ao preço da servidão" e abandonaram "tudo que havia de mais livre, de mais nobre e de mais altivo nas doutrinas da Revolução" (p. 82).

O juízo positivo das personagens é igualmente explícito. Assim, a justiça do Antigo Regime, apesar de todos os erros e problemas que a caracterizavam, é elogiada porque nela não se encontrava o "servilismo com relação ao poder, que é somente uma forma da venalidade, e a pior". Os magistrados que participavam do Parlamento de Paris à época de sua cassação, em 1770, "sofreram a perda de seu estado e de seu poder sem que se visse um só ceder individualmente perante a vontade real [... O]s principais advogados que defendiam causas perante o parlamento associaram-se por sua própria vontade à sua fortuna; renunciaram ao que faria sua glória e sua riqueza, e se condenaram ao silêncio ao invés de comparecer perante magistrados desonrados. Não conheço nada de tão grandioso na história dos povos livres como o que ocorreu nessa ocasião" (p. 174). Quanto aos homens do século XVIII, a despeito de seus defeitos, "havia uma espécie de obediência que lhes era desconhecida: não sabiam o que era curvar-se a um poder ilegítimo ou não consentido, que se honra pouco, que com frequência se despreza, mas que se aguenta de bom grado porque serve ou pode prejudicar. Esta forma degradante da servidão sempre lhes foi estranha" (p. 176).

3 A arquitetura das temporalidades

Paralelamente à manutenção no discurso historiográfico desta retórica tradicional dos vícios e das virtudes, Tocqueville realizou um segundo movimento de saída do seu dilema que apresentava a novidade de *L'Ancien Régime et la Révolution* para a pesquisa das relações entre política e história. Renovando a concepção exposta nos *Souvenirs*, procurou encontrar no interior das relações causais a possibilidade da afirmação antifatalista de que o destino do processo francês poderia ter sido distinto caso outras ações tivessem sido levadas a cabo. É este o significado profundo da afirmação encontrada no *Prefácio* do livro de que "[n]ão quis apenas ver de que sucumbiu mal o doente, mas como poderia não ter morrido. Fiz como os médicos que, em cada órgão destruído, tentam surpreender as leis da vida" (p. 73).

Esta tentativa de relacionar processo e ação para resgatar a liberdade política da determinação levou Tocqueville à estruturação de sua obra na divisão de três livros que tratam, respectivamente, da natureza da Revolução Francesa, das causas de longo prazo e daquelas mais imediatas.

O Livro Primeiro caracteriza a natureza peculiar da Revolução Francesa. Resenha alguns dos "julgamentos" que foram feitos à época da Revolução e sobre ela; salienta o equívoco dos que a viram como mero acidente ou como uma destas "doenças periódicas" às quais estão sujeitos todos os corpos políticos; e desautoriza as autorrepresentações dos revolucionários porque turvadas pela paixão do momento (p. 79-82). Em seguida, refuta as hipóteses do caráter antirreligioso e do suposto objetivo anárquico e antiestatal da Revolução (p. 83-86), para caracterizá-la como "uma revolução política que procedeu à maneira das revoluções religiosas" dados os motivos já mencionados (p. 87-90). O capítulo IV, operando uma análise comparativa das instituições políticas da França, da Alemanha e da Inglaterra, estabelece o sentido da história europeia que parte das relações senhoriais da Idade Média para alcançar, em meados do século XVIII, o "sistema feudal abolido em sua substância" (p. 94). Tocqueville se abstém do relato da formação da antiga constituição comum da Europa, mas afirma sua existência enquanto ponto de partida do "progresso da civilização" e do advento do "novo espírito dos tempos" marcado pela igualdade de condições (p. 93).

Este "rápido golpe de vista" para fora da França é crucial para a compreensão da natureza do processo revolucionário, "pois aquele que estudou e viu apenas a França", afirma o autor, "nada compreenderá da Revolução Francesa" (p. 94). Aqui se elabora a perspectiva histórica característica de Tocqueville. Toda a trama histórica francesa está inscrita no processo universal de evolução da igualdade sobre as estruturas hierárquicas do mundo aristocrático. É esta a "força desconhecida que podemos esperar regular e abrandar, mas não vencer" (p. 73). A concepção histórica de *L'Ancien Régime* mantém, consistentemente, a noção de um processo histórico secular que subsume a totalidade das formas dos Estados modernos do Ocidente a um mesmo princípio de desenvolvimento e a uma mesma direção. A possibilidade de compreensão dos fenômenos da Modernidade em geral, como estabelecida em *De la démocratie en Amérique*, e da Revolução Francesa em particular, está definitivamente vinculada a esta perspectiva de longo curso que exige a apreensão do presente no movimento histórico de sua constituição.

A conclusão do Livro Primeiro esclarece, na explicitação da "obra peculiar da Revolução", a exigência da consideração do processo histórico ocidental. Pois, segundo Tocqueville, se forem deixados de lado os acidentes e fatos particulares para "só considerá-la em si mesma", "esta revolução não teve outro efeito senão abolir estas instituições políticas que, durante séculos, reinaram completamente sobre a maioria dos povos europeus [...], para substituí-las por uma ordem social e política mais uniforme e mais simples, que teve a igualdade de condições por fundamento" (p. 95). Visto pela ótica do contraponto entre seu início e seu fim (provisório), o percurso francês nada mais é do que uma manifestação local do processo ocidental de igualização. É neste sentido que Tocqueville pode afirmar que, por mais radical que tenha sido a Revolução, historicamente ela inovou muito menos do que acreditaram seus contemporâneos.

> A Revolução não foi de modo algum um acontecimento fortuito. É verdade que assaltou o mundo de surpresa, e no entanto não era senão o complemento do trabalho mais longo, a conclusão súbita e violenta de uma obra para a qual dez gerações tinham trabalhado. Se ela não tivesse ocorrido, o velho edifício social teria ruído por toda parte, aqui mais cedo, acolá mais tarde; apenas teria ruído peça por peça em vez de desmoronar-se de uma só vez. A Revolução realizou subitamente, por um esforço convulsivo e doloroso, sem transição, sem precaução, sem deferências, o que seria realizado, pouco a pouco e por si mesmo, com o tempo. Esta foi a sua obra (p. 96).

A perspectiva processual de Tocqueville alcança seu paroxismo. O que à época de *L'Ancien Régime et la Révolution* já era considerado o acontecimento mais importante da história ocidental moderna ganha o estatuto de supérfluo quando inscrito no contexto abrangente da revolução democrática universal. Se a Revolução Francesa aparece explicada pela consonância de seus resultados com a direção básica da história moderna, esta mesma explicação a torna desnecessária na medida em que, independentemente dela, estes mesmos resultados teriam sido alcançados enquanto manifestações do princípio secular de igualização.

Para os leitores assíduos de Tocqueville, este juízo acerca da continuidade não era novo. Vinte anos antes da publicação de *L'Ancien Régime*, a perspectiva do prolongamento da visão geral da história universal para a especificidade do caso francês já havia sido estabelecida no artigo *L'État Social et Politique de la France avant et depuis 1789*, escrito por Tocqueville em 1836 para a *London and Westminster Review*, dirigida por John Stuart Mill e a pedido deste. O artigo apresentava-se como a primeira de uma série de cartas destinadas a esclarecer o público inglês acerca da situação contemporânea da França, e que trataria do Antigo Regime dado que não se poderia falar corretamente "de uma nação em uma dada época sem dizer o que fora meio século antes" (ARR1: 35-36). O postulado processual da continuidade era estabelecido desde o início do texto: "Laços invisíveis mas quase sempre todo-poderosos ligam as ideias de um século àquelas do século que o precedeu, os gostos dos filhos às inclinações dos pais. Quando uma geração declara guerra às gerações que a precederam, é mais fácil combatê-las do que não se parecer com elas" (p. 35). Por isso, afirmava Tocqueville, a primeira carta estaria restrita à análise do século XVIII francês, e a situação contemporânea da França seria tratada nas cartas seguintes, coisa que jamais aconteceu[8].

Basicamente, o texto de 1836 estava dividido em duas partes. A primeira desenvolvia uma análise sociológica da situação das classes sociais do Antigo Regime e, operando com a tradicional oposição entre aristocracia e democracia recém-exposta em *De la démocratie en Amérique*, apresentava a ascensão social do terceiro estado e a perda progressiva dos elementos aristocráticos da nobreza francesa. A conclusão desta primeira parte é a de que, na França, "tudo marchava já há muito tempo para a democracia" (p. 53), salientando o caráter igualitário do contexto social às vésperas da Revolução. A segunda parte indicava que "não é só pela igualdade que a França do século XVIII se aproxima da França de nossos dias" (p. 54). A continuidade da "fisionomia nacional" daquela nação assentava-se também sobre a centralização administrativa, de modo que, antes de 1789, o "poder real já se apoderara direta ou indiretamente da direção de todas as coisas" (p. 60).

Na conclusão do artigo encontramos a mesma tese básica de *L'Ancien Régime et la Révolution* acerca da continuidade:

> A Revolução Francesa criou uma multiplicidade de coisas acessórias e secundárias, mas não fez mais que desenvolver o germe das coisas principais; estas existiam antes dela. Ela regularizou, coordenou e legalizou os efeitos de uma grande causa, mais do que foi ela mesma essa causa [...]
>
> Tudo que a Revolução fez seria feito, não tenho dúvidas, sem ela; ela foi apenas um procedimento violento e rápido com a ajuda do qual adaptou-se o estado político ao estado social, os fatos às ideias e as leis aos costumes (p. 65-66).

Sem dúvida, ao combinar uma sociologia histórica das classes sociais do Antigo Regime com a evolução da centralização administrativa do absolutismo, o pequeno texto de 1836 apresentava um embrião da estrutura argumentativa posterior acerca da Revolução como resultado de um processo secular[9]. Contudo, ao tratar a história francesa no registro das categorias gerais do sistema conceitual de *De la démocratie en Amérique*, inscrevendo-a no processo igualitário do Ocidente e pensando a centralização como que naturalmente adequada à base igualitária, o texto de 1836 explicava "democraticamente" a Revolução sem dar conta dos problemas elaborados pela crítica ética e política de Tocqueville ao fatalismo dos sistemas gerais.

Vinte anos depois, impunha-se a sofisticação da análise histórica não só para melhor compreender a especificidade da via francesa para a Modernidade, como também para negar o fatalismo e afirmar que esta via poderia ter sido diversa. Reatualizando as análises do artigo de 1836, a concepção processual de *L'Ancien Régime* manteve o reconhecimento da constância operativa da combinação do princípio (universal) da igualdade com aquele (francês) da centralização administrativa – o que constituía o *"allure principal"* (Montesquieu) do processo histórico na França –, mas também avançou no tratamento das causas particulares para explicar por que houve a Revolução e averiguar em que condições outras alternativas históricas poderiam ter-se desenvolvido. É para responder às exigências de uma historiografia compatível com a crítica ao despotismo que Tocqueville, após caracterizar a obra peculiar da Revolução no Livro Primeiro, apresenta seu argumento histórico separado nos dois livros seguintes.

No Livro Segundo, os dois grandes temas do artigo de 1836 são retomados: a sociologia histórica das classes sociais sob o Antigo Regime e o desenvolvimento da centralização administrativa. Trata-se, por um lado, da descrição detalhada da progressiva expansão da estrutura de mando do aparelho estatal que destruiu as relações da reciprocidade feudal, as estruturas medievais de autogoverno, os corpos intermediários, enfim, nos termos de Tocqueville, que substituiu a antiga liberdade política pela moderna tutela administrativa. Por outro lado, demonstra como a progressiva aproximação das condições reais de vida entre nobres e plebeus, num contexto de abandono dos antigos deveres correspondentes aos privilégios nobiliárquicos, transformou a nobreza francesa numa "casta" separada do resto do corpo social. O Livro Segundo converge para a conclusão de que a "destruição da liberdade política e a separação das classes causaram quase todas as doenças que mataram o Antigo Regime" (ARR1: 159). São as causas gerais que permitem a inteligibilidade do processo democrático francês e que serão "fecundadas", para usarmos a metáfora dos *Souvenirs* (OC XII: 83-84), pelas ações dos diversos atores políticos nas duas décadas que antecedem a Revolução, conteúdo básico dos capítulos do Livro Terceiro. Esta arquitetura de temporalidades, que combinou a discriminação das causas gerais e particulares com a separação da longa e da curta durações, permitiu a definição do contexto geral das determinações sobre o qual agiram indivíduos e grupos no Antigo Regime para realizarem o desfecho histórico específico que culminou com a Revolução.

Uma leitura rápida da divisão dos dois últimos livros de *L'Ancien Régime* poderia sugerir que se trata da separação entre as causas de longo prazo – igualização e centralização –, sobre as quais os homens não puderam influir, e aquelas mais imediatas, constituídas pelas ações políticas conjunturais que poderiam ser diferentes. Mas a divisão dos livros é mais complexa e a separação das causas não implica mecanicamente o endereçamento da responsabilidade das ações apenas para o curto prazo. É verdade que em nenhum momento Tocqueville contesta sua visão abrangente do processo de igualização que escapa, universalmente, à interferência humana. Mas, quando se desloca o foco da história universal para aquela do processo francês, vê-se que o princípio que determina a cor própria a esta evolução igualitária peculiar – o da centralização administrativa – é, em sua origem, consequência da relação entre dois agentes privilegiados: a nobreza e a realeza. E o estudo desta relação evidencia que um certo conjunto de opções históricas, vale dizer, de responsabilidades políticas, foi decisivo para a conformação, no longo prazo, da situação propícia à Revolução. Em outras palavras, minha hipótese é a de que o estabelecimento das causas gerais da Revolução reconhece o papel ativo e responsável dos agentes históricos, especialmente da nobreza, tornando possível identificar, mesmo no longo curso, o lugar privilegiado das decisões humanas na definição de seus destinos.

Nesta perspectiva, o estudo da transição do feudalismo para o Antigo Regime nos 12 capítulos que constituem o Livro Segundo de *L'Ancien Régime* revela, como um de seus eixos principais, a responsabilidade política da nobreza francesa que abdicou de seu lugar de mando para entregá-lo ao Estado como causa direta da hipertrofia da centralização administrativa francesa. Acredito que o ponto não tem recebido a devida importância dado que a virulência da crítica de Tocqueville aparece prioritariamente dirigida contra o aparelho estatal da monarquia, seja em função dos objetivos políticos e presentistas da obra publicada sob Napoleão III, seja porque Tocqueville quis preservar sua classe de mais um ataque. Mas quando se observa que os tradicionais poderes senhoriais só foram subtraídos pela centralização estatal com a conivência de seus antigos donos, ilumina-se o lugar dos atores políticos na produção das causas gerais.

Os sete primeiros capítulos do Livro Segundo tratam da expansão e da consolidação da centralização monárquica. O capítulo I contempla a questão já referida de como os direitos feudais tornaram-se mais odiados na França que alhures. "Quando a nobreza possui não apenas privilégios, mas poderes, quando ela governa e administra, seus direitos particulares podem ser ao mesmo tempo os maiores e os menos sentidos". Nos tempos feudais, os nobres possuíam privilégios constrangedores, "mas asseguravam a ordem pública, distribuíam a justiça, faziam executar a lei, vinham ao auxílio do fraco, dirigiam os negócios comuns" (ARR1: 105). No entanto, nos cantões e nas paróquias francesas do século XVIII, o senhor não mais administra nem controla os negócios públicos, sendo apenas "um primeiro habitante", separado e isolado dos demais por suas imunidades e seus privilégios. O único setor da administração pública no qual ainda tinha alguma participação era a justiça, mas já o fazia antes por suas vantagens pecuniárias que pelo exercício do verdadeiro poder público: a função política da nobreza, isto é, sua posição enquanto aristocracia dirigente, aparece totalmente esvaziada. Recorrendo à comparação com as situações inglesa e alemã, Tocqueville conclui que um afastamento tão radical da nobreza de suas antigas funções de mando é peculiar à França (p. 103). Só aí o "feudalismo permaneceu como a maior de todas as nossas instituições civis ao deixar de ser uma instituição política" (p. 106).

23

O capítulo seguinte dedica-se a demonstrar a hipótese de que a centralização administrativa não é uma conquista da Revolução. Descrevendo em minúcia as instâncias de administração da monarquia absoluta, Tocqueville reafirma sua tese de que a centralização estava em pleno funcionamento já no Antigo Regime e que a administração estatal era a verdadeira responsável pela gestão de todos os negócios comuns, grandes ou pequenos. A justificativa se repete: se na antiga sociedade feudal o senhor possuía "grandes direitos", tinha também "grandes encargos"; mas desde que "retirou-se do senhor seus antigos poderes, ele livrou-se de suas antigas obrigações", ficando o poder central como único responsável pelas antigas tarefas de mando (p. 113).

O capítulo III trata das consequências políticas da centralização, especialmente da destruição da liberdade municipal e da autonomia administrativa de cidades e aldeias e da sua substituição pela "tutela administrativa" do Estado centralizado. Em relação às cidades, desde que foram abolidas as eleições municipais em fins do século XVII e colocadas *en offices* as funções administrativas, esvaziou-se o espírito de cidadania. Mesmo onde foram mantidas as antigas assembleias na estrutura do governo das cidades, o povo, que não podia mais eleger seus representantes e que não se deixava enganar facilmente pelas "vãs aparências da liberdade", deixou de "se interessar pelos negócios da comuna e vive no interior de seus próprios muros como um estrangeiro. Inutilmente seus magistrados tentam de vez em quando reviver nele o patriotismo municipal que tantas maravilhas fez na Idade Média: ele permanece surdo. Os maiores interesses da cidade não o tocam mais" (p. 117). Em relação às aldeias, espetáculo semelhante se reproduz. Se na Idade Média possuíam alguma autonomia administrativa mesmo sob o domínio dos senhores feudais, no século XVIII encontram-se completamente dependentes dos intendentes reais para a resolução de qualquer pequeno negócio. Em ambos os casos o resultado político é o mesmo: a progressiva substituição das formas de autogoverno pela administração centralizada através da figura do intendente enfraquece a prática da participação nos negócios comuns e, consequentemente, o espírito de cidadania, fazendo com que os indivíduos recolham-se aos seus interesses privados e tornando as comunidades completamente dependentes da tutela estatal para a resolução de qualquer questão. A crescente dependência das comunidades ao poder dos intendentes no encaminhamento das questões públicas é o terreno no qual floresce o espírito de mendicância e de heteronomia. Quanto ao senhor, encontra-se afastado de todos os detalhes do governo: "não os fiscaliza mais; nem ajuda". Pior ainda: os mesmos cuidados com os quais conservara seu poder nos tempos feudais, agora lhe pareciam indignos, e até se sentiria ferido em seu orgulho caso fosse convidado a dedicar-se novamente a estas funções (p. 120).

Se até aqui Tocqueville restringira-se à crítica e à constatação da expansão centralizadora do Estado monárquico ali onde o poder da nobreza se esvaziara, no capítulo V procura compreender, do ponto de vista do Estado, as razões deste movimento. Não há nenhum planejamento ou premeditação: o governo monárquico apenas segue o "instinto que leva qualquer governo a querer dirigir sozinho todos os negócios, instinto que permanece sempre o mesmo independentemente da diversidade dos agentes" (p. 127-128). Em outras palavras, a vontade centralizadora é natural à instituição política e, à medida que novas necessidades se impõem quando a sociedade está em "franco progresso", cada uma delas fornece ao Estado "uma nova fonte de poder" (p. 128-129). Curiosamente, a verve crítica de Tocqueville, tão pouco comedida quando se trata da administração estatal, é amenizada na justificativa "instintiva" do movimento centralizador. Em outras palavras, enquanto agente do processo histórico de longo prazo, o Estado nada mais faz do que aquilo que lhe é devido: realizar seus "instintos" naturais. Ao mesmo tempo, decorre da análise tocquevilliana que uma realização tão plena dos "instintos" estatais só foi viável na França porque não encontrou qualquer impedimento significativo da parte dos corpos sociais e políticos que tinham condições de resistir a eles: "quando um povo destrói em seu seio a aristocracia", diz Tocqueville, "corre para a centralização como de si mesmo. A partir de então, são necessários menos esforços para precipitá-lo nesta inclinação que para freá-lo" (p. 129).

Mas como foi destruída a aristocracia na França? A linguagem aparentemente neutra e abstrata de Tocqueville – um "*povo* [que] destrói em seu seio a aristocracia" – parece querer evitar a atribuição das responsabilidades por este processo, generalizando-as, e deixando iluminada apenas a crítica aos seus resultados. Mas se consideramos o contexto original do processo, a sociedade feudal, o papel da nobreza ganha sua relevância própria, pois a ela caberia o lugar "natural", dentro da armação da reciprocidade medieval, de dirigir as comunidades e manter as liberdades locais. Contudo, e ao contrário do que se poderia esperar, permitiu de bom grado que suas funções fossem ocupadas por intendentes, controladores, delegados e subdelegados, enfim, agentes do poder real que tudo decide de Paris. O capítulo VI mantém a estratégia de privilegiar a crítica à monarquia e afirmar que, tendo o poder central "destruído todos os poderes intermediários", e não havendo mais entre si e os particulares senão "um espaço imenso e vazio [este mesmo poder] aparece para cada um deles [os particulares] como o único motor da máquina social, o agente único e necessário da vida pública" (p. 135). "Tendo o governo tomado o lugar da Providência, é natural que cada um o invoque em suas necessidades particulares". Perdida a experiência da autonomia, os franceses tornam-se uma nação de pedintes ("*solliciteurs*"). E ao referir-se aos nobres, Tocqueville reconhece que se tornaram, eles mesmos, "grandes pedintes; sua condição só é então reconhecida porque mendigam num tom bem mais alto". A degradação aristocrática aparece consumada em fins do século XVIII: "Em geral, os gentis-homens só chamam o intendente de *Monsieur*; mas notei que nestas circunstâncias [de demandas sobre impostos], eles sempre o chamam *Monseigneur*, como os burgueses" (p. 137).

Após uma breve análise da preponderância de Paris – "Em 1789, ela já é a própria França" (p. 139) – sobre as províncias totalmente debilitadas pela centralização, conteúdo do capítulo VII, os dois capítulos seguintes tratam da contraditória relação entre a proximidade social de fato entre nobres e plebeus e a manutenção das fronteiras formais entre as classes à época da Revolução. O capítulo VIII estabelece como "todos os homens situados acima

25

do povo se pareciam; tinham as mesmas ideias, os mesmos hábitos, seguiam os mesmos gostos, usufruíam dos mesmos prazeres, liam os mesmos livros, falavam a mesma língua. Não se diferenciavam senão pelos direitos" (p. 146). E esta diferença especial no seio da semelhança geral é o que faz Tocqueville afirmar, no capítulo IX, a transformação da nobreza francesa numa "casta", isto é, uma "classe particular e fechada" cuja "marca distintiva é o nascimento" (p. 147).

De modo geral, o movimento histórico que transforma a nobreza em casta é encontrado, segundo Tocqueville, em todo o sistema feudal do continente, mas não na Inglaterra. Aí o sistema de casta foi destruído a ponto dos nobres participarem não apenas dos mesmos empreendimentos e das mesmas profissões dos burgueses, mas também compartilharem com estes relações familiares. "A filha do maior senhor podia aí, sem vergonha, desposar um homem novo". Para Tocqueville, esta ausência de fronteiras rígidas que permite o casamento entre nobres e plebeus é sinal fidedigno do fim do sistema de castas inglês. Na verdade, afirma, nem seria própria a palavra *nobre* para caracterizar o *gentleman* no século XVIII inglês, pois a nobreza em seu sentido "antigo e circunscrito" aí não existia mais (p. 148).

Ao abandonar a opção de casta, a nobreza da Inglaterra resguardou o que para Tocqueville era o fundamental, a condição aristocrática, agora também aberta aos membros proeminentes da burguesia. Se na França, à medida que "a ordem da nobreza perde seus poderes políticos, o gentil-homem adquire individualmente muitos privilégios que jamais possuiu ou aumenta os que já tinha" (p. 150-151), na Inglaterra a nobreza manteve-se na direção dos negócios públicos, inclusive reduzindo seus privilégios pecuniários como na abolição da desigualdade de impostos que a favorecia.

O ponto é trabalhado no capítulo X. Se no século XIV a máxima feudal *"N'impose qui ne veut"* estava igualmente estabelecida na França e na Inglaterra, a divergência dos processos nacionais levou a resultados inversos no século XVIII.

> Seguramente, a aristocracia da Inglaterra era de natureza mais altiva, e menos disposta a familiarizar-se com tudo que vivia abaixo dela: mas as necessidades de sua condição a obrigavam a tal. Estava disposta a tudo para comandar. Há séculos não se vê entre os ingleses outras desigualdades de impostos senão aquelas que foram sucessivamente introduzidas em favor das classes necessitadas. Considerem, peço-lhes, até onde princípios políticos diferentes podem conduzir povos tão próximos! No século XVIII, é o pobre que goza, na Inglaterra, do privilégio do imposto; na França, é o rico. Lá, a aristocracia chamou a si os encargos públicos mais pesados, a fim de que lhe permitissem governar; aqui, ela manteve até o fim a imunidade do imposto para consolar-se por haver perdido o governo (p. 160).

E a conclusão do argumento que responsabiliza a nobreza francesa por parte substancial das mazelas do Antigo Regime é fulminante:

> Ouso afirmar que, no dia em que a nação, fatigada pelas longas desordens que acompanharam o cativeiro do Rei João e a demência de Carlos VI, permitiu aos reis estabelecer um imposto geral sem seu concurso, e onde a nobreza teve

a pusilanimidade de permitir que taxassem o terceiro estado desde que fosse ela própria isenta; deste dia em diante foi semeado o germe de quase todos os vícios e de quase todos os abusos que afligiram o Antigo Regime durante o resto de sua vida e que terminaram por causar violentamente sua morte (p. 160).

Aqui Tocqueville abandona a prudência para afirmar com toda clareza que, na origem das tendências que constituíram a longo prazo o quadro propício à Revolução de 1789, o comportamento pusilânime da classe dirigente francesa foi determinante. O desaparecimento das liberdades locais é função do abandono, por parte da nobreza, de seu lugar de mando e proteção das comunidades. A tutela administrativa é resultado da entrega de suas antigas funções ao Estado ou, na melhor das hipóteses, da permissão de que a monarquia centralizada ocupasse os espaços até então sob sua responsabilidade. A separação das classes no Antigo Regime deriva diretamente do rompimento das relações de reciprocidade com o campesinato e da insistência nobiliárquica em manter privilégios de casta que impediam a constituição de interesses comuns com a burguesia para a formação de uma aristocracia mais moderna. E mais: não há razões profundas que justifiquem este comportamento como se verifica no permanente contraponto com a experiência da aristocracia inglesa. A única razão presente no processo é a corrupção do *dever ser* aristocrático da nobreza francesa, evidente em todos estes pontos. Poderíamos dizer que, ao contrário da inglesa, a nobreza francesa *não* estava disposta a tudo para comandar.

É verdade que no capítulo XI, dedicado à análise da "espécie de liberdade que se encontrava sob o Antigo Regime", Tocqueville pinta um quadro mais glorioso para a nobreza francesa. Salienta como, no início da Revolução, esta mesma nobreza que desprezava a administração ainda trazia consigo "alguma coisa deste orgulho de seus pais, tão inimigo da servidão como da regra" e, frente ao rei e seus agentes, manteve "uma atitude infinitamente mais alta e uma linguagem mais livre que o terceiro estado". "Quase todas as garantias contra o abuso do poder que possuímos ao longo dos trinta e sete anos de regime representativo são altivamente reivindicadas por ela", diz Tocqueville, para ressaltar a presença de algumas das "grandes qualidades da aristocracia" (p. 169-170). Mas o tom bajulador do capítulo, quando comparado a toda crítica anterior, só poderia ter o efeito de amenizar um pouco a responsabilidade de seus pais e avós.

Aliás, Tocqueville confessa o procedimento conciliador do capítulo em carta ao amigo Kergolay datada de agosto de 1856:

> O que me dizes a propósito da tendência anti-Antigo Regime da obra, tinha me impressionado fortemente ao escrevê-la. Achei, como você, que documentos tão terríveis sobre esta época jamais tinham sido reunidos [... E]u era conduzido a este resultado, de qualquer modo, contra minha vontade e minha intenção original que era totalmente oposta. Esta espécie de violência que me fazia a verdade dava-lhe um caráter imparcial que me parecia mais pesado para aquela época que tudo o que a paixão revolucionária me teria feito dizer. Vários de meus capítulos, tais como aquele da liberdade sob o Antigo Regime, tiveram por objeto atenuar o efeito produzido pelos capítulos acusadores (OC XIII-2: 309-310)[10].

A análise do Livro Segundo deixa poucas dúvidas. No centro da trama do Antigo Regime, a relação entre monarquia e classes sociais não permitiria elogios maiores à nobreza francesa. É certo que seria um exagero desprezar a volúpia de poder político e administrativo da monarquia francesa, mas esta segue seus instintos como, aliás, em toda parte o faziam os governos monárquicos. Mas decorre da análise tocquevilliana que a centralização não seria absoluta na França se a nobreza não compactuasse com a transferência de suas responsabilidades para as mãos dos intendentes reais, liberando o campo para os "instintos" estatais. O exemplo inglês o demonstra pela revolução de 1640 quando a aristocracia impediu a invasão de seu poder pela monarquia, dirigindo, ela própria, uma espécie de revolução restauradora[11]. Note-se que, do ponto de vista dos resultados históricos, o elogio de Tocqueville à revolução inglesa não se inscreve numa visão nostálgica. Pelo contrário. É porque a aristocracia inglesa foi moderna em seu tempo, reconhecendo a importância de certas camadas do mundo plebeu e a necessidade de aliança contra o absolutismo, que ela é digna do elogio. Para o autor, ela administrou corretamente a incorporação das parcelas burguesas à esfera política, como no caso da participação plebeia na gestão pública, e à social, como no exemplo da permissão dos casamentos interclassistas. Neste sentido, ao manter sua condição dirigente, lutar contra a centralização e defender a liberdade, a aristocracia inglesa cumpriu plenamente seu dever ser, realizando aquilo que foi abandonado por sua congênere francesa que acabou pagando caro por seus erros.

A análise comparativa entre a nobreza francesa e a aristocracia inglesa ganha sua principal função crítica, ética e política, além daquela epistemológica. Curiosamente, encontramos aqui uma espécie daquelas "causas morais" que Tocqueville tanto buscava na história e afirmava não encontrar. E ainda que a narrativa dos processos de longo prazo comportem um tom trágico pelo desenvolvimento continuado e aparentemente autônomo do princípio da centralização que constituirá a situação propícia à Revolução, a nobreza francesa paga com sua própria vida a desmedida originada do abandono de seu dever ser. Se a análise comparativa indica que o comportamento das duas nobrezas está na origem da diferença específica das evoluções nacionais, podemos concluir que, mesmo no tratamento dos processos de longo prazo que costumam induzir os historiadores a obscurecerem o lugar privilegiado dos homens na produção dos resultados, a responsabilidade das ações aparece como central à explicação de Tocqueville, sugerindo, já no Livro Segundo, como a história francesa poderia ter sido diversa daquela que realmente aconteceu.

A passagem para o Livro Terceiro significa o abandono do nível dos "fatos antigos e gerais que prepararam a Revolução" para aquele dos "particulares e mais recentes que determinaram seu lugar, seu nascimento e seu caráter" (ARR1: 193). Na arquitetura de *L'Ancien Régime*, a compreensão da conjuntura que antecede à Revolução depende das análises desenvolvidas no Livro Segundo. Os três primeiros capítulos do Livro Terceiro resumem as consequências políticas das tendências de longo prazo na conformação de uma conjuntura de ausência de experiência prática da política da qual resulta o caráter abstrato das ideias que orientaram os homens no período revolucionário: a política literária dos homens de letras que se tornaram as principais lideranças políticas do país (p. 193-201); a irreligiosidade do discurso revolucionário associada a uma espécie de fé num ideário civil (p. 202-208); e a vontade de tudo reformar no Estado e na sociedade, especialmente como expressa nos planos dos economistas (p. 209-217).

Nestes três capítulos a pesquisa de eventos está associada à discussão das fontes literárias e dos discursos políticos dos dirigentes do Antigo Regime. A explicação histórica para a natureza destes textos já está dada, *a priori*, pelas conclusões do Livro Segundo: o afastamento da prática dos negócios comuns derivado da centralização administrativa potencializa um espírito literário que trata as coisas da política como as da matemática ou da especulação pura. Sem experiência prática para controlar a imaginação racional, e sem verdadeiros homens públicos que pudessem mediar suas conclusões abstratas, os homens de letras do Antigo Regime encontraram um terreno fértil para a construção de sistemas políticos racionais, imaginando poderem substituir a vida complexa das sociedades modernas por planos organizados apenas conforme a Razão. Neste sentido, a explicação da conjuntura remete àquela das forças motoras que a constituem.

No entanto, além deste contexto aparentemente inescapável de determinações, o Livro Terceiro estabelece, em suas análises históricas, um espaço claro e definido para o tratamento de comportamentos não determinados sociologicamente: é a avaliação de Tocqueville acerca das elites políticas francesas que, em sua inabilidade e imperícia, fomentaram a revolução sem o perceber e levaram a que esta eclodisse como que "naturalmente". Os três últimos capítulos que antecedem a conclusão final do livro realizam o exercício de associar o desfecho revolucionário aos sucessivos erros dos responsáveis pela política francesa à época do Antigo Regime. O capítulo V, intitulado "Como se subleva o povo querendo aliviá-lo", traz uma sucessão de falas do parlamento e do governo absoluto cujo resultado consistente foi, por um lado, lembrar aos não privilegiados seus sofrimentos e, por outro, excitá-los com a visão de que os responsáveis pelas suas misérias era um pequeno número de ricos. Dessa forma, tais discursos e documentos públicos chegavam "ao fundo de seu coração para aí acender a cupidez, a inveja e o ódio" (p. 230). Aqui, o estudo das fontes primárias do Antigo Regime se impõe mais uma vez. Tocqueville transcreve os decretos reais cuja linguagem, eivada de um ingênuo intuito benfeitor de defender o povo, proclamava abertamente a injustiça social e a miséria a que os proprietários submetiam a maioria da nação. E conclui que tamanha imprudência só podia dever-se a um "grande fundo de desprezo por estes miseráveis" e que fazia o governo supor que o povo tudo escutava sem nada entender. A administração real parecia preferir inflamar a imaginação revolucionária do povo do que realmente prover suas necessidades. E não era apenas Luís XVI que se enganava e agia de modo improvidente; os mesmos "privilegiados que são o objeto mais próximo da cólera do povo não se exprimem publicamente de outra maneira", como se lê nos documentos de diversas assembleias realizadas entre 1779 e 1789 (p. 228). "Parece que se tinha esquecido inteiramente a Jacquerie, os Maillotins e os Dezesseis" (p. 230).

29

O capítulo seguinte – "De algumas práticas com a ajuda das quais o governo completou a educação revolucionária do povo" – discute como a monarquia vinha fornecendo, já desde o reino de Luís XIV, o principal exemplo da legitimidade da teoria da "violência exercida para o bem e por gente de bem" (p. 233). Os reis foram os primeiros a mostrar "com que desprezo poderiam ser tratadas as instituições mais antigas e na aparência melhor estabelecidas", dando a entender que se aproximava a "época de violência e de acaso onde tudo se torna possível, e onde não há coisas tão antigas que sejam respeitáveis, nem tão novas que não possam ser experimentadas" (p. 232). Neste sentido, o ímpeto reformista do absolutismo monárquico preparou a Revolução, tanto por suas falas como por seus atos arbitrários em relação aos antigos direitos, à propriedade privada, às liberdades individuais, à justiça criminal etc. Disse o que fazer e ensinou como se fazia.

O capítulo VII fala da repentina e imensa renovação de todas as regras e hábitos administrativos operada pela "grande revolução administrativa" de 1787 que precedeu a revolução política. A administração estatal, que tocava diariamente o interesse de milhares de cidadãos acostumados a recorrerem servilmente ao governo para a resolução de todos os problemas sobre os quais tinham perdido a iniciativa, foi totalmente modificada dois anos antes de 1789 com a consequência de estabelecer "o mais vasto transtorno e a mais tremenda confusão jamais observados" (p. 243).

Note-se ainda que este quadro de ações irresponsáveis e nefastas é construído logo após a exposição, no capítulo IV do mesmo livro, da teoria tocquevilliana da revolução como resultado da explosão de expectativas crescentes em tempos de mudança. Apesar do contexto delicado de um regime opressivo que começa a reformar-se, o cuidado necessário à administração das reformas foi totalmente ignorado pelos agentes do poder real e das elites nobiliárquicas que, realizando interesses particulares, provocaram ainda mais a já disseminada vontade de mudar. O que a análise do Livro Terceiro de *L'Ancien Régime* deixa entrever é que tais atos não foram meros acidentes de percurso, mas erros brutais de uma ação política inconsequente, em última análise a verdadeira responsável pelo desfecho revolucionário. Tocqueville encontra, na análise da classe governante do Antigo Regime, a base empírica para a sua afirmação moral, expressa no discurso de 29 de janeiro de 1848 frente à Câmara dos Deputados, de "que a causa real, a causa eficaz que faz com que os homens percam o poder é que se tornaram indignos de mantê-lo" (OC XII: 38).

> Lembrais, Senhores, da antiga monarquia; ela era mais forte que vós, mais forte por sua origem; ela se apoiava melhor que vós sobre antigos usos, sobre velhos costumes, sobre antigas crenças; ela era mais forte que vós, e, entretanto, ruiu na poeira. E por que ruiu? Credes que foi por tal acidente particular? Pensais que foi o fato de tal homem, o déficit, o juramento do Jeu de Paume, La Fayette, Mirabeau? Não, Senhores; há uma outra causa: é que a classe que governava então tornara-se, por sua indiferença, por seu egoísmo, por seus vícios, incapaz e indigna de governar (OC XII: 38-39).

Infelizmente, Tocqueville não pôde concluir o segundo volume programado para complementar a sua obra histórica e que, em sua primeira parte, estava projetado para analisar detidamente os primeiros anos da Revolução. Mas a leitura de seus rascunhos mostra a consistência da visão de que os sucessivos erros e imperícias cometidos pela administração central do estado absolutista e pelas elites do Antigo Regime formaram um elemento central, enquanto causas imediatas, da explicação do processo.

> O que me impressiona mais é menos o gênio daqueles que serviram à Revolução o desejando do que a imbecilidade singular dos que a fizeram chegar sem o querer. Quando considero a Revolução Francesa, me surpreendo com a prodigiosa grandeza do acontecimento, com seu esplendor que se fez sentir até nas extremidades da terra, com sua força que movimentou quase todos os povos.
>
> Considero em seguida esta corte que tanto contribuiu com a Revolução e percebo os quadros mais ordinários que se podem descobrir na história: ministros aturdidos ou inábeis, padres dissolutos, mulheres fúteis, cortesãos audaciosos ou cobiçosos, um rei que só possui virtudes inúteis ou perigosas. Vejo, no entanto, que estas pequenas personagens facilitam, impelem, precipitam estes acontecimentos imensos. Não tomam apenas parte neles; sendo mais que acidentes, tornam-se quase causas primeiras; e eu admiro a força de Deus a quem basta alavancas tão pequenas para pôr em movimento toda a massa das sociedades humanas (ARR2: 115-116)[12].

4 Considerações finais

A conclusão de *L'Ancien Régime et la Révolution* não quer deixar dúvidas. A Revolução é fruto de uma combinação de causas gerais e particulares, todas elas cognoscíveis e, por isso mesmo, passíveis da crítica do historiador. A inédita centralização administrativa da França moderna, consequência do crescimento da esfera estatal sobre as liberdades locais, formou o contexto geral de inexperiência política no qual pôde florescer e se generalizar o espírito revolucionário como único intérprete da alternativa de saída das misérias do Antigo Regime. Se a Revolução decorreu "naturalmente" deste contexto, nem ela, nem o conjunto das determinações que a antecedeu eram de fato inevitáveis. No longo prazo, as relações entre realeza, nobreza e terceiro estado poderiam ter-se dado de outro modo, como o demonstrava o exemplo inglês, se não se tivesse deixado corromper o espírito aristocrático francês. No curto prazo, a imprudência de atores despreparados pela ausência do espírito da liberdade conduziu o povo a conceber como sua única saída a destruição do edifício institucional da monarquia.

Iluminando a responsabilidade das ações políticas na construção do processo histórico, a narrativa de Tocqueville conquistava seu caráter pragmático e pedagógico na suposição de que a luta contra o despotismo podia também se dar no nível do discurso historiográfico. A forma da história de *L'Ancien Régime*, desnecessário lembrar que constitutiva ela mesma de seu conteúdo, alcança uma concepção da Revolução que recusa simultaneamente a perspectiva da conspiração ou do acidente, tal como proposta pelos reacionários de seu tempo, e aquela outra da necessidade histórica que, tal como consideraram alguns de seus defensores liberais e democratas, afirmava ter sido a Revolução um fato inevitável da história francesa. Em sua interpretação original da Revolução, Tocqueville veio a fornecer um quadro instrutivo dos efeitos perversos – uma espécie de *conspiração às avessas* – que os agentes políticos são capazes de operar quando desprovidos da correta sensibilidade para o presente, anunciando uma historiografia com a vocação política de reunir ética e epistemologia na crítica ao despotismo.

Ao mesmo tempo, olhando para o presente e o futuro, a análise histórica sugere que a educação política, necessária à direção consequente dos negócios públicos, só pode ser encontrada na experiência continuada da liberdade. Afinal, esta era a grande lição para a qual foi escrito *L'Ancien Régime et la Révolution*: a liberdade não pode existir em função de outros benefícios senão aqueles que lhe são intrínsecos – "o prazer de poder falar, agir, respirar sem impedimento, sob o governo exclusivo de Deus e das leis". Numa fórmula sucinta: "Quem busca na liberdade outra coisa que não ela mesma foi feito para servir" (ARR1: 217).

Esta concepção absoluta da liberdade tal como elaborada em *L'Ancien Régime* não era senão uma outra forma de exprimir o dilema tocquevilliano[13].

> Alguns povos a perseguem obstinadamente através de todo tipo de perigos e misérias. Não são os bens materiais que lhes dão o que nela amam; a consideram em si mesma como um bem tão precioso e tão necessário que nenhum outro poderia consolá-los de sua perda e se consolam de tudo ao experimentá-la. Outros se cansam dela em meio a suas prosperidades; deixam que seja arrancada de suas mãos sem resistência, com medo de comprometerem, por um esforço, este mesmo bem-estar que lhes devem. O que falta a estes para serem livres? O quê? o próprio gosto de sê-lo. Não me peçam para analisar este gosto sublime, é preciso experimentá-lo. Entra por si só nos grandes corações que Deus preparou para recebê-lo; ele os preenche, os inflama. Deve-se renunciar a explicá-lo às almas medíocres que jamais o sentiram (p. 217).

Estariam então os franceses condenados à servidão dado que a possibilidade da liberdade depende de sua própria presença? Afastados de fato da experiência dos negócios públicos, como poderiam recuperar algo que não conhecem verdadeiramente e cuja condição de possibilidade está na sua experiência prática efetiva? A passagem de Tocqueville parece indicar uma aporia e resvalar para a desesperança. E o tom pessimista da obra "francesa" poderia mesmo sugerir uma desistência quanto ao presente, sem admitir saída para resultados já tão consolidados. Teria Tocqueville terminado por propor uma historiografia cuja verdadeira vocação pedagógica seria convencer os homens da altivez que devem manter frente às inevitáveis agruras da mediocridade moderna?

Parece-me um exagero. Sem dúvida seria possível sustentar esta hipótese trágica se desconhecêssemos a força da convicção moral e política de Tocqueville acerca da necessidade de lutar, a todo custo, contra as mazelas do despotismo. Se a conclusão (provisória) de *L'Ancien Régime et la Révolution* permite a visão da desesperança, é porque é ela também constitutiva do apelo político da obra que quer persuadir os homens de "grande coração" a se mobilizarem na defesa daquilo que só eles podem conhecer, sem abdicarem das responsabilidades políticas de seu dever ser.

Notas

[1] Este texto foi publicado originalmente em *Estudos Históricos*, vol. 9, n. 17 (1996). Uma versão ampliada encontra-se em Marcelo Jasmin. *Alexis de Tocqueville: a historiografia como ciência da política*. Rio de Janeiro, Access, 1997 [2. ed. Belo Horizonte: UFMG, 2005]. Para a discussão teórica e política do problema da história no conjunto da obra de Tocqueville remeto o leitor ao cap. 5 deste livro.

[2] As referências bibliográficas às obras de Tocqueville foram por mim traduzidas da edição das *Oeuvres Complètes* publicadas pela Gallimard sob a direção J.-P. Mayer e serão grafadas OC, seguidas do número do tomo em romano e, quando houver, do número do volume em arábico. A exceção refere-se aos volumes de *L'Ancien Régime e la Révolution* da mesma coleção que serão indicados como ARR1 e ARR2, para maior comodidade. As referências completas estão indicadas nas referências bibliográficas ao final.

[3] Cf., neste sentido, a seção "Montesquieu" do cap. 10 de Jasmin (2005).

[4] E esta era, segundo Tocqueville, uma característica necessária da obra literária quando contraposta, por exemplo, ao texto memorialístico que escrevia à mesma época (os *Souvenirs*) e que lhe servira antes como reflexão sobre si e para si.

[5] "Pour lui [Maquiavel] le monde est une grande trève dont Dieu est absent, où la conscience n'a que faire et où chacun se tire d'affaire le miens qu'il peut. Machiavel est le gran-père de M. Thiers. C'est tout dire" (Carta a Kergolay, 05/04/36. OC XIII-1: 390). Para efeito da caracterização do modelo historiográfico de Tocqueville não interessa discutir a justeza ou não dos seus juízos acerca destes e de outros autores.

[6] Sobre o debate acerca do caráter moralmente nefasto da doutrina de Gobineau, cf. a correspondência entre ambos, especialmente as cartas numeradas 47-49, 68-70 e 72, na edição das obras completas, respectivamente OC IX: 199-206, 257-269 e 276-281. Sobre Tocqueville e Gobineau, cf. Weil, 1959: 341-348; Biddiss, 1970: 611-633; e Chevallier. "Introduction". In: OC IX.

[7] Para uma análise da combinação do "materialismo" e do "idealismo" em Montesquieu, e da utilidade que este autor encontra no recurso a ambos os sistemas, cf. Starobinski, 1953, p. 74ss.

[8] A justificativa de Tocqueville para esta interrupção precoce da série de cartas é a dedicação integral à elaboração dos últimos volumes de *De la Démocratie en Amérique*. Cf. OC VI-1: 307-312. Sobre as relações entre Tocqueville e Stuart Mill, cf. Pappé, 1964: 217-234; Qualter, 1960: 880-889; Kahan, 1992; e Mayer. "Introduction". In: OC VI-1. Para os comentários de Mill sobre a *Démocratie*, cf. Stuart Mill, 1994.

[9] Sem dúvida há uma notável diferença de tom entre os dois textos, marcada especialmente pela passagem de um certo otimismo com a França em 1836 para uma perspectiva mais reticente quanto às possibilidades da liberdade democrática após os acontecimentos de 1848-1852. Também é notório o tratamento mais fortemente histórico que sociológico do problema político francês no texto de 1856, provavelmente em função do reconhecimento, por parte de Tocqueville, de que a associação simples entre estado social igualitário e centralização, presente no texto de 1836 e na *Démocratie*, não era suficiente para dar conta da especificidade francesa no quadro geral da democracia moderna. Para uma comparação entre os dois textos cf. Furet, 1989.

[10] Ainda que o juízo de Tocqueville refira-se ao conjunto do Antigo Regime, e não só à nobreza, não há dúvidas que vale também especificamente para esta.

[11] A este respeito, cf. as notas de Tocqueville para o projetado segundo volume de *L'Ancien Régime*, comparando as revoluções de 1640 e 1789. ARR2: 334-335. "Ressemblance et Dissemblance des Révolutions de 1640 et de 1789".

[12] Cf. tb. o julgamento de Tocqueville sobre os erros do rei na sessão de 19 de novembro de 1787 (ARR2: 61 nota) e os comentários do programado capítulo V: "Mais il faut reconnaître qu'on n'aurait pu faire de mieux que ce que l'on fit pour rendre leur conflit immédiat et mortel. Voyez si, de dessein prémédité, la perspicacité et l'art eussent pu mieux réussir que ne le firent l'impéritie et l'imprévoyance" (ARR2: 115).

[13] Para uma análise do dilema tocquevilliano cf. Jasmin, 2005, esp. cap. 3. "Do meu ponto de vista, a especificidade da vocação teórico-política da obra de Tocqueville pode ser melhor apreendida pela compreensão do dilema tocquevilliano que aqui formulo como interpretação ou releitura da clássica tensão entre igualdade e liberdade tradicionalmente encontrada em sua obra: a liberdade política na sociedade igualitária e de massas parece-lhe depender de uma práxis e de um conjunto de valores cujos pressupostos tendem a ser destruídos pelo desenvolvimento continuado das disposições internas à própria democracia".

Referências

BIDDISS, M.D. "Prophecy and Pragmatism: Gobineau's Confrontation with Tocqueville". *The Historical Journal*, 13(4), 1970, p. 611-633.

DÍEZ DEL CORRAL, L. *El pensamiento político de Tocqueville* – Formación intelectual y ambiente histórico. Madri: Alianza, 1989.

FURET, F. "Tocqueville e o problema da Revolução Francesa". *Pensando a Revolução Francesa*. Rio de Janeiro: Paz e Terra, 1979, p. 145-175.

JASMIN, M.G. *Alexis de Tocqueville* – A historiografia como ciência da política. Belo Horizonte/Rio de Janeiro: UFMG/Iuperj, 2005.

_____. "Individualismo e despotismo: a atualidade de Tocqueville". *Presença*, vol. 16, 1991, p. 42-53.

KAHAN, A. *Aristocratic Liberalism*: the Social and Political Thought of Jacob Burckhardt, John Stuart Mill, and Alexis de Tocqueville. Nova York: Oxford University Press, 1992.

MONTESQUIEU. *Considérations sur les causes de la grandeur des romains et de leur décadence*. Paris: Garnier-Flammarion, 1968.

PAPPÉ, H.O. "Mill and Tocqueville". *Journal of the History of Ideas*, 25 (2), 1964, p. 217-234.

QUALTER, T.H. "John Stuart Mill, Disciple of De Tocqueville". *Western Political Quarterly*, 13 (4), 1960, p. 880-889.

RICHTER, M. "The Uses of Theory: Tocqueville's Adaptation of Montesquieu". In: RICHTER, M. (org.). *Essays in Theory and History* – An Approach to the Social Sciences. Cambridge: Harvard University Press, 1970, p. 74-102.

_____. "Comparative Political Analysis in Montesquieu and Tocqueville". *Comparative Politics*, 1 (2), 1969, p. 129-160.

STAROBINSKI, J. *Montesquieu*. Paris: Seuil, 1953.

STUART MILL, J. *Essais sur Tocqueville et la société américaine*. Paris: Vrin, 1994.

TOCQUEVILLE, A. *Œuvres Complètes*. Paris: Gallimard [Edição definitiva publicada sob a direção de J.-P. Mayer].

_____. ARR1. Tome II, vol. 1: *L'Ancien Régime et la Révolution*, 1953.

_____. ARR2. Tome II, vol. 2: *L'Ancien Régime et la Révolution* – Fragments et Notes Inédites sur la Révolution, 1953.

_____. Tome III, vol. 1: *Écrits et discours politiques*, 1962.

_____. Tome VI, vol. 1: *Correspondance anglaise* – Correspondance d'Alexis de Tocqueville avec Henry Reeve et John Stuart Mill, 1954.

_____. Tome VIII, vol. 3: *Correspondance d'Alexis et de Gustave de Beaumont*, 1967.

_____. Tome IX: *Correspondance d'Alexis de Tocqueville et d'Arthur de Gobineau*, 1959.

_____. Tome XI: *Correspondance d'Alexis de Tocqueville et de Pierre-Paul Royer-Collard* – Correspondance d'Alexis et de Jean-Jacques Ampère, 1970.

_____. Tome XII: *Souvenirs*, 1968.

_____. Tome XIII: *Correspondance d'Alexis de Tocqueville et de Louis de Kergolay*. 2 vols., 1977.

_____. Tome XV, vol. 2: *Correspondance d'Alexis de Tocqueville et de Francisque de Corcelle* – Correspondance d'Alexis de Tocqueville et de Madame Swetchine, 1983.

_____. Tome XVIII: *Correspondance d'Alexis de Tocqueville avec Adolphe de Circourt et avec Madame de Circourt*, 1983.

WEIL, E. "La correspondance d'Alexis de Tocqueville et d'Arthur de Gobineau". *Revue Internationale de Philosophie*, 13 (49), 1959, p. 341-348.

2
Johann Gustav Droysen (1808-1884): história e compreensão

Pedro Spinola Pereira Caldas★

1 O historiador e sua época

Por começar em julho de 1808, na cidade de Treptow (atualmente localizada em território polonês) e terminar em junho de 1884, em Berlim, a vida de Johann Gustav Droysen só poderia trazer consigo as marcas do século XIX. Como é tido e havido como "o século da história", delimitar a "época" de Droysen é uma tarefa impossível. Portanto, um recorte é inevitável e necessário.

Tentarei, portanto, destacar algumas tensões da época, de modo que um painel sobre quase um século não seja tão redutor. Por esta razão, decidi escolher um conceito cujo significado permita a discussão de fraturas aparentes em várias esferas da ação humana, a saber: o historicismo.

Há inúmeras maneiras de se definir historicismo, e, dentre elas, prefiro a proposta por Gunter Scholtz[1], que lhe identifica cinco características, a saber: o historicismo é 1) uma percepção histórica universal do mundo humano, ou historicismo *genético*; 2) uma filosofia da história capaz de atribuir ordem às transformações humanas, ou historicismo *metafísico*; 3) uma glorificação do passado e crítica do presente, ou historicismo *tradicionalista*; 4) uma prática científica, ou historicismo *metódico*; 5) relativização de valores, ou historicismo *ético*. Segundo Scholtz – e aí residem as fraturas – as duas primeiras definições apostam na possibilidade da existência de um sentido pleno da história, dado em uma relação coerente entre passado, presente e futuro; as duas seguintes, mais modestas, acreditam que o sentido a ser

---

★ Mestre e doutor em História Social da Cultura pela Pontifícia Universidade Católica do Rio de Janeiro (PUC-Rio), professor-adjunto de História da Universidade Federal do Estado do Rio de Janeiro (Unirio), editor executivo da revista *História da Historiografia*.

conhecido pela história é apenas parcial, pois somente o passado pode e deve ser conhecido; e, por fim, a última, pessimista, afirma a inexistência de sentido na história.

No que diz respeito aos dois primeiros sentidos (genético e metafísico), o sentido total da história se mostra, por exemplo, em um desenvolvimento *genético* cuja trajetória é compreensível, mas não se descreve de maneira regular e por leis naturais. Identifico esta concepção genética do processo histórico, no século XIX, no *idealismo*, muito bem-ilustrado na famosa conferência "Sobre a tarefa do historiador", proferida em 1821 por Wilhelm von Humboldt (1767-1835), considerado por Droysen o fundador da teoria da história[2]. O que chamamos aqui de sentido genético é entendido por Humboldt como a revelação de uma ideia "[...] cuja explicação não se elucida pela mera ação regular das leis naturais"[3].

Uma ideia se explica pela ação regular quando ela é invariável previsível: movimentos de corpos celestes, por exemplo. Todavia, o que escapa à invariabilidade e à previsibilidade não é necessariamente caótico. Esta é uma lição que podemos aprender com Wilhelm Dilthey, por exemplo, que, mesmo sendo posterior a Droysen, pode nos ajudar aqui a entender o historicismo genético, mais precisamente através do conceito de *vivência* (*Erlebnis*).

Para Dilthey, vivência é a unidade que entrelaça experiências aparentemente dispersas da vida. Há de se diferenciar entre vivência (*Erlebnis*) e experiência (*Erfahrung*), uma vez que a segunda articula-se na primeira e nela ganha sentido. O mesmo se dá com a relação entre poesia e mundo. Dilthey retornará à imagem do artista, e, na verdade, notabilizou-se pela composição de ensaios sobre Lessing, Goethe e Schiller. A vida não é, como se pode pensar apressadamente, uma relação direta e entusiasmada com o mundo, um esquecimento de si, mas, pelo contrário, uma experiência profunda da unidade de si mesmo. Em seu ensaio sobre Schiller, escrito em 1895, ele diz que a poesia "consiste na criação de um mundo novo na fantasia, no qual se descobre o sentido do mundo real ao transfigurá-lo por meio de um estilo"[4]. Ou seja: a poesia não é reprodução do mundo; tampouco se distancia do mesmo, como se tivesse a mera função contemplativa de compensar as frustrações da aridez cotidiana; ela recria o mundo real em sua forma, faz com que o mundo apareça de outra maneira. E será esta capacidade de rememoração que distinguirá, para Dilthey, a obra clássica. Este será o momento em que uma *cultura pensa a si mesma*, ou seja, é na forma específica de uma obra – e só nela – que o historiador poderá perceber a conexão entre elementos que, sem o seu surgimento, permaneceriam dispersos. Para Dilthey, "Schiller possuía uma assombrosa capacidade para articular interiormente e atualizar coesões extraordinariamente complexas, dispersas no espaço e no tempo"[5]. Isto é: ele reuniu o que, sem ele, permaneceria disperso.

O idealismo, portanto, é um traço marcante do século XIX e estará presente com muita força na obra de Droysen. Mais adiante, ao tratar do conceito de compreensão, será visto como o grau mais refinado de entendimento do historiador é, justamente, o das ideias.

Além de ser, segundo Droysen, a mais sofisticada, a genética/idealista é, possivelmente, a concepção mais otimista da perspectiva historicista sobre o mundo humano. Mesmo a visão metafísica, embora garanta a totalidade de sentido da história, não disfarça de todo alguns traços céticos. Nela predomina o *providencialismo* de origem protestante como forma de explicação da história. Johann Gottfried Herder (1744-1803), um dos principais pensadores da tradição historicista por ter afirmado em 1774 que "[...] cada nação traz em si o centro da sua felicidade"[6], admitia também que a história é "palco da divindade, ainda que só possamos vê-lo por entre as aberturas e os destroços das cenas particulares"[7]. Dito de outra maneira: há um sentido total da história, mas este só é conhecido por Deus; ao homem cabe apenas uma visão imperfeita de sua própria trajetória.

Mas o discurso providencialista não é somente cacoete do teólogo Herder. Historiadores ativos na universidade, como Leopold von Ranke (1795-1886)[8] e o próprio Droysen[9], não se acanhavam em afirmar que, no final das contas, o sentido da história era garantido pela providência divina, algo que dificilmente se ouviria em nossos dias.

O ceticismo providencialista marcava claramente um limite da inteligência humana: esta, por exemplo, seria incapaz de prever o futuro. Encontra-se aí um traço conservador, manifesto tanto na glorificação das tradições locais ("cada nação traz em si o centro de sua felicidade"), mas também na afirmação de uma continuidade da história ocidental. No que diz respeito ao historicismo alemão, e, mais ainda, à cultura de língua alemã como um todo, a maneira como a qual a Grécia Clássica foi estudada e recebida traduz claramente a necessidade de tomar um determinado período do passado como referência exemplar e ideal.

Novamente, não se trata de inserir todos os nomes da tradição intelectual alemã sob a rubrica do "historicismo", mas sim de perceber como o historicismo articula problemas a partir dos quais podemos, como disse mais acima, pensar as tensões de uma época: tradicionalismo não é mero reacionarismo nostálgico, tentativa de voltar atrás e anular a passagem do tempo, mas considerar ainda a consulta ao passado uma etapa necessária para qualquer desenvolvimento posterior. Provavelmente o maior exemplo é Jacob Burckhardt, para quem os modernos olhavam com os olhos dos gregos e falavam com suas expressões[10]. Caberia ao historiador expor aos seus contemporâneos a essência de seu olhar e de seu discurso: o cidadão da Basileia que assistisse aos cursos de Burckhardt sobre a cultura grega deveria sair do auditório com a consciência de que era grego, mas disto não sabia até o momento[11].

Mesmo não sendo um conservador, Droysen era um helenista: sua concepção de história se mostra em sua biografia de Alexandre Magno, mas, como mostra o excepcional artigo de James McGlew[12], também em suas interpretações sobre a obra de Ésquilo.

O historicismo, para conhecer um passado específico e, em certos casos, exemplar e referencial, não poderia dispensar o método. Habitualmente, é feita a identificação absoluta (até pelo próprio Scholtz!) entre metodologia e positivismo. Trata-se de um erro. O positivismo é, sim, um método científico: a diferença reside, porém, na ambição positivista em fazer da história uma ciência tal como as ciências exatas e da natureza. O historicismo, neste sentido, é mais do que o esforço em emprestar um método para as ciências do espírito (dentre as quais a história), mas, sobretudo, a de lhes conferir autonomia.

Como ocorreu este processo de autonomia da ciência histórica? Os primeiros cursos de história começam a surgir nas universidades, e procuram, sobretudo, pensar a história universal. Os historiadores, então, começam a refletir sobre o próprio ofício e sobre o processo histórico como um todo[13]. É uma grande mudança, que, claro, se insere no contexto inicialmente determinado pelo iluminismo no final do século XVIII.

Na Alemanha, por exemplo, as universidades em geral eram divididas em três grandes faculdades, denominadas "superiores": teologia, direito e medicina. As faculdades "inferiores" eram denominadas "filosóficas", e incluíam ciências empíricas como a história, geografia e o estudo de literatura e línguas, e outras mais abstratas, como metafísica, ética e lógica.

Esta divisão, como diz Immanuel Kant, não era determinada por razões científicas, mas por razões políticas. Algumas faculdades eram tidas como "superiores" pelo fato de servirem aos propósitos do governo que as sustentava. Em seu livro *O conflito das faculdades*, de 1794, Immanuel Kant comenta que a teologia garantia a saúde da alma, o "bem eterno" de cada um; a medicina proviria a saúde do corpo, o "bem corporal", e, por fim, o direito seria responsável pela saúde social, mantendo o bem "civil"[14].

Mas, como afirma o próprio Kant, "[...] nesta divisão e denominação não foi consultada a ordem dos eruditos, mas o governo"[15]. Ou seja: o mundo da ciência não é regido pelos que nele vivem e trabalham – os professores, pesquisadores e estudantes –, mas pelo governo, que usa o conhecimento para sua preservação.

No início do século XIX inicia-se um movimento de revolução radical na universidade. Talvez o principal documento deste movimento seja o texto "Sobre a organização interna e externa das instituições científicas superiores em Berlim", escrito em 1810 por Wilhelm von Humboldt no contexto da reforma universitária ocorrida na Prússia após as Guerras de libertação contra Napoleão[16]. Nesta breve obra inacabada, Humboldt funda as bases da universidade moderna, em que professores e pesquisadores gozam de liberdade de expressão e pesquisa. A finalidade da universidade não é mais a preservação da ordem social desejada pelo governo. Para Humboldt, "o objetivo principal [...] reside na ciência. E somente na medida em que a ciência permanece pura pode-se apreendê-la em si mesma"[17]. A pesquisa não obedece metas prévias, e deve desenvolver-se livremente, sem interferência do Estado, e, por isto "[...] se transforma num esforço infinito"[18].

É neste contexto em que as ciências procuram se separar do Estado e afirmar sua autonomia que a história, tal como várias outras ciências, buscará seu lugar ao sol. Os historiadores, com o auxílio de filósofos e teólogos, se perguntam: como a história pode ser uma ciência?

Por fim, a quinta característica do historicismo, segundo Scholtz, seria o relativismo de valores. Talvez seja algo precipitado identificar plenamente o historicismo ao relativismo, ainda que, de alguma maneira, ele já esteja presente em Herder quando ele afirma que a nação tem o direito de determinar sua própria "felicidade". Creio que o problema pode ser pensado de maneira mais ampla: o historicismo, aqui, mais do que um relativismo, é, sobretudo, nacionalista. De alguma maneira, o nacionalismo pode, também, ser conservador, posto que glorifica as tradições específicas de um povo, e, também, pode ser genético ao narrar a história de sua nação fora do âmbito das "leis naturais". Mas, sem dúvida, o nacionalismo é um ponto forte para a historiografia do século XIX, além de ser, claramente, um traço marcante da política deste período. O próprio Droysen jamais escondeu suas convicções nacionalistas, chegando mesmo a mostrar como ser parcial não impede, antes aprimora, o conhecimento científico. Para ele, o sucesso de um historiador como Macaulay na Alemanha se explica justamente por ele pensar e escrever como um britânico[19]; e que caberia aos historiadores alemães fazer o mesmo, isto é, pensar e escrever como alemães. Para Droysen, "a objetividade imparcial é desumana; é muito mais humano ser parcial"[20].

Podemos, portanto, identificar cinco características gerais (ainda que sempre insuficientes) para pensar a relação entre Johann Gustav Droysen e sua época: o idealismo, o providencialismo protestante, a importância da cultura grega como referência cultural, a autonomia das ciências e o nacionalismo.

2 Percurso e diálogos

Estudar na Universidade de Berlim entre 1826 e 1829 deve ter sido um privilégio: sentar-se nos bancos de salas com preleções oferecidas por Georg W.F. Hegel, Leopold von Ranke, Carl Ritter (fundador da geografia científica) e August Boeckh (proeminente filólogo clássico) é algo que temos imensa dificuldade em imaginar. Mas foi este o caso de Droysen.

E temos razões para acreditar que o então jovem de 20 anos soube aproveitar grande parte das lições. Com August Boeckh (1785-1867), ele aprendeu que a filologia não deveria se limitar a reconstruir fielmente os textos, mas, mediante o rigoroso trabalho crítico, restaurar todo o espírito de uma época[21]. E mal teríamos sequer como iniciar a analisar a influência de Hegel sobre Droysen no espaço deste estudo. Como informação, é curioso notar que Droysen frequentou seis cursos do grande filósofo entre 1827 e 1829, dentre os quais alguns se tornaram livros, como as lições sobre Estética, Filosofia da Religião, História da Filosofia e Filosofia da História[22].

É interessante notar como ambos, Boeckh e Hegel, estão presentes no início da trajetória intelectual de Droysen, caracterizada, sobretudo, pela sua dedicação aos estudos sobre a Grécia Antiga: aqui pode ser percebido, portanto, o que está sistematizado mais acima, a saber, a grande importância da cultura grega para o historicismo alemão, e, mais do que isso, para toda a cultura alemã do século XIX. O primeiro trabalho relevante de Droysen digno foi a tradução de todas as sete peças remanescentes de Ésquilo (525-456 a.C.), publicadas em dois volumes em 1832. Posteriormente, entre 1835 e 1837, Droysen traduziria em três volumes as comédias de Aristófanes (445-386 a.C.), consideradas, por muitos, muito importantes no conturbado contexto político alemão de finais da primeira década do século XIX, dada a sua mordaz crítica conservadora[23].

Traduzir é mais do que uma atividade técnica, sobretudo, no contexto da cultura alemã, cuja língua se estrutura a partir da tradução da Bíblia feita por Martinho Lutero. Segundo Antoine Berman[24], a tradução é o reconhecimento da necessidade da estranheza do outro para a constituição da própria identidade, algo particularmente forte na Alemanha, e que, de alguma maneira, precisa ser salientado após a imagem cristalizada pela pavorosa ideologia de pureza racial do nacional-socialismo.

Verter para o alemão as peças de Ésquilo foi, portanto, mais do que um trabalho técnico. Uma breve leitura na *Historik*, talvez a principal obra de Droysen, mostra-nos que Prometeu é mais do que uma figura mítica transformada em personagem dramática: é, segundo Droysen, a própria estrutura da consciência histórica. A necessidade da história como conhecimento surge e se legitima quando o ser humano percebe que via sem enxergar, ouvia sem escutar, ou seja, vivia em meio a impressões sensíveis imediatas, sem lhes perceber as profundas raízes provenientes do passado, julgando-se livre quando, na verdade, era determinado e condicionado: "Pois cada ponto no presente, cada coisa e cada pessoa é um resultado histórico, contém em si uma infinidade de referências, que estão internalizadas e imersas em cada um"[25]. E perceber isso é, segundo Droysen, ser Prometeu[26].

Hegel terá grande importância para Droysen, ao menos em três aspectos: sua concepção de filosofia da história; sua concepção de Estado; sua concepção de conhecimento científico; todas elas estão refletidas em três obras centrais da trajetória de Droysen: a trilogia sobre a *História do helenismo* (publicadas entre 1833 e 1843); as *Preleções sobre as guerras de libertação* (1846); e a *Historik* (1857). Como o que mais interessa é destacar a obra teórica de Droysen, deixarei de lado a *História da política prussiana*, esforço gigantesco editado em 14 volumes entre 1855 e 1886, vários dos quais posteriores à *Historik*.

No que diz respeito à *História do helenismo*, nota-se a presença de uma concepção simultaneamente *historicista* e *teleológica* da história. No primeiro volume – sua famosa biografia sobre Alexandre Magno, publicada em 1833 – Droysen afirma, sem sutilezas, que "[...] a história só confere imortalidade àqueles que ela escolhe para fazer deles os pioneiros de suas vitórias e os artesãos de seu pensamento"[27]. A História é, portanto, uma *teodiceia*: as conquistas de Alexandre consolidam a possibilidade de uma história universal a partir de uma fusão cultural entre Ocidente e Oriente.

Droysen retirou de Hegel esta concepção da história como teodiceia. Para Hegel, a filosofia da história consiste em um conhecimento racional da vontade de Deus. Uma perspectiva filosófica sobre a história surge sempre quando o homem é tomado pelo sentimento de luto e perda: ou seja, ao experimentar que mesmo as mais belas formas de vida desaparecem, ele percebe que o todo de modo algum pode ser reduzido a uma de suas possibilidades, a uma de suas formas; surge daí a possibilidade de rejuvenescimento, mas, também, a pergunta pela "finalidade de todas essas singularidades". Sendo algumas delas aparentemente exemplares, por que um dia acabam? Assim, qual o sentido da história, em todas as suas transformações?[28]

A trilha seguida por Hegel não é exatamente nova, e este ponto final buscado, a "obra silenciosa" por detrás de todo o barulho superficial é a Providência. Mas, como foi dito logo acima, trata-se de um conhecimento racional, pois, se for meramente um sentimento subjetivo, o conhecimento de Deus torna-se arbitrário e caprichoso[29]. E isso ocorre quando se percebe que o conhecimento da teodiceia, segundo Hegel, assume a própria forma do movimento dialético: no cristianismo, Deus é revelado primeiramente como Espírito, como força abstrata, como uma força existente, mas ainda não consciente para os demais; em um segundo momento, este Espírito se torna carne, torna-se "objetivo", o Pai se torna Filho; e a consciência desta objetivação de si no outro (Deus se revela em Cristo) é o Espírito Santo[30].

A trilogia de Droysen elabora o conceito de helenismo, isto é, procura conferir dignidade e autonomia ao período helenístico, deixando de vê-lo como mera corrupção e decadência da época clássica. Como percebeu muito bem Arthur Assis, o helenismo "[...] representou para Droysen o período em que, pela primeira vez, surgiu uma civilização de escala mundial"[31], posto que, a partir das conquistas de Alexandre, os gregos perceberam que babilônicos, egípcios, persas e indianos eram mais do que bárbaros.

A propósito das *Guerras de libertação* (1846), permanece em Droysen uma preocupação de Hegel: a história universal como história da liberdade. A clássica formulação de Hegel ("a história universal é o progresso da consciência da liberdade"[32]) é ao menos parcialmente respaldada por Droysen. Fruto de curso oferecido no semestre de inverno de 1842 e 1843, Droysen destaca três guerras de libertação: a independência americana, a Revolução Francesa e a vitória prussiana sobre Napoleão. Deixemos de lado a visão demasiadamente otimista de Droysen sobre os norte-americanos[33], e ressaltemos a oposição estabelecida por Droysen entre as duas outras guerras. Em contraponto à visão crítica de Droysen perante a Revolução Francesa, na qual, segundo ele, prevaleceu um anseio de aniquilação da história capaz de, mediante a criação de um Estado sem raízes históricas, romper a continuidade existente na trajetória ocidental desde a Grécia Antiga[34], há a apologia do Estado prussiano reformado, ele mesmo capaz de gerar a real materialização da liberdade, na qual, segundo Droysen, "o Estado pertence ao povo; o povo pertence ao Estado"[35]. E é aqui onde se sente fortemente o sotaque hegeliano.

É difícil dissociar tal concepção da filosofia política de Hegel. Para o filósofo, a união entre povo e Estado era também a união entre liberdade e necessidade, entre vontade e dever. Para Hegel, o Estado era a síntese da família e da sociedade civil. A família era uma unidade sem diferenças internas, fruto do amor de um homem e de uma mulher que abdicavam de sua própria individualidade em nome desta unidade natural. Mas a família é uma unidade desprovida de autonomia, pois, para se manter, é necessário que se trabalhe, e o ganho da vida se encontra na sociedade civil, onde se dá a competição pela sobrevivência. E a diferença (dos interesses) sem unidade nega, portanto, a unidade sem diferença. O Estado procura, então, ser esta unidade com a diferença, em que o monarca é a figura do pai e a constituição a representação dos diferentes interesses, mas interesses tornados leis comuns a todos[36]. A família se torna plena no Estado; assim como a sociedade também se realiza na Constituição.

E é somente no Estado que um povo pode ser livre: "Pois a lei é a objetividade do Espírito e a vontade em sua verdade. E somente é livre a vontade que obedece a lei: pois ela obedece a si mesma e existe em si mesma, sendo, então, livre"[37]. É um raciocínio difícil de imaginar, pois geralmente separamos dever de prazer. O prazer é aquilo que fazemos quando estamos livres dos deveres – mas isto é um sinal claro que cumprimos um dever imposto por outros. E o dever é aquilo que sabemos ser útil e importante, mas que realizamos a contragosto, sem sinceridade. A liberdade, portanto, não é um arbítrio caprichoso, mas a união de liberdade e necessidade, prazer e dever: a liberdade existe quando necessidade e vontade se unem. *E não queria Droysen afirmar exatamente o mesmo?*

Pois bem, resta ainda apresentar a obra que certamente é a mais fecunda de Droysen: a *Historik*.

A *Historik* é, na verdade, a reunião de notas de curso ministrado pela primeira vez na Universidade de Iena, no semestre de verão de 1857, curso este que seria repetido 17 vezes até o semestre de inverno de 1882-1883.

Droysen tinha uma motivação para se dirigir aos seus ouvintes: o incômodo fruto da percepção de que, ao menos na Alemanha, a existência conjunta de uma historiografia erudita robusta (Ranke já era um grande nome) com uma sofisticada tradição de filosofia da história (de Hegel, Kant, Schelling, Herder, Lessing, para ficar nos mais proeminentes) não gerara uma reflexão sobre a ciência histórica. A consciência do processo histórico e a experiência da pesquisa histórica, ambas ricas, ainda não haviam sido articuladas: o refinamento dos filósofos para tecer sistemas não era acompanhado pela pesquisa empírica, e a erudição dos historiadores era excessivamente livresca e desorganizada. O sintoma maior deste incômodo aparece logo nos primeiros parágrafos do texto, quando Droysen pede que os historiadores pensem sobre o que estão fazendo, e tal reflexão precisaria assumir a forma de uma disciplina independente: a *Historik*, que poderíamos chamar de teoria da história[38].

A *Historik* se divide em duas grandes partes: a metodologia e a sistemática. Na primeira, Droysen estabelece fundamentos sólidos para o método histórico: a Heurística, a Crítica, a Interpretação e a Representação. Ao contrário do que lamentavelmente ainda se difunde no Brasil, já no século XIX falava-se da importância do levantamento de questões (heurística), que, sem deixar de lado a tarefa indispensável de crítica documental, dava margem a um sistema interpretativo sofisticado, muito mais do que imaginaria a vã historiografia dos seguidores incondicionais da revista dos *Annales*, e, também, a uma reflexão sobre a importância da narrativa em sua obra. Aqui, veremos com mais calma a interpretação, quando discutirmos o conceito-chave da obra de Droysen: compreensão (*Verstehen*).

43

Na segunda parte, a sistemática, Droysen estabelece as forças éticas da história, mas sem que, desta vez, elas se apresentem como um processo evolutivo. O que temos é quase uma antropologia universal, ou seja, um esquema em que as esferas da ação humana se mostram em relação constante. Segundo Droysen, o mundo ético está dividido em "generalidades naturais", "generalidades ideais" e "generalidades práticas". As primeiras seriam formadas pela família, pelo gênero, pelo povo e pela etnografia; as segundas, pela linguagem, pela arte, pela verdade e pelo sagrado; as terceiras, pelo Bem, pelo Direito e pelo Estado. Droysen procura deixar claro que há uma conexão entre elas: a lei muçulmana da poligamia, por exemplo, só faz sentido caso se entenda a estrutura familiar islâmica, e vice-versa. A divisão tripartite das forças éticas, porém, não é arbitrária: ela procura dar conta de uma estrutura mais ampla que, segundo o helenista Droysen, remonta aos antigos sábios gregos[39]: física (generalidades naturais), lógica (generalidades ideais) e ética (generalidades práticas).

É bem verdade que tal divisão não somente provém da Antiguidade Clássica, mas como indica outro traço da ascendência hegeliana de Droysen. Em sua *Fenomenologia do Espírito*, Hegel afirma que há a necessidade de se pensar cientificamente para além de certo dogmatismo metafísico (que pressupõe um caráter inteiramente abstrato e imutável da verdade), bem como de um empirismo inteiramente fragmentado, isolado em tarefas especializadas e desprovido de universalidade:

> Essa oposição [entre empiria e abstração] parece ser o nó górdio que a cultura científica de nosso tempo se esforça por desatar, sem ter ainda chegado a um consenso nesse ponto. Uma corrente insiste na riqueza dos materiais e na inteligibilidade; a outra despreza [...] essa inteligibilidade e se arroga a racionalidade imediata e a divindade[40].

A *Historik*, portanto, não trazia exatamente questões inéditas: mantinha-se na verdade na matriz do pensamento ocidental entre o uno e o múltiplo; apenas as colocava defronte ao historiador. De certa forma, como o próprio Droysen fazia questão de reconhecer, ela já havia sido esboçada por Wilhelm von Humboldt, considerado por ele "o fundador"[41] da teoria da história. Não é difícil de compreender o porquê: se lida com atenção, o texto da conferência "Sobre a tarefa do historiador"[42], proferida em 1821 por Humboldt em Berlim, contém todos os quatro passos do método compreensivo desenvolvidos por Droysen quase 40 anos depois.

3 Conceito-chave (compreensão)

"A essência do método histórico consiste em compreender, enquanto se pesquisa"[43]. Esta é uma das frases mais citadas de Droysen, mas, como toda fórmula, geralmente não é acompanhada por uma análise detida. E pretendo fazer exatamente o oposto: o que significa isso, "compreender enquanto se pesquisa"?

Compreender é uma palavra decisiva para o pensamento de Droysen, a partir da qual ele pretende, em primeiro lugar, fazer da história não só uma ciência autônoma, mas uma ciência integrativa, ou seja, uma ciência menos preocupada em se especializar tematicamente, e mais interessada em fornecer uma compreensão ampla de todas as dimensões da *vida humana*. A ciência histórica, em Droysen, não pretende apenas adquirir seu lugar ao sol: pretende ser o próprio sol; não tem a intenção de se diferenciar das demais formas de conhecimento, mas, sobretudo, de articulá-las[44]. A compreensão é uma via de mão dupla: ela é uma forma de pensar a totalidade da vida humana, mas também um caminho para a autonomia.

Como isto ocorre metodologicamente? Droysen dizia que a interpretação histórica se divide em quatro etapas[45]: a) pragmática; b) interpretação das condições; c) psicológica; d) interpretação das ideias. Em cada uma delas podemos perceber a tentativa de incorporar uma forma específica de pensar, reproduzida em um determinado diálogo de Droysen com outros grandes nomes na prática da pesquisa e metodologia de seu tempo.

A interpretação pragmática consiste no estabelecimento dos fatos considerados relevantes para explicação das transformações históricas. O procedimento filosófico adotado é o *empirismo indutivo*, que tem em Francis Bacon um de seus grandes nomes. Como procede o empirismo indutivo? Vejamos o que diz Anthony Kenny, competente historiador da filosofia:

> [...] descoberta das leis científicas pelo exame sistemático de casos particulares. Se não se deseja que isso seja uma ligeira generalização a partir de inadequadas amostras da natureza, é necessário que tenhamos um procedimento cuidadosamente esquematizado, demonstrando a nós como avançar gradualmente de instâncias particulares a axiomas de generalidade gradualmente abrangente[46].

Para ficarmos em um exemplo: em seu livro sobre o fascismo, Michael Mann tentou identificar algum padrão entre as sociedades no qual movimentos fascistas chegaram ao poder. Ele percebeu que a visão corrente de que o fascismo surge sempre em sociedades industriais afundadas em uma grave crise econômica é simplesmente falsa, isto porque, em países como Polônia e Portugal, ambos à época ainda predominantemente rurais, governos fascistas ou de fortes tendências autoritárias de direita chegaram ao poder em meio a um contexto de moderado crescimento econômico. O fascismo, portanto, não tem relação direta com a economia[47].

Ou seja, usando sua subjetividade (a comparação entre Alemanha, Itália, Polônia e Portugal não está dada na realidade e não caiu no colo de Michael Mann), o pesquisador chegou a um dado objetivo, capaz de ilustrar muito bem a definição de Koselleck do "poder de veto das fontes"[48]. Mann avançou gradualmente de instâncias particulares, criando uma série de fatos e comparando-os. O fato de não ter constatado um padrão não é um demérito. Ainda assim, ele atingiu algo de objetivo.

Qual a noção de sujeito aqui pressuposta, senão a de que ele é intercambiável? Ou seja: qualquer outro pesquisador, se usar o mesmo método e consultar as mesmas fontes, chegará fatalmente ao mesmo resultado, ou a algo extremamente próximo. Portanto, temos aqui uma subjetividade em ação, mas não uma subjetividade autônoma, insubstituível, autoral. Curiosamente, é o que se verifica nas pesquisas de iniciação científica: o coordenador do projeto (o orientador) passa, muitas vezes, tarefas de pesquisa basicamente empíricas para os seus alunos; e isto não só porque, de alguma maneira, esta é mesmo a etapa inicial da pesquisa (a iniciação seria, portanto, conhecer e operar a partir do método empírico indutivo), mas, sobretudo, porque o orientador pode ser substituído por alguém menos experiente[49].

O próprio exemplo dado a partir da obra de Michael Mann me permite passar para a fase seguinte da concepção de interpretação de Droysen: a da interpretação das condições; afinal, Mann, para estabelecer fatos, acabou construindo um contexto causal. É esta a função da interpretação das condições: conhecer as determinantes de um fato histórico, sendo estas causas espaciais, temporais e técnicas. Nesta fase, pode-se chegar a uma verdade lógica, sendo sempre o *método dedutivo* o mais recomendado para chegar a tais resultados.

Na filosofia e nas ciências, há incontáveis casos. Poderíamos citar, por exemplo, a filosofia da história de Kant, na qual o filósofo afirma que o conhecimento das ações humanas se dá na busca de leis naturais não aparentes para a própria consciência humana: por exemplo, um homem e uma mulher se casam por terem consciência do afeto mútuo; mas podemos muito bem perceber que tal casamento só foi possível sob algumas condições. É necessário pensar logicamente, sair do todo para a parte. Se tentarmos compreender o nacional-socialismo, por exemplo, dificilmente conseguiríamos explicá-lo sem o racismo, muito embora este não tenha sido causa suficiente (mas foi causa necessária).

Aqui, o diálogo de Droysen com Henry Thomas Buckle é bastante ilustrativo. Ao fazer a resenha da monumental *História da civilização da Inglaterra* (também de 1857!), Droysen alertou para o fato de que o historiador, se não pode deixar de lado a constatação de leis da lógica, por outro lado, não pode se limitar a perceber regularidades. A ele cabe não somente explicar, mas compreender o sentido, isto é, ver qual o significado daquilo para si mesmo.

E, da mesma forma como na interpretação pragmática, é também intercambiável o sujeito do conhecimento produzido pelo método dedutivo. Afinal, uma lei será tanto mais verdadeira quanto menos depender do observador que a descobre e aplica. Como falar de uma lei da física aplicável no Brasil, e não na Austrália, de um cálculo matemático sueco, mas ineficaz para um nigeriano?

Em um terceiro momento, temos a *interpretação psicológica*. Esta é uma reação a anterior, pois Droysen, baseado na própria experiência, afirma que os seres humanos não reagem igualmente às mesmas condições; e, mais ainda, por vezes as determinantes sociais simplesmente não conseguem explicar os eventos históricos. É o momento em que se chega a uma *verdade intersubjetiva*, dada pela nossa capacidade de reconstruir intenções de um indivíduo ou de uma coletividade.

Com qual ciência dialogava Droysen? Neste momento, é mais complicado reproduzir o debate entre a história e as demais ciências presentes no repertório dos saberes disponíveis no século XIX. Neste caso, temos o método também hermenêutico de Schleiermacher: para este, é necessário compreender o significado vital. Para este grande teólogo, a hermenêutica deve ser dedicada não somente à análise de textos literários, mas uma forma de compreender, na vida, o fenômeno da compreensão.

Na prática, a interpretação psicológica é fundamental: ela procura perceber um significado de um evento histórico sem levar em conta – na medida do possível – o seu resultado e seus desdobramentos. Parte do princípio, portanto, de que nenhuma escolha é totalmente determinada, mas sim uma decisão tomada dentre várias: a Alemanha não estava fadada a cair nos braços do nazismo; esta era uma das possibilidades, dentre outras. Por que, dentro de uma gama de possibilidades, aconteceu exatamente esta ou aquela: reconstruir esta decisão é a interpretação psicológica. Ela lida diretamente com a imprevisibilidade. Para dar outro exemplo sobre o nazismo: como nos mostra Ian Kershaw[50], Hitler não tinha o perfil do típico governante alemão desde a unificação, no século XIX. Entender como um *outsider* toma as rédeas políticas de uma sociedade moderna e industrial deve prescindir, portanto, de análises deterministas.

Neste caso, que tipo de subjetividade é pressuposto? De alguma maneira, ela se anula, mas não em busca de um padrão ou de uma lei, mas uma subjetividade que se deixa anular pelo objeto estudado – isto é, ela é substituída pelo objeto, por mais complexo que este seja.

Por fim, temos a interpretação das ideias, o nível mais sofisticado de compreensão. Nela, o historiador, segundo Droysen, há de ser capaz de reconstruir um processo histórico cujo sentido não está dado para a consciência dos agentes. Este é o momento em que se pode falar de uma *verdade ideal*. Podemos usar um exemplo da própria obra de Droysen, a saber, o caso de Alexandre Magno: ao unir Ocidente e Oriente, de modo algum ele poderia imaginar que estava preparando o terreno para o cristianismo, religião originalmente oriental que se tornou ocidental. Ou posso ainda dar outros exemplos: nenhum documento colonial se proclama a favor do "homem cordial", conceito de Sérgio Buarque de Holanda; muito menos qualquer oficial do Terceiro Reich se proclamou um defensor de uma "concepção banal do mal"; este é um conceito de Hannah Arendt, que o percebeu por detrás das intenções de Eichmann, como um elemento identificável somente no processo e que não pode ser obtido mediante a percepção de um padrão, a fixação de uma lei e a reconstrução de uma intenção.

Somente o historiador, após a passagem do tempo, pode compreender o significado histórico de uma ação. E é este sentido que será capaz de integrar os outros três anteriores, formando, portanto, uma ciência integrativa. Mas ainda resta perguntar: o intérprete é intercambiável, como nas duas primeiras fases da interpretação? Ou ele se anula, como na fase da interpretação psicológica? Está em jogo algo muito relevante: o que acontece conosco quando conhecemos?

Trata-se, no caso da história, ao menos para Droysen, de se conhecer a partir do próprio passado. Em sua famosa preleção sobre a filosofia da história, Hegel afirma[51] que só posso saber de um objeto ao saber de mim; é se ver em um processo dialético, ver como os fatores que me determinam são também um objeto para mim: é portanto uma união indissolúvel entre sujeito e objeto: não discuto aqui a eficácia dos conceitos, mas se Sérgio Buarque houvesse se decidido por outra profissão, dificilmente o conceito de "homem cordial" existiria. O mesmo vale para a "banalidade do mal", de Hannah Arendt. É quando o historiador se torna um autor, no sentido literal da palavra: ele aumenta o mundo. Assim, ele não é intercambiável. É singular.

Concluindo, pois:

1) A totalidade é formal; ou seja, ela não é nomológica, isto é, não opera através da redução da experiência mediante a constatação de regularidades expressas em leis do processo histórico. Muito menos ela é a totalidade empírica, a soma de fatos de diferentes naturezas. Ela é formal na medida em que é capaz de integrar diferentes formas de pensar. Este é o sentido, inclusive, da hermenêutica como método capaz de articular a especulação filosófica e teológica com a empiria das ciências da natureza.

2) A autonomia é conquista da singularidade; ou por outra, o método compreensivo não é meramente uma técnica de aplicação de regras. Ao trabalharmos hermeneuticamente, adquirimos consciência da relevância de nossa subjetividade na medida em que a experimentamos como insubstituível. Creio que isto é fundamental: ao insistirmos na afirmação da autonomia, podemos cair em uma especialização que foge do imperativo da universalidade; autonomia significa fazer uma pergunta que até então permanecera latente, significa se incomodar com algo que não perturba nenhuma outra forma de conhecimento. É o que pode ser feito por esta área de conhecimento, e nenhuma outra.

4 Considerações finais

Em texto recente[52], Jörn Rüsen (um dos responsáveis pela recuperação dos estudos sobre Droysen) identifica alguns motivos para se continuar a estudar a *Historik*: o método interpretativo, a discussão sobre a presença do passado como pressuposto para a necessidade de se pensar historicamente, o conceito de *Bildung* (formação) e o conceito de humanidade, fundamental, segundo Rüsen, em uma era globalizada como a nossa.

Os temas indicados por Rüsen, de fato, são atuais. Podemos elaborá-los um pouco mais.

O método interpretativo (ou compreensivo) desenvolvido no século XIX é mais sofisticado do que pretendem alguns de seus críticos, e, claro, *nos permite uma visão bem mais rica e complexa do significado do historicismo* do que aprendemos pelos manuais e mesmo em tradicionais textos de alto nível. Se abrirmos as páginas de *História e consciência da classe*, de Georg Lukács, ou das aclamadas e estudadíssimas (por vezes quase santificadas) teses de Walter Benjamin contidas em *Sobre o conceito da história*, ou, ainda, para pegarmos um autor do outro lado do espectro político, as considerações de Hans-Georg Gadamer sobre a hermenêutica do século XIX, veremos que dificilmente Droysen pode ser tido como um autor que, como disse Lukács a respeito dos historiadores burgueses, propõe "leis naturais", ou meramente exibe sua erudição de maneira assistemática[53]. Muito menos podemos aplicar para Droysen o que pontifica Walter Benjamin na sua 17ª tese sobre o conceito de história: para Benjamin, a história universal historicista "[...] utiliza a massa dos fatos, para com eles preencher o tempo homogêneo e vazio"[54]. Talvez devêssemos aplicar o simples benefício da dúvida para os historicistas, e ver que em passagens como "[...] o estudo da história não significa, naturalmente, que se demande o conhecimento de vários acontecimentos e fatos isolados retirados da vida dos Estados e dos povos [...]"[55]. Já Gadamer incorre no erro de acreditar que, para Droysen, o historiador se situa como um "eu" isolado do processo histórico, portanto, desprovido, ele mesmo, de historicidade: "Droysen se situa aqui plenamente em terreno cartesiano e é seguido de Kant e Wilhelm von Humboldt. O eu isolado é como um ponto solitário no mundo dos fenômenos"[56]. Um dos filósofos mais importantes da hermenêutica do século XX parece ter pulado a seguinte passagem da *Historik*, já citada acima e repetida agora: "cada ponto do presente, cada coisa e pessoa é um resultado histórico, contendo em si uma infinidade de relações, que estão nele entranhadas e internalizadas"[57].

A propósito do conceito de formação, creio que o método interpretativo, muito embora não deva pretender uma validade universal, oferece parâmetros bem interessantes para a consolidação da formação teórica de um historiador – sobretudo o estudante.

O método compreensivo é integrativo, portanto, no sentido de que ele reúne diferentes formas de pensamento: empírico-indutivo, lógico-dedutivo, intersubjetivo (psicológico) e idealista. Suas múltiplas verdades (empírica, lógica, empática e ideal) revelam, portanto, seu potencial universal. Sua integração não se dá por um acúmulo de informações, mas por uma pluralidade de maneiras de raciocinar sobre a vida humana: como uma vida sensorial (empiricamente determinada), natural (logicamente dedutível), afetiva (psicologicamente expressa) e temporal (vivida como um longo percurso através de gerações). Como dissemos acima, ao compreender, fazemos mais, segundo Droysen, do que compreender melhor este ou aquele fato, mas conseguimos estar à altura da complexidade da vida humana. A compreensão é, necessariamente, ética. Ela é formativa, ela é a base do homem culto. *Seria o caso de pensarmos seriamente como se desenvolve a capacidade teórica do aluno*: de alguma maneira, o treinamento metodológico deve tratar do desenvolvimento de diferentes habilidades e faculdades intelectuais.

Tecnicamente, um primeiro ganho se dá na forma de *organização das leituras*. Banal, mas algo que efetivamente desconcerta alunos e até mesmo pesquisadores experientes. Dou o exemplo da pesquisa sobre Droysen feita por mim. Ao tentar compreender o conceito de *Bildung* na teoria da história de Droysen, evidentemente, foi necessário analisar, em primeiro lugar, a própria *Historik* (1857). Nessa primeira etapa é necessário fazer uma leitura detalhada do texto, conhecer cada passo, item, argumento. É o momento do famigerado fichamento. Podem entrar, na primeira fase, as leituras comentadas sobre a *Historik* (e não sobre todo o Droysen, por exemplo).

Na segunda fase, da busca do sentido lógico, surgiu a pergunta: quais são as condições sem as quais este texto seria impossível? Claro, há uma bem óbvia: a língua alemã. Mas o caso é outro: ver, a partir da pergunta sobre a ideia de *Bildung*, quais autores foram fundamentais para Droysen, ou seja, autores citados por ele ao longo da obra. Três nomes se destacaram: Hegel, Wilhelm von Humboldt e Ésquilo.

Na terceira etapa, a da busca do sentido psicológico, foi feito o levantamento das obras escritas por Droysen antes de 1857, bem como de textos de cunho político, que explicassem as lacunas deixadas na leitura direta da *Historik* e na análise de textos influentes. A referência constante a Ésquilo, por exemplo, levou ao estudo de suas obras sobre helenismo e, sobretudo, de suas reflexões sobre a cultura grega e, claro, sobre a tragédia. Foi necessário investigar, também, como sua visão política poderia ter sido influenciada ou influenciado sua concepção de história. Aqui foram obrigatórias as leituras de livros gerais sobre a obra e a vida de Droysen, isto é, textos que não se dedicavam exclusivamente à teoria da história, mas também sobre helenismo etc.

Por fim, o exame da ideia de *Bildung*, tema importante para Droysen, mas que jamais foi tema central e explícito de algum livro ou curso durante toda sua vida. Neste momento, os temas se juntam. Foi importante ver como Hegel e Humboldt o trataram, ou se ele aparecia nas obras de Droysen sobre Grécia Antiga. E, claro, as leituras sobre o tema da *Bildung*, mesmo aquelas sem qualquer menção a Droysen, foram fundamentais (Georg Bollenbeck, Franco Moretti, W.H. Bruford, Aleida Assmann, Koselleck, entre outros).

A organização da leitura permite, além de traçar com mais racionalidade o programa de trabalho (sempre em relação ao tempo disponível), torna viável também organizar o debate sobre o assunto, viabilizando a identificação de *níveis de argumentação*. Este seria o segundo ganho. Na medida em que um autor pretende argumentar no nível do sentido empírico, farei o debate entre ele e com ele neste nível. Se outro pretende argumentar no sentido ideal ou espiritual, não poderei argumentar contra ele no plano meramente empírico ou mesmo lógico. Veja o caso da imensa literatura sobre o Holocausto (para sair um pouco de Droysen): não creio que seja muito produtivo comparar as biografias de Hitler escritas por Ian Kershaw e Joachim Fest com a visão filosófica mais ousada de Hannah Arendt em *Eichmann em Jerusalém*. As primeiras podem ser comparadas com outro estudo, fortemente baseado na ideia da reconstrução da intencionalidade (como a obra *Ordinary Men*, de Christopher Browning), ao passo que a segunda se mede melhor se lida em paralelo ao famoso *Dialética do esclarecimento*, de Adorno e Horkheimer.

O método hermenêutico, como qualquer outro, exige rigor no exame das fontes (a interpretação pragmática), mas durante o exercício do rigor o pesquisador já se vê na necessidade de interpretar: desde a comparação entre ruínas e artefatos, como no exemplo de Droysen, seja no mais simples fichamento, no qual o leitor precisa escolher, selecionar, posto que nenhum autor dirá qual passagem mais ou menos importante do texto. Portanto, o estudioso já se vê obrigado a discernir, mesmo que no plano mais objetivo possível, o essencial do secundário. Tudo isto até chegar ao nível da interpretação das ideias, impossível sem que se insira um sentido ausente nas fontes, mas capaz de articulá-las de maneira verossímil. E é aí que o pesquisador se vê implicado no processo do conhecimento. Subjetividade não é arbitrariedade ou capricho, mas lenta e laboriosa construção: por esta razão, ela é resultado da interpretação, e não simples expressão de uma opinião. E só é atingida após as etapas da pesquisa, percorridas de maneira mais ou menos consciente. O resultado, quando atingido (e não é fácil), é a experiência de pensar o próprio pensamento enquanto pensamos o objeto. E aí a metodologia passa a ser algo bem mais importante do que uma disciplina monótona ou um item de projeto a ser eventualmente financiado por uma instituição de fomento. É processo de *conhecimento, no sentido de co-naissance, nascimento em conjunto.*

Notas

[1] SCHOLTZ, G. "O problema do historicismo e as ciências do espírito no século XX". *História da Historiografia*, n. 6, 2011, p. 44.

[2] DROYSEN, J.G. *Historik*. Stuttgart: Bad-Canstatt/Fromann-Holzboog, 1977, p. 52 [Org. por P. Leyh].

[3] HUMBOLDT, W. "Sobre a tarefa do historiador". In: MARTINS, E.R. (org.) *A história pensada – Teoria e método na historiografia europeia do século XIX*. São Paulo: Contexto, 2010, p. 95.

[4] DILTHEY, W. *Vida y poesía*. México: FCE, 1978, p. 197.

[5] Ibid., p. 200.

[6] HERDER, J.G. *Também uma filosofia da história para a formação da humanidade*. Lisboa: Antígona, 1995, p. 42.

[7] Ibid., p. 46.

[8] Ranke escreveu em 1831: "[...] a História reconhece o infinito em cada coisa viva, algo de eterno vindo de Deus em cada instante, em cada ser; é este seu princípio vital" (RANKE, L. "O conceito de história universal". In: MARTINS, E.R. (org.) *A história pensada*: teoria e método na historiografia europeia do século XIX. Op. cit., p. 206).

[9] Já Droysen, em suas preleções teóricas de 1857, afirma: "A partir da história aprendemos a compreender Deus, e somente em Deus podemos compreender a história" (DROYSEN, J.G. *Historik*. Stuttgart: Bad-Canstatt/Fromann-Holzboog, 1977, p. 30 [Org. por P. Leyh].

[10] Cf. BURCKHARDT, J. *Kritische Gesamtausgabe* – Band 19: Grieschiche Culturgeschichte; Band 1: Die Griechen und ihr Mythus/Die Polis. Munique/Basel: Beck/Schwabe & Co., 2002, p. 371.

[11] Podemos aprender com Peter Szondi, porém, como a relação entre a cultura alemã e a cultura clássica antiga era mais complexa do que uma simples imitação. Mesmo o classicismo de um Joachim Winckelmann (1717-1768), segundo Szondi, não impunha aos modernos a missão de meramente copiar os gregos; para o poeta Friedrich Hölderlin (1770-1843), por exemplo, a diferença intransponível entre gregos e modernos residia, por exemplo, na ausência daqueles da pretensão em ser original e espontâneo, característica marcadamente moderna. Cf. SZONDI, P. "Antike und Moderne in der Ästhetik der Goethezeit". *Poetik und Geschichtsphilosophie*. Band 2. Frankfurt am Main: Suhrkamp, 1974, p. 157-159.

[12] "Droysen acreditava que a tarefa primordial da tragédia de Ésquilo, assim como da historiografia de seu tempo, consistia em unir o caráter polimórfico da ação humana com a visão das intenções divinas na história" (McGLEW, J. "J.G. Droysen and the Aeschylan Hero". *Classical Philology*, vol. 79, n. 1, jan. 1984, p. 3).

[13] Cf. IGGERS, G.G. "The University of Göttingen 1760-1800 and the Transformation of historical scholarship". *Storia della Storiografia*, 2, 1982.

[14] Cf. KANT, I. *O conflito das faculdades*. Lisboa: Ed. 70, 1993, p. 24.

[15] Ibid., p. 21.

[16] Cf. CHARLE, C. & VERGER, J. *História das universidades*. São Paulo: Unesp, 1996, p. 70.

[17] HUMBOLDT, W. "Sobre a organização interna e externa das instituições científicas superiores em Berlim". In: CASPER, G. *Um mundo sem universidades?* Rio de Janeiro: Eduerj, 1997, p. 80.

[18] Ibid., p. 81.

[19] DROYSEN, J.G. *Historik*. Stuttgart Bad-Canstatt/Fromann-Holzboog, 1977, p. 235 [Org. por P. Leyh].

[20] Ibid., p. 236.

[21] Cf. HAECKEL, C. "Studium an der Berliner Universität". In: HAECKEL, C. (Org.) *Philologe – Politiker – Historiker*: Johann Gustav Droysen, 1808-1884. Berlim G + H Verlag, 2008, p. 18.

[22] Cf. ibid., p. 21.

[23] Cf. KITZBICHLER, J. "Der Übersetzer". In: HAECKEL, C. (org.) *Philologe – Politiker – Historiker*. Op. cit., p. 33-34.

[24] Cf. BERMAN, A. *A prova do estrangeiro* – Cultura e tradição na Alemanha romântica. Bauru: Edusc, 2002, p. 28.

[25] DROYSEN, J.G. *Historik*. Stuttgart: Bad-Canstatt/Fromann-Holzboog, 1977, p. 10 [Org. por P. Leyh].

[26] Cf. ibid.

[27] DROYSEN, J.G. *Alexandre o Grande*. Rio de Janeiro: Contraponto, 2010, p. 35.

[28] HEGEL, G.W.F. *Die Vernunft in der Geschichte*. Hamburgo: Meiner, 1994, p. 36.

[29] Ibid., p. 45.

[30] Cf. ibid., p. 58-59.

[31] ASSIS, A. *Historical thinking:* Johann Gustav Droysen on the Value and function of history. Witten: Universidade de Witten-Herdecke, 2009, p. 127 [Tese de doutorado].

[32] HEGEL, G.W.F. *Die Vernunft in der Geschichte*. Op. cit., 1994, p. 63.

[33] Cf. ASSIS, A. *Historical thinking...* Op. cit., p. 138.

[34] Ibid., p. 141-142. A propósito da obra sobre as guerras de libertação, baseio-me largamente nas conclusões de Arthur Assis, apresentadas em sua tese de doutoramento.

[35] Apud ibid., p. 145.

[36] Cf. COHEN, G.A. *Marx's theory of history* – A Defense. Princeton: Princeton University Press, 2000, p. 21.

[37] HEGEL, G.W.F. *Vorlesungen über die Philosophie der Weltgeschichte* – Band 1: Die Vernunft in der Geschichte. Hamburgo: Meiner, 1990, p. 115.

[38] DROYSEN, J.G. *Historik*. Stuttgart: Bad-Canstatt/Fromann-Holzboog, 1977, p. 3-4 [Org. por P. Leyh].

[39] Op. cit., p. 36.

[40] HEGEL, G.W.F. *Fenomenologia do espírito*. Petrópolis: Vozes, 2002, p. 32.

[41] DROYSEN, J.G. *Historik*. Op. cit., p. 52-53.

[42] Cf. HUMBOLDT, W. "Sobre a tarefa do historiador". In: MARTINS, E.R. (org.). *A História pensada...* Op. cit.

[43] DROYSEN, J.G. *Historik.* Op. cit., p. 22.

[44] Ibid., p. 4.

[45] Ibid., p. 54-59. Hayden White denominou, de maneira muito feliz, as etapas da interpretação de Droysen como "fenomenologia da leitura", isto é: a cada fase, o leitor adquire consciência crescente da sua relevância como leitor. Cf. WHITE, H. "Droysens Historik: Historical Writing as a Bourgeois Science". *The Content of the Form.* Baltimore: The Johns Hopkins University Press, 1987, p. 88.

[46] KENNY, A. *Uma nova história da filosofia ocidental* – Vol. III: O despertar da filosofia moderna. São Paulo: Loyola, 2009, p. 50.

[47] Cf. MANN, M. *Fascistas.* Rio de Janeiro: Record, 2008, p. 78-86.

[48] KOSELLECK, R. *Futuro passado* – Contribuição à semântica dos tempos históricos. Rio de Janeiro: Contraponto/PUC-Rio, 2006, p. 168.

[49] O exemplo foi dado por Naiara Damas.

[50] KERSHAW, I. *Hitler*: um perfil do poder. Rio de Janeiro: Zahar, 1993, p. 12.

[51] HEGEL, G.W.F. *Die Vernunft in der Geschichte.* Hamburgo: Meiner, 1994, p. 54.

[52] Cf. RÜSEN, J. "Droysen heute – über verlorene Theme der Historik". *Kultur macht Sinn* – Orientierung zwischen Gestern und Morgen. Köln/Wien: Weimar/Böhlau, 2006, p. 39-40.

[53] Basta ver como Lukács descreve o historicismo. Cf. LUKÁCS, G. *Geschichte und Klassenbewusstsein* (1923) – Werke II: Frühschriften. Darmstadt: Luchterhand, 1977, p. 220. "Posto que seu ponto de partida e seu objetivo é, mesmo que por vezes de modo inconsciente, sempre a apologia da ordem vigente das coisas ou ao menos a comprovação de sua imutabilidade, o pensamento burguês necessariamente encontra aqui um limite intransponível [...] pois o [pensamento burguês] ou bem supera voluntariamente o processo histórico e concebe a organização do presente como eternas leis naturais que [...] não se realizaram de todo no passado ou apenas parcialmente. Ou bem precisa retirar do processo histórico tudo que faz sentido, ficando apenas na 'individualidade' das épocas históricas [...]".

[54] BENJAMIN, W. "Sobre o conceito de história". *Magia e técnica, arte e política.* São Paulo: Brasiliense, 1993, p. 231.

[55] DROYSEN, J.G. *Historik.* Op. cit., p. 40.

[56] GADAMER, H.-G. *Wahrheit und Methode*: Grundzüge einer philosophischen Hermeneutik. Tübingen: Mohr, 1990, p. 216.

[57] DROYSEN, J.G. *Historik.* Op. cit., p. 10.

Referências

ASSIS, A. "Droysens Historik und die Krise der exemplarischen Geschichtstheorie". In: BLANKE, H.-W. (org.). *Historie und Historik: 200 Jahre Johann Gustav Droysen* – Festschrift für Jörn Rüsen zum 70. Geburtstag. Köln/Wien: Weimar/Böhlau, 2009.

_____. *Historical thinking:* Johann Gustav Droysen on the Value and function of history. Witten: Universidade de Witten-Herdecke, 2009 [Tese de doutorado].

BENJAMIN, W. "Sobre o conceito de história". *Magia e técnica, arte e política.* São Paulo: Brasiliense, 1993.

BERMAN, A. *A prova do estrangeiro* – Cultura e tradição na Alemanha romântica. Bauru: Edusc, 2002.

BURCKHARDT, J. *Kritische Gesamtausgabe* – Band 19: Grieschiche Culturgeschichte; Band 1: Die Griechen und ihr Mythus/Die Polis. Munique/Basel: Beck/Schwabe & Co., 2002.

CHARLE, C. & VERGER, J. *História das universidades*. São Paulo: Unesp, 1996.

COHEN, G.A. *Marx's theory of history* – A Defense. Princeton: Princeton University Press, 2000.

DILTHEY, W. *Vida y poesía*. México: FCE, 1978.

DROYSEN, J.G. *Alexandre o Grande*. Rio de Janeiro: Contraponto, 2010.

_____. *Historik*. Stuttgart: Bad-Canstatt/Fromann-Holzboog, 1977 [Org. por P. Leyh].

_____. *Texte zur Geschichtstheorie*. Göttingen: Vandenhoeck & Ruprecht, 1972 [Org. por G. Birtsch e J. Rüsen].

GADAMER, H.-G. *Wahrheit und Methode*: Grundzüge einer philosophischen Hermeneutik. Tübingen: Mohr, 1990.

HACKEL, C. (org.). *Philologe – Historiker – Politiker:* Johann Gustav Droysen (1808-1884) zum 200. Geburtstag. Berlim: G + H Verlag, 2008.

HEGEL, G.W.F. *Fenomenologia do Espírito*. Petrópolis: Vozes, 2002.

_____. *Die Vernunft in der Geschichte*. Hamburgo: Meiner, 1994.

_____. *Vorlesungen über die Philosophie der Weltgeschichte* – Band 1: Die Vernunft in der Geschichte. Hamburgo: Meiner, 1990.

HERDER, J.G. *Também uma filosofia da história para a formação da humanidade*. Lisboa: Antígona, 1995.

HUMBOLDT, W. "Sobre a organização interna e externa das instituições científicas superiores em Berlim". In: CASPER, G. *Um mundo sem universidades?* Rio de Janeiro: Eduerj, 1997.

IGGERS, G.G. "The University of Göttingen 1760-1800 and the Transformation of historical scholarship". *Storia della Storiografia* 2, 1982.

KANT, I. *O conflito das faculdades*. Lisboa: Ed. 70, 1993.

KENNY, A. *Uma nova história da filosofia ocidental* – Vol. III: O despertar da filosofia moderna. São Paulo: Loyola, 2009.

KERSHAW, I. *Hitler*: um perfil do poder. Rio de Janeiro: Zahar, 1993.

KITZBICHLER, J. "Der Übersetzer". In: HAECKEL, C. (org.). *Philologe – Politiker – Historiker*: Johann Gustav Droysen, 1808-1884. Berlim: G + H Verlag, 2008.

KOSELLECK, R. *Futuro passado* – Contribuição à semântica dos tempos históricos. Rio de Janeiro: Contraponto/PUC-Rio, 2006.

LORENZ, C. *Konstruktion der Vergangenheit*: Eine Einführung in die Geschichtstheorie. Köln/Wien: Weimar/Böhlau, 1997.

LUKÁCS, G. *Geschichte und Klassenbewusstsein* (1923). Werke II. Frühschriften. Darmstadt: Luchterhand, 1977.

MANN, M. *Fascistas*. Rio de Janeiro: Record, 2008.

McGLEW, J.J.G. "Droysen and the Aeschylan Hero". *Classical Philology*, vol. 79, n. 1, 1984.

RANKE, L. "O conceito de história universal". In: MARTINS, E.R. (org.). *A história pensada*: teoria e método na historiografia europeia do século XIX. São Paulo: Contexto, 2010.

RÜSEN, J. "Droysen heute – über verlorene Theme der Historik". *Kultur macht Sinn*: Orientierung zwischen Gestern und Morgen. Köln/Wien: Weimar/Böhlau, 2006.

SCHOLTZ, G. "O problema do historicismo e as ciências do espírito no século XX". *História da Historiografia*, n. 6, 2011 [Disponível em www.ichs.ufop.br/rhh].

SZONDI, P. "Antike und Moderne in der Ästhetik der Goethezeit". *Poetik und Geschichtsphilosophie*. Band 2. Frankfurt am Main: Suhrkamp, 1974.

WHITE, H. "Droysen's Historik: Historical Writing as a Bourgeois Science". *The Content of the Form*. Baltimore: The Johns Hopkins University Press, 1987.

3
Jules Michelet (1798–1874)

*Michelle Schreiner**

1 O historiador e sua época

> *O verdadeiro historiador é um homem simples, que busca a verdade*[1].

Nação e história: dois temas recorrentes do pensamento francês – e, por que não dizer, internacional – do século XIX. Ambos caros a inúmeros intelectuais, homens de Estado e a toda uma *intelligentsia*[2] preocupada com as construções identitárias formadoras das nacionalidades e dos sentimentos nacionais, a exemplo do historiador Jules Michelet, em cuja obra o recorte nacional assume fundamental importância, ocupando o lugar central do seu projeto historiográfico.

Nascido no ano de 1798 e morto logo após o fracasso da Comuna de Paris, em 1874, ele testemunhou o Império, a Restauração da monarquia, as revoluções de 1830 e 1848, os períodos conhecidos como "Segunda República" (1848-1852), "Segundo Império" (1852-1870) e a criação da "Terceira República" em 1870, inscrevendo-se no debate político da época como "o historiador do povo e da nação francesa". É nesse contexto – apresentado aqui em linhas muito gerais – que Michelet compõe suas obras, concebidas antes de tudo como estratégia de combate político, servindo como um alerta ao momento atual em que escrevia, no qual movimentos revolucionários fervilhavam por toda a Europa em busca de uma república democrática e social[3].

Como atentou Pierre Nora, no século XIX "a pesquisa da identidade de uma sociedade passava pelo sentimento nacional, portanto pela pesquisa de suas origens, pela história e

---

* Mestre, doutora e pós-doutora em História pela Universidade Estadual de Campinas (Unicamp). Pesquisadora nas áreas de História e Literatura Comparada, com ênfase em História e Literatura no Brasil, França e Argentina do século XIX.

pelo historiador" (1978: 424). Neste aspecto, a figura de Michelet é modelar, visto que sempre vinculou a tarefa de construção da nação ao dever de escrever sua história.

Marco Pamplona nota que a nação é um tipo de "comunidade política imaginada"[4] por seus membros e líderes, que requer a lealdade dos que dela fazem parte:

> As pessoas devem sentir-se prontas para morrer por ela se for necessário, uma vez que tal ato parece satisfazer a sua promessa de identificação com a posteridade, permitindo ao indivíduo que a ela se sente ligado superar a terminalidade representada quer pela morte, quer pelo esquecimento (2003: 4)[5].

Para ele, não obstante o consenso de que o Estado-nação despontou no Ocidente, a maneira como essa "ideia histórica poderosa" exprimiu-se em outras culturas, tais como na Ásia ou na América Latina, denota profundas singularidades. E conclui:

> O modelo do Estado-nação foi legitimado historicamente no Ocidente por duas experiências bastante bem-sucedidas: as da Grã-Bretanha e da França. Não representa nenhuma coincidência que as ideias mais influentes disseminadas a respeito do nacionalismo fossem referidas basicamente a esses dois países e também à Alemanha, cujo importante papel cultural e político também contribuiria para ofuscar os demais nacionalismos dispersos, desenvolvidos no século XIX (2003: 5).

O autor recupera a interpretação que Mary Ann Perkins (1999) faz sobre esses três casos, pois entende que seus comentários esclarecem a valiosa contribuição desses países para o engendramento do conceito de nacionalismo. No caso francês em particular, ela tece as seguintes considerações retomadas por Pamplona:

> Na França [...] o nacionalismo enfatizou a secularização das leis, com a passagem da soberania do rei para a soberania do povo. Ali, a importância de princípios como o da razão pura – "la saine raison" – e o da comunidade moral eram lembrados, ao mesmo tempo em que se enfatizava a missão iluminadora da França Revolucionária. Como Michelet repetidas vezes afirmou, cabia à França, que encarnara e se tornara sinônimo, ela própria, da Revolução, servir de exemplo para o mundo, promovendo a libertação dos demais povos do jugo da tirania (2003: 6).

Portanto, a lei – entendida enquanto "uma expressão da vontade de todos" – determinaria ao mesmo tempo a cidadania e o nacionalismo na França. Isso pode ser visualizado no pensamento de Michelet que, como assinala Pamplona, apesar de conceder grande importância à natureza como fator de constituição do caráter nacional, reafirmaria "o papel maior da secularização da lei e da soberania popular trazidas pela Revolução":

> A nação era, sem dúvida, uma "coleção de povos, partilhando uma linguagem, hábitos e costumes comuns", mas era, sobretudo, "definida a partir de um mesmo código de leis", "aquele muito especial produzido pela Revolução [Francesa]" (2003: 17).

Michelet, assim como outros grandes historiadores do seu tempo, a exemplo de Thierry, Mignet, Guizot, Thiers, Quinet etc., tinha clareza da importância da escrita da história para criar os vínculos que, unindo os homens, os reuniriam em uma nação. Lembremos que a noção de história enquanto uma disciplina que conhece e organiza o passado, um saber institucionalizado que deveria ser ensinado aos cidadãos e um campo de pesquisa incumbido de realizar a genealogia da nação, desenvolve-se ao longo do século XIX com suas pretensões de objetividade na apreensão do real e busca pela "verdade".

De acordo com Edgar de Decca (1997), a moderna historiografia com sua metodologia e teoria alicerçadas no Iluminismo, adotando como modelo a física de Newton, pretendia-se científica no conhecimento do ser humano e da realidade que ele construía. A crítica à transcendência religiosa e a emancipação do indivíduo colocavam o homem como sujeito de sua própria história, fazendo nascer uma "ciência nova" que, para Vico, era a História. Tendo encontrado neste autor várias ideias que orientavam seus estudos – e que serão retomadas mais adiante –, Michelet conceberia assim a missão do saber historiográfico: "refazer a sucessão de fatos no tempo, demonstrando a vitória progressiva da liberdade humana sobre as necessidades naturais":

> Todo estudo individual é acessório e secundário diante desse profundo olhar da França sobre a França, dessa *consciência* interior que ela tem daquilo que fez. O papel da ciência nem por isso deixa de ser grande. Do mesmo modo como essa consciência é forte e profunda, é também obscura, tem necessidade de que a ciência a explique. A primeira mantém e manterá os julgamentos que fez; mas os motivos dos julgamentos, todas as peças do processo, os raciocínios muitas vezes complicados, pelos quais o espírito popular obtém conclusões que são chamadas de simples e ingênuas, tudo isso apagou-se. E está aí o que a ciência está encarregada de redescobrir.
>
> Eis o que nos pede a França, a nós, historiadores: não que faça a história –, ela está feita nos seus pontos essenciais; moralmente, os grandes resultados estão inscritos na consciência do povo –, mas que restabeleçamos a cadeia dos fatos, das ideias de onde saíram esses resultados: "Não vos peço", diz ela, "que formeis minhas crenças, que diteis meus julgamentos; cabe a vós recebê-los e conformar-vos a eles". [...]
>
> Grande missão da ciência, e quase divina! Ela jamais bastaria para isso se fosse apenas ciência, livros, penas e papel. Não se adivinha uma tal história senão ao refazê-la com o espírito e a vontade, ao revivê-la, de modo que não seja uma história, mas uma vida, uma ação. Para redescobrir e relatar o que esteve no coração do povo só há um meio; é ter o mesmo coração.
>
> Um coração grande como a França! [...] O autor de tal história, se algum dia for realizada, será, com certeza, um herói! (1989: 288-289 – Grifo do autor).

Gaëtan Picon (1974) atenta para o interesse de Michelet "no estado moral e espiritual da nação" que, no seu entendimento, o difere dos pensadores revolucionários marxistas, sobretudo pelo desejo destes últimos de confrontação de classes e a possível destruição de um elemento da sociedade da forma como ela está organizada, bem como da grande maioria de seus predecessores e contemporâneos – Thierry e Guizot, em especial –, para quem a ênfase na raça ou nas instituições traria resultados "parciais", "fracionados", "unilaterais":

[...] até 1830 (até mesmo 1836), nenhum dos historiadores notáveis dessa época tinha sentido ainda a necessidade de procurar os fatos fora dos livros impressos, nas fontes primitivas, a maioria inédita então, nos manuscritos das nossas bibliotecas, nos documentos dos nossos arquivos. Esta nobre pleiade histórica que, de 1820 a 1830, lança um tão grande brilho, os Srs. de Barante, Guizot, Mignet, Thiers, Augustin Thierry, encarou a história por pontos de vista especiais e diversos. Um preocupou-se com o elemento da raça, outro com as instituições etc., sem verem talvez de forma suficiente como estas coisas dificilmente se isolam, como cada uma delas reage sobre as outras. A raça, por exemplo, continua a ser idêntica sem sofrer a influência dos costumes mutantes? Podem as instituições estudar-se suficientemente sem ter em conta a história das ideias, de mil circunstâncias sociais de que surgem? Estas especialidades sempre têm algo de um pouco artificial que pretende esclarecer e, todavia, pode dar falsos perfis, enganar-nos sobre o conjunto, tirar-lhe a harmonia superior[6].

Tal divergência de opiniões levaria Michelet a evocar o princípio de Vico do "trabalho de si sobre si" realizado pelos povos, neste caso pela nação francesa, e que no seu modo de ver constitui o próprio movimento da história, como forma de consagrar a noção de que "o mundo social é inteiramente obra do homem":

[...] o mundo moral [...] é seu próprio criador, e sem cessar ele tira dos abismos fecundos de sua profunda vontade, de seu poder infinito de ação, de paixão, este mundo, ele cria os mundos! [...] Espetáculo sempre novo! À medida que ele se faz, a história e a filosofia observam, registram [...][7].

Em um de seus mais importantes trabalhos, *Le Peuple*, de 1846, o viés militante predomina sobre a análise histórica e desvenda Michelet como um autor interessado em intervir na reelaboração do código de valores da sociedade francesa de seu tempo. No seu ponto de vista, a França de meados do século XIX era um país caótico em virtude do ódio e dos conflitos de classe existentes. Por isso, na primeira parte de seu livro, "Da servidão e do ódio", denunciaria a "nova escravidão" a que estavam submetidos os camponeses, operários, industriais, comerciantes, funcionários, ricos e burgueses como um alerta à sociedade industrial moderna que, no seu entender, caminhava para a degradação moral e social da forma como estava se desenvolvendo.

O que o historiador fundamentalmente lamenta é a condição espiritual que cria uma sociedade dividida e alienada, o contrário do "fraternalismo" e da "unidade nacional" que ele pregava, e não a existência de classes por si só. Como observa Picon, para ele "a Revolução Francesa não foi feita para que o camponês se tornasse proprietário de terra. Ela foi feita para que a vida conhecesse uma metamorfose total, para que a essência mesma da condição humana fosse mudada"[8]. E a consciência particular que Michelet desejava produzir ao escrever suas obras ou quando se dirigia aos seus alunos não era para vir por intermédio da violência revolucionária – ele tinha aversão ao uso da força –, mas através da "ação da palavra": "O mais fecundo dos livros é a ação, a ação social. O grande livro vivo é a Pátria. Chamam-no na vila; em seguida, leem correntemente as folhas superiores, departamentos, províncias, compreende-se o conjunto, impregna-se da grande alma"[9].

Como indica Lucien Febvre, "quando Michelet faz a história, é para a ação" (1995: 141). Neste ponto, entende que tudo o que não era ação e vida pouco tocava o historiador; que, da mesma forma, em termos de educação, instruir parecia-lhe um aspecto secundário, sendo o importante, a seus olhos, emocionar o coração e formar o caráter, e o estudo e o ensino da história eram para ele um meio de perpetuar, de renovar, de tornar mais intensa a vida nacional e de agir sobre o futuro pelo passado.

Por fim, vale lembrar que a época de Michelet foi favorável à sua ambição de escrever uma história da França com base em documentos originais, o que se deu na primeira metade do século XIX quando o público, pela primeira vez, teve acesso aos arquivos franceses. Exercendo o cargo de chefe da seção histórica dos *Archives Royales*, Michelet afirmava escutar nos corredores a "voz profunda" da nação, do povo:

> Nas galerias solitárias dos Arquivos por onde eu errei por vinte anos, nesse profundo silêncio, os murmúrios vinham, no entanto, aos meus ouvidos. Os sofrimentos longínquos de tantas almas sufocadas nas suas velhas idades queixavam-se em voz baixa. [...] "Com que te divertes?" [...] Sabes tu que os nossos mártires depois de quatrocentos anos te esperam? [...] Foi na firme crença, na esperança na justiça, que eles deram a vida. Teriam o direito de dizer: "História, conta conosco! Os teus credores te ordenam! Nós aceitamos a morte por uma linha tua"[10].

Por esse motivo, Michelet reivindicaria ao historiador o papel de "ressuscitador", "magistrado fúnebre" ou, como chamou Jacques Le Goff, "necromante"[11], no sentido daquele que traz os mortos novamente à vida para fazer-lhes justiça, que retoma suas ações, sofrimentos e triunfos para "dar-lhes um lugar na memória universal da história" (BARTHES, 1991: 74):

> Jamais em minha carreira perdi de vista esse dever do historiador. A muitos mortos esquecidos dei a assistência que eu mesmo sinto necessitar.
>
> Eu os exumei para uma segunda vida. Vários não haviam nascido no momento que lhes teria sido propício. Outros nasceram às vésperas de circunstâncias novas e surpreendentes que vieram apagar, por assim dizer, sufocar sua memória [...].
>
> A história acolhe e renova essas glórias deserdadas: dá vida aos mortos, ressuscita-os. Sua justiça associa assim os que não viveram num mesmo tempo, faz reparação a vários que só surgiram um momento para desaparecer em seguida. Eles vivem agora junto a nós, que nos sentimos seus parentes, seus amigos. Assim se faz uma família, uma cidade comum entre os vivos e os mortos[12].

O historiador seria o demiurgo que liga o que estava disperso, descontínuo, incompreensível, ao estabelecer uma espécie de comunhão, de fraternidade com os mortos, podendo trocar com eles os signos da vida. Em Michelet, a história abarca a "ressurreição da vida integral": ela não é um simples encadeamento de causas e efeitos, mas uma sequência de identidades que vão organicamente se fundindo até a conformação da obra maior e mais nobre: no caso, a pátria francesa.

2 Percursos e diálogos

*Minha luz antes de tudo, que nunca me
enganará, é a França. O sentimento francês, o
devotamento do cidadão à pátria é minha medida
para julgar esses homens e essas classes; medida
moral, mas também natural; em toda coisa viva,
a parte vale sobretudo por sua relação com o todo*
(MICHELET, 1988: 103).

Paul Viallaneix (1998), organizador das obras de Michelet e responsável pelo restabelecimento de parte dos textos originais que foram alterados pela segunda mulher do historiador após sua morte, reconstitui a trajetória pessoal e intelectual do autor, retratando a atividade de um pesquisador que modificou a forma de abordagem dos acontecimentos históricos, por exemplo, ao atribuir uma importância decisiva à intervenção do povo na História, até então medida pelo peso das personalidades.

Ao longo de seu percurso – apresentado em detalhes no "Quadro cronológico da vida e das obras de Jules Michelet" que segue as "Considerações finais" deste trabalho – o historiador se inseriu numa rede de saberes que se estende a uma gama de autores que, talvez, seria impossível de ser rastreada e cujo trabalho de reconstrução extrapolaria nossos propósitos. Mas só para lembrar, dentre os pensadores modelares mais citados por ele estão o poeta romano Virgílio (70 a.C.-19 a.C.)[13], o filósofo e escritor alemão Johann Gottfried von Herder (1744-1803)[14], o naturalista francês Geoffroy Saint-Hilaire (1772-1844)[15] e o filósofo e humanista italiano Giambattista Vico (1668-1744), sobre quem afirmaria: "Não tive outro mestre senão Vico. Seu princípio da força viva, da *humanidade que cria a si própria*, é a fonte de meu livro e de meus ensinamentos"[16].

A título de ilustração, optamos aqui por introduzir, de maneira rápida e superficial, alguns pontos da obra deste autor que o aproximam de Jules Michelet, sobretudo no que diz respeito à ideia de "humanização da história", ou melhor, de uma "humanidade que cria a si própria", que o historiador francês não cansará de repetir como a problemática que o fascinou e que foi determinante em sua atividade intelectual.

A primeira edição em italiano da *Science Nouvelle*, principal obra de Vico, como sugerem os especialistas, surgiu em 1725 e teria sido reescrita diversas vezes, dando lugar a diferentes edições, como a de 1730 e a de 1744. No entanto, sua produção intelectual como um todo só passaria a ter uma grande difusão na Europa a partir da divulgação de fragmentos desta obra traduzidos para o francês por Michelet, que considerava o autor italiano o fundador da "filosofia da História"[17]. Segundo Peter Burke (1997), o que mais teria impressionado Michelet neste trabalho foi a "grande ideia" de que o que importa na história não é o acontecimento, fato ou pessoa individual, mas a história anônima da evolução social, a "verdadeira história da humanidade". Vico via a história como um processo gradual de "hu-

61

manização do homem", no qual ressaltava a importância da sabedoria popular (*sapienza volgare*) em detrimento aos chamados "grandes homens" ou "grandes acontecimentos". Nesse sentido, a *Ciência nova* era uma obra não convencional, subversiva em relação às convenções históricas e aos valores aristocráticos da época. Nas palavras de Edmund Wilson:

> Até então, a história sempre fora escrita como uma série de biografias de grandes homens, ou como uma crônica de acontecimentos notáveis, ou como um grande préstito comandado por Deus. Mas agora podemos ver que o desenvolvimento de uma sociedade foi afetado por suas origens, seu contexto; que, assim como os indivíduos, as sociedades passam por fases regulares de crescimento [...] o mundo social é certamente obra do homem [...] (1986: 10-11).

Logo, Vico defende a tese de que o homem é o próprio criador do mundo social e ao historiador cabia estudar os fatos humanos em suas origens, a fim de descobrir o sentido da evolução da humanidade, ideia que Michelet foi buscar no precursor italiano como forma de legitimar sua visão de história organicista e coletiva:

> As outras ciências se ocupam em guiar o homem e o aperfeiçoar, mas nenhuma tem ainda por objeto o conhecimento dos princípios da civilização de onde todas elas saíram. A ciência que nos revelaria seus princípios, também nos colocaria o caminho que percorrem os povos em seus progressos e em sua decadência, calculando os anos de vida das nações. Nesse caso, se conheceria os meios pelos quais uma sociedade pode se elevar ou retomar o mais alto grau da civilização que ela for capaz; então estariam de acordo a teoria e a prática, os espertos e os sábios, os filósofos e os legisladores, a sabedoria da reflexão juntamente com a sabedoria instintiva; e não se perderia os princípios desta ciência da *humanização* [...][18].

Ainda com relação aos caminhos trilhados por Michelet, também é necessário lembrar que ao longo de sua carreira ele trafegou por diferentes estilos e temas de interesse da época, como bem nos mostra Ana Paula Vosne Martins:

> O historiador que por tantos anos trabalhou na monumental *História da França* (iniciada em 1833 e concluída em 1867, com dezessete volumes), nos ensaios críticos e em diferentes publicações sobre a história, também enveredou por outros caminhos como a história natural, o ensaio político e as memórias. Durante sua longa vida Michelet manteve um diário, publicado postumamente, no qual registrou com minudência sua vida pessoal, íntima, sexual e também outros aspectos relacionados ao trabalho, às amizades, aos desafetos, às decepções com o tempo e os homens, mas também suas esperanças, afinal Michelet jamais foi um homem derrotado pela descrença ou que tenha se deixado abater pelos infortúnios e mesquinharias. Sua vida e seus livros são exemplares desta atitude inconformista e romântica (2009: 5).

O que percebemos é que, independentemente do tipo de obra ou do tema escolhido, Michelet pleitearia, em termos gerais, por uma maior consciência histórica e pela criação de um novo modelo de obra literária que despertasse espontaneamente o fervor patriótico e elevados ideais humanos. Nesse sentido, o conjunto de seus escritos, quer de ordem historiográfica, de viés naturalista ou de caráter íntimo (diários e correspondências), bem como os cursos que ministrava devem ser entendidos como uma "forma de ação" para educar e instruir os cidadãos da República.

Na visão de Michelet, o homem de letras e de conhecimento não podia pensar o mundo de forma superficial, vendo-o de fora, do exterior, mas deveria experimentá-lo de dentro, como ele afirma fazer ao se colocar no seio do povo para estudar sua verdadeira situação (1988: 3). Mesmo com relação aos livros de história natural que publicou ou aqueles voltados para outros assuntos, esta atitude de observação e de inserção pode ser notada (onde as emoções e a dimensão pessoal são entremeadas com a descrição e a análise já bem conhecidas do "historiador da França"), ou seja, não são trabalhos de evasão ou de contemplação da natureza e dos outros – mulheres, povo, crianças –, mas obras pedagógicas que tinham como objetivo incutir nos indivíduos certos valores, como bondade, fraternidade e união, que deveriam nortear suas realizações[19].

O propósito do historiador era, sem dúvida, sensibilizar os franceses, e talvez o mundo inteiro, em relação às "injustiças" cometidas pelos escritores, artistas, médicos, padres e intelectuais que se debruçavam sobre o "povo" para notar seus defeitos e torpezas. Com eles, travaria seus mais intensos diálogos, a exemplo da crítica de Michelet aos romancistas de seu tempo que, segundo ele, faziam uma "exposição exagerada das chagas da França" e tinham uma "indisposição" em produzir e divulgar uma literatura "saudável", impregnada de valores morais e voltada para a formação dos cidadãos, como veremos a seguir[20].

3 Conceito-chave

É pelas dores pessoais que o historiador ressente e reproduz as dores da nação [...][21].

Nosso autor será invocado agora através de um dos temas-chave ou "obsessões"[22] de seu pensamento: a semelhança entre a história e a vida pessoal.

Lionel Gossman defende que Michelet é um marco da ideia de que o trabalho do historiador pode ser um trabalho sobre si mesmo, um trabalho autobiográfico (1996: 30). Os temas que dominam sua obra histórica são os mesmos que ele crê essenciais na narrativa de sua própria vida. Isso pode ser visualizado nas inúmeras passagens – dispersas em seus diferentes textos, diários, correspondências e cursos –, em que identifica sua própria história à de seu país, dentre as quais podemos citar: "Eu sou a França"; "De que é feita a história senão de mim!"; "As federações são o ato central da Revolução, o mais belo dia de minha vida"; "Eu levava todo esse passado, como teria levado as cinzas de meu pai ou de meu filho"; ou ainda, "Como tudo se mistura na vida, enquanto eu tinha tanta felicidade em renovar a tradição da França, minha tradição rompeu-se para sempre. Perdi aquele que tantas vezes me contou a Revolução, aquele que era para mim a imagem e a testemunha venerável do grande século, quero dizer, do XVIII. Perdi meu pai, com quem vivera toda a vida, quarenta e oito anos. Quando isso me aconteceu, eu olhava, estava em outra parte, realizava às pressas esta obra por tanto tempo sonhada [sua *Histoire de la Révolution Française*]. Estava ao pé da Bastilha, tomava a fortaleza, hasteava sobre as torres a imortal bandeira [...]. Esse golpe me atingiu, imprevisto, como uma bala da Bastilha [...]".

Em nossa tese de doutorado procuramos demonstrar que Michelet reivindica para a História o papel de "literatura de formação do povo" (SCHREINER, 2005a: 116 e 278) a partir da noção de testemunho. Por sua experiência pessoal, vê-se apto a revelar ao povo seus valores, costumes e sentimentos mais íntimos: "E eu, que saí dele, eu que vivi com ele, que trabalhei e sofri com ele, que mais que ninguém adquiri o direito de dizer que o conheço, venho opor a todos a personalidade do povo" (1988: 8).

Em *Le Peuple*, além de narrar a sua vida, "seu passado ligado à história da França e à noção de pátria como uma grande família" (SCHREINER, 2005a: 104), Michelet mostra seu desencanto, frustração e rechaço à literatura em voga no seu tempo, identificada por ele como "romântica", "da moda", que ostentava uma imagem "desfavorável e vergonhosa da França" diante das nações estrangeiras:

> Os românticos acreditaram que a arte estava sobretudo no feio. Acharam que os efeitos artísticos mais infalíveis residiam no feio moral. [...] Desviaram os olhos para o fantástico, o violento, o bizarro, o excepcional. Não se dignaram informar que pintavam a exceção. Os leitores, sobretudo os estrangeiros, acreditaram que eles pintavam a regra. E disseram: "Esse povo é assim" (1988: 8).

Opondo-se aos romancistas contemporâneos como George Sand, Eugène Sue e Honoré de Balzac[23] que, aos seus olhos, eram homens da *arte pela arte* (1988: 119), compositores de obras moralmente descompromissadas, Michelet utilizaria seu próprio testemunho para dar veracidade à história da França, propondo a semelhança, ou melhor, uma imanência entre a história e a vida:

> Não captei essa personalidade superficialmente, em seus aspectos pitorescos ou dramáticos; não a vi de fora, experimentei-a por dentro. E, graças a essa experiência, muita coisa íntima do povo, que ele tem em si sem compreender, eu compreendi. E por quê? Porque eu podia segui-la em suas origens históricas, vê-la sair do fundo do tempo. Quem se atém ao presente, ao atual, não compreende o atual. Quem se contenta em ver o exterior, em pintar a forma, não poderá sequer vê-la: para vê-la com exatidão, para traduzi-la fielmente, é preciso saber o que ela encobre; não há pintura sem anatomia (1988: 9).

No que tange ao procedimento que possibilitaria a apreensão de uma "anatomia" ao invés da simples "aparência", é a experiência legitimada por sua vivência, por sua memória pessoal que o levam a adiar a redação de sua história coletiva (*Histoire de France*) para compor trabalhos como *Le Peuple*, com vistas a atender seu objetivo de produzir uma "verdadeira literatura de formação do povo"[24]:

64

Não é de estranhar que, conhecendo como ninguém os antecedentes históricos desse povo e tendo eu próprio, por outro lado, partilhado sua vida, sinta uma necessidade premente de verdade quando me falam dele. Quando a evolução de minha História levou-me a tratar as questões atuais, e ao percorrer os livros onde foram discutidas, confesso ter ficado perplexo por notar quase todos em contradição com minhas lembranças. Então fechei os livros e voltei ao seio do povo tanto quanto me era possível; o escritor solitário mergulhou de novo na multidão, ouviu-lhe os rumores, observou-lhe as vozes [...]. O povo era o mesmo, as mudanças são exteriores; a memória não me enganava [...] Passei então a consultar os homens, a ouvi-los falar da própria sorte, a recolher de sua boca o que nem sempre se encontra nos escritores mais brilhantes, as palavras de bom-senso (1988: 3).

É contra as seduções do romance e almejando substituí-las que a história de Michelet se define: "Sentir e mostrar a personalidade do povo não é tarefa do contrarregra; não é preciso aí multiplicar os lances teatrais. Bastam olhos afeitos a essa luz suave, capazes de enxergar na obscuridade, no pequeno e no humilde [...]" (1988: 8).

Essa filia com o povo, com as "classes humildes", está estritamente relacionada à sua própria história:

As duas famílias de que procede, uma da Picardia e outra das Ardenas (Os Michelet eram provenientes de Laon; os Millet de Renwez, nas Ardenas), eram originalmente camponeses que mesclavam à agricultura uma certa indústria. Como eram famílias muito grandes – doze, dezenove filhos – boa parte dos irmãos do pai e da mãe de Michelet não quis se casar para facilitar a educação de alguns dos meninos que iam para a escola. Seu avô paterno, professor de música em Laon, reuniu suas pequenas economias, depois do Terror, e foi para Paris, onde seu pai era funcionário da tipografia que imprimia papel-moeda (*assignats*). Ao invés de comprar terras, como tantos outros faziam, confiou o que tinha à sorte de seu filho mais velho, Jean Furcy, pai de Michelet, aplicando tudo num estabelecimento tipográfico que se viu sujeito aos imprevistos da Revolução. Um irmão e uma irmã de Furcy não se casaram para facilitar o negócio, mas seu pai esposou Angélique-Constance Millet e Michelet nasceu em 1798 no coro de uma igreja de religiosas, ocupada então pela tipografia da família [...] (Prefácio de Paul Viallaneix à obra *O povo*, 1988: 8).

Michelet atribui às provações da infância, de uma vida áspera e laboriosa, o "profundo sentimento" que guardou do povo, "o pleno conhecimento do tesouro que existe nele: *a virtude do sacrifício*" (1988: 3 – Grifos do autor).

Em nome da "história-ressurreição", que estaria apta a perscrutar os traços constitutivos do povo, Michelet põe em julgamento uma literatura, no seu entender, individualista, porquanto preocupada somente com a busca do "efeito artístico", e que não se valia da sua capacidade de formar a sensibilidade e a mentalidade da nação:

[...] o *método histórico* é frequentemente o oposto da *arte propriamente literária*. O escritor ocupado em aumentar os efeitos, em colocar as coisas em destaque, quase sempre gosta de surpreender, agarrar o leitor, fazê-lo gritar: "Ah!" Ele fica feliz se o acontecimento natural parece um milagre. Ao contrário, o historiador tem por missão especial explicar o que parece milagre, cercar seus precedentes, as circunstâncias que o conduzem, trazê-lo de volta à natureza. Aqui, devo lhe dizer, eu tive o mérito. Admirando, amando esta personalidade sublime, mostrei em que ponto ela era natural[25].

Por sua condição de "povo", que o autoriza a falar sobre, para e por ele, vê-se compelido a denunciar a literatura "romântica" da época e a restabelecer a "verdadeira imagem do povo francês", sobretudo por meio da produção de "livros positivos", de profundo caráter pedagógico, "que já não combatem, mas ensinam"[26].

Ao identificar-se como "povo" e este como a própria França, por ele erigida à condição de pessoa viva, Michelet escreve uma história que é uma "autorrepresentação", no sentido de que o conhecimento de uma determinada realidade remete a uma experiência pessoal, sem a qual nada é dado a conhecer. Em suma, faz de sua vivência e de suas lembranças um instrumento propagador de seu credo, uma arma ideológica que se transforma em uma expressão "fiel" de devoção patriótica e no compromisso de contribuir com sua própria vida para a edificação da história nacional.

4 Considerações finais

Exercitando sua narrativa histórica como arte e como política, Michelet logrou um domínio sobre o tempo, uma vez que seus escritos continuaram a formar as gerações de intelectuais que o sucederam, tornando-se referência, por exemplo, para os "inventores tropicais de nacionalidades" (SANTOS, 2001: 178), dentre os quais podemos citar o escritor e estadista argentino Domingo Faustino Sarmiento (1811-1888) e o brasileiro Araripe Júnior (1848-1911)[27].

Aderindo aos argumentos de Michelet, já mencionados anteriormente, Sarmiento relaciona suas lembranças e realizações individuais às batalhas e lutas políticas que formaram o seu povo, sendo a história da nação, neste aspecto, uma continuidade de sua história pessoal[28]. Já o escritor e crítico literário Araripe Júnior utilizaria os trabalhos do historiador francês como referência para a análise das obras brasileiras, tal como quando faz grandes elogios à escrita de Michelet em dois artigos do *Jornal do Commercio*, de 6 a 8 de março de 1903, referindo-se ao autor para avaliar *Os sertões*, de Euclides da Cunha:

> *Os sertões*, pois, fascinam; e essa fascinação resulta de um feliz conjunto de atividades artísticas e de preparo científico, posto ao serviço de uma alma de poeta, que viveu, em grande parte, a vida dos agrupamentos humanos que descreve nessas fulgurantes páginas. Conheço, em outras, uma narração, em dez volumes, em que o crescendo da tragédia nunca esmorece. Percorri essa obra sem fadiga, e só no fim senti a extenuação pelo vácuo da sensibilidade privada do alimento. Falo da Revolução Francesa, de Michelet. *Os sertões*, nesse ponto, a assemelham (1966: 92).

Notas

[1] No original: "Le vrai historien est un homme tout simple qui cherche la vérité" (MICHELET, J. "Le grand mouvement de l'histoire – Troisième leçon (lundi 13 janvier 1840)". *Cours au Collège de France*. T.I (1838-1844), 1995, p. 356). As traduções presentes neste artigo, quando não atribuídas a outra pessoa, são de minha autoria. Partes deste texto, com algumas alterações, podem ser encontradas em nossa tese de Doutorado "Jules Michelet e a história que ressuscita e dá vida aos homens: uma leitura da emergência do 'povo' no cenário historiográfico francês da primeira metade do século XIX", financiada pelo CNPq e apresentada ao programa de Pós-graduação em História da Unicamp em agosto de 2005 [Acesso disponível em http://libdigi.unicamp.br/document/?code=vtls000364097].

[2] Fazemos uso aqui da ideia de *intelligentsia* apresentada por Marco A. Pamplona em comparação com os chamados intelectuais "tradicionais": "Assim, diferentemente do conjunto dos grupos de pessoas que normalmente se encaixam no conceito mais amplo de *intelligentsia* – juristas, doutores, clero, militares, profissionais liberais, professores etc. –, os intelectuais 'tradicionais' buscam apresentar-se como aqueles que podem e conseguem manter uma postura crítica sobre o poder" (2003: 6).

[3] Para saber mais sobre o contexto histórico da França oitocentista, cf. Williams (1969), Godechot (1971), Hauser (1972), Benjamim (s.d. e 1985), Guinsburg (1985), Burke (1989), Perrot (1991), Ortiz (1991), Bresciani (1992), Elias (1993), Hobsbawm (1996), dentre outros.

[4] Neste trabalho, estaremos utilizando a ideia de nação desenvolvida por Benedict Anderson (1989 e 1991) e depois retomada por Paul James (1996). Em linhas gerais, para Anderson, os membros de uma nação jamais conhecem ou ouviram falar de seus compatriotas, contudo, na mente de cada um estaria viva a imagem de sua comunhão (1989: 14-15).

[5] Como cita Pamplona, vários autores desenvolveram esta ideia, dentre os quais Connerton (1992), Perkins (1999), Taminiaux (1996) e Radcliffe & Westwood (1996).

[6] No original: "[...] jusqu'en 1830 (même jusqu'en 1836), aucun des historiens remarquables de cette époque n'avait senti encore le besoin de chercher les faits hors des livres imprimés, aux sources primitives, la plupart inédites alors, aux manuscrits de nos bibliothèques, aux documents de nos archives. Cette noble pleiade historique qui, de 1820 à 1830, jette un si grand éclat, MM. de Barante, Guizot, Mignet, Thiers, Augustin Thierry, envisage a l'histoire par des points de vue spéciaux et divers. Tel fut préoccupé de l'élément de race, tel des institutions etc., sans voir peut-être assez combien ces choses s'isolent difficilement, combien chacune d'elles réagit sur les autres. La race, par exemple, reste-t-elle identique sans subir l'influence des moeurs changeantes? Les institutions peuvent-elles s'étudier suffisamment sans tenir compte de l'histoire des idées, de mille circonstances sociales dont elles surgissent? Ces spécialités ont toujours quelque chose d'un peu artificiel, qui prétend éclaircir, et pourtant peut donner de faux profils, nous tromper sur l'ensemble, en dérober l'harmonie supérieure" (MICHELET, J. "Préface de 1869". *Oeuvres Complètes de Michelet*, t. IV (Histoire de France, livres I-IV), 1974, p. 11).

[7] No original: "[...] le monde moral [...] il est son créateur, et sans cesse il tire des abîmes féconds de sa profonde volonté, de sa puissance infinie d'action, de passion, ce monde, il crée des mondes! [...] Spectacle toujours nouveau! À mesurequ'il se fait, l'histoire et la philosophie regardent, enregistrent [...]" (MICHELET, J. "L'Étudiant – Troisième leçon (30 décembre 1847)". *Cours au Collège de France*, t. II (1845-1851), 1995, p. 299-300).

[8] No original: "La Révolution Française n'a pas été faite pour que le paysan devienne propriétaire du sol. Elle a été faite pour que la vie connaisse une métamorphose totale, pour que l'essence même de la condition humaine soit changée" (Apud PICON, 1974: 119).

[9] No original: "Le plus fécond des livres, c'est l'action, l'action sociale. Le grand livre vivant, c'est la Patrie. On l'épelledans la commune; puis, lisant couramment aux feuillets supérieurs, départements, provinces, on embrassel'ensemble, on s'imprégne de la grandeâme" (MICHELET, J. "Nos fils". *Oeuvres Complètes de Michelet*, t. XX, 1987, p. 498).

[10] No original: "Dans les galeries solitaires des Archives où j'errai vingt années, dans ce profond silence, des murmures cependant venaient à mon oreille. Les souffrances lointaines de tant d'âmes

étouffées dans ces vieux âges se plaignaient à voix basse. [...] 'A quoi t'amuses-tu?' [...] 'Sais-tu que nos martyrs depuis quatre cents ans t'attendent?' [...] C'est dans la ferme foi, l'espoir en la justice qu'ils ont donné leur vie. Ils auraient droit de dire: 'Histoire! Compte avec nous. Tes créanciers te somment! Nous avons accepté la mort pour une ligne de toi" (MICHELET, J. "Préface de 1869", 1974, p. 24).

[11] De acordo com Jacques Le Goff, Michelet ama os mortos não como fantasmas ou fragmentos arqueológicos de um passado remoto, mas como homens reais encerrados nas pedras e documentos: "Sim, Michelet é muito melhor que um necromante; ele é, segundo o belo neologismo que ele inventou para si próprio e que ninguém ousou conservar depois dele, um 'ressuscitador'". No original: "Oui, Michelet est beaucoup mieux qu'un nécromant; il est, selon le beau néologisme qu'il a inventé pour lui-même et qu'on n'a pas osé garder après lui, un 'ressusciteur'" (LE GOFF, J. "Michelet et le Moyen Âge, aujourd'hui. *Oeuvres Complètes de Michelet*, t. IV, 1974, p. 46).

[12] No original: "Je les ai exhumés pour une seconde vie. Plusieurs n'étaient pas nés au moment qui leur eût été propre. D'autres, à la veille de circonstances nouvelles et saisissantes qui sont venues les effacer, pour ainsi dire, étouffer leur mémoire [...]. L'histoire accueille et renouvelle ces gloires des héritées; elle donne nouvelle vie à ces morts, les ressuscite. Sa justice associe ainsi ceux qui n'ont pas vécu en même temps, fait réparation à plusieurs qui n'avaient paru qu'un moment pour disparaître. Ils vivent maintenant avec nous qui nous sent ons leurs parents, leurs amis. Ainsi se fait une famille, une cité commune entre les vivants et les morts" (MICHELET, "J. Histoire du XIXᵉ siècle, t. II: Jusqu'au 18 Brumaire – Préface". *Oeuvres Complètes de Michelet*, t. XXI, 1982, p. 268).

[13] Para Michelet, Virgílio seria, na história do humanismo ocidental, o único apóstolo de uma reconciliação de todas as criaturas: "Indiano por sua ternura para com a natureza, cristão por seu amor ao homem, ele reconstitui, esse homem simples, em seu coração imenso, a bela cidade universal da qual não se exclui nada que tenha vida, enquanto cada um só quer fazer entrar aí os seus" (1988: 109).

[14] Conforme Roland Barthes, Michelet teria herdado de Herder o esquema da "história-planta", ou seja, esta cadeia de identidades cujo movimento seria menos sucessão do que constância: "Há, propriamente falando, fatos históricos? Não: a história é antes um contínuo de identidades, assim como a planta ou a espécie são a duração de um mesmo tecido" (BARTHES, 1991: 32).

[15] Mais perto dele, Michelet descobre outro "mestre" na pessoa de Geoffroy Saint-Hilaire, que "amou a criança, o animal" e que, atento às suas semelhanças, estabeleceu o princípio da unidade de composição dos seres vivos. É com razão que Taine verá em *L'Oiseau* (O pássaro), publicado 10 anos depois, uma continuação de *Le peuple* (O povo): "O historiador que conheceis aparece através do naturalista que descobrireis. O livro *L'Oiseau* não passa de um capítulo acrescentado ao livro *Le peuple*. O autor não sai de sua carreira – alarga-a. Pleiteara pelos pequenos, pelos simples, pelas crianças, pelo povo. Agora ele pleiteia pelos animais e pelos pássaros" (Apud CASANOVA, R. "Introduction". MICHELET, J. *Le Peuple*, 1965, p. 37). Sobre os trabalhos não históricos de Michelet, de sua fase tida "naturalista", cf. Kaplan (1977).

[16] No original: "Je n'eus de maître que Vico. Son principe de la force vive, de *l'humanité qui se crée*, fit et mon livre et mon enseignement" (MICHELET, J. "Préface de 1869", 1974, p. 14 – Grifos do autor). Como pontuam vários estudiosos (Berlin, 1982; Barthes, 1991; Burke, 1997), embora Michelet, no fim de sua existência, proclamasse que Vico tinha sido seu mestre, somente selecionou da *Ciência nova* aquilo que acentuava ou se harmonizava com suas preocupações e pressupostos de análise, o que explicaria seu entusiasmo pelo filósofo italiano. De acordo com Isaiah Berlin (1982), Michelet teria encontrado em Vico uma visão dos homens como forjadores de seus próprios destinos, engajados em uma luta prometeica para atingir sua liberdade social e moral, arrancando da natureza os meios que pudessem servir a seus objetivos humanos e, no decorrer desse processo, criando e destruindo instituições em seu empenho perpétuo de superar os obstáculos sociais e individuais para a completa realização das energias morais e do gênio criativo dos povos e sociedades inteiras. No entanto, Michelet teria ignorado a teoria dos ciclos históricos de Vico, as tendências antidemocráticas, a admiração pelas sociedades semiprimitivas, devotas e autoritárias que constituem a verdadeira antítese da fé apaixonada de Michelet na liberdade popular.

[17] A tradução da *Science Nouvelle* feita por Michelet, "um tanto livre" na opinião de Burke, foi publicada em 1827 (BURKE, 1997: 17).

[18] No original: "Les autres sciences s'occupent de diriger l'homme et de le perfectionner; mais aucune n'a encore pour objet la connaissance des principes de la civilisation d'où elles sont toutes sorties. La science qui nous révélerait ces principes, nous mettrait à même de mesurer la carrière que parcourent les peuples dans leurs progrès et leur décadence, de calculer les âges de la vie des nations. Alors on connaîtrait les moyens par lesquels une société peut s'élever ou se ramener au plus haut degré de civilisation dont elle soit susceptible, alors seraient accordées la théorie et la pratique, les savans et les sages, les philosophes et les législateurs, la sagesse de réflexion avec la sagesse instinctive; et l'on ne s'écarterait des principes de cette science de *l'humanisation* [...]" (1963: XXII – Grifo do autor).

[19] Os livros que compõem este conjunto de publicações, escritos entre as décadas de 1840 e 1860, renderam-lhe uma enorme popularidade. Referimo-nos, sobretudo, às obras *O povo* (1846), *O pássaro* (1855), *O inseto* (1857), *O amor* (1858), *A mulher* (1859), *O mar* (1861), *A feiticeira* (1862) e *A montanha* (1868).

[20] Já desenvolvemos este tema no artigo "Jules Michelet e a história em sua expressão pedagógica de formação do 'povo'" (2005b).

[21] No original: "C'est par les douleurs personnelles que l'historien ressent et reproduit les douleurs des nations [...]" (MICHELET, 1959: 378).

[22] Termo utilizado por Roland Barthes (1991) em referência às várias temáticas perseguidas por Michelet.

[23] É importante ressaltar que a crítica de Michelet ao que considerava "literatura romântica" se inscreve, nesta obra, sobre os romances *Indiana* e *Lélia* (George Sand), *Les mystères de Paris* (Eugène Sue) e *Les paysans* (Honoré de Balzac).

[24] Michelet interrompe sua *Histoire de France*, cujas memórias preenchem vinte e três volumes redigidos entre 1833 e 1867, para escrever *Le peuple*, em 1845, "em oposição a certa imagem de povo já construída por essa literatura contemporânea" (SCHREINER, 2005a: 107). Vale destacar que a *Histoire de France*, suspensa em 1844 após a publicação do tomo VI, só será novamente colocada à venda em 1855 com o lançamento do tomo VII, *Renaissance*. Entende-se hoje por "*Histoire de France*, de Jules Michelet" os 23 volumes escritos entre 1833 e 1867, ou seja, os 17 tomos da *Histoire de France* e os seis da *Histoire de la Révolution Française*.

[25] No original: "[...] la *méthode historique* est souvent l'opposé de *l'art proprement littéraire*. L'écrivain occupé d'augmenter les effets, de mettre les choses en saillie, presque toujours aime à surprendre, à saisir le lecteur, à lui faire crier: 'Ah!' Il est heureux si le fait naturel apparaît un miracle. Tout au contraire l'historien a pour spéciale mission d'expliquer ce qui paraît miracle, de l'entourer des précédents, des circonstances qui l'amènent, de le ramener à la nature. Ici, je dois le dire, j'y ai eu du mérite. En admirant, aimant cette personnalité sublime, j'aimontré à quel point elle ét ait naturelle" (MICHELET, J. "Préface de 1869", 1974, p. 23 – Grifos do autor).

[26] No original: "[...] livres positifs, qui ne combattent plus, mais enseignent [...]" (MICHELET, J. "L'Étudiant – Troisième leçon (30 décembre 1847)". *Cours au Collège de France*, t. II, 1995, p. 396).

[27] De acordo com Afonso Carlos Marques dos Santos (2001), as obras de Michelet teriam tido grande repercussão no mundo letrado brasileiro, a exemplo do nosso Pereira da Silva.

[28] Esta temática foi desenvolvida em nossa pesquisa de Pós-doutorado intitulada *Autobiografia e identidade nacional no século XIX: um contraponto entre a América Hispânica e o Brasil*, financiada pela Fapesp e apresentada ao programa de Pós-graduação em História da Unicamp em agosto de 2009. No entanto, ainda não publicada.

Referências

ANDERSON, B. *Imagined communities*: reflections on the origin and spread of nationalism. Londres: Verso, 1991.

_____. *Nação e consciência nacional*. São Paulo: Ática, 1989.

ARARIPE JÚNIOR, T.A. *Obra crítica*. Vol. 4. Rio de Janeiro: MEC, 1966.

BALZAC, H. *Les paysans*. Paris: Gallimard, 1984.

BARTHES, R. *Michelet*. São Paulo: Companhia das Letras, 1991.

BENJAMIN, W. "Paris, capital do século XIX". *W. Benjamin*. São Paulo: Ática, 1985.

_____. *Charles Baudelaire*: um lírico no auge do capitalismo. Vol. III. São Paulo: Brasiliense, [s.d.] [Obras Escolhidas].

BERLIN, I. *Vico e Herder*. Brasília: UnB, 1982.

BRESCIANI, M.S.M. *Londres e Paris no século XIX*: o espetáculo da pobreza. 7. ed. São Paulo: Brasiliense, 1992 [Coleção Tudo é História].

BURKE, P. *Vico*. São Paulo: Unesp, 1997.

_____. *Cultura popular na Idade Moderna*. São Paulo: Companhia das Letras, 1989.

CONNERTON, P. *How societies remember*. Cambridge: Cambridge University Press, 1992.

DECCA, E.S. "O que é romance histórico? Ou, devolvo a bola pra você, Hayden White". In: AGUIAR, F. et al. (orgs.). *Gêneros de fronteira*: cruzamentos entre o histórico e o literário. São Paulo: Xamã, 1997.

ELIAS, N. *O processo civilizador*: formação do Estado e civilização. Vol. II. Rio de Janeiro: Zahar, 1993.

FEBVRE, L. *Michelet e a Renascença*. São Paulo: Scritta, 1995.

GODECHOT, J. *Les révolutions de 1848*. Paris: Albin Michel, 1971.

GOSSMAN, L. "Jules Michelet: histoire nationale, biographie, autobiographie". *Revue de Littérature*: Échoset Traces, n. 102, mai./1996, p. 29-54. Paris: Larousse.

GUINSBURG, J. (org.). *O romantismo*. 2. ed. São Paulo: Perspectiva, 1985.

HAUSER, A. *História social da literatura e da arte*. T. II. São Paulo: Mestre Jou, 1972.

HOBSBAWM, E.J. *A era das revoluções*: Europa, 1789-1848. 9. ed. Rio de Janeiro: Paz e Terra, 1996.

JAMES, P. *Nation formation*: towards a theory of abstract community. Londres: Sage, 1996.

KAPLAN, E.K. *Michelet's poetic vision* – A romantic philosophy of nature, man and woman. Amherst: University of Massachusetts Press, 1977.

MARTINS, A.P.V. "A utopia amorosa de Jules Michelet". *Seminário da Linha de Pesquisa Intersubjetividade e Pluralidade*: reflexões e sentimentos na História, out./2009 [Acesso disponível no Google].

MICHELET, J. *Cours au Collège de France (1838-1851)*. 2 vols. Paris: Gallimard, 1995 [Publicado por P. Viallaneix, com a colaboração de O.A.H.I. Tieder].

_____. *História da Revolução Francesa*: da Queda da Bastilha à Festa da Federação. São Paulo: Companhia das Letras, 1989.

_____. *O povo*. São Paulo: Martins Fontes, 1988.

_____. "Nosfils". *Oeuvres Complètes de Michelet*. T. XX (1866-1871). Paris: Flammarion, 1987.

_____. "Histoire du XIXᵉ siècle – T. II: Jusqu'au 18 Brumaire – Préface". *Oeuvres Complètes de Michelet*. T. XXI (1872-1874). Paris: Flammarion, 1982.

_____. *Oeuvres Complètes de Michelet*. 13 vols. Paris: Flammarion, 1972-1982 [Org. por P. Viallaneix – 1. ed. crítica: textos de história, variantes de apresentação, material para imprensa].

_____. *Le people*. Paris: Julliard, 1965 [Introduction e notes de R. Casanova].

_____. "Discours sur le système et la vie de Vico". In: VICO, J.-B. *Principes de la Philosophie de l'Histoire*. Paris: Armand Colin, 1963 [Traduzido de *Cienza Nuova* e precedido por um discurso sobre o sistema e a vida do autor, por J. Michelet].

_____. *Journal*. T. II (1849-1860. Paris: Gallimard, 1962 [Texto integral publicado com uma introdução, notas e muitos documentos, por P. Viallaneix].

_____. *Journal*. T. I. (1828-1848). Paris: Gallimard, 1959 [Texto integral publicado com uma introdução, notas e muitos documentos, por P. Viallaneix]..

_____. *Écrits de jeunesse (Journal, 1820-1823: Mémorial, Journal des Idées)*. Paris: Gallimard, [s.d.] [Texto integral publicado com uma introdução, notas e muitos documentos, por P. Viallaneix].

NORA, P. et al. (orgs.). *La nouvelle histoire*. Paris: CEPL., 1978.

ORTIZ, R. *Cultura e Modernidade* – A França no Século XIX. São Paulo: Brasiliense, 1991.

PAMPLONA, M.A. "Ambiguidades do pensamento latino-americano: intelectuais e a ideia de nação na Argentina e no Brasil". *Revista Estudos Históricos*, n. 32, 2003/2 [Disponível em http://www.cpdoc.fgv.br].

PICON, G.M. *Tableau de La littérature française...* 3: De Madame de Staël à Rimbaud. Paris: Gallimard, 1974, p. 114-120.

PERKINS, M.A. *Nation and word, 1770-1850*. Aldershot: Ashgate, 1999.

PERROT, M. (org.). *História da vida privada*: da Revolução Francesa à Primeira Guerra. Vol. 4. São Paulo: Companhia das Letras, 1991.

RADCLIFFE, S.A. & WESTWOOD, S. *Remaking the nation*: place, identity and politics in Latin America. Londres: Routledge, 1996.

SAND, G. *Lélia*. Paris: Classiques Garnier, 1960.

_____ *Indiana*. Paris: Gallimard, 1984 [Collection Folio Classique].

SANTOS, A.C.M. "Nação e história: Jules Michelet e o paradigma nacional na historiografia do século XIX". *Revista de História* [on line], n. 144, 2001, p. 151-180 [Disponível em http://www.revistasusp.sibi.usp.br/pdf/rh/n144/a05n144.pdf].

SCHREINER, M. *Jules Michelet e a história que ressuscita e dá vida aos homens* – Uma leitura da emergência do "povo" no cenário historiográfico francês da primeira metade do século XIX. Campinas: Unicamp/IFCH, 2005a [Tese de doutorado] [Acesso disponível em http://libdigi.unicamp.br/document/?code=vtls000364097].

_____. "Jules Michelet e a história em sua expressão pedagógica de formação do 'povo'". *Pós-História*, vol. 13/14, 2005b, p. 39-58. Unesp-Assis.

SUE, E. *Les mystères de Paris*. Paris: Robert Laffont, 1989.

TAMINIAUX, P. "Sacred text, sacred nation". In: GARCÍA-MORENO, L. & PFEIFFER, P.C. (orgs.). *Text and nation*: cross-disciplinary essays on cultural national identities. Columbia: Camden House, 1996.

VIALLANEIX, P. *Michelet, les travaux et les jours*. Paris: Gallimard, 1998.

WILLIAMS, R. *Cultura e sociedade, 1780-1950*. São Paulo: Companhia das Letras, 1969.

WILSON, E. *Rumo à Estação Finlândia* – Escritos e autores da história. São Paulo: Companhia das Letras, 1986.

4
Leopold von Ranke (1795–1886)

André de Melo Araújo★

"A última vez que eu o vi foi em 1877, quando ele já estava fraco e praticamente cego, e mal conseguia ler ou escrever. Ele se despediu com emoção, e temi que a próxima vez que ouviria falar dele seria sobre a notícia de sua morte. Dois anos depois, ele começou a [produzir sua] História Universal, [obra] que não esconde traços de fraqueza, mas que – composta numa idade que já ultrapassava os oitenta e três anos e chegava, em dezessete volumes, até a Idade Média – mostra de perto a carreira mais extraordinária nas letras"[1].

A carreira a que Lord Acton (1834-1902) se referia por ocasião de sua conferência inaugural como professor *regius* de história moderna na Universidade de Cambridge, em 1895, é a do historiador alemão Leopold von Ranke (1795-1886). Acton, que estudara em Munique e era membro da Academia de Ciências da Baviera, sustenta ainda que Ranke, a despeito de seu "espírito pequenino"[2], foi "o verdadeiro criador do estudo heroico dos arquivos" e "o representante da época em que se instituiu o estudo moderno da história"[3]. De Oxford, William Stubbs (1829-1901), igualmente professor *regius* de história moderna, afirmara antes mesmo de seu colega de Cambridge: "Leopold von Ranke é – para além de qualquer comparação – não apenas o maior conhecedor da história [*historical scholar*] vivo, mas também um dos grandes historiadores [*historian*]" de que já se teve notícia[4].

As palavras de Acton e Stubbs são testemunha do alcance do pensamento de Ranke, que já no século XIX ultrapassara as fronteiras continentais da Alemanha. Dez anos antes do discurso inaugural de Acton, Ranke fora eleito membro honorário da recém-fundada *American Historical Association*, nos Estados Unidos. Sua vasta biblioteca particular foi comprada em 1887 – ou seja, um ano após a sua morte – pela Universidade de Syracuse, em Nova York. E foi sobretudo nos países de língua inglesa que as premissas de trabalho do

---

★ Doutor em História pela Universidade de Witten/Herdecke (Alemanha). Atualmente é pesquisador de Pós-Doutorado no Departamento de História da Universidade de São Paulo (USP) e bolsista da Fundação de Amparo à Pesquisa do Estado de São Paulo (Fapesp). – Agradeço aos professores Sérgio da Mata e Jorge Grespan pela leitura crítica do texto. – Este capítulo é dedicado ao Professor Estevão Martins, por ocasião do seu 65º aniversário.

historiador alemão viram-se reduzidas ao tratamento objetivo e cientificamente controlável do passado[5]. Tal interpretação parcial da obra de Ranke, no entanto, perde o fundamento quando se leva em consideração suas preocupações com a história universal, tema para o qual o autor se volta não apenas após o último encontro com Acton.

Este texto tem por objetivo apresentar o pensamento histórico de Leopold von Ranke tendo em vista seu esforço tanto para compreender a singularidade dos acontecimentos históricos, quanto para destacar o papel que as histórias singulares desempenham na história universal. Pretende-se, portanto, minar os caminhos fáceis pelos quais trilham as interpretações unilaterais da obra de Ranke. Para tanto, serão analisados, em primeiro lugar, os passos que levaram o jovem historiador a definir o problema do conhecimento histórico tanto nos termos da representação rigorosa dos fatos, quanto naqueles do desenvolvimento da unidade e da progressão dos acontecimentos. Em seguida, veremos como Ranke aprofunda o método de pesquisa em função do qual se procura verificar a legitimidade das fontes documentais. Por fim, acompanharemos sua preocupação constante com a história universal, levando-se em conta o cenário acadêmico e os debates historiográficos em curso à época que Acton definira como o momento de instituição do estudo moderno da história.

1 O historiador e seu tempo

Contrariando a tradição vocacional de uma família de pastores luteranos, Gottlob Israel Ranke (1762-1836) demonstrava mais interesse por assuntos ligados à jurisprudência do que à teologia. Após seus estudos na Universidade de Leipzig, retorna a Wiehe an der Unstrut, na região da Turíngia, Alemanha, de onde passa a administrar as terras que herdara da mãe e a oferecer serviços jurídicos. Do matrimônio contraído com Friedericke Lehmicke nasce, em dezembro de 1795, Franz Leopold Ranke. "Eu nasci no ano em que o tratado de paz de Basel foi firmado" entre o governo pós-revolucionário na França e a Prússia. "Perdoem-me por estabelecer uma relação entre os grandes acontecimentos do mundo e a minha existência insignificante"[6], diz Leopold von Ranke já próximo de completar 90 anos, e ainda bastante ocupado com o projeto de publicação de uma história universal. Mas, longe das terras em disputa às margens do Reno, o curso de sua existência seguia, sem grandes entraves, o hábito das famílias ilustradas: Leopold começa a se familiarizar com as letras em casa e no coro da igreja local. Seu pai tinha em mente, entretanto, educar os filhos no ginásio humanístico em Pforta, onde se poderia adquirir o domínio perfeito das línguas clássicas. Aos 11 anos, Ranke entra na escola do mosteiro de Donndorf e lê com afinco os livros históricos do Antigo Testamento, além de se dedicar sobretudo à tradução do grego. De presente para o pai, traduz *Electra*; inspirado no ritmo impresso por Friedrich Schiller aos versos de *A noiva de Messina*, traduz as falas do coro de *Filoctetes*.

Em 1809, o aluno de Donndorf é aceito no ginásio de Pforta, por onde também passaram Friedrich Gottlieb Klopstock, Johann Gottlieb Fichte e Friedrich Nietzsche. Nessa

74

época, o jovem Leopold se ocupa tanto com o problema da unidade da tragédia nos textos de Eurípides[7], quanto mais diretamente com questões de estética literária, tendo em vista a ideia de que "toda poesia tem que ser uma representação dos homens"[8]. Sua carreira nas letras prossegue nos cursos de teologia e filologia clássica que passa a frequentar na Universidade de Leipzig. Os novos alunos recebem a recomendação de assistir às preleções introdutórias sobre a história. Desde o século XVIII, os cursos de história geral ou história universal eram vistos, no contexto universitário alemão, como uma introdução desejável à cultura letrada. "A introdução do professor que se ocupava com o tratamento genético da história", relata Ranke, "era muito interessante." Já no que diz respeito à exposição dos acontecimentos da história universal, aí "todos perdiam o fio da meada".

O que até então afastara Ranke das obras históricas era a quantidade de informações desconexas e incompreensíveis. No caso das preleções introdutórias de Wieland, não se estimulava a compreensão das coisas[9]. Foi, portanto, no Curso de Filologia Clássica que Leopold Ranke encontrou seu principal mentor na crítica e interpretação textuais. Em Leipzig, Gottfried Hermann (1772-1838) ensinava sobretudo a gramática grega. É junto a este professor que o jovem aluno entrega um trabalho sobre Tucídides – até hoje perdido – em função do qual obtém o título de *doctor philosophiae* em 20 de fevereiro de 1817. Mais de 60 anos depois, escreve Ranke sobre Tucídides em sua *História Universal*:

> Ele não estava mais limitado apenas aos rumores e narrativas de sua cidade natal e encontrou os meios para poder alcançar um entendimento e uma exposição imparciais. Enquanto o estrangeiro sentia-se levado a privilegiar Atenas, o ateniense tinha bons motivos para observar os atos de seus concidadãos sem um patriotismo unilateral[10].

A imparcialidade que Ranke reconhece na obra de Tucídides, como veremos mais adiante, é um aspecto sobre o qual ele se debruça em seus escritos da maturidade. É extremamente improvável, no entanto, que o texto perdido de Ranke sobre o historiador grego guarde qualquer relação com suas preocupações mais tardias. Até então, a prosa grega estimulara, no aluno formado pelo currículo humanista do ginásio de Pforta e pelos cursos em Leipzig, reflexões de ordem filológica e estética, interesses que Ranke mantém aceso por toda a vida, já que a arte poética não deixa de ser uma forma de representação da ação dos homens.

No contexto da *Sociedade de estudos gregos*, Ranke conhece Ernst Friedrich Poppo, ex-aluno de Gottfried Hermann em Leipzig. Poppo era diretor do *Friedericianum*, escola ginasial que passa a receber atenção especial do governo prussiano em função da reorganização da cena acadêmica alemã no começo do século XIX. Com as reformas promovidas nas instituições de ensino, a universidade de Frankfurt an der Oder é fechada, motivo pelo qual a escola de Poppo ganha importância regional[11]. Ainda em Leipzig, Ranke recebe o convite para ensinar no *Friedericianum*, onde permanece entre os anos de 1818 e 1825, e se dedica principalmente às aulas de grego, além de ministrar cursos de latim, alemão e história.

Os alunos do ginásio dirigido por Poppo frequentavam 30 horas de aula semanais, sendo mais da metade delas dedicada às línguas clássicas[12]. O conceito de formação humanística em voga na Prússia do século XIX reforçava a importância do estudo da cultura greco-latina, de tal forma que as quatro disciplinas pelas quais Ranke era responsável em Frankfurt an der Oder eram vistas como a base da formação moral da cultura letrada[13]. No seu primeiro semestre como professor ginasial, Ranke se dedica à "história dos povos orientais e dos gregos", à "história universal do mundo antigo" e à "história alemã"[14]. Sobre sua nova ocupação, assevera o professor: "Na verdade, tratava-se da continuação dos meus anos de estudante [universitário], só que com a obrigação de ensinar"[15].

Desde que Poppo convidara o aluno de Hermann para o ginásio *Friedericianum*, já se pensava que ele poderia se ocupar com as classes de história[16]. E os estudos filológicos e de introdução geral às letras, de acordo com Ranke, encontravam-se incorporados, no currículo do *Friedericianum*, às preocupações de ordem histórica[17]. O novo professor prefere, todavia, abrir mão dos manuais disponíveis para as classes ginasiais e recorrer diretamente à obra dos autores clássicos. Eis que, em função de suas aulas, Ranke passa a se dedicar com mais afinco à leitura sistemática dos historiadores da Antiguidade Clássica, dentre os quais destacavam-se Tucídides, Heródoto e Tito Lívio. Nos exercícios de leitura, o docente se encantava, por um lado, com a mistura de mito e poesia[18]; por outro, preocupava-se em enquadrar o texto de Tito Lívio entre o gênero da história – para o qual a *progressão* e a *unidade* são elementos necessários – e o gênero dos anais[19].

2 Percursos

Ao se levar em conta o ponto de vista retrospectivo e autobiográfico de Ranke, sua carreira parece, agora, ter tomado um rumo mais certo. "Nessa época, eu li os historiadores gregos e latinos [...]. Mas eu não podia ficar apenas preso à Antiguidade", dita o nonagenário. "Ninguém poderia imaginar como a passagem do mundo romano para o mundo germânico me [atraía e me] detinha"[20]. Na verdade, a carreira extraordinária nas letras do jovem Leopold não estava tão certa de uma única direção quanto os anos avançados lhe faziam acreditar. Suas anotações do período em que lecionara em Frankfurt an der Oder revelam a tentação de compor uma narrativa ficcional sobre o mundo grego[21] e seguir, desse modo, a sua inclinação de juventude pelos versos. Mas os esforços de Ranke se voltam mesmo para as *Histórias dos povos latinos e germânicos* entre os anos de 1494 e 1514, tema de sua primeira publicação, cuja "linguagem artificialmente arcaica"[22] se orienta pelos critérios do que ele já definira, ao estudar os textos da Antiguidade Clássica, como próprio ao gênero da história. A obra impressa em 1824 é marcada pela busca da *unidade sistemática* entre os elementos narrados.

Ranke sabia que "o propósito de um historiador depende da perspectiva, do seu ponto de vista"[23]. A perspectiva com a qual ele trabalha nesse primeiro livro é a de que os povos latinos e germânicos "aparecem" como uma unidade. Não se trata, todavia, de uma unidade dada pelo cristianismo, ou mesmo pelos limites territoriais do continente europeu; mas sim de uma unidade justificada pelo sistema estabelecido entre os Estados, segundo o qual os mais diversos povos se encontram em *conexão* com os povos latinos e germânicos. Ainda que o plural presente no título da obra revele certo grau de dificuldade em apresentar tal unidade sistemática, os motivos de que Ranke se vale para traçar a origem da conexão entre os acontecimentos históricos já eram bastante conhecidos na historiografia do século XVIII[24]: as ondas migratórias – ou invasões bárbaras – ocorridas ao longo do primeiro milênio da Era Cristã na Europa central, as Cruzadas e a empresa de colonização do Novo Mundo[25]. "Este livro pretende apreender todas essas [...] histórias das nações latinas e germânicas em sua unidade", diz o autor no prefácio. "Atribuiu-se à história a tarefa de julgar o passado, de instruir os homens para proveito do futuro". Mas o livro não tem tais objetivos, prossegue Ranke. "Ele pretende apenas mostrar o que realmente, o que essencialmente aconteceu [*wie es eigentlich gewesen*]"[26]. A frase mais citada do historiador alemão permite ao menos três planos complementares de leitura.

Em primeiro lugar, trata-se de um problema de *método*. As palavras imediatamente posteriores ao trecho citado explicitam o problema:

> Mas a partir de que [fontes] isso pode ser [agora] investigado? Os fundamentos deste texto, a origem da matéria [aqui tratada] são memórias, diários, cartas, relatórios diplomáticos e narrativas originais das testemunhas. [...] Todas as páginas mostram quais foram as obras [utilizadas]; o método da pesquisa [*Art der Forschung*] e os resultados críticos serão apresentados em um segundo livro [...][27].

Já no século XVIII, os historiadores iluministas se ocupavam com novas edições críticas e filologicamente apuradas de documentos fundamentais para a pesquisa histórica[28]. Com Ranke, no entanto, essa preocupação se consolida como uma "exigência metódica fundamental"[29] do trabalho do historiador. Assim, o método da pesquisa coincide com a análise filológica das fontes primárias, em função da qual se pode fazer referência ao passado tal como ele *realmente* aconteceu. Nesse caso, o termo *realmente* se opõe à inautenticidade dos documentos[30] e às incoerências e contradições[31] presentes em um determinado conjunto de fontes primárias.

Em segundo lugar – e de forma diretamente relacionada com o primeiro aspecto –, a famosa frase de Ranke tem igualmente por referência um problema de *gênero literário*, problema sobre o qual o professor já se debruçara ao ler com seus alunos ginasiais em Frankfurt an der Oder os textos da Antiguidade Clássica. No livro *Para a crítica dos historiadores modernos*, publicado ainda em 1824, como Ranke prometera ao público-leitor no prefácio das *Histórias dos povos latinos e germânicos*, fica clara sua posição contrária às manobras historiográficas empreendidas, por exemplo, por Francesco Guicciardini (1483-1540). O escritor florentino por vezes se vale de artifícios retóricos sem se preocupar com o apoio documental da narrativa, de forma que muitos elementos ficcionais[32] de sua prosa passam a servir de referência para as obras posteriores sobre a Idade Moderna europeia[33]. A resposta de Ranke à estratégia de Guicciardini é ter em mente uma prosa sem enfeites, sem elementos fabulosos[34]. Também nessa direção, o historiador alemão revela, aos 90 anos de idade, sua admiração de juventude pelos escritos de Walter Scott (1771-1832), à qual se segue forte decepção, uma vez que encontrara contradições incontornáveis entre o texto ficcional de Scott e os textos, amparados documentalmente, da tradição historiográfica. Ao comparar [os textos] eu me convenci de que [a prosa da] tradição historiográfica era mesmo mais bonita e mais interessante que a ficção. Eu me distanciei completamente [da prosa ficcional] e me segurei à ideia de evitar, no meu trabalho, quaisquer elementos imaginados, fabulosos [*Erdichtete*] [...]. Era preciso se "prender rigorosamente aos fatos"[35]. Nesse plano de leitura, algo que *realmente* aconteceu se opõe aos artifícios retóricos próprios à narrativa ficcional. É interessante notar como que as reflexões maduras de Ranke utilizam praticamente os mesmos termos com os quais ele compôs o texto de 1824. "[A] representação rigorosa dos fatos, mesmo que [...] não seja atrativa, [é o princípio,] é a lei maior". A tal argumento, acrescenta: "Para mim, [o segundo princípio,] a segunda lei é o desenvolvimento da unidade e da progressão dos acontecimentos"[36].

Enquanto que os dois primeiros planos de leitura aqui apresentados da famosa passagem de Ranke se enquadram nos termos do primeiro princípio, da primeira lei do conhecimento histórico, o segundo nos leva a um terceiro plano de leitura não menos importante. Georg Iggers atenta para o fato de que o termo *eigentlich*, no contexto da frase publicada em 1824 – o que *realmente* aconteceu, seria melhor traduzido por *essencialmente*. Tal tradução lhe parece ser mais fiel às ideias filosóficas de Ranke[37], voltadas para a ênfase nos elementos essenciais frente à massa desordenada de eventos históricos. Ranke já explicitara que o propósito central de seu texto era mesmo apreender as histórias dos povos latinos e germânicos em sua unidade, em conexão, motivo pelo qual nem todos os acontecimentos históricos têm o mesmo potencial explicativo, nem todas as histórias lhe parecem essenciais. Essa leitura da obra de Ranke reforça a importância de seu pensamento histórico-universal, algo que vem a ser uma preocupação teórica constante nos cursos que passa a ministrar a partir do semestre imediatamente posterior à publicação das *Histórias dos povos latinos e germânicos*. Os novos cursos, entretanto, não são mais oferecidos aos alunos do *Friedericianum*. Os textos publicados por Ranke ao final do ano de 1824 – incluindo-se o volume dedicado aos problemas de método da pesquisa histórica – são acolhidos com entusiasmo por parte da comunidade acadêmica na capital prussiana e abrem o caminho para o professor ginasial ocupar uma cátedra de história na recém-fundada Universidade de Berlim.

3 Conceitos-chave

3.1 O passado real

Ao longo das duas primeiras décadas do século XIX, praticamente uma em cada duas universidades alemãs foram fechadas[38] com a dissolução do Sacro Império Romano Germânico, sobretudo em função da consequente reestruturação administrativa imposta aos governos dominados – e financialmente consumidos – pelas invasões francesas. Com os tratados de paz de Tilsit, firmados em 1807, a Prússia perde parte de seu território e, com isso, saem de seu controle as universidades de Halle, Erlangen e Duisburg, além das universidades de Göttingen, Erfurt, Münster e Paderborn, sobre as quais o Estado prussiano exerceu um domínio efêmero com as conquistas territoriais alcançadas entre 1803 e 1806[39].

A resposta às perdas tinha que ser rápida. Para além do "significado simbólico" que levara o governo prussiano a se decidir pela fundação de uma nova universidade em Berlim, também pesaram os motivos de ordem prático-financeira[40]. Somente na capital seria possível erguer rapidamente – e com baixo custo – um novo centro universitário, uma vez que era possível se aproveitar da estrutura existente tanto na Academia de Ciências quanto nos colégios médicos. E não é apenas nesse sentido que a Universidade de Berlim é construída sobre pilares já relativamente sólidos. Também a tese de que sua fundação (1809-1810) representa um ponto de inflexão isolado na história do conceito de formação superior vem sendo questionada nos últimos anos. "Somente nas décadas de 1910 e 1920" constrói-se a ideia de que o fundamento intelectual das propostas de ensino e pesquisa da Universidade de Berlim remonta "aos escritos de [Wilhelm von] Humboldt, [Friedrich D.E.] Schleiermacher, [Johann Gottlieb] Fichte e [Henrik] Steffen"[41]. Certo é que a unidade e a liberdade de ensino e pesquisa – fatores que servem de orientação no desenho de uma nova instituição de ensino superior na capital prussiana – estavam consolidadas como diretrizes institucionais estruturais nas universidades reformadas de Halle e Göttingen já na segunda metade do século XVIII[42]. No entanto, um outro elemento igualmente decisivo nesse momento de fundação e reforma do ensino, e também marcante no caso da política educacional prussiana, é a crescente influência do Estado no processo de contratação de novos professores. O ministério continuava aceitando as indicações dos acadêmicos, mas, ao deter o poder final de decisão, procurava quebrar a lógica exclusiva de cooptação entre os catedráticos[43]. É nesse contexto que Leopold Ranke entra em contato, ao final do ano de 1824, com o governo prussiano. Junto à carta que enviara seguia uma cópia impressa do seu trabalho recentemente publicado.

Ainda no mês de dezembro, Ranke recebe uma correspondência daquele que até então fora responsável pela divisão de ensino no *Kultusministerium*. Karl von Kamptz reconhecia no professor ginasial em Frankfurt an der Oder um "restaurador da história". Também de Berlim, o catedrático de teologia Friedrich Schleiermacher se posicionara, contrariando parte de seus colegas, a favor da contratação do jovem Ranke[44]. "Era como se as portas para a minha verdadeira vida exterior fossem finalmente se abrir", relata Leopold ao irmão[45]. Em abril de 1825, Ranke assume o posto de professor extraordinário de história na mais nova universidade prussiana, onde muitos cursos eram ainda pouco frequentados, contando apenas com seis, ou mesmo com quatro alunos[46]. Suas preleções sobre a história dos povos antigos, anunciadas para o semestre de inverno de 1826-1827, chegam a ser canceladas em função do número insuficiente de ouvintes. Mas como era de se esperar, Ranke procura conciliar as atividades de ensino e pesquisa e publica, nessa época, um livro sobre os *Príncipes e povos da Europa Meridional*, baseando-se nas fontes primárias com as quais passa a ter contato em Berlim. Desde os textos publicados em 1824, o estudo direto das fontes é a marca – ao mesmo tempo em que condição fundamental – de seu trabalho como historiador.

Entre o final de 1827 e o mês de março de 1831, Ranke se desvencilha de seus compromissos de ensino para fazer uma longa viagem dedicada exclusivamente à pesquisa, tendo programado visitas a arquivos e bibliotecas na Áustria e na Itália. Para realizar as consultas ao material que lhe interessava, o historiador tinha que lidar com vários obstáculos de ordem diplomática e burocrática, uma vez que se dependia da boa vontade dos soberanos locais para obter acesso – ou não – aos documentos. Na primeira metade do século XIX, os "arquivos não eram concebidos para ser usados pelos historiadores"[47]. Quando conseguia se desvencilhar das barreiras, Ranke solicitava as fontes originais para leitura nas residências em que se hospedava[48], copiava-as, ou ainda procurava comprar os manuscritos originais[49]. Mas, enquanto que os primeiros professores ordinários da Universidade de Berlim recebiam por seu trabalho entre 1.200 e 3.000 táleres anuais[50], o salário inicial de Ranke, na casa dos 500 táleres[51], mostrava-se insuficiente frente a tais custos incomuns como pesquisador. Tal insatisfação vinha levando Ranke a negociar com outras universidades uma eventual demissão de seu posto na capital prussiana, mas a concessão ministerial para a viagem de pesquisa já aliviara, até certo ponto, o desânimo do jovem professor.

"Ao longo dessa viagem, Ranke desenvolve um novo modelo de pesquisa histórica que transforma os arquivos no lugar mais importante para a produção do conhecimento histórico"[52]. Seus interesses se voltam sobretudo para os documentos relacionados à política[53]. Nos arquivos em Veneza, Ranke emprega técnicas de filologia para identificar a legitimidade das fontes documentais. Tendo em vista a importância desse procedimento, afirma: "A narrativa de um historiador pode, ainda que contenha alguns erros, ter certo grau de fidedignidade; mas um documento é completamente falso, ou completamente autêntico"[54]. Estamos aqui no âmbito do primeiro princípio do conhecimento histórico que Ranke estabelecera em 1824. Para o historiador, a representação rigorosa dos fatos é, ao mesmo tempo, um problema empírico do *método* da pesquisa filológica e de coerência interna do *gênero literário* que se opõe, por definição, aos artifícios retóricos da narrativa ficcional.

Durante esse longo período dedicado exclusivamente à pesquisa, Ranke não consegue autorização para consultar os arquivos do Vaticano. Mas, ao chegar em Roma o historiador já colhera, principalmente em Veneza, documentos suficientes que lhe permitiram escrever uma *História dos papas, sua Igreja e seu Estado nos séculos XVI e XVII*. Publicado em três volumes entre 1834 e 1836, esse estudo ressalta a importância da religião do ponto de vista político, fórmula que o autor aprofunda nos anos subsequentes ao se dedicar à *História da Alemanha na época da Reforma*. Enquanto que a tradição historiográfica preferia, até então, separar a história eclesiástica tanto da história literária quanto da história profana ou civil,

80

os trabalhos de Ranke partem do princípio de que a história política e a história da Igreja são indissociáveis. "[A] vida da Cristandade ocidental tem como fundamento [...] o [jogo] constante [de] reações recíprocas entre Igreja e Estado; disso resulta o movimento cada vez mais abrangente e livre do Espírito [...]", diz Ranke. Eis "o motivo pelo qual não se pode entender a história da Igreja sem a história política, nem a história política sem [se levar em consideração] a história da Igreja"[55].

Uma das preocupações mais centrais e recorrentes da obra de Ranke já se encontra aqui claramente delineada: a história procura compreender a dinâmica que se estabelece entre os agentes históricos supranacionais e os contextos políticos particulares. "Na história de uma nação, de um poder, uma das tarefas mais difíceis é perceber a conexão entre suas relações particulares com o geral." Nessa proposição reside o caráter necessariamente contraditório que marca a Europa contemporânea, diz Ranke no segundo volume da *História dos papas*. "Os Estados, os povos, encontram-se [...] separados uns dos outros; mas, ao mesmo tempo, encontram-se sempre em uma comunidade indissolúvel [*unauflösliche Gemeinsamkeit*]. Não existe nenhuma história particular [*Landesgeschichte*] que não desempenhe um papel importante na história universal"[56]. Encontramo-nos, agora, em meio ao terreno do segundo princípio do conhecimento histórico que Ranke formulara em 1824, segundo o qual o trabalho do historiador também se define pelo desenvolvimento da progressão e da *unidade* dos acontecimentos narrados. Compreender as histórias particulares frente à história universal é uma tônica dominante não apenas da pesquisa de Ranke, mas também dos cursos de história que passaram a ser os mais procurados em Berlim.

3.2 O passado essencial

Enquanto que as preleções de Ranke sobre a história universal contavam com o interesse de apenas três ouvintes no semestre de verão de 1833, cerca de 30 alunos passaram a frequentar o curso que o mesmo professor oferece, no semestre seguinte, sobre a história europeia desde o começo do século XVI. Menos de uma década depois, ao se ocupar com os acontecimentos históricos mais contemporâneos, suas aulas registravam a presença de 153 estudantes[57]. Nesse ínterim, Ranke passa a ser professor *ordinarius* em Berlim (1834), medida que contribui não apenas para a estabilização de suas finanças pessoais e para o financiamento da pesquisa, mas também para a sedimentação da ideia de que a história é um campo disciplinar institucionalmente reconhecido como autônomo. O professor *ordinarius* dá ainda mais um passo importante para a especialização e profissionalização do trabalho do historiador. Ranke reúne seus principais estudantes – dentre os quais Jacob Burckhardt (1818-1897) e Heinrich von Sybel (1817-1895) – no contexto de um seminário de estudos, no qual se procurava sobretudo estimular o debate em torno dos problemas de crítica e interpretação das fontes primárias[58]. Fato é que depois que Ranke assume a cátedra em Berlim poucos anos após a sua longa viagem de pesquisa, a expressão "história universal" praticamente desaparece do título de seus cursos[59], algo que sinaliza uma mudança estrutural. A história universal deixa de ser apenas um problema de ordem empírica e passa a ser a condição de compreensão[60] das histórias particulares, ao se procurar explicar os acontecimentos singulares – e determinar relações de causalidade entre eles – frente a um todo mais amplo.

É bem verdade que o catedrático em Berlim nunca teve por objetivo apresentar a totalidade dos acontecimentos históricos, algo que resvalaria nas dificuldades de natureza empírica e metódica presentes no horizonte de muitos textos da tradição historiográfica que lhe antecedera. Nesse sentido, "[...] a história universal é algo tremendamente difícil. Que massa infinita! [...] Realizar plenamente essa tarefa é algo a meu ver impossível. Somente Deus conhece integralmente a história universal"[61]. A saída que o historiador encontra para essa dificuldade da pesquisa ganha um contorno mais nítido ao longo das décadas seguintes. "Não se deve, por conta disso, entrar em desespero", assegura. "A pesquisa [...] sempre [...] se depara com um elemento vivo que possui um valor universal"[62] e ainda procura esclarecer o que há de característico, o que há de *essencial* nos acontecimentos particulares[63]. Em oposição à filosofia que, de modo especulativo, "[...] busca o infinito por meio do progresso, do desenvolvimento e da totalidade", diz Ranke, "a história reconhece o infinito [em cada existência; em cada instante; em cada ser]; algo de eterno, vindo de Deus; [– e esse é] seu princípio vital"[64].

A batalha contra o procedimento especulativo da filosofia tinha por alvo a explicação genética da história universal segundo a qual o passado é apenas testemunho do progresso presente[65]. Para Ranke, essa é uma perspectiva redutora e unilateral do conhecimento, já que os acontecimentos históricos não existem apenas para servir o futuro[66]; eles devem, em primeiro lugar, ser compreendidos nos termos singulares de sua própria época. Seguindo a imagem sugerida pelo autor alemão, o historiador precisa ter prazer em reconhecer a individualidade das coisas, da mesma forma como é possível olhar para uma flor sem que seja necessário pensar a que classe do sistema botânico tal espécie pertence[67]. A referência, aqui, era clara: uma das estratégias metódicas de que se valia a historiografia alemã do século XVIII para ordenar os diferentes povos da história universal se apoiava, diretamente, na lógica classificatória da botânica de Carl von Linné (1707-1778)[68]. Desse modo, regularidades universais prevaleciam, tendencialmente, às variações particulares. Já Ranke aproxima, estrategicamente, essas duas perspectivas. "A ciência da história universal", diz ele, "diferencia-se da pesquisa especializada [*Einzelforschung*] pelo fato de que, ao pesquisar o particular, ela sempre tem em vista o todo sobre o qual trabalha"[69]. Nesse sentido, relacionar o particular com o todo "não pode ser prejudicial à pesquisa. Sem a visão geral, a pesquisa se tornaria estéril; sem a pesquisa, a visão geral degeneraria em pura fantasia"[70].

A solução epistemológica que Ranke apresenta para a determinação objetiva das formas de conexão das partes com o todo é análoga àquela por meio da qual Immanuel Kant (1724-1804) abordara, na *Crítica da razão pura* (1781), o problema do conhecimento empírico frente ao entendimento racional. De acordo com texto kantiano que o futuro historiador estudara sozinho em sua juventude[71], "pensamentos sem conteúdo são vazios, intuições sem conceitos são cegas"[72]. Para que o conhecimento histórico não degenere em pura – e cega – fantasia, a visão geral de que nos fala Ranke não pode ser intuída anteriormente, *a priori*, como em voga entre os filósofos de seu tempo. É apenas a observação dos elementos individuais que "mostra o caminho que o desenvolvimento do mundo tomou"[73]. Consequentemente erra aquele que procura, por exemplo, uma lei geral para os Estados sem levar em consideração o caminho particular de *cada* Estado[74]. Por outro lado, também não se pode contentar apenas com a história de cada Estado, com a "história das nações individuais"[75], diz o velho Ranke no prefácio à sua *História Universal*. É preciso buscar as formas de conexão entre elas e em função da qual o passado das nações individuais ganha compreensibilidade e coerência. Aqui há interesse explícito em conectar, em relacionar "os variados detalhes com um todo", que por sua vez não deveria ser fundamentado numa ideia geral abstrata, mas sim na "intuição do todo no particular [*Anschauung des Ganzen im Einzelnen*]"[76].

Essa fórmula de que Ranke se vale nas suas primeiras preleções em Berlim sobre a História Geral revela certo grau de proximidade com o pensamento filosófico da primeira metade do século XIX, apesar da distância que o historiador procura estabelecer entre o seu trabalho e o procedimento especulativo da filosofia. Na década de 1820, o pensamento histórico-universal alemão se viu fortemente marcado pela identificação do movimento interno da história com o processo de realização real da *razão*, tal como proposto por Georg Wilhelm Friedrich Hegel (1770-1831) em suas preleções sobre a filosofia da história na Universidade de Berlim. Hegel define como objetivo da história acompanhar o desenvolvimento do princípio normativo da razão cujo conteúdo é a consciência crescente da ideia de *liberdade*[77]. Para tanto, a filosofia hegeliana elege como ponto de partida a unidade sistemática da história universal. Eis o contexto em função do qual Heinrich Leo (1799-1878), aluno de Hegel e professor extraordinário de história em Berlim entre 1825 e 1827, passa a criticar impiedosamente o trabalho de seu colega Leopold Ranke, visto como um mero colecionador de datas e informações. As deficiências na formação filosófica do historiador, segundo a crítica de Leo[78], cegavam-no para a unidade sistemática fundamental e levavam-no a se interessar apenas pelas diferenças, pelas especificidades dos acontecimentos.

É mesmo nesse campo que se evidenciam as divergências entre o professor de Filosofia e o professor de História em Berlim. Ranke defende, ao longo de suas preleções, que é apenas ao partir dos eventos particulares que se pode chegar ao todo, e que do todo não há caminho possível para a intuição dos elementos particulares. Com isso, o historiador procura se opor à *teleologia* própria ao pensamento histórico universal hegeliano[79] que prefere, na prática, enxergar a finalidade do sistema antes mesmo de observar as especificidades de suas partes. Investigar os elementos particulares é uma prerrogativa necessária do método de trabalho que procura, em primeiro lugar, identificar o que realmente aconteceu. No entanto, já sabemos que a solução epistemológica rankiana para o problema do conhecimento histórico não é simplificadora, uma vez que sem a visão geral a pesquisa se torna estéril, assim como sem a pesquisa a visão geral degenera em pura fantasia. "Mesmo a existência de uma única nação moderna não pode ser pensada sem contato com uma ideia geral", sem menção a ela, sustenta Ranke no final da década de 1840. "A principal tarefa da história universal é apresentar o surgimento d[o] espírito que paira sobre todas as nações e sua relação com elas"[80]. O que compreende esse *espírito*, de acordo com o historiador, não é isoladamente a cultura, a ciência ou o Estado, mas o conjunto de todos os elementos que se manifestam nas nações historicamente concretas, e não no pensamento abstrato.

4 Considerações finais

Ainda que Ranke tenha procurado se distanciar das formulações próprias à filosofia idealista e suas reflexões sobre a história universal evitem adotar uma postura teleológica, a dinâmica expansiva do "espírito que paira sobre todas as nações" aproxima essas duas perspectivas. Em Ranke, a forma de conexão entre as nações se alastra, ao longo da história, em círculos cada vez mais amplos[81], sendo esse o terreno fértil no qual a história da humanidade se manifesta no âmbito da história das nações. Uma preocupação constante em sua obra não deixa de ser, portanto, o "surgimento e a formação do sistema de Estados europeus entre os séculos XV e XVIII"[82], mesmo que o historiador se volte apenas – e individualmente – para as particularidades históricas das grandes potências desse sistema. Assim, o elemento histórico universal se situa sobretudo nos modos de interação, nos efeitos recíprocos que se pode reconhecer no jogo político entre as diferentes nações[83]. Uma vez que a história universal deixa de ser um problema de ordem empírica e passa a ser a condição de compreensão das histórias particulares relacionadas ao sistema de Estados europeus, o texto de Ranke não consegue mais esconder seus traços marcadamente eurocêntricos, e por vezes estrategicamente nacionalistas.

Em 1847, Ranke publica seus primeiros estudos sobre a história da Prússia, ainda que essas páginas não constituam, comparativamente, um núcleo temático marcante em seus escritos, como é o caso na produção historiográfica de Heinrich von Treitschke (1834-1896) e Johann Gustav Droysen (1808-1884). Seis anos antes, Leopold Ranke – a cujo nome ainda seria aposta a partícula *von*, indicante de nobreza, em 1863 – fora designado como historiador oficial do Estado prussiano. Mas, desde a década de 1830 ele se vira estimulado, como editor do periódico *Historisch-politische Zeitschrift*, a promover o entrelaçamento entre a pesquisa histórica e a política prussiana contemporânea[84], de cujo futuro liberal ele mesmo se torna, quatro décadas depois, uma voz conservadoramente crítica[85]. Ao postular nas páginas do periódico que o presente político dos Estados não pode ser compreendido sem que se conheça seu passado[86], Ranke acaba por sublinhar o caráter particular de cada nação[87]. No texto sobre a história da Prússia, destacam-se as quatro potências que dominavam o cenário político no continente europeu desde o começo do século XVIII: França, Áustria, Rússia e Inglaterra[88]. No entanto, o maior acontecimento histórico de todo o século fora mesmo a formação de uma quinta potência – a Prússia – e a consequente "emancipação do espírito europeu" da preponderância cultural francesa[89]. Era para a solução federativa do Império Germânico[90] e, posteriormente, para o equilíbrio do sistema de Estados europeu – para o qual o fortalecimento da Prússia fora uma resposta historicamente necessária –, que se voltava a atenção do professor de Berlim. A "perspectiva universal para a Alemanha e para o mundo" levava o velho Ranke a dedicar suas "últimas forças a uma obra sobre a história universal"[91]. Mas o historiador sabia que a essência da política contemporânea não poderia forjar os caminhos reais do passado. Desse modo, sua obra aponta para o cruzamento necessário na ciência histórica do ponto de partida subjetivo com a objetividade científica.

No texto maduro da *História Universal*, Ranke confere valor aos escritos de Tucídides em função da imparcialidade narrativa do ateniense que deixara de lado toda forma de patriotismo unilateral[92]. Ao procurar conjugar a perspectiva universal que a política europeia abria para a Alemanha e para o mundo, o historiador alemão se fazia consciente da intersecção semântica de duas palavras que definem o campo do conhecimento no qual trabalhava: *Geschichte* e *Historie*. Enquanto que em língua portuguesa os dois termos podem ser traduzidos por *história*, Ranke lembrava a seus alunos do compromisso metódico necessário para determinar o que realmente *aconteceu* – tal como expresso no radical do verbo alemão *geschehen*. Nesse sentido, a objetividade da pesquisa é indispensável. Por outro lado, o conhecimento daquilo que realmente aconteceu – *Historie*, ἱστορία – não deixa de apresentar marcas subjetivas ao desenvolver o que essencialmente ocorreu. Trata-se, no entanto, de uma separação fundamentalmente esquemática e nem sempre necessariamente consequente, uma vez que *Geschichte* e *Historie* "coincidem um com o outro"[93]. Eis o motivo em função do qual a história "se diferencia das demais ciências":

> [E]la é, simultaneamente, uma arte. Ela é ciência na medida em que recolhe, descobre, analisa em profundidade; e arte na medida em que representa e torna a dar forma ao que é descoberto, ao que é apreendido. / Outras ciências se contentam simplesmente em registrar o que é descoberto em si mesmo: a isso se soma, na História [*Historie*], a capacidade de recriação. / Enquanto ciência, ela se aproxima da Filosofia; enquanto arte, da poesia. A diferença está no fato de que Filosofia e poesia, de maneira análoga, se movimentam no plano das ideias, enquanto a História [*Historie*] não tem como prescindir do plano real[94].

Por mais que com Ranke a "forma narrativa se afirm[e] na escrita da história"[95], a capacidade de recriação sobre a qual o historiador nos fala não diz respeito à mera composição do "ato individual de um drama macrocósmico"[96]. Pelo contrário: a forma de exposição do conhecimento histórico se afirma cientificamente procurando observar tanto a "representação rigorosa dos fatos" quanto "o desenvolvimento da unidade e da progressão dos acontecimentos"[97]. Ao formular os dois princípios em função das quais o conhecimento sobre o passado procurava se definir como ciência, Leopold von Ranke expõe os caminhos sinuosos pelos quais trilha o estudo moderno da história.

Notas

[1] ACTON [First Baron]. *Lectures on Modern History*. Londres: MacMillan, 1906, p. 19.

[2] Cf. HOLANDA, S.B. "O atual e o inatual em Leopold von Ranke". In: HOLANDA, S.B. (org.). *Ranke*. São Paulo: Ática, 1979, p. 11.

[3] ACTON [First Baron]. *Lectures on Modern History*. Op. cit., p. 7 e 18, respectivamente.

[4] STUBBS, W. "Seventeen Lectures and Addresses on the Study of Mediaeval and Modern History. Oxford: [s.e.],1900, p. 65, apud WARREN, J. "The Rankean tradition in British historiography, 1840 to 1950". In: BERGER, S.; FELDNER, H. & PASSMORE, K. (orgs.). *Writing History* – Theory and Practice. Londres: Bloomsbury Academic, 2010, p. 31.

[5] Cf. IGGERS, G.G. "The Image of Ranke in American and German Historical Thought". *History and Theory*, vol. 2, n. 1, 1962, p. 18. • IGGERS, G.G. "Introduction". In: RANKE, L. *The Theory and Practice of History*. Nova York: Routledge, 2011, p. xi-xii. Nos últimos anos, alguns historiadores brasileiros também têm combatido as leituras parciais da obra de Ranke. Estevão Martins alerta para a "inconveniente associação automática do historicismo [ligado ao pensamento de Ranke] com o positivismo comteano"; associação esta que fundamenta o surgimento, na avaliação de Sérgio da Mata, "de mitos historiográficos". Ainda nessa linha segue a interpretação da obra de Ranke por Julio Bentivoglio. Cf.: MARTINS, E.C. "Historicismo: o útil e o desagradável". In: VARELLA, F. et al. (orgs.). *A dinâmica do historicismo* – Revisitando a historiografia moderna. Belo Horizonte: Argumentum, 2008, p. 19. • MATA, S. "Leopold von Ranke (1795-1886)". In: MARTINS, E.R. (org.). *A história pensada* – Teoria e método da historiografia europeia do século XIX. São Paulo: Contexto, 2010, p. 187. • BENTIVOGLIO, J. "Leopold von Ranke". In: MALERBA, J. (org.). *Lições de História*. Porto Alegre: FGV/EdiPUCRS, 2010, p. 137.

[6] RANKE, L. *Zur eigenen Lebensgeschichte*. Leipzig: Duncker & Humblot, 1890, 56 [Dictat vom November 1885].

[7] Cf. RANKE, L. "De actione in Graeca Tragoedia". *Aus Werk und Nachlass*. Vol. 3: Frühe Schriften. Munique: Oldenbourg, 1973, p. 52-65 [Org. por W.P. Fuchs].

[8] RANKE, L. "Die Valediktionsarbeit aus Schulpforte [Vorarbeiten]" [Fragmente 1/2, 1813]. *Aus Werk und Nachlass*. Vol. 3. Op. cit., p. 68.

[9] RANKE, L. *Zur eigenen Lebensgeschichte*. Op. cit., p. 27-28 [Dictat vom October 1863].

[10] RANKE, L. "Heródoto e Tucídides". *História da Historiografia*, n. 6, 2001, p. 252. Como introdução a esse texto de Ranke cf. MATA, S. "Ranke reloaded: entre história da historiografia e história universal". *História da Historiografia*, n. 6, 2011, p. 247-251.

[11] Cf. FUCHS, W.P. "Vorbemerkung [Vom Ideal der Erziehung]". In: RANKE, L. *Aus Werk und Nachlass*. Vol. 3. Op. cit., p. 485.

[12] FUCHS, W.P. "Der junge Ranke. In: RANKE, L. *Aus Werk und Nachlass*. Vol. 3. Op. cit., p. 40.

[13] Cf. JÄGER, G. "Lehrplan und Fächerkanon der höheren Schulen". In: JEISMANN, K.-E. & LUNDGREEN, P. (orgs.). *Handbuch der deutschen Bildungsgeschichte*. Vol. 3: 1800-1870 – Von der Neuordnung Deutschlands bis zur Gründung des Deutschen Reiches. Munique: Beck, 1987, p. 193.

[14] Cf. FUCHS, W.P. "Vorbemerkung" [Aus den Unterrichtsnotizen zur griechischen Geschichte]. In: RANKE, L. *Aus Werk und Nachlass*. Vol. 3. Op. cit., p. 498.

[15] RANKE, L. *Zur eigenen Lebensgeschichte*. Op. cit., p. 31 [Dictat vom October 1863].

[16] FUCHS, W.P. "Vorbemerkung" [Vom Ideal der Erziehung]. In: RANKE, L. *Aus Werk und Nachlass*. Vol. 3. Op. cit., p. 485.

[17] Cf. RANKE, L. *Zur eigenen Lebensgeschichte*. Op. cit., p. 39 [Dictat vom Mai 1869].

[18] Cf. ibid., p. 41.

[19] RANKE, L. "Aus den Studien zur griechischen und römischen Literaturgeschichte [1818-1823]". In: RANKE, L. *Aus Werk und Nachlass*. Vol. 3. Op. cit., p. 568.

[20] RANKE, L. *Zur eigenen Lebensgeschichte*. Op. cit., p. 60-61 [Dictat vom November 1885].

[21] Cf. RANKE, L. "Dramenentwurf [1819?]". In: RANKE, L. *Aus Werk und Nachlass*. Vol. 3. Op. cit., p. 580-581.

[22] SCHULIN, E. "Leopold von Ranke (1795-1886)". In: DUCHHARDT, H. et al. (orgs.). *Europa Historiker* – Ein biographisches Handbuch. Vol. 1. Göttingen: Vandenhoeck & Ruprecht, 2006, p. 133.

[23] RANKE, L. *Geschichten der romanischen und germanischen Völker von 1494 bis 1514*. Leipzig/Berlim: Reimer, 1824, p. III.

[24] Cf. ARAÚJO, A.M. *Weltgeschichte in Göttingen* – Eine Studie über das spätaufklärerische universalhistorische Denken, 1756-1815. Bielefeld: Transcript, 2012, p. 187.

[25] RANKE, L. *Geschichten der romanischen und germanischen Völker*. Op. cit., p. XVIII e XXV.

[26] Ibid., p. V-VI. Sobre a perda da função exemplar da história ao longo do século XIX cf. ASSIS, A. "Por que se escrevia história? – Sobre a justificação da historiografia no mundo ocidental pré-moderno". In: SALOMON, M. (org.). *História, verdade e tempo*. Chapecó: Argos, 2011, p. 105-131.

[27] RANKE, L. *Geschichten der romanischen und germanischen Völker*. Op. cit., p. VI.

[28] Cf. ARAÚJO, A.M. " Gerüste der Bestimmbarkeit von Kulturen". In: KREMBERG, B.; PEŁKA, A. & SCHILDT, J. (orgs.). *Übersetzbarkeit zwischen den Kulturen* – Sprachliche Vermittlungspfade – Mediale Parameter – Europäische Perspektiven. Frankfurt am Main: Peter Lang, 2010, p. 47-66.

[29] VIERHAUS, R. "Ranke, Leopold von". In: KILLY, W. & VIERHAUS, R. (orgs.). *Deutsche biographische Enzyklopädie*. Vol. 8. Munique: Saur, 1998, p. 137.

[30] Cf. JAEGER, F. & RÜSEN, J. *Geschichte des Historismus*. Munique: Beck, 1992, p. 82-83.

[31] Cf. KELLEY, D.R. *Fortunes of History* – Historical Inquiry from Herder to Huizinga. New Haven: Yale University Press, 2003, p. 136.

[32] Cf. RÜSEN, J. *História Viva* – Teoria da História III: Formas e funções do conhecimento histórico. Brasília: UnB, 2007, p. 41.

[33] RANKE, L. *Zur Kritik neuerer Geschichtschreiber*. Leipzig/Berlim: Reimer, 1824, p. V.

[34] Ibid., p. 28.

[35] RANKE, L. *Zur eigenen Lebensgeschichte*. Op. cit., p. 61 [Dictat vom November 1885].

[36] RANKE, L. *Geschichten der romanischen und germanischen Völker*. Op. cit., p. VII.

[37] IGGERS, G.G. "Introduction". In: RANKE, L. *The Theory and Practice of History*. Op. cit., p. xiv. Também Wilhelm Dilthey, que assistira aos cursos de Ranke em Berlim, já reconhecia a importância desse elemento no pensamento de seu antigo professor, como nos lembra Sérgio Buarque de Holanda. Ranke, "[...] em vez de ir às raízes que pudessem esclarecer, vai diretamente aos momentos culminantes, para apreendê-los em suas conexões universais" (HOLANDA, S.B. "O atual e o inatual em Leopold von Ranke". In: HOLANDA, S.B. (org.). *Ranke*. Op. cit., p. 16.

[38] Cf. KRAUS, H.-C. *Kultur, Bildung und Wissenschaft im 19. Jahrhundert*. Munique: Oldenbourg, 2008, p. 22.

[39] WEHLER, H.-U. *Deutsche Gesellschaftsgeschichte* – Vol. 1: Vom Feudalismus des Alten Reiches bis zur defensiven Modernisierung der Reformära, 1700-1815. 3. ed. Munique: Beck, 1996, p. 480.

[40] TURNER, R.S. "Universitäten". In: JEISMANN, K.-E. & LUNDGREEN, P. (orgs.). *Handbuch der deutschen Bildungsgeschichte* – Vol. 3: 1800-1870, Von der Neuordnung Deutschlands bis zur Gründung des Deutschen Reiches. Munique: Beck, 1987, p. 222.

[41] PALETSCHEK, S. "Die Erfindung der Humboldtschen Universität – Die Konstruktion der deutschen Universitätsidee in der ersten Hälfte des 20. Jahrhunderts". In: *Historische Anthropologie*, n. 10, 2002, p. 184-185.

[42] Cf. PALETSCHEK, S. "Zurück in die Zukunft? – Universitätsreformen im 19. Jahrhundert". In: *Das Humboldt-Labor*: Experimentieren mit den Grenzen der klassischen Universität. Friburgo: Albert-Ludwigs-Universität, 2007, p. 11. • JEISMANN, K.-E. "Zur Bedeutung der 'Bildung' im 19. Jahrhundert". In: JEISMANN, K.-E. & LUNDGREEN, P. (orgs.). *Handbuch der deutschen Bildungsgeschichte*. Op. cit., p. 1. • WEHLER, H.-U. *Deutsche Gesellschaftsgeschichte*. Vol. 1. Op. cit., p. 480-485. • WEHLER, H.-U. *Deutsche Gesellschaftsgeschichte*. Vol. 2: Von der Reformära bis zur industriellen und politischen Deutschen Doppelrevolution, 1815-1845/1849. 3. ed. Munique: Beck, 1993, p. 504. Sobre as inovações do projeto acadêmico da Universidade de Göttingen na primeira metade do século XVIII, cf. ARAÚJO, A.M. *Weltgeschichte in Göttingen*. Op. cit., p. 33-41.

[43] WEHLER, H.-U. *Deutsche Gesellschaftsgeschichte*. Vol. 2. Op. cit., p. 506.

[44] Cf. ibid., p. 507.

[45] FUCHS, W.P. "Vorbemerkung [Über die Wechselwirkung zwischen Staat, Publikum, Lehrern und Schülern in Beziehung auf ein Gymnasium]". In: RANKE, L. *Aus Werk und Nachlass*. Vol. 3. Op. cit., p. 610.

[46] BERG, G. *Leopold von Ranke als akademischer Lehrer* – Studien zu seinen Vorlesungen und seinem Geschichtsdenken. Göttingen: Vandenhoeck & Ruprecht, 1968, p. 57.

[47] MÜLLER, P. "Doing historical research in the early nineteenth century – Leopold Ranke, the archive policy, and the *relazioni* of Venetian Republic". *Storia della Storiografia*, n. 56, 2009, p. 85.

[48] Cf. Mdl. 11 Febr[uar] 1831. N[umer]o 2444. *Bayerisches Hauptstaatsarchiv München*. Minn 42431.

[49] Cf. BERG, G. *Leopold von Ranke als akademischer Lehrer*. Op. cit., p. 25.

[50] Cf.: WEHLER, H.-U. *Deutsche Gesellschaftsgeschichte*. Vol. 1. Op. cit., p. 481.

[51] Cf. BERG, G. *Leopold von Ranke als akademischer Lehrer*. Op. cit., p. 22-23.

[52] ESKILDSEN, K.R. "Leopold Ranke's archival turn: Location and evidence in modern historiography". *Modern Intellectual History*, vol. 3, n. 5, 2008, p. 425.

[53] Cf. BERDING, H. "Leopold von Ranke". In: KOSOLOWSKI, P. (org.). *The Discovery of Historicity in German Idealism and Historism*. Heidelberg: Springer, 2005, p. 56.

[54] RANKE, L. *Ueber die Verschwörung gegen Venedig, im Jahre 1618* – Mit Urkunden aus dem Venezianischen Archive. Berlim: Duncker und Humblot, 1831, p. 16.

[55] RANKE, L. *Deutsche Geschichte im Zeitalter der Reformation*. Vol. 1. Berlim: Duncker und Humblot, 1839, p. 5-6.

[56] RANKE, L. *Die römischen Päpste, ihre Kirche und ihr Staat im sechszehnten und siebzehnten Jahrhundert*. Vol. 2. Berlim: Duncker und Humblot, 1839 [1836], p. 3.

[57] Cf. BERG, G. *Leopold von Ranke als akademischer Lehrer*. Op. cit., p. 56-57.

[58] IGGERS, G.G. "The Professionalization of Historical Studies and the Guiding Assumptions of Modern Historical Thought". In: KRAMER, L. & MAZA, S. (orgs.). *A Companion to Western Historical Thought*. Malden: Blackwell, 2006, p. 229.

[59] O termo *Weltgeschichte* aparece, depois de 1833, apenas mais duas vezes no título de todos os 91 cursos anunciados por Ranke em Berlim ao longo de 85 semestres letivos, a saber, no semestre de verão de 1848 e no semestre de inverno de 1851-1852. Até 1833, expressões pertencentes a esse campo semântico anunciam a matéria de cerca de 40% dos seus cursos.

[60] Cf. GADAMER, H.-G. *Verdade e método* – Traços fundamentais de uma hermenêutica filosófica. 6. ed. Petrópolis: Vozes, 2004, p. 273.

[61] RANKE, L. "O conceito de história universal (1831)". In: MARTINS, E.R. (org.). *A história pensada* – Teoria e método na historiografia europeia do século XIX. São Paulo: Contexto, 2010, p. 212-213.

[62] RANKE, L. *Aus Werk und Nachlass* – Vol. 4: Vorlesungseinleitungen. Munique: Oldenbourg, 1975, p. 463 [Org. por V. Dotterweich e W.P. Fuchs].

[63] Cf. ibid., p. 94-95.

[64] RANKE, L. "O conceito de história universal (1831)". In: MARTINS, E.R. (org.). *A história pensada*. Op. cit., p. 206 [Tradução modificada].

[65] Cf. RANKE, L. *Aus Werk und Nachlass*. Vol. 4. Op. cit., p. 118-119.

[66] Cf. ibid., p. 140.

[67] Ibid., p. 88.

[68] Cf. ARAÚJO, A.M. *Weltgeschichte in Göttingen*. Op. cit., p. 81-82.

[69] RANKE, L. *Aus Werk und Nachlass*. Vol. 4. Op. cit., p. 297.

[70] Ibid., p. 298.

[71] RANKE, L. *Zur eigenen Lebensgeschichte*. Op. cit., p. 59 [Dictat vom November 1885].

[72] KANT, I. *Kritik der reinen Vernunft* – Bd. 3 der Werkausgabe. Frankfurt am Main: Suhrkamp, 1974 [B75/A51], p. 98 [Org. por W. Weischedel].

[73] RANKE, L. *Aus Werk und Nachlass*. Vol. 4. Op. cit., p. 88.

[74] RANKE, L. "On the Relation of and Distinction between History and Politics (1836)". *The Theory and Practice of History*. Op. cit., p. 82.

[75] RANKE, L. "Preface to *Universal History* (1880)". RANKE, L. *The Theory and Practice of History*. Op. cit., p. 103.

[76] RANKE, L. *Aus Werk und Nachlass*. Vol. 4. Op. cit., p. 37.

[77] Cf. HEGEL, G.W.F. *Vorlesungen über die Philosophie der Geschichte*. Werke 12. Frankfurt am Main: Suhrkamp, 1986, p. 74-77.

[78] Cf. MUHLACK, U. "Das Problem der Weltgeschichte bei Leopold Ranke". In: HARDTWIG, W. & MÜLLER, P. (orgs.). *Die Vergangenheit der Weltgeschichte* – Universalhistorisches Denken in Berlin, 1800-1933. Göttingen: Vandenhoeck & Ruprecht, 2010, p. 157.

[79] Cf. GRESPAN, J. "Hegel e o historicismo". *História Revista*, 7 (1/2), jan.-dez./2002, p. 62-63.

[80] RANKE, L. *Aus Werk und Nachlass*. Vol. 4. Op. cit., p. 202.

[81] Cf. MUHLACK, U. "Das Problem der Weltgeschichte bei Leopold Ranke". In: HARDTWIG, W. & MÜLLER, P. (orgs.). *Die Vergangenheit der Weltgeschichte*. Op. cit., p. 162-163.

[82] MUHLACK, U. "Das europäische Staatensystem in der deutschen Geschichtsschreibung des 19. Jahrhunderts". MUHLACK, U. *Staatensystem und Geschichtsschreibung* – Ausgewählte Aufsätze zu Humanismus und Historismus, Absolutismus und Aufklärung. Org.: Notker Hammerstein e Gerrit Walther. Berlim: Duncker & Humblot, 2006, p. 324 [Org. por N. Hammerstein e G. Walther].

[83] Cf. RANKE, L. *Aus Werk und Nachlass*. Vol. 4. Op. cit., p. 415.

[84] Cf. SCHULIN, E. "Leopold von Ranke (1795-1886)". In: DUCHHARDT, H. et al. (orgs.). *Europa Historiker*. Op. cit., p. 136.

[85] Cf. BERDING, H. "Leopold von Ranke". In: KOSOLOWSKI, P. (org.). *The Discovery of Historicity in German Idealism and Historism*. Op. cit., p. 54.

[86] RANKE, L. "On the Relation of and Distinction between History and Politics [1836]". In: RANKE, L. *The Theory and Practice of History*. Op. cit, p. 80.

[87] Ibid., p. 79. Vale notar que a ênfase conferida por Ranke ao valor individual de cada acontecimento histórico guarda relação com sua religiosidade. Cf. MATA, S. "Leopold von Ranke (1795-1886)". In: MARTINS, E.R. (org.). *A história pensada*. Op. cit., p. 192-193. J.D. Braw também reforça a postura religiosa do historiador alemão frente às diferentes etapas da pesquisa histórica. Cf. BRAW, J.D. "Vision as Revision: Ranke and the Beginning of Modern History". In: *History and Theory*, vol. 46, n. 4, p. 46. Ainda sobre o luteranismo de Ranke e a tarefa hermenêutica do historiador, cf. CALDAS, P.S.P. "O espírito dos papéis mortos – Um pequeno estudo sobre o problema da verdade histórica em Leopold von Ranke". In: *Emblemas*, n. 1, 2007, p. 23-38.

[88] RANKE, L. *Neun Bücher Preussischer Geschichte*. Vol. 1. Berlim: Beit und Comp., 1847, p. vi.

[89] RANKE, L. *Aus Werk und Nachlass*. Vol. 4. Op. cit., p. 440.

[90] Cf. IGGERS, G.G. "Introduction". In: RANKE, L. *The Theory and Practice of History*. Op. cit., p. xxv.

[91] RANKE, L. *Zur eigenen Lebensgeschichte*. Op. cit., p. 76 [Dictat vom November 1885].

[92] Cf. RANKE, L. "Heródoto e Tucídides". *História da Historiografia*. Op. cit, p. 252.

[93] RANKE, L. *Aus Werk und Nachlass*. Vol. 4. Op. cit., p. 188.

[94] RANKE, L. "O conceito de história universal (1831)". In: MARTINS, E.R. (org.). *A história pensada*. Op. cit., p. 202.

[95] RÜSEN, J. *Konfiguration des Historismus*. Op. cit., p. 129. Cf. tb. HARDTWIG, W. "Die Verwissenschaftlichung der Geschichtsschreibung und die Ästhetisierung der Darstellung". In: KOSELLECK, R.; LUTZ, H. & RÜSEN, J. (orgs.). *Formen der Geschichtsschreibung*. Munique: DTV, 1982, p. 147-191.

[96] WHITE, H. *Metahistory* – The historical imagination in nineteenth-century Europe. Baltimore: The Johns Hopkins University Press, 1973, p. 167.

[97] RANKE, L. *Geschichten der romanischen und germanischen Völker*. Op. cit., p. VII.

Referências

ACTON [First Baron]. *Lectures on Modern History*. LONDRES: MacMillan, 1906.

ARAÚJO, A.M. *Weltgeschichte in Göttingen* – Eine Studie über das spätaufklärerische universalhistorische Denken, 1756-1815. Bielefeld: Transcript, 2012.

_____. "Gerüste der Bestimmbarkeit von Kulturen". In: KREMBERG, B.; PEŁKA, A. & SCHILDT, J. (orgs.). *Übersetzbarkeit zwischen den Kulturen* – Sprachliche Vermittlungspfade – Mediale Parameter – Europäische Perspektiven. Frankfurt am Main: Peter Lang, 2010, p. 47-66.

ASSIS, A. "Por que se escrevia história? – Sobre a justificação da historiografia no mundo ocidental pré-moderno". In: SALOMON, M. (org.). *História, verdade e tempo*. Chapecó: Argos, 2011, p. 105-131.

BENTIVOGLIO, J. "Leopold von Ranke". In: MALERBA, J. (org.). *Lições de História*. Porto Alegre: FGV/EdiPUCRS, 2010, p. 133-154.

BERDING, H. "Leopold von Ranke". In: KOSOLOWSKI, P. (org.). *The Discovery of Historicity in German Idealism and Historism*. Heidelberg: Springer, 2005, p. 41-58.

BERG, G. *Leopold von Ranke als akademischer Lehrer* – Studien zu seinen Vorlesungen und seinem Geschichtsdenken. Göttingen: Vandenhoeck & Ruprecht, 1968.

BRAW, J.D. "Vision as Revision: Ranke and the Beginning of Modern History". *History and Theory*, vol. 46, n. 4, p. 45-60.

CALDAS, P.S.P. "O espírito dos papéis mortos – Um pequeno estudo sobre o problema da verdade histórica em Leopold von Ranke". *Emblemas*, n. 1, 2007, p. 23-38.

DOVE, A. "Ranke, Leopold von". In: *Allgemeine Deutsche Biographie*. Vol. 27, Leipzig: Duncker & Humblot, 1888, p. 242-269.

ESKILDSEN, K.R. "Leopold Ranke's archival turn: location and evidence in modern historiography". In: *Modern Intellectual History*, vol. 3, n. 5, 2008, p. 425-453.

FUCHS, W.P. "Der junge Ranke". In: RANKE, L. *Aus Werk und Nachlass* – Vol. 3: Frühe Schriften. Munique: Oldenbourg, 1973, p. 13-45 [Org. por P. Fuchs].

GADAMER, H.-G. *Verdade e método* – Traços fundamentais de uma hermenêutica filosófica. 6. ed. Petrópolis: Vozes, 2004.

GRESPAN, J. "Hegel e o historicismo". *História Revista*, 7 (1/2), jan.-dez./2002, p. 55-78.

HARDTWIG, W. "Die Verwissenschaftlichung der Geschichtsschreibung und die Ästhetisierung der Darstellung". In: KOSELLECK, R.; LUTZ, H. & RÜSEN, J. (orgs.). *Formen der Geschichtsschreibung*. Munique: DTV, 1982, p. 147-191.

HEGEL, G.W.F. *Vorlesungen über die Philosophie der Geschichte*. Werke 12. Frankfurt am Main: Suhrkamp, 1986.

HOLANDA, S.B. "O atual e o inatual em Leopold von Ranke". In: HOLANDA, S.B. (org.). *Ranke*. São Paulo: Ática, 1979, p. 7-62.

IGGERS, G.G. "Introduction". In: RANKE, L. *The Theory and Practice of History*. Nova York: Routledge, 2011, p. xi-xiv.

_____. "The Professionalization of Historical Studies and the Guiding Assumptions of Modern Historical Thought". In: KRAMER, L. & MAZA, S. (orgs.). *A Companion to Western Historical Thought*. Malden: Blackwell, 2006, p. 225-242.

_____. "The Image of Ranke in American and German Historical Thought". *History and Theory*, vol. 2, n. 1, 1962, p. 17-40.

IGGERS, G.G. & WANG, Q.E. *A Global History of Modern Historiography*. Harlow: Pearson, 2008.

JAEGER, F. & RÜSEN, J. *Geschichte des Historismus*. Munique: Beck, 1992.

JÄGER, G. "Lehrplan und Fächerkanon der höheren Schulen". In: JEISMANN, K.-E. & LUNDGREEN, P. (orgs.). *Handbuch der deutschen Bildungsgeschichte* – Band 3: 1800-1870,

Von der Neuordnung Deutschlands bis zur Gründung des Deutschen Reiches. Munique: Beck, 1987, p. 191-221.

JEISMANN, K.-E. "Zur Bedeutung der Bildung im 19. Jahrhundert". In: JEISMANN, K.-E. & LUNDGREEN, P. (orgs.). *Handbuch der deutschen Bildungsgeschichte* – Band 3: 1800-1870, Von der Neuordnung Deutschlands bis zur Gründung des Deutschen Reiches. Munique: Beck, 1987, p. 1-21.

KANT, I. *Kritik der reinen Vernunft* – Bd. 3 der Werkausgabe. Frankfurt am Main: Suhrkamp, 1974 [Org. por W. Weischedel].

KELLEY, D.R. *Fortunes of History* – Historical Inquiry from Herder to Huizinga. New Haven: Yale University Press, 2003.

KRAUS, H.-C. *Kultur, Bildung und Wissenschaft im 19. Jahrhundert*. Munique: Oldenbourg, 2008.

MARTINS, E.C.R. "Historicismo: o útil e o desagradável". In: VARELLA, F. et al. (orgs.). *A dinâmica do historicismo* – Revisitando a historiografia moderna. Belo Horizonte: Argumentum, 2008, p. 15-48.

MATA, S. "Ranke reloaded: entre história da historiografia e história universal". *História da Historiografia*, n. 6, 2011, p. 247-251.

_____. "Leopold von Ranke (1795-1886)". In: MARTINS, E.R. (org.). *A História pensada* – Teoria e método da historiografia europeia do século XIX. São Paulo: Contexto, 2010, p. 187-201.

MUHLACK, U. "Das Problem der Weltgeschichte bei Leopold Ranke". In: HARDTWIG, W. e MÜLLER, P. (orgs.). *Die Vergangenheit der Weltgeschichte* – Universalhistorisches Denken in Berlin, 1800-1933. Göttingen: Vandenhoeck & Ruprecht, 2010, p. 143-171.

_____. "Das europäische Staatensystem in der deutschen Geschichtsschreibung des 19. Jahrhunderts". In: MUHLACK, U. *Staatensystem und Geschichtsschreibung* – Ausgewählte Aufsätze zu Humanismus und Historismus, Absolutismus und Aufklärung. Berlin: Duncker & Humblot, 2006, p. 313-353 [Org. por N. Hammerstein e G. Walther].

MÜLLER, P. "Doing historical research in the early nineteenth century – Leopold Ranke, the archive policy, and the *relazioni* of Venetian Republic". *Storia della Storiografia*, n. 56, 2009, p. 81-103.

PALETSCHEK, S. "Zurück in die Zukunft? – Universitätsreformen im 19. Jahrhundert". *Das Humboldt-Labor*: Experimentieren mit den Grenzen der klassischen Universität. Friburgo: Albert-Ludwigs-Universität, 2007, p. 11-15.

_____. "Die Erfindung der Humboldtschen Universität – Die Konstruktion der deutschen Universitätsidee in der ersten Hälfte des 20. Jahrhunderts". In: *Historische Anthropologie*, n. 10, 2002, p. 183-205.

RANKE, L. *The Theory and Practice of History*. Nova York: Routledge, 2011.

_____. "O conceito de história universal (1831)". In: MARTINS, E.R. (org.). *A história pensada* – Teoria e método na historiografia europeia do século XIX. São Paulo: Contexto, 2010, p. 202-215.

_____. "Heródoto e Tucídides". *História da Historiografia*, n. 6, 2001, p. 252-259.

_____. *Aus Werk und Nachlass* – Vol. 4: Vorlesungseinleitungen. Munique: Oldenbourg, 1975 [Org. por V. Dotterweich e W.P. Fuchs].

_____. *Aus Werk und Nachlass* – Vol. 3: Frühe Schriften. Munique: Oldenbourg, 1973. [Org. por W.P. Fuchs].

_____. *Zur eigenen Lebensgeschichte*. Leipzig: Duncker & Humblot, 1890.

_____. *Neun Bücher Preussischer Geschichte*. Vol. 1. Berlim: Beit und Comp., 1847.

_____. *Die römischen Päpste, ihre Kirche und ihr Staat im sechszehnten und siebzehnten Jahrhundert*. Vol. 2. Berlim: Duncker und Humblot, 1839.

_____. *Deutsche Geschichte im Zeitalter der Reformation*. Vol. 1. Berlim: Duncker und Humblot, 1839.

_____. *Ueber die Verschwörung gegen Venedig, im Jahre 1618* – Mit Urkunden aus dem Venezianischen Archive. Berlim: Duncker und Humblot, 1831.

_____. *Geschichten der romanischen und germanischen Völker von 1494 bis 1514*. Leipzig/Berlim: Reimer, 1824.

_____. *Zur Kritik neuerer Geschichtschreiber*. Leipzig/Berlim: Reimer, 1824.

RÜSEN, J. *História Viva* – Teoria da História III: Formas e funções do conhecimento histórico. Brasília: UnB, 2007.

_____. *Konfiguration des Historismus* – Studien zur deutschen Wissenschaftskultur. Frankfurt am Main: Suhrkamp, 1993.

SCHULIN, E. "Leopold von Ranke (1795-1886)". In: DUCHHARDT, H. et al. (orgs.). *Europa Historiker* – Ein biographisches Handbuch. Vol. 1. Göttingen: Vandenhoeck & Ruprecht, 2006, p. 129-151.

TURNER, R.S. "Universitäten". In: JEISMANN, K.-E. & LUNDGREEN, P. (orgs.). *Handbuch der deutschen Bildungsgeschichte* – Band 3: 1800-1870, Von der Neuordnung Deutschlands bis zur Gründung des Deutschen Reiches. Munique: Beck, 1987, p. 221-249.

VIERHAUS, R. "Ranke, Leopold von". In: KILLY, W. & VIERHAUS, R. (orgs.). *Deutsche biographische Enzyklopädie*. Vol. 8. Munique: Saur, 1998, p. 137-138.

WARREN, J. "The Rankean tradition in British historiography, 1840 to 1950". In: BERGER, S.; FELDNER, H. & PASSMORE, K. (orgs.). *Writing History* – Theory and Practice. Londres: Bloomsbury Academic, 2010, p. 22-39.

WEHLER, H.-U. *Deutsche Gesellschaftsgeschichte* – Vol. 1: Vom Feudalismus des Alten Reiches bis zur defensiven Modernisierung der Reformära, 1700-1815. 3. ed. Munique: Beck, 1996.

_____. *Deutsche Gesellschaftsgeschichte* – Vol. 2: Von der Reformära bis zur industriellen und politischen 'Deutschen Doppelrevolution', 1815-1845/1849. 3. ed. Munique: Beck, 1993.

WHITE, H. *Metahistory. The historical imagination in nineteenth-century Europe*. Baltimore: The Johns Hopkins University Press, 1973.

5
Jacob Burckhardt (1818–1897)

*Antonio Edmilson Martins Rodrigues**

1 O historiador e sua época

Numa resenha sobre o romance *Exaltação*, de Albertina Berta, Lima Barreto refere-se à presença na trama de ideias do filósofo alemão Friedrich Nietzsche e relaciona-o à cultura do seu tempo, chamando atenção para a atmosfera de desencantamento que tais ideias provocavam.

Do mesmo modo, João Ribeiro também se referia ao filósofo, em 1894, no primeiro texto de recepção de Nietzsche no Brasil. Entretanto, nessa segunda referência, mais antiga que a de Lima Barreto, havia algo que se aproximava mais do mestre da Basileia que era o interesse de João Ribeiro de alterar as formas de escrita da História do Brasil através da inclusão do que havia de novo na Europa que era a ebulição provocada pelo debate em torno da história cultural[1].

Embora não haja nenhuma referência direta a Jacob Burckhardt, nota-se, no prefácio de *História do Brasil*, escrito pelo filho do autor, os pontos de convergência com o autor suíço, mesmo que o livro não tenha alcançado o seu objetivo. De todo jeito nos interessa por ser uma das primeiras tentativas de crítica à história política e administrativa no Brasil na direção da história cultural.

Jacob Burckhardt nasceu em 1818, mesmo ano de nascimento de Karl Marx, na cidade de Basileia, local propício para a formação de um homem com espírito liberal já que a cidade era uma república que mantinha as tradições alemãs burguesas. Essa formação se ampliou por conta do ambiente familiar. O pai cuidava com atenção e carinho de sua for-

---

* Graduado em História pela Universidade Federal Fluminense (1971), é livre-docente em História do Brasil pela Universidade do Estado do Rio de Janeiro. Atualmente é professor da Pontifícia Universidade Católica do Rio de Janeiro e da Universidade do Estado do Rio de Janeiro.

mação, passando-lhe a importância da erudição como forma de manutenção das tradições e dando-lhe a chance de aprender, desde cedo, o ofício de colecionador. Por outro lado, sua formação política também se fazia, ao mesmo tempo, em função da atuação na política da cidade de seu pai. Mas o gosto do pai pela pesquisa da história da cidade que lhe rendeu um livro foi o que mais impulsionou o gosto de Burckhardt para os estudos.

Cedo se dedica ao estudo e à pesquisa, com a orientação do professor alemão Glareanus e com isso pode tomar contato com a produção humanista suíça, um dos temas centrais dos estudos do seu orientador. Mas, outra parte do ambiente familiar terminou por colocá-lo num outro rumo.

A presença constante da religião em sua casa e as pressões familiares levam-no aos estudos teológicos na Universidade de Berlim, entre 1839 e 1842. O resultado mais positivo de sua estada na universidade foi a possibilidade de se aproximar de Leopold von Ranke. Com ele, aprimorou seu gosto pela história e quase se torna um medievalista. Por sorte, nesse período realiza uma viagem à Itália e teve o seu primeiro grande choque ao visitar Roma e as demais cidades italianas. Essa viagem foi decisiva na vida do historiador porque abriu-lhe os olhos para os temas da arte e da cultura.

Quando retorna à universidade se aproxima de Franz Kugler e com ele desenvolve sua atenção para os mundos clássico e renascentista. Em 1843, após obter o seu título de doutor, inicia suas atividades acadêmicas e também se envolve com a imprensa tornando-se editor do jornal *Basler Zeitung*. Mas sua atenção está concentrada nos estudos sobre arte e cultura e, assim, se desliga do trabalho jornalístico em 1846 e se entrega à pesquisa, em primeiro lugar, auxiliando Franz Kugler na publicação da segunda edição de seu livro *Manual de história da arte*.

Daí para frente sua atenção concentra-se nos estudos culturais, embora parte de sua produção ainda reflita os contatos e os conhecimentos provindos de sua experiência com Leopold von Ranke, pois em 1853 escreve *A era de Constantino o Grande*. Mas já nesse livro é possível notar a atenção do autor para as ideias formadoras das ações e mesmo discutindo as ações políticas, esmera-se em destacar o ambiente cultural como decisivo para os resultados obtidos. Isso aparece na tese central do livro, onde Burckhardt destaca a capacidade que Constantino teve de utilizar a religião como ferramenta para o domínio imperial romano. Essa forma de discutir o tema vai se tornar a chave de suas interpretações futuras sobre o Renascimento italiano e demonstra a importância de seu contato com Ranke.

Política e cultura se tornam os temas de interesse do historiador suíço, mas não tomadas em separado, e sim relacionadas de tal modo que são acrescidas de outra "potência" como fixará mais tarde Burckhardt que é a religião. Nesse primeiro livro já estão apresentados os pontos de tensão que levarão o historiador a descobrir que o movimento da história se dava através dos diálogos nem sempre positivos entre o Estado, a religião e a cultura, antecipando, de certa maneira, a sua contribuição para a redefinição dos estudos sobre a história da arte e da política, derivando daí a sua atenção para a história cultural como o caminho através do qual seria possível identificar as ideias que moveram as ações e que determinaram as formas de desenvolvimento da arte, da ciência e das letras.

Em 1855, o resultado dessa reflexão constante do historiador vem timidamente à luz. É o ano de publicação de *O cicerone*, no qual se cruzam a sua nova forma de pensar a história com o seu gosto pela Itália, apresentando a arte e a cultura italiana como exemplificação da força dessas produções como portadoras de tradições e de inovações que, olhadas com maior cuidado, revelariam a presença do homem e de sua sabedoria[2].

A intensificação de sua atenção para a arte e a cultura o leva a assumir as cadeiras de Arquitetura e História da Arte. E é essa nova experiência que o move na direção dos estudos do Renascimento e suas relações com as outras formas de produção da cultura, em especial a cultura clássica. O resultado é o que os comentadores de sua obra definem como seu livro mais importante que é *A cultura do Renascimento na Itália*, onde fica patente a sua opção por tomar a cultura como principal mecanismo de produção de conhecimento sobre história do Renascimento.

Em 1858, retorna à Basileia, depois de rejeitar o convite para substituir Ranke na Universidade de Berlim. Já assentado em Basileia, afastado da vida pública, ocupando-se apenas de suas funções de professor, escreveu *A arquitetura do Renascimento na Itália*. Após a sua morte, em 1897, foram editados vários de seus cursos. Em 1898 foram publicados três deles: *Rubens, ensaios sobre a história da Arte na Itália* e *História cultural da Grécia*. Em 1905 vem à baila *Reflexões sobre a história* e, em 1929, *Juízos acerca da história e dos historiadores*.

2 Percursos e diálogos

Mas, o que teria levado um professor de sucesso a deixar a universidade e refugiar-se em Basileia? As respostas são variadas e mobilizam razões distintas. Aquela que me parece mais promissora é a que estabelece um movimento que teria se iniciado com a desistência da carreira teológica e a sua opção pelos estudos históricos e que teria como pano de fundo a necessidade de Burckhardt de entender o seu próprio tempo.

A história permitiu que ele observasse com mais atenção as crises e tensões oriundas das disputas filosóficas e do modo de vida industrialista, massificado. Isso talvez seja a chave para, segundo Pedro Caldas, um segundo movimento que o faz abandonar a direção de Ranke para se envolver completamente com a cultura, dedicando-se a fazer a crítica àqueles que consideravam o Estado como a chave da compreensão da história[3].

Mas, mesmo essa opção não provocaria nenhuma satisfação completa e desencadeia uma mudança na sua visão de mundo. Burckhardt passa a desconfiar da natureza humana e assume uma posição cética diante do mundo, dando-se conta de que a sua época é uma combinação de massificação e politização.

É nesse momento que observa que as tendências de sua época não davam conta da realidade por estarem subordinadas a interesses deslocados da pura felicidade humana. Isso o leva a rejeitar o modo de vida de sua época e a realizar um movimento crítico exemplar que examina a Modernidade pelo aspecto de sua dimensão perversa, levando-o a rejeitar a filosofia da história e os sistemas filosóficos, estabelecendo os pontos centrais de sua crítica aos resultados do progresso iluminista.

Esse desencantamento com o mundo também teve relação direta com o conhecimento da própria filosofia da história e, em especial, da cultura romântica, porque ela acentuou no historiador uma visão historicista sem se filiar ao historicismo. Isso, em grande parte decorreu do seu conhecimento da discussão teórica. Longe de estar afastado dela, Burckhardt conhecia o debate e é dele que retira seu posicionamento e os argumentos que o fazem optar pelo caminho da cultura, além, evidentemente, do impacto que foi conhecer a Itália.

No período em que esteve na Universidade de Berlim teve oportunidade de observar o desdobramento do que foi a construção das tradições alemãs que tiveram grande importância na sua opção final. Buckhardt teve conhecimento, inclusive através de Ranke, da trajetória do historicismo.

A ideia de que o historicismo, além de ser a expressão mais significativa da história romântica, compõe a estrutura central da cultura romântica. O romantismo deu oportunidade para o progresso da história propiciando uma investigação mais interessada daquelas épocas passadas, desprezadas pelo Iluminismo e realizando um ataque à concepção iluminista da natureza humana uniforme e imutável.

Herder teria sido o primeiro a fazer avançar a história romântica, utilizando para a investigação do passado as ideias de Rousseau, em especial a defesa da vontade geral do povo, para garantir os interesses deles como um todo. Se, para os iluministas, a saída estaria nos déspotas esclarecidos, para Rousseau o povo iluminado venceria os obstáculos à liberdade. A vontade geral era um princípio que poderia ser aplicado não só à história recente, mas a toda história das raças e de todos os tempos. Assim, a história do romantismo seria a da vontade humana, na contramão do que se definia nas Luzes como história da razão humana.

O trabalho dos historiadores românticos era olhar para o passado, sem o desprezo e a aversão dos iluministas, e através desse olhar encontrar nas experiências passadas a expressão de realizações humanas genuínas e válidas.

A preocupação central dos historiadores românticos era forjar uma cultura e uma tradição alicerçadas nas experiências passadas, com a novidade de encontrar um valor positivo em civilizações muito diferentes da sua. Desse modo, introduzem uma dimensão crítica com relação à visão iluminista que comparava o seu ideal de razão com outras sociedades através da semelhança que elas deveriam possuir com a realidade presente, dando a elas um sentido de civilizações inferiores. Para os românticos, o fundamental na comparação eram as diferenças que levavam à individualização de cada uma delas.

O cuidado nesse procedimento é que ele poderia levar a uma nostalgia do passado, como afinal levou, mas no campo da história, a presença no Romantismo de outra concepção da história como progresso, desenvolvimento da razão humana ou educação da humanidade acabou por criar uma nova alternativa, surpreendentemente inovadora, pois passava a considerar as civilizações passadas como condutoras de experiências que organizaram o presente, permitindo que se pudesse escrever uma história dessa vontade humana.

Desse modo, quando tratavam do valor de realidades passadas, o concebiam de um modo duplo. No caso da Idade Média, viam-na como algo de valor permanente em si mesmo, como uma realização única do espírito humano e como ocupando o seu lugar no curso do desenvolvimento que leva a coisas de valor ainda maior. A atitude dos românticos com relação ao passado diferenciava daquela dos humanistas com relação à Antiguidade Clássica. A grande diferença estava na dimensão qualitativa do olhar. Enquanto os renascentistas desprezavam o passado como tal, considerando apenas certos fatos passados como elevados, os românticos admiravam e simpatizavam com o passado, incluindo o Renascimento, porque reconheciam ali o espírito do seu próprio passado, válido para eles por ser deles.

O passado, com o romantismo, se transforma em digno de estudo e se realiza como unidade na narrativa histórica. A inclusão da ideia de história como processo de desenvolvimento desde o princípio – a selvageria – até uma sociedade perfeitamente racional e civilizada.

Outra personagem do romantismo foi Schiller, o mais direto seguidor de Kant na teoria da história e da arte. Poeta e historiador profissional, regeu a cadeira de história em Iena. Schiller reinterpreta a filosofia de Kant acerca da arte e da história. A primeira transferindo-a para a arte e a segunda para a experiência de historiador profissional.

Sua lição inaugural em Iena, em 1789, intitula-se "Que significa e com que fim se estuda a história universal?" Nesta lição repete Kant ao chamar a atenção para o estudo da história universal e reconhecendo que ela exige um espírito filosófico e conhecimentos históricos. Sua grande contribuição se verifica ao nível da produção do método da história romântica. O historiador filosófico consegue esses resultados penetrando, com simpatia, nas ações que descreve. Diferentemente do cientista que estuda a natureza, aquele não se coloca diante dos fatos, considerando-os como simples objetos de conhecimento; pelo contrário, lança-se sobre eles, sentindo-os – imaginariamente – como se fossem experiências pessoais. A história universal, assim concebida, é a história do progresso, desde os tempos primitivos até à civilização moderna.

Fichte é outro aluno de Kant que experimenta a reflexão sobre a história e se envolve com o movimento romântico. Fichte desenvolveu produtivamente a ideia de história ao escrever *Características da Idade Contemporânea*, em 1806. Fichte coloca-se contra Kant e de acordo com Schiller, ao conceber o presente como o foco em que as linhas de desenvolvimento histórico convergem. Para ele, a tarefa fundamental do historiador é compreender o período histórico em que vive. Cada período da história tem um caráter próprio, que penetra em todos os pormenores da sua vida.

Fichte, em seu livro, analisa o caráter específico da sua época, mostrando os seus traços fundamentais e fazendo ver que os outros derivam destes. É o que ele pretende exprimir ao dizer que todas as épocas representam a personificação de uma simples ideia ou conceito. E, completa, se aproximando de Kant, que a história é o desenvolvimento de um plano – o desenvolvimento de algo semelhante ao estudo de um drama –, sustenta que as ideias ou os conceitos fundamentais de várias épocas sucessivas formam uma sequência, que – por ser uma sequência de conceitos – é uma sequência lógica, cada conceito conduzindo necessariamente ao conceito seguinte.

Para ele, todo conceito tem uma estrutura lógica com três fases: tese, antítese e síntese. Primeiro, o conceito é expresso na sua forma pura ou abstrata, depois é contrastado com o seu contrário e, finalmente, é superado pela negação do contrário.

O conceito fundamental da história para Fichte é a liberdade racional, aproximando-se, novamente, de Kant. Fichte não identifica sua época com a da revolução; considera que seus contemporâneos foram além. Ela ultrapassa a realidade objetiva e produz a estrutura científica do espírito que é a contrarrevolução, que é ultrapassada pela liberdade da arte, onde se reúnem espírito e natureza. Assim, a feição da época pode ser traduzida pela consagração voluntária do indivíduo a uma finalidade que, embora objetiva, ele considera propriamente sua.

Em certo sentido, a filosofia da história de Fichte representa um considerável avanço em relação à de Kant. Nesta há duas concepções pressupostas na própria história: a) um plano da natureza, concebido como algo formado antecipadamente em relação à sua execução; b) a natureza humana, com as suas paixões, concebida como a matéria em que esta forma será executada. A própria história é o resultado da imposição desta forma preexistente. A teoria de Fichte é, logicamente, muito mais simples e muito menos exposta à acusação de multiplicar desnecessariamente as entidades. A força impulsionadora da história é precisamente este movimento dinâmico do conceito.

Outra figura marcante do romantismo foi Schelling, que realiza um desenvolvimento sistemático das ideias de Kant e de Fichte, apoiando-se em dois princípios. O primeiro, a ideia de que tudo quanto existe é cognoscível, isto é, uma concretização da racionalidade ou uma manifestação do absoluto. O segundo, a ideia de uma relação entre dois temas que, embora opostos, são deste modo concretizações do absoluto, sendo o próprio absoluto uma identidade dada em que as suas diferenças desaparecem.

Para Schelling, há dois grandes domínios do cognoscível: a natureza e a história, como manifestações do absoluto, embora o personifiquem de modos opostos. A natureza é formada por coisas distribuídas pelo espaço, cuja inteligibilidade consiste meramente na maneira como estão distribuídas, ou nas relações regulares e definidas que existem entre elas. A história é formada pelos pensamentos e ações dos espíritos, que não são apenas inteligíveis, mas também inteligentes – inteligíveis a si mesmos, não apenas a algo diferente de si mesmo.

O curso do desenvolvimento histórico é, assim, a gênese completa da autoconsciência do espírito, simultaneamente livre e sujeita à lei, isto é, moral e politicamente autônoma. Os estágios por que passa esse desenvolvimento são determinados pela estrutura lógica do próprio conceito. Portanto, nos seus traços, mais gerais, é divisível por dois: 1) uma fase em que o homem concebe o absoluto como natureza, sendo a realidade concebida como se tendo fragmentado e disperso em realidades separadas (politeísmo), surgindo e desaparecendo as formas políticas, como organismos naturais que não deixam nada atrás de si; 2) uma fase em que o absoluto é concebido como história, isto é, como um desenvolvimento contínuo em que o homem executa livremente os objetivos do absoluto, cooperando com a providência no seu plano para o desenvolvimento da racionalidade humana. Esta fase é a idade moderna, em que a vida humana é dirigida pelo pensamento científico, histórico e filosófico. Na história, o próprio absoluto atinge a plena existência e o espírito conhece a si mesmo.

A história é um processo temporal em que tanto o conhecimento como o objeto cognoscível se formam progressivamente. É o que se exprime, chamando à história a autoconcepção do absoluto, representando este a razão, quer como objeto quer como sujeito.

Essas são partes das concepções de história reconhecidas por Jacob Burckhardt e das quais derivam seus trabalhos. Nesse sentido, a interpretação de Burke de uma genealogia de ideias que viriam de Vasari e de Voltaire se completa. A introdução de temas como o individualismo e a subjetividade decorre mais fortemente do conhecimento da cultura romântica e da própria experiência de vida do historiador suíço.

3 Entre a experiência e a cultura como atributo humano e chave do conhecimento

Em Jacob Burckhardt é muito difícil separar a experiência intelectual da vivência existencial cotidiana. Ambas expressam as tensões vividas por um intelectual no final do século XIX europeu, onde se discutiam as bases do Ocidente, colocando em xeque as verdades desenvolvidas pelo Iluminismo na dimensão liberal e onde os conflitos afirmavam formas perigosas de nacionalismo, enfatizando o Estado e o militarismo.

Esse ambiente produziu forte impressão num cidadão republicano da Basileia e é essa impressão que o leva a alterar as suas convicções e se dedicar a entender as razões que levaram os homens aos conflitos e, ao mesmo tempo, revelar através dos seus estudos sobre a cultura outra possibilidade que poderia afastar o homem do desastre.

A direção da cultura era, para Jacob Burckhardt, a condição da salvação; a contemplação novamente encantaria o mundo e reafirmaria a condição do homem como produtor. Por isso, havia uma série de temas que ele não simpatizava, como a democracia de massas, a

101

experiência dos Estados Unidos, a uniformidade, o industrialismo, o militarismo, o nacionalismo, as estradas de ferro e o Estado centralizado moderno.

No âmbito de suas reflexões sobre a história assumiu a mesma atitude cética que adotava na vida comum, procurando se desvincular dos grandes sistemas que para ele sempre subordinaram; apenas a história condenava e permitia entender a trajetória e as experiências humanas. Com isso, se colocava contra o hegelianismo e o positivismo, definindo um caminho crítico que, além de crítico, era avaliativo e integrava conceitos e concepções variadas, desvinculadas de suas matrizes.

Assim, a história era pensada como uma arte, como uma modalidade de literatura imaginativa, muito próxima da poesia e o historiador deveria se preocupar com os seus leitores e sua escrita deveria ser legível para que os leitores se sentissem envolvidos. Além disso, para ele os fatos que interessavam eram aqueles que caracterizavam uma ideia ou uma época.

Para Burke, Jacob Burckhardt era cético, relativista e intuitivo, o que não corresponde à imagem que era feita por vários outros intérpretes que o viam como um niilista. O importante é que, para ele, era essencial na história a interpretação, a perspectiva, a visão pessoal, o esboço do todo[4].

O historiador deveria pintar o retrato de uma época. Seu descrédito num método levou-o a incluir em seu principal livro um subtítulo "ensaio" como condição experimental, como possibilidade, abertura. Por outro lado, essa busca pela interpretação e pela compreensão de uma época fez com que descobrisse a cultura como principal aliada dessa condição de conhecimento e seu investimento nesse caminho acabou por torná-lo o grande idealizador dessa forma de história.

Para ele, *Kultur* possuía dois sentidos. Um, restrito, que identificava cultura com as artes e outro, amplo, no qual a cultura era a produção do homem na ânsia de se entender e entender o que está à sua volta. As viagens à Itália foram decisivas para o desenvolvimento das suas pesquisas. Penetrando no universo da cultura foi mais fácil para ele entender o processo de apogeu e decadência e principalmente observar as crises que assumiram papel relevante em seus estudos.

A cultura é o reino do espontâneo e mantém o homem sempre em relevo, mas o Estado e a religião examinados como potências junto com a cultura retiravam desta o seu caráter espontâneo. As repúblicas italianas fascinavam Jacob Burckhardt pela relação que tinham com a história de sua cidade. Vamos nos deter na produção de Jacob Burckhardt que se constituiu num clássico que é *A cultura do Renascimento na Itália*[5].

Para entendermos essa obra é preciso estabelecer algumas referências. A primeira delas no tocante à importância do livro no cenário geral do que, até aquele momento, se discutia quanto ao Renascimento e à história cultural. Tomando como ponto de partida a questão da história cultural, Burke aponta que o conceito central de gênio ou espírito de uma época já estava presente na maneira de pensar de Voltaire, que foi posteriormente retomada por

102

vários autores, incluindo aí Montesquieu, William Robertson, Hume, Herder e Hegel. Do mesmo modo quanto à história cultural, que teria como referência Vasari – que para Burke era o exemplo e fonte para Jacob Burckardt –, avançado com Voltaire com seus ensaios sobre as maneiras e ganha expressão com Saverio Bettinelli ao introduzir o conceito de *rissorgimento*[6].

Nessa mesma direção, Burke ainda comenta a dívida do historiador suíço com os estudiosos do Renascimento que o antecederam, no sentido do modo de tratar o assunto, chamando a atenção para a ideia do "redespertar da Antiguidade" como sendo de Petrarca e de Vasari, novamente para Voltaire pela atenção dada ao Renascimento como época de glória da Itália, onde a liberdade e a cultura das cidades-estado sobressaíram. Mobiliza também Sismondi pela *História das repúblicas italianas na Idade Média*, Stendhal pela *História da pintura na Itália* e, mais próximos e até contemporâneos como Voigt com a contribuição do redespertar da Antiguidade Clássica e a ideia de individualidade e Michelet com a descoberta do mundo e do homem na sua *História da França*, no volume sobre "Renascimento". Para Burke, também teriam sido importantes as relações de Burckhardt com Schopenhauer, de que teria retirado a relação entre objetividade e subjetividade presentes na produção do filósofo, em especial no *O mundo como vontade e representação*.

A partir dessas observações, praticamente não sobraria nada como contribuição de Jacob Burckhardt. O mais complicado é que todas essas observações são mencionadas exatamente na introdução de *A cultura do Renascimento na Itália*. Examinemos com cuidado o que é observado por Peter Burke. A primeira constatação é que o historiador suíço se dedicou com apuro e trabalho à leitura de tudo que poderia lhe permitir uma possibilidade interpretativa mais forte[7].

Desse modo, é importante que se faça o elogio à mobilização de autores feita por Burckhardt. Dito isso, ressaltemos um segundo ponto que é o modo pelo qual o historiador, ao utilizar esse material, o organiza e o define no âmbito de sua proposta maior no livro. Aí há dois encaminhamentos possíveis. Um que se vincula à capacidade do autor de desenhar o quadro geral da época a partir das experiências humanas, tomadas a partir das biografias e autobiografias. E outro, a enorme dimensão da obra quanto à interpretação, não da época, mas do conceito de Renascimento.

Para tornar isso mais claro é interessante acionar Pedro Caldas, num texto muito interessante sobre a ideia de contemplação em Jacob Buckhardt, o autor chama atenção para a relação entre contemplação e renúncia do mundo que se realizaria em duas etapas. Na primeira, com um distanciamento da vida e, na segunda, com uma renúncia propriamente dita. Pedro Caldas está produzindo uma tentativa de compreensão da vida do historiador suíço, principalmente tentando entender sua renúncia ao trabalho universitário e seu retorno à Basileia[8].

Pedro Caldas alerta para os riscos que a renúncia traria, acentuando que esse distanciamento produziria uma diminuição da densidade de sua experiência. Mas, para nós, essa renúncia, embora produzisse esse risco, não levaria o autor para uma torre como Montaigne, o manteria mais afeto à realidade, pois ao voltar à sua cidade natal ampliou a sua atividade crítica. Entretanto, Pedro Caldas tem razão ao mencionar que a contemplação é a principal premissa para a história cultural, exatamente porque ela é a única posição de onde somos capazes de entender o mundo cultural e histórico, despossuídos de qualquer identidade natural e orgânica.

Desse modo, contemplação é uma atitude de método que faz com que se combinem em Jacob Buckhardt resignação e agudeza e não se opõe à vida ativa. Ao contrário, é essa contemplação que agita o espírito do historiador, que se revela a afinidade com o assunto, que lhe abre os olhos para ir além e desconfiar do que está na frente dele, produzindo como efeito a atenção para o detalhe e como este, bem trabalhado, pode revelar o todo, como a singularidade se expressa na universalidade. Por outro lado, a resignação deixa de ser apenas paralisia para definir-se como ponto de partida:

> [...] não posso fazer coisa alguma que, a menos que tenha a contemplação como ponto de partida. E, é claro, incluo na contemplação a contemplação espiritual, como por exemplo, a contemplação histórica advinda da impressão que recebemos das nossas fontes. O que eu construo historicamente não é resultado de críticas e especulação, mas, ao contrário, de imaginação, que preenche a lacuna da contemplação. A história, para mim, é sempre, em sua maior parte, poesia, uma série das mais belas composições artísticas [...][9].

O desdobramento dessa atitude de Jacob Burckhardt é o enriquecimento do autor e sua autonomia como alguém que, percebendo as contradições entre forma e conteúdo as vê como produtoras da imaginação que é a capacidade do historiador de preencher lacunas. Mas acentuada a contemplação, voltemos ao livro *A cultura do Renascimento na Itália* e as considerações em torno das observações de Peter Burke[10].

Mesmo que concordemos com Burke que é possível construir uma trajetória de reflexões que podem fazer parte do campo da história cultural, sem dúvida, foi Burckhardt quem problematizou a questão, criando um caminho para que a cultura que se apresentasse como articuladora de sentidos e de significados, ultrapassando as visões tanto à esquerda quanto à direita de que a cultura possuía apenas o sentido de encantar o mundo, destituía que era de qualquer complexidade ou então apresentada como mero resultado das relações políticas e econômicas.

Na contramão dessas formas de entender a cultura, Burckhardt deu a ela um sentido alargado, entendendo-a como produção das experiências humanas, como representação da possibilidade de realização do conhecimento. Além disso, o destaque para a cultura permitiu dois desdobramentos importantes para o trabalho do historiador. O primeiro revela-se na capacidade de entender que a análise da cultura depende em larga medida da própria experiência estética e histórica do historiador e o segundo, sugerindo que a análise da cultura estabelece, por si só, mediações e espaços críticos através dos quais é possível estabelecer diferenças concretas nos modos de agir, deixando aparecer os elementos trágicos e equivocados das análises que contemplam o Estado ou a religião como agentes de mudanças.

A cultura, assim, é um elemento de alerta, de alarme que denuncia e discute os caminhos da humanidade, principalmente se observada a sua história e as suas realizações. Como parte integrante da experiência humana ela conteria todas as tensões próprias do homem e revelaria os elementos subjetivos intrínsecos às ações, assim como deixaria aparecer as singularidades e individualidades, permitindo a comparação pela diferença.

O que Jacob Burckhardt realiza em sua obra clássica é o resgate das ações humanas comparando-as no tempo e expressando a sua qualificação como descobertas e invenções humanas. Nesse sentido, vai muito mais longe do que Voltaire e Vasari, ultrapassa Michelet e Voigt e celebra um novo tempo para a história, inaugurando uma forma de análise que dá oportunidade ao homem de se revelar através dos mecanismos complexos da sua psicologia e de sua consciência histórica.

Cássio Fernandes, talvez o estudioso brasileiro mais envolvido com a obra de Jacob Burckhardt, tomando-o como tema central de seus trabalhos de pesquisa, nos revela parte dessa riqueza contida na obra do historiador suíço ao chamar atenção para as descobertas e invenções feitas por ele em *A cultura do Renascimento na Itália*. A questão destacada por Cássio Fernandes, que tomaremos aqui, diz respeito ao movimento de descoberta da individualidade humana no Renascimento[11].

Para Cássio Fernandes, a importância se revelaria de dois modos. De um lado, pelo modo de percebê-la e, por outro, pela importância que ela teve na possibilidade de entender as ações humanas na Renascença. Essa descoberta é realizada a partir do acionamento que Jacob Burkhardt faz das biografias e das autobiografias. Entretanto, o cuidado de Burckhardt é de tal ordem que o título da obra se revela pelo subtítulo "um ensaio", que para Fernandes supera em muito o modo tradicional de pensar ensaio como gênero entre a ciência e a literatura e se define como experimento, tentativa, realizando dois movimentos importantes: um que destaca e acentua a criação, a ideia daquele que narra, que escreve e, outra, que abre a possibilidade dos desdobramentos, dos avanços do conhecimento, da transitoriedade e das possibilidades.

Esse experimento realizado a partir das histórias dos homens se revela extremamente produtivo na medida em que possibilita a apresentação de uma civilização sem perder a presença dos homens que fazem a história através de suas descobertas, de suas experiências e constroem a possibilidade, com isso, de terem consciência de si mesmos. Essa consciência que é descoberta se dá a ver ao mesmo tempo em que esses homens descobrem o mundo, tornando essa individualização na mola central da cultura do Renascimento na Itália, pois é ela que leva à ruptura com a Idade Média e a redescoberta da Antiguidade Clássica, sugerindo, ao mesmo tempo, que esse movimento acentua a consciência da própria história, tornando o passado como construção cultural.

105

Mais interessante ainda é a projeção que a descoberta permite, dando-nos oportunidade de pensar esse individualismo e tudo que ele provoca como fundador de um novo tempo, o tempo da Modernidade e nela o Renascimento como primeira forma de sua apresentação.

Porém, as descobertas de Burckhardt ultrapassam esse primeiro aspecto e se desdobram na possibilidade de repensarmos não só a trajetória histórica da Modernidade, mas os seus limites, assim como, também, as diferenças no interior do próprio Renascimento. O livro oferece surpresas como iniciar com a parte "O Estado como obra de arte" que talvez seja o grande ponto de Burckhardt, no sentido da dimensão crítica do livro, em especial, para aqueles que acentuam a ausência de um conjunto de questões que gostariam que o historiador suíço tratasse, mostrando a importância do debate que o livro construiu.

Mas, voltemos ao ponto. O livro *A cultura do Renascimento na Itália* é uma obra aberta e, assim, apresenta mil possibilidades de desdobramentos. Vou destacar apenas um para mostrar essa qualidade da obra. Para além do mencionado acima, que foi a história da constituição do Estado moderno centralizado como obra de arte, há um aspecto que resulta do livro que é a possibilidade de pensarmos esses movimentos internos do Renascimento a partir da própria ideia de que as ações humanas decorrentes do individualismo se apresentam com alto grau de heterogeneidade.

Assim, a partir das análises contidas no livro se revela mais clara a história das repúblicas italianas, se entende as posições de Maquiavel e o seu humanismo, descobre-se que o Renascimento não é um todo contínuo e que o século XVI é apenas um momento de consolidação das experiências que se realizam desde o século XIII. Mais do que isso, a disposição dos homens para inventarem e descobrirem abrindo um novo horizonte, destacado pela vontade de viajar, de conhecer, de experimentar.

Todo esse conjunto de características permite que a partir da obra de Burckhardt se imagine pelo menos dois renascimentos. Um conduzido pela experiência inaugural da experiência moderna que estaria se desenvolvendo ao longo dos séculos XIV e XV com a importância da cidade e do homem como seu construtor, mostrando como a paisagem urbana é o lugar privilegiado da vida e como isso se desdobra na construção das repúblicas. Nesse primeiro Renascimento, os ideais provenientes da novidade fariam com que os homens tomassem consciência do valor da vida e acentuassem essa consciência repassando esse amor para a cidade.

A experiência que permite descobrir e inventar é a principal marca dessa fase da cultura renascentista. Esse desenvolvimento, entretanto, aponta para problemas, especialmente quando o individualismo transforma esse homem, via a presença do neoplatonismo, num espelho de Deus. As crises, os equívocos, as mortes mencionadas por Burckhardt revelam esse ambiente e anunciam um desastre, que aparece muito bem-definido nas análises de Maquiavel e do seu republicanismo.

Esse clima de tensão leva a criatividade humana ao seu limite e a solução dada pelos homens parte da insegurança e do medo, novamente descobertos. O século XVI se anuncia

106

como o do grande apogeu do Renascimento, mas devemos desconfiar disso, especialmente se acompanhamos a leitura que Burckhardt realiza dos períodos anteriores.

Argan, ao analisar o Renascimento do século XVI o caracteriza como linear e como regido pela razão natural, o que associado às análises de Burckhardt permite concluir que, comparados os dois períodos do Renascimento, o primeiro é, na verdade, o auge, enquanto o segundo disciplina, regulariza, codifica, diminuindo a consciência crítica do homem pelo medo, pelo temor, pela insegurança e estabelecendo que a experiência deve derivar do exemplo, inaugurando uma pedagogia da exemplaridade como nos apresenta *O cortesão*, de Castiglione[12].

Por isso, as repúblicas são substituídas pelos estados centralizados, os ideais pelos modelos e toda a vida se torna uma grande repetição de fórmulas, fazendo com que Skinner veja nessa passagem a traição que os humanistas fazem aos seus próprios valores, mas identificando vozes que permanecem críticas como a de Thomas Morus. A utopia se anuncia como a crítica que coloca em evidência a força do primeiro Renascimento[13].

Mas, como essa leitura de Burckhardt não é canônica, o que a historiografia faz é remeter a linearidade do século XVI para a função de paradigma e, a partir daí, dizer que toda a cultura do barroco é o sinal da decadência, da volta à Idade Média, da morte contra a vida, ou de que ela é o estilo da Contrarreforma. Jamais a conclusão de Burckhardt seria essa, ao contrário, a vida em tensão, a possibilidade de novas descobertas afirmariam a capacidade humana de criar. Mas, como a vitória foi do Iluminismo, mantiveram essa visão que é possível observar nos textos de reflexão sobre a história do historiador suíço que vivenciou esse debate entre Iluminismo e Romantismo e todas as suas consequências em termos da cultura da ciência e da cultura da cultura.

Esse debate trouxe consequências importantes para Burckhardt, expressas na sua busca pela autonomia teórica e metodológica. Mas, vamos adiante. Retomando Cássio Fernandes, podemos agora discutir o porquê de Burckhardt ter tomado a Itália como lugar fundacional da nova cultura. Para Fernandes, a Itália aparece para Burckhardt como o lugar onde se combinam vários elementos que conduzem ao desenvolvimento da personalidade, principalmente pela espontaneidade, condição suprema para as descobertas e aliada da disponibilidade[14].

Essa singularidade italiana, descoberta nos documentos e observada na maneira pela qual eles leram a Antiguidade e como dessa leitura construíram a individualidade moderna é o movimento para Cássio tornar Burckhardt um inovador, pois em seu livro acentua a historicidade das ações, ao lado da autonomia e das particularidades contidas nos fatos. Isso, para Cássio Fernandes, é o que levou Momigliano a dizer que a historiografia de Jacob Burckhardt possui a capacidade de conter uma análise sincrônica dos acontecimentos, ao lado de uma análise diacrônica da civilização.

Para Cássio Fernandes, Burckhardt considera o homem um indivíduo histórico e de ação e capta essa identidade nas biografias e nas autobiografias, mostrando como estas estão integradas à história e revelam o papel do homem na configuração do tempo, estabelecendo a relação entre o singular do homem e o caráter universal da época. Assim, Burckhardt, na visão de Cássio Fernandes, teria dado ao individualismo um lugar de destaque e ele seria a condição para os italianos descreverem e compreenderem o homem em seus aspectos exteriores e interiores com agudeza e precisão. Condições que permitem a constituição de um conhecimento, o mesmo movimento que realiza o historiador suíço na construção de uma nova história através também da busca do homem em sua integralidade.

4 Considerações finais

Numa resenha do livro de Richard Sigurdson intitulado *Jacob Burckhardt's social & political*, editado pela Universidade de Toronto em 2004, Pedro Caldas realiza um movimento interessante de reavaliação do livro e da obra de Jacob Burckhardt na qual reforça alguns pontos centrais[15]. O primeiro deles é o ceticismo com relação à natureza humana, que engendraria todo um processo de tentativa de apreciação dos possíveis resultados e que, nas palavras de Otto Maria Carpeaux (1991), o teria transformado no profeta do que foi o século XX, ao ser para ele o criador da moderna noção de crise[16].

O segundo ponto é a forma de apreciação da Modernidade realizada por Jacob Burckhardt, que se constituiria num modo de crítica à cultura politicamente conservadora decorrente do seu tempo, que solicitaria todo tempo a presença da continuidade histórica como elo de compreensão por conta da perspectiva pessimista.

O terceiro ponto destacado por Pedro Caldas remete para a vinculação que Sigurdson faz de Burckhardt ao humanismo clássico alemão, que permitiu o alargamento das relações da história com outras áreas do conhecimento, em especial, a filosofia e a literatura.

Por último, Pedro Caldas destaca os argumentos levantados por Sigurdson contra a obra de Burckhardt que, além de revelar a importância da reflexão do historiador suíço, demonstra a sua agudeza na leitura das fontes e nas possibilidades que elas oferecem.

De saída, o primeiro argumento é de que, embora destaque as individualidades, não teria perdido de vista a importância da continuidade histórica. Talvez valesse a pena aqui relembrar a opinião de Momigliano sobre a obra de Burckhardt quando diz que a historiografia do historiador suíço é uma análise sincrônica dos acontecimentos e uma apreciação diacrônica da civilização.

O segundo argumento é aquele que critica a análise das crises. Entretanto, na própria formulação já se encontra o ganho de Burckhardt, na medida em que o que é ressaltado é a elaboração da interessante teoria das relações estruturais entre cultura, Estado e religião, na qual teria estabelecido constantes antropológicas.

O último argumento refere-se à crítica cética ao Iluminismo e aí é a inquietude do historiador com sua época que explicaria o desencantamento. Mas, qualquer que sejam os argumentos eles não retiram da obra sua qualidade provocadora, criadora de novos caminhos, elaboradora de questões como a que está claramente colocada em *A cultura do Renascimento na Itália*, de que mesmo que não houvesse o retorno à Antiguidade Clássica haveria o Renascimento.

Mas já que estamos listando os argumentos contra, vejamos aqueles que são apresentados por Peter Burke[17]. Primeiramente, a alusão ao modo pelo qual Burckhardt trata as mulheres como se fossem iguais aos homens. Para mim, o destaque importante de Burckhardt é para a presença feminina na exposição das novidades e na reflexão sobre a natureza humana.

O segundo argumento vai para o amadorismo nas análises da astrologia e da alquimia que não são centrais no estudo do Renascimento para o historiador suíço, mas que se revelam importantes como modo de compreensão da época e esse é o objetivo.

O terceiro argumento envolve as fraquezas estruturais em *A cultura do Renascimento na Itália*. A primeira é a ausência dos fundamentos econômicos que faz sentido quando, nas décadas de 1970 e 1980, era forte a presença das visões economicistas, derivadas de avaliações equivocadas das leituras de Marx, a partir das quais a cultura era apenas superestrutura e só existia a partir de uma base econômica que a determinava. Para aqueles que hoje leem o livro não há falta alguma desses fundamentos, que são compensados por indicações aqui e ali de eventos que permitem entender a economia da época.

A segunda é ausência das transformações na Itália entre Dante e a Contrarreforma, que é compensada pelas análises realizadas na primeira parte do livro *O estado como obra de arte*, onde são apresentados todos os elementos que permitem entender a trajetória das cidades italianas e solicitam uma continuidade histórica. A terceira é a falta de conhecimento e de simpatia pela Idade Média, que pode ser questionada através da própria história intelectual de Burckhardt e pela produção de sua obra sobre Constantino que, naquela altura, evidenciava a sua vontade de se tornar um medievalista.

As demais objeções centram-se no conceito de "desenvolvimento do indivíduo" e na forma de tratar os italianos como os primeiros modernos, questões que só fazem sentido se não houvesse um subtítulo no livro "um ensaio", ou seja, na visão do autor, vários outros pesquisadores, utilizando o mesmo material, poderiam chegar a conclusões bem diferentes da dele e isso é que era importante, as possibilidades que o conhecimento apresenta.

Ainda reclamavam da inexistência de conflitos entre as várias visões humanistas e os seus opositores como os escolásticos e do reduzido número de textos literários utilizados que reforçam a ideia da importância da obra, anunciada por continuadores do trabalho de Burckhardt, como Huizinga e Warburg.

O caminho a seguir agora seria observar com maior apuro a recepção da obra, que ficará para outra oportunidade. De pronto, numa visão geral, as afirmações mais contundentes sobre *A cultura do Renascimento na Itália* e os outros livros de Burckhardt é de que são importantes como anunciadoras de novas possibilidades, como observa Momigliano quando acentua o papel inovador e o valor potencial da história da cultura da Grécia ou quando Alexis de Tocqueville, lendo *Reflexões sobre a história*, o intitula profeta de uma era de massas, como registra Peter Burke.

É o próprio Burke, também ele herdeiro de Burckhardt, que indica a presença do historiador suíço nas obras de antropólogos como Geertz e Benedict. Hoje é possível perceber a forte presença de Burckhardt pelo êxito da história cultural e pela grande quantidade de trabalhos que tomaram as suas indicações como caminhos para o desenvolvimento de pesquisas, como aquelas que eu mesmo realizo[18].

Notas

[1] Cf. RIBEIRO, J. *História do Brasil*. 2. ed. [s.l.]: Livraria Cruz Coutinho, 1901.

[2] Cf. BURKE, P. "Introdução: Jacob Burckhardt e o Renascimento italiano". In: BURCKHARDT, J. *A cultura do Renascimento italiano*. São Paulo: Cia de Bolso, 2009, p. 15-35.

[3] Cf. CALDAS, P. "A crítica conservadora de Jacob Burckhardt: uma leitura política da história da cultura". *História & Perspectivas*, n. 40, jan.-jun./2009, p. 303-310. Uberlândia.

[4] Cf. BURKE, P. "Introdução". Op. cit.

[5] Cf. BURCKHARDT, J. *A cultura do Renascimento italiano*. Op. cit.

[6] Cf. BURKE, P. "Introdução". Op. cit.

[7] Cf. Ibid.

[8] Cf. CALDAS, P. "Renúncia e criação: Thomas Mann, Burckhardt e a linguagem da impotência". *Fênix – Revista de História e Estudos Culturais*, , ano II, vol. 2, n. 1, jan.-mar./2005, p. 1-14. Uberlândia.

[9] Cf. BURCKHARDT. Op. cit., 2009, p. 162-163, apud CALDAS, P. "Renúncia e criação..." Op. cit.

[10] Cf. BURKE, P. "Introdução". Op. cit.

[11] Cf. FERNANDES, C.S. "As contribuições de Jacob Burckhardt ao Manual de História da Arte de Franz Kugler (1848)". *Revista Brasileira de História*, vol. 25, n. 49, jan.-jul./2005, p. 99-124. São Paulo: Anpuh.

[12] Cf. ARGAN, G.C. *Imagem e persuasão*: ensaio sobre o barroco. São Paulo: Companhia das Letras, 2004.

[13] Cf. SKINNER, Q. *As fundações do pensamento político moderno*. São Paulo: Cia das Letras, 1996.

[14] Cf. FERNANDES, C.S. "Jacob Burckhardt e a preparação para a cultura do Renascimento na Itália". *Fênix – Revista de História e Estudos Culturais*, ano III, vol. 3, n. 3, jul.-set./2006, p. 1-18. Uberlândia.

[15] Cf. CALDAS, P. "Renúncia e criação..." Op. cit.

[16] Cf. CARPEAUX, O.M. "Prefácio". In: BURCKHARDT, J. *A cultura do Renascimento na Itália*. Brasília: UnB, 1991.

[17] Cf. BURKE, P. "Introdução". Op. cit.

[18] RODRIGUES, A.E.M. & FALCON, F.J.C. *A formação do mundo moderno*. 2. ed. Rio de Janeiro: Elsevier/Campus, 2006.

Referências

ARGAN, G.C. *Imagem e persuasão* – Ensaio sobre o barroco. São Paulo: Companhia das Letras, 2004.

BURCKHARDT, J. *A cultura do Renascimento na Itália*: um ensaio. São Paulo: Cia das Letras, 1991.

_____. *The age of Constantine the Great*. Berkeley, CA: University of California Press, 1983.

_____. *Historia de la cultura griega*. Barcelona: Iberia, 1953.

BURKE, P. "Introdução – Jacob Burckhardt e o Renascimento italiano". In: BURCKHARDT, J. *A cultura do Renascimento italiano*. São Paulo: Cia de Bolso, 2009, p. 15-35.

CALDAS, P. "A crítica conservadora de Jacob Burckhardt: uma leitura política da história da cultura". *História & Perspectivas*, n . 40, jan.-jun./2009, p. 303-310. Uberlândia.

_____. "Renúncia e criação – Thomas Mann, Burckhardt e a linguagem da impotência". *Fênix* – Revista de História e Estudos Culturais, ano II, vol. 2, n. 1, jan.-mar./2005, p. 1-14. Uberlândia.

CARPEAUX, O.M. "Prefácio". In: BURCKHARDT, J. *A cultura do Renascimento na Itália*. Brasília: UnB, 1991.

CHAVES, E. "Cultura e política: o jovem Nietzsche e Jacob Burckhardt". *Cadernos Nietzsche*, n. 9, 2000, p. 41-66. São Paulo: USP.

FERNANDES, C.S. "Jacob Burckhardt e a preparação para a cultura do Renascimento na Itália". *Fênix* – Revista de História e Estudos Culturais, ano III, vol. 3, n. 3, jul.-set./2006, p. 1-18. Uberlândia.

_____. "As contribuições de Jacob Burckhardt ao *Manual de história da arte*, de Franz Kugler (1848)". *Revista Brasileira de História*, vol. 25, n. 49, jan.-jul./2005, p. 99-124. São Paulo: Anpuh.

_____. "Biografia e autobiografia em a *Civilização do Renascimento na Itália*, de Jacob Burckhardt". *História*: Questões & Debates, n. 40, 2004, p. 155-198. Curitiba: UFPr.

_____. *A figura do homem entre palavra e imagem* – Autobiografia e retrato pictórico no *Renascimento*, de Jacob Burckhardt. Campinas: Unicamp, 2003 [Tese de doutorado em História].

GAY, P. *O estilo na história*: Gibbon, Ranke, Macaulay, Burckhardt. São Paulo: Cia das Letras, 1990.

GILBERT, F. *History: politics or culture?* – Reflections on Ranke and Burckhardt. Princeton, N.J.: Princeton University Press, 1990.

HINDE, J.R. *Jacob Burckhardt and the crisis of Modernity*. Montreal/Ithaca: McGill-Queen's University Press, 2000.

KAHAN, A.S. *Aristocratic liberalism*: the social and political thought of Jacob Burckhardt, John Stuart Mill, and Alexis de Tocqueville. Nova York: Oxford University Press, 1992.

LARGE, D. "'Nosso maior mestre': Nietzsche, Burckhardt e o conceito de cultura". *Cadernos Nietzsche*, n. 9, 2000, p. 3-39. São Paulo: USP.

OLIVEIRA, J.P. *O futuro aberto*: Jacob Burckhardt, G.W.F. *Hegel e o problema da continuidade histórica*. Rio de Janeiro: PUC-Rio, 2006 [Tese de doutorado em História].

RIBEIRO, J. *História do Brasil*. 2. ed. [s.l.]: Livraria Cruz Coutinho, 1901.

RODRIGUES, A.E.M. & FALCON, F.J.C. *A formação do mundo moderno*. 2. ed. Rio de Janeiro: Elsevier/Campus, 2006.

SKINNER, Q. *As fundações do pensamento político moderno*. São Paulo: Cia das Letras, 1996.

VERMEERSCH, P. "Jacob Burckhardt e suas reflexões sobre a história". *História Social*, n. 10, 2003, p. 215-238. Campinas.

6
Karl Marx (1818–1883)

Marly de Almeida Gomes Vianna★
Ramón Peña Castro★★

> *Nós não conhecemos senão uma ciência, a ciência*
> *da História.*
> Karl Marx

1 O autor e sua época

Há discussões a respeito da especialidade de Marx: seria filósofo, ou sociólogo, economista, político, ou historiador? Marx era, em primeiro lugar, um revolucionário e foi em função da revolução que teve que trabalhar principalmente no campo da História, para entender, explicar e transformar uma sociedade desumana, a capitalista. Toda a obra de Marx está impregnada da História, da qual nunca se afasta – por isso sua frase, colocada como epígrafe. Considerado por muitos como economista, depois de seus estudos sobre o capital, trabalho assalariado, preço, lucro e outras categorias econômicas, lembramos que Marx nunca escreveu sobre uma "economia marxista"; o que fez foi uma crítica à economia – e à sociedade – capitalista.

Não sendo este trabalho biográfico, optamos por dar sucintos dados da vida de Marx, para fixar-nos depois em seus principais conceitos e em seu método de trabalho, que tornaram sua obra fundamental e plenamente válida no século XXI.

Nascido em 1818, Marx viveu um dos mais ricos períodos da história da humanidade. Se tomarmos o Congresso de Viena, em 1815, até sua morte, em 1883, podemos dizer que foi contemporâneo da Revolução Constitucionalista Espanhola de 1820-1823, esmagada pela Santa Aliança; das revoluções de Nápoles e do Piemonte, também derrotadas pela mesma organização reacionária; do fracasso dos dezembristas russos, em 1825, violentamente re-

---

★ Doutora em História Social pela Universidade de São Paulo. Professora aposentada da UFSCar e professora do Mestrado em História da Universidade Salgado de Oliveira – Universo.

★★ Ph.D. em Economia pela Universidade de Moscou, professor aposentado da UFSCar e professor do Programa de Pós-Graduação em Educação Profissional em Saúde, da Fiocruz.

primidos pelo tzar; viveu a unificação da Alemanha e da Itália e os movimentos de independência das colônias americanas.

Mas foi principalmente a situação na Inglaterra e na França que mais exemplarmente marcaram o período: o imenso fortalecimento econômico-industrial da Inglaterra, um "modelo" de capitalismo – e a consequente situação da classe operária – e os acontecimentos franceses, que expressaram, no plano político, a consolidação de uma burguesia que há muito já deixara de ser revolucionária.

A infância de Marx foi vivida no período que corresponde ao reacionarismo que se seguiu ao Congresso de Viena, com a formação da Santa Aliança da qual Frederico Guilherme III da Prússia fazia parte. A burguesia entrara numa etapa de consolidação reacionária de seu poder e na luta por essa consolidação e domínio absoluto chocava-se com as pretensões revolucionárias e democráticas do proletariado e dos setores mais avançados da sociedade. O massacre de operários nas jornadas de julho de 1848, na França, pela burguesia republicana, deixou claro que esta temia mais ao proletariado do que a qualquer outra coisa. Mas esse período foi também o da afirmação do proletariado como classe, da criação de suas organizações políticas mais avançadas, de sua unidade internacional, da afirmação de seu papel histórico universal como criador de uma nova sociedade. Marx foi o teórico do proletariado.

Marcado por sua época, sofreu a influência racionalista das ideias da Revolução Francesa em sua cidade natal; do que havia de mais avançado na Filosofia – as concepções de Georg Wilhen Fredrich Hegel, fundamentalmente a dialética; das ideias materialistas de Ludwig Feuerbach sobre a religião; dos economistas clássicos ingleses, em especial Adam Smith e David Ricardo e do movimento operário francês. Marx apropriou-se do que havia de mais avançado na cultura e na atividade política de sua época e transformou revolucionariamente tais conhecimentos: materializou a dialética hegeliana; descobriu a fonte do mais valor produzido na economia e teorizou sobre o movimento revolucionário, a partir de sua práxis.

Karl Marx nasceu a 5 de maio de 1818, em Trier (Trèves), cidade situada ao sul da Prússia, na fronteira com a França. A cidade de Trier fora ocupada por tropas francesas de Napoleão depois da derrota da Prússia em Iena (1806) e dos tratados de Tilsit (1807), que obrigaram Frederico Guilherme III a ceder território aos franceses. Até 1915 Trèves pertenceu à França e foi sede da administração francesa do Sarre, tendo voltado à Prússia depois da derrota de Napoleão. Esse fato teve influência na região, uma vez que o antifeudalismo e os ideais libertários da Revolução Francesa foram levados à Prússia feudal e militarizada. A dominação napoleônica marcou culturalmente essa parte da Prússia. Até o final de 1830 a classe média de Trèves suportava mal a ocupação prussiana, havendo forte nostalgia pelo governo de Napoleão, e bastante receptividade às ideias francesas liberais, em especial as do conde de Saint Simon (Claude-Henry de Rouvroy). Seguramente por isso Marx não foi contaminado pelo nacionalismo alemão, tendo muito maior afinidade com as posições humanistas da intelectualidade de sua região. Não foi, portanto, por acaso que, em Berlim, onde iria continuar seus estudos universitários (iniciados em Bonn), se tivesse inclinado à versão liberal das ideias de Hegel sobre o Estado.

114

O pai de Marx, Hirschel Marx, era um próspero advogado, livre-pensador, liberal, admirador dos filósofos racionalistas. Com a volta do domínio prussiano à região, e sendo Frederico Guilherme III um antissemita, Hirschel mudou seu nome judeu para Heinrich e converteu-se ao protestantismo – isto antes do nascimento de Marx. A mãe de Karl era Henriette Pressburg, uma holandesa bastante conservadora. O casal Heinrich e Henriette teve nove filhos, dos quais Karl foi o terceiro.

Marx estudou no ginásio do Estado, atingido pela repressão aos liberais, com quem Marx simpatizava. Terminou seu curso secundário em 1835, com 17 anos. No ginásio, ficou amigo de Edgar von Westphalen, filho do Barão Ludwig von Westphalen, homem bastante culto e seu futuro sogro. No ano de 1836, Marx ficou noivo, secretamente, de Jenny von Westphalen, noivado oficializado em março de 1837.

Terminado o ginásio Marx foi estudar na Universidade de Bonn (direito, história, filosofia, arte e literatura), onde esteve nos últimos meses de 1835 e parte de 1836. Lá, levou uma vida boêmia: frequentou um círculo de poetas, envolveu-se em grandes bebedeiras e chegou até a bater-se num duelo. Em outubro de 1836, preocupado com o comportamento do filho em Bonn, o pai de Marx mandou-o estudar em Berlim, em cuja universidade as ideias de Hegel, que morrera em 1831, predominavam. Marx ligou-se aos chamados hegelianos de esquerda e em 1837 dedicou-se ao estudo da Filosofia, frequentando o clube dos jovens hegelianos, o *Doktorklub*, que tinha Bruno Bauer como líder. Marx tornou-se amigo de Bruno Bauer e, tal como ele, queria tornar-se professor em Bonn. Pensando nisso, entre 1838 e 1840 preparou sua tese de doutorado.

Em 1840, com a morte de Frederico Guilherme III, subiu ao trono Frederico Guilherme IV, ainda mais reacionário que seu antecessor, fato que atingiu a universidade. Tendo que defender a tese, em Berlim, com um professor conservador, Marx resolveu ir defendê-la na Universidade de Iena, onde se doutorou a 15 de abril de 1841. Sua tese, dedicada ao Barão Von Westphalen, discutia *A diferença entre a filosofia da natureza de Demócrito e de Epicuro*. Para Marx, Epicuro opunha-se ao determinismo de Demócrito, buscando um espaço de liberdade na natureza.

Apesar de sua tese ser considerada brilhante, o título não valeu a Marx o cargo a que almejava: não só não conseguiu a cátedra – por ser hegeliano de esquerda, de quem o governo não queria nem ouvir falar –, como, em outubro de 1841, o próprio Bruno Bauer foi afastado da Universidade de Bonn.

2 Percursos e diálogos

Em busca de trabalho, Marx voltou-se para o jornalismo e enviou um primeiro artigo para os *Anais Alemães*, dirigidos por Arnold Ruge. Era um artigo contra a censura e por ela foi vetado... Marx passou a escrever então para a *Gazeta Renana*, de Colônia, onde, num debate sobre a liberdade de imprensa, disse: "A liberdade número um para a imprensa consiste em não ser ela uma indústria"[1]. Em outubro de 1842 Marx mudou-se para Colônia e assumiu a direção do jornal. Nesse mesmo ano pesquisou para um artigo sobre a lei do "roubo" de lenha, que o levou à compreensão da crueldade inerente à propriedade privada. E depois de escrever um violento artigo contra o tzar Nicolau I, em janeiro de 1843, o governo da Prússia, a pedido do tzar, fechou o periódico.

Pouco antes desse acontecimento, um jornal de Augsbug acusou a *Gazeta Renana* de ser comunista, ao que Marx respondeu que conhecia mal o comunismo, mas que, prometia, iria estudá-lo. Já lera os socialistas utópicos, como Saint Simon e Charles Fourrier.

Fechada a *Gazeta Renana*, Marx combinou com Ruge editar um jornal no exterior – pois na Prússia a censura tornava impossível o empreendimento – e tornou-se o redator dos *Anais Franco-alemães*, que publicou um único número. Contando com esse trabalho, casou-se com Jenny em junho de 1843, e em outubro mudou-se com ela para Paris. Lá, Marx tornou-se amigo do poeta Heinrich Heine, ao mesmo tempo em que lia muito Jean-Jacques Rousseau, Montesquieu (Charles-Louis de Secondat, Barão de La Brède e de Montesquieu) e Nicolau Maquiavel.

Nessa época Marx começou a criticar Hegel, a partir do materialismo de Ludwig Feuerbach, mas também criticando o materialismo do próprio Feuerbach, que considerou contemplativo. Escreveu a Ruge sobre isso: "O erro de Feuerbach foi repudiar Hegel totalmente, quando o que ele deveria fazer era retirar a revolucionária dialética hegeliana do mundo das ideias para colocá-la no mundo da realidade"[2]. Paulatinamente, Marx passará de hegeliano de esquerda a comunista. Foi nessa época que, em Paris, ele entrou em contato com o movimento operário socialista.

Em 1843, Marx escreveu a *Crítica à filosofia do direito em Hegel*, em que mostrava que as considerações de Hegel sobre o direito eram inócuas porque não indicavam os meios práticos, materiais e sociais, para superar os problemas humanos que ele abordava: "O poder material só pode ser vencido pelo poder material". E: "A teoria também se transforma numa força material quando se apodera das massas"[3] e as massas capazes de promover mudanças seriam as operárias. Para Marx, a filosofia mostrara a desumanidade do mundo atual e Feuerbach demonstrara que a religião era uma solução ilusória para sua superação, uma alienação. O marxismo é, fundamentalmente, um humanismo e, para Marx, também a filosofia mostrara-se impotente para, por si mesma, superar a desumanidade e acabar com a alienação. Era preciso dispor de uma arma material para fazer prevalecer o humanismo. E Marx afirma: tal arma, na sociedade atual, é a luta de classes e seu agente, o proletariado[4].

Em novembro de 1842, em visita à redação da *Gazeta Renana*, em Colônia, Friedrich Engels conheceu Marx, mas a amizade dos dois só se consolidou no reencontro deles em Paris, no final de 1844. Uma amizade e uma parceria intelectual das mais sólidas e, da parte de Engels, de inigualável generosidade.

Em fevereiro de 1844, no único número dos *Anais Franco-alemães*, que saiu à luz, além da *Introdução à Crítica à filosofia do direito de Hegel*, havia outro artigo de Marx – *Sobre a*

116

questão judaica. Bruno Bauer havia escrito criticando os judeus por buscarem apenas sua liberdade religiosa, quando deveriam lutar pela liberdade de todos os homens. Marx, concordando, acrescentava que a emancipação política não era ainda a emancipação humana, pois esta exige a transformação do sistema social de produção e distribuição da riqueza e que, em última análise, a liberdade política depende da liberdade econômica. O homem só será livre quando puder exercer uma atividade criadora, sem as pressões da propriedade privada e do dinheiro.

Tanto o judaísmo como o cristianismo, para Marx, são ideologias impotentes para combater a exploração do homem pelo homem. A fim de libertar o homem de suas ilusões religiosas é preciso mudar o mundo que tornou necessárias tais ilusões, mudar a estrutura social e econômica da sociedade. Para Marx, "A angústia religiosa é, ao mesmo tempo, a *expressão* da verdadeira angústia e um *protesto* contra a verdadeira angústia. A religião é o suspiro da criatura oprimida, o coração de um mundo sem coração, assim como é o espírito de uma situação sem espírito. É o ópio do povo"[5].

Os Anais foram publicados na Alemanha e Ruge, achando que Marx fora extremamente radical, acabou por romper com ele. Ruge fora hegeliano de esquerda e estivera preso entre 1825-1830, emigrando em 1848. Mais tarde, entretanto, tornar-se-ia partidário de Otto Bismarck.

Marx passou a escrever para a revista Vorwaerts, que era editada em Paris. Mas Frederico Guilherme pressionou o governo de Paris, que tinha François-Pierre Guizot como ministro do Interior, para que os principais colaboradores da revista Vorwaerts – Karl Marx, Mikail Alexandrovitch Bakunin e Heinrich Heine – fossem expulsos da França.

Na Bélgica

Marx mudou-se para Bruxelas, onde viveu de 1845 a 1848. De lá escreveu trabalhos importantes, que mostram a sua evolução para o comunismo. Criticou o materialismo mecanicista de Feuerbach – *Teses sobre Feuerbach* (1845) – e em seguida, de setembro de 1845 a maio de 1846, escreveu com Engels *A ideologia alemã*. O trabalho não foi publicado na ocasião – só o seria em 1933 –, mas isso não perturbou os autores. Marx escreveu depois, sobre o fato do trabalho não ter encontrado editor, que ele e Engels abandonaram o manuscrito à crítica demolidora dos ratos e o fizeram sem pesar, pois haviam atingido seus objetivos: esclarecer suas ideias para eles mesmos.

Para Marx e Engels o materialismo mecanicista via a consciência humana como mera registradora de impressões recebidas do mundo exterior. Analisava o ser humano como ser biológico, sem levá-lo em conta como ser social, e para Marx o homem não pode ser concebido fora de sua relação com os outros homens, fora da vida social e esta é eminentemente PRÁTICA. O homem existe em constante atividade, produzindo circunstâncias novas dentro daquelas que lhe foram impostas.

As circunstâncias fazem o homem na mesma medida em que este faz as circunstâncias. [...] O conhecimento é um momento necessário da transformação do mundo pelo homem e da transformação do homem por ele mesmo. A tarefa de interpretar o mundo faz parte da tarefa maior de modificá-lo[6].

Era preciso criar uma concepção materialista prática, e não teórico-contemplativa. Ao amadurecimento das ideias teóricas de Marx juntou-se não só a observação, como a convivência com a atividade revolucionária do movimento operário.

Retorno

A 24 de fevereiro de 1848 uma sublevação na França derrubou o rei burguês Luís Felipe e o representante do governo provisório instituído convidou Marx a voltar a Paris. Ao mesmo tempo, o pânico do rei belga pelos acontecimentos em França acabou por expulsar Marx da Bélgica e a 6 de março este chegava de volta a Paris. Lá, Bakunin e Von Bornstedt (que mostrou mais tarde ser um aventureiro) elaboravam um plano para invadir a Alemanha, a que Marx se opôs. O intento, como era de se esperar, foi um total fracasso.

Na Alemanha, Frederico Guilherme IV, assustado com a situação europeia, acabou por propiciar uma certa – e breve – democratização e Marx e Engels resolvem então voltar para lá. A 10 de abril de 1848 instalaram-se em Colônia.

Colônia

A 1º de maio de 1848 saiu a *Nova Gazeta Renana*, mas, no final do ano, o governo suspendeu temporariamente a publicação e Marx foi processado. Embora o tribunal de Colônia o tenha absolvido, ele foi expulso da Alemanha, voltando a Paris em maio de 1849, onde pôde permanecer apenas até agosto. Seguiu então para Londres, onde viveu até sua morte.

O ano de 1848 foi decisivo para Marx, que acompanhou a atuação do movimento operário nas jornadas revolucionárias daquele ano. O fantasma do comunismo rondava a Europa.

3 Conceitos-chave

Conceito básico de Marx é o do materialismo-histórico, que implica em toda sua visão de mundo, sua concepção do materialismo, da história e da práxis.

Marx foi o primeiro a tratar cientificamente uma relação social como historicamente determinada, e observando a construção de sua teoria podemos observar seu método. A partir do material empírico de que dispunha, Marx construiu abstrações conceituais – modelos – a serem aplicados a uma situação histórica determinada, tendo como premissa que os objetos, as coisas, o mundo existem objetivamente, fora de nós, independentemente de nós.

Para Hegel, o pensamento é a base do real e o real é a realidade do pensamento, sendo o mundo a manifestação do movimento do espírito pensante. Para Marx, a relação pensamento/realidade não se baseia no pensamento, é real-histórica e não poderia ser uma sem ser outra. A sociedade é material, existe fora de nossa mente, não é produto dela, e pode ser reproduzida intelectualmente, conceitualmente, através de modelos que construímos para explicar o processo histórico. E tais modelos, tais abstrações são verificáveis.

Marx combateu não só o idealismo, como também as doutrinas de Immanuel Kant e David Hume, o agnosticismo, o criticismo, o positivismo. Criticou o velho materialismo, inclusive o de Feuerbach que, para ele, sendo predominantemente mecânico, não era nem histórico e nem dialético. Nele, a "essência do homem" era concebida de modo abstrato e não como um conjunto de relações sociais historicamente concretas e determinadas.

É por serem materiais que as relações sociais têm de ser historicamente determinadas. Marx não trabalhou com generalidades sobre o homem e a natureza e justamente por isso não criou uma nova filosofia da história, mas o materialismo histórico. Seus conceitos, baseados no real-histórico, são um modelo para a análise de diferentes sociedades, para a busca das leis de seu desenvolvimento interno e daquelas que marcam a transição de um modelo a outro. E essa contribuição de Marx ainda não foi superada.

Importante insistir nesse ponto porque as formulações de Marx são de tal maneira lógicas que, às vezes, não tiramos delas todas as suas consequências – como é o caso de se falar da realidade do mundo, que é a base epistemológica do materialismo histórico: a realidade é diferente da ideia, é algo materialmente determinado. Posso estudar cientificamente a realidade, posso construir uma teoria científica dessa realidade, deixar de lado as discussões sobre a ideia da "sociedade em geral" e passar a analisar uma sociedade materialmente determinada: uma relação social específica, caracterizada por uma determinada referência à natureza, uma determinada relação de produção.

A história

Marx define, no *Prefácio à Contribuição à crítica da economia política*, o "fio condutor" de seus estudos, dando, ao mesmo tempo, sua definição de história, do processo histórico, do materialismo histórico. Não é demais repeti-la:

> O resultado geral a que cheguei e que, uma vez obtido, serviu de fio condutor a meus estudos, pode ser assim resumido: na produção social de sua vida, os homens contraem determinadas relações necessárias e independentes de sua vontade, relações de produção que correspondem a uma determinada fase de desenvolvimento de suas forças produtivas materiais. O conjunto dessas relações de produção forma a estrutura econômica da sociedade, a base sobre a qual se

119

levanta a superestrutura jurídica e política, à qual correspondem determinadas formas de consciência social. O modo de produção da vida material condiciona o processo da vida social, política e espiritual em geral. Não é a consciência do homem que determina o seu ser, mas, ao contrário, o ser social é que determina sua consciência. Ao chegar a uma determinada fase de desenvolvimento, as forças produtivas materiais da sociedade se chocam com as relações de produção existentes, ou, o que não é mais do que a expressão jurídica disso, com as relações de propriedade dentro das quais se desenvolveram até então. De formas de desenvolvimento das forças produtivas, essas relações se convertem em travas delas. Abre-se assim uma época de revolução social[7].

Até então, dizem Marx e Engels, toda concepção de História fazia caso omisso de sua base real, material, e por isso:

> A produção real da vida aparece como algo proto-histórico, enquanto a historicidade se manifesta como algo separado da vida usual, como algo extra e super-terreno. Desse modo se exclui da História o comportamento dos homens face à natureza, o que engendra a antítese natureza-história. Por isso essa concepção só consegue ver na história os grandes atos políticos e as ações do Estado, as lutas religiosas e as lutas teóricas em geral e vê-se obrigada a compartir, em cada época histórica, as ilusões dessa época[8].

Marx partiu do estudo da sociedade mais complexa e desenvolvida, a capitalista, para esclarecer a história das sociedades passadas. Para ele, abstrações separadas da história real não têm valor. Em agosto de 1890 Engels escreveu a Conrad Schmidt: "Nossa concepção de História é, sobretudo, um guia para o estudo e não uma alavanca de construção *à la hegeliana*"[9]. Advertiu também contra o economicismo, escrevendo a W. Borgius, em janeiro de 1894:

> Os homens levam a cabo sua história, ainda que o façam no meio que lhes é dado e que os condiciona. [...] circunstâncias preestabelecidas entre as quais são, em última instância, as econômicas (e tanto mais quanto mais suscetíveis sejam de serem influenciadas pelas políticas ou ideológicas) as decisivas, as que configuram o fio condutor que leva à compreensão do fato histórico[10].

Em *O 18 brumário de Luiz Bonaparte* diz Marx:

> Os homens fazem sua própria história, mas não o fazem como querem; não a fazem sob circunstâncias de sua escolha e sim sob aquelas com que se defrontam diretamente, ligadas e transmitidas pelo passado. A tradição de todas as gerações mortas oprime como um pesadelo o cérebro dos vivos[11].

A práxis

Marx consegue fazer uma fusão do pensamento e da ação. O materialismo histórico pode ser chamado também – e não por acaso Gramsci assim o fez – de "filosofia da práxis". Marx diz nas *Teses sobre Feuerbach*:

VIII. A vida social é essencialmente prática. Todos os mistérios que descarrilam a teoria para o misticismo encontram uma solução racional na prática humana e na compreensão dessa prática. [...]

XI. Os filósofos não fizeram mais que interpretar, de diversos modos, o mundo, mas do que se trata é de transformá-lo[12].

Para Michel Löwy, a III tese sobre Feuerbach talvez seja a mais importante. Diz ela: "A coincidência da mudança das circunstâncias e da atividade humana ou mudança de si mesmo (*Selbstveränderung*) só pode ser captada e racionalmente compreendida como *práxis revolucionária*"[13]. A importância da práxis, noção fundamental no materialismo histórico, é que ela coloca-se no plano da própria compreensão do que é o homem, segundo Leandro Konder: "Para Marx, o homem é um ser que se inventa a si mesmo, e por existir se inventando, parece não haver um acesso direto a ele"[14]. As diversas ciências, ao mesmo tempo em que contribuíram para o conhecimento do homem, não esgotaram tal conhecimento. "Nossa compreensão poderia chegar, no máximo, ao que o homem tem sido, mas ao chegar nesse ponto ele já seria outro, por ter se reinventado, por ter criado novas dimensões para sua realidade"[15]. E foi Marx quem superou o ceticismo quanto ao se poder chegar ao conhecimento do homem:

> Ele não é totalmente inacessível, há uma via de acesso a ele, uma mediação que nos permite chegar à sua realidade: é através da atividade pela qual o homem se afirma como homem na história: a PRÁXIS. [...] É porque o homem é o sujeito da práxis que a história segue os caminhos que segue e a realidade assume as características que tem para nós. Sempre há um sujeito intervindo no mundo. O homem existe como homem por esta intervenção, pela qual transforma o mundo transformando-se a si mesmo. [...] Analisando essa ação transformadora do homem posso ter acesso à sua essência, que está exatamente nessa atividade, na práxis. Claro que não se trata de qualquer atividade [...] Trata-se de uma atividade de autorrealização humana, uma atividade qualitativamente diferente das comuns, uma atividade que inclui a dimensão da escolha.
>
> Segundo Marx, a transição das atividades mecânicas e repetitivas para a práxis dá-se através de uma atividade essencial, que é a primeira forma possível da práxis humana: o trabalho. Há nele uma atividade mecânica, mas há também a projeção teleológica do objetivo a ser alcançado[16].

O conceito de práxis é dos mais importantes no pensamento de Marx.

> Existe uma mediação que nos permite chegar à realidade do homem, que é a atividade pela qual o homem se afirma como homem na história, que é a *práxis*. O conceito de práxis é, segundo alguns autores, um conceito fundamental da filosofia de Marx. É porque o homem é o sujeito da práxis que a história segue os caminhos que segue e que a realidade assume as características que ela assume para nós. Existe sempre um sujeito intervindo no mundo. O modo de ser próprio do homem consiste em intervir no mundo, transformando a si mesmo[17].

Alienação

O desenvolvimento do trabalho criador (não alienado) é, para Marx, condição necessária para que o homem seja cada vez mais livre. Marx chamou de alienação do trabalho o fato do trabalhador desenvolver sua atividade em condições que lhe são impostas pela sociedade de classe e assim seja sacrificado ao produto de seu próprio trabalho. Tal conceito foi elaborado principalmente nos *Manuscritos de 1844*.

Ao considerar que o operário converte-se em mercadoria à medida que cria mais mercadorias, diz Marx: "O valor crescente do mundo das coisas determina a direta proporção da desvalorização do mundo dos homens. O trabalho não produz somente mercadoria, produz-se a si mesmo e ao operário como mercadorias"[18]. E mais adiante:

> A *alienação* do operário em seu produto significa não só que seu trabalho se converte em objeto, *existência externa*, mas que existe *fora dele*, independentemente, como algo alienado a ele e que se converte em poder em si mesmo ao enfrentá-lo, significa que a vida que conferiu ao objeto se opõe a ele como algo hostil e alheio[19]. [...] O meio pelo qual se realiza a alienação é, em si, *prático*. Assim, por meio do trabalho alienado, o homem não só engendra sua relação com o objeto e com o ato da produção enquanto forças que lhe são estranhas e hostis; também engendra a relação na qual outros homens estão com sua produção e seu produto, e a relação que ele mantém com estes outros homens. Assim como engendra sua própria produção como uma perda de sua realidade, como um castigo; assim como engendra seu próprio produto como uma perda, como um produto que não lhe pertence; assim engendra o domínio daquele que não produz sobre a produção e sobre o produto. Ao mesmo tempo em que aliena de si sua própria atividade, confere, desse modo, a um estranho, uma atividade que tampouco lhe pertence[20].

Quer dizer, através da alienação, o operário não se reconhece como produtor, como "dono" do produto, mas vê-se submetido a ele, considerando o capitalista o verdadeiro dono da produção.

Ideologia

A ideia de uma construção lógica distorcida, porém ligada a uma situação histórica ensejadora de distorção, é, no pensamento de Marx, desde o primeiro momento de sua articulação original, uma ideia que vincula a ideologia à alienação (ou ao estranhamento, se preferirem)[21].

Os homens adotam formas de representar a realidade, criam suas escalas de valor: o que devem esperar da vida, como devem viver, quais seus objetivos. Essas formas de representação da realidade e de normas de conduta que os indivíduos proclamam ou praticam constituem as ideologias.

A consciência de tipo ideológico, por estar ligada à divisão da sociedade em classes, não consegue exprimir plenamente um ponto de vista autenticamente universal, próprio da comunidade humana, e por isso Marx considera tal consciência uma falsa consciência. No entanto Marx utiliza também outros termos para ideologia como superestrutura, entre eles "maneiras de pensar":

> [...] não é este ou aquele conteúdo filosófico, político ou teológico que conta, mas certa *maneira de pensar*. Esse conjunto de representações "repousa" sobre as formas de propriedade e de existência social, mas são *as classes sociais que o criam*; em outras palavras, a ideologia ou a "superestrutura" nunca é a expressão direta da "infraestrutura" econômica: ela é produzida e inventada pelas classes sociais, em função de seus interesses e de sua situação social. Portanto, não existe ideologia em geral de uma sociedade, mas representações, maneiras de pensar de diferentes classes sociais[22].

Para Marx, "as ideias da classe dominante são as ideias dominantes em cada época; ou, dito de outro modo, a classe que exerce o poder *material* dominante na sociedade é, ao mesmo tempo, seu poder *espiritual* dominante"[23].

Para Marx, a existência de autênticas ideias revolucionárias no interior de uma sociedade só será possível quando existir uma classe revolucionária atuando dentro dela, portadora e propagadora de tais ideias.

O proletariado como classe potencialmente revolucionária

Na *Crítica à filosofia do direito de Hegel* diz Marx que:

> Na formação de uma classe carregada de cadeias radicais, de uma classe da sociedade burguesa que não é classe alguma da sociedade burguesa, de um estamento que implica a dissolução de todos os estamentos, de uma esfera a quem seus sofrimentos universais dão um caráter universal e que não pode reivindicar para si nenhum direito especial, porque o que se comete contra ela não é nada de especial, mas a injustiça por antonomásia; que não pode invocar nenhum título histórico, mas somente o título humano; que não é parcialmente incompatível com as consequências, mas totalmente incompatível com os fundamentos do Estado alemão; de uma esfera, enfim, que só pode emancipar-se de todas as demais esferas da sociedade emancipando-se ao mesmo tempo; que, representando, numa palavra, a total perda do homem, só pode tornar a se encontrar encontrando de novo e totalmente o homem perdido. Essa dissolução da sociedade é o proletariado[24].

Quer dizer: o proletariado só poderá emancipar-se da burguesia, classe que o explora, quando puder emancipar toda a sociedade da exploração e da opressão; quando sua luta, uma luta de classes, for vitoriosa e, ao mesmo tempo em que se liberta, acaba com as classes e com qualquer tipo de opressão. Mas, diz Marx,

> Os diferentes indivíduos só formam uma classe quando se veem obrigados a travar uma luta comum contra outra classe, pois, de outro modo, eles mesmos se enfrentam uns com os outros, hostilmente, no plano da concorrência. Por outro lado, a classe se substantiva frente aos indivíduos que a formam de tal modo que estes se encontram já com suas condições de vida predestinadas, por assim dizer; encontram-se com o fato de que a classe lhes assinala sua posição na vida e, com isso, a trajetória de seu desenvolvimento pessoal; veem-se absorvidos por ela. É o mesmo fenômeno da absorção dos diferentes indivíduos pela divisão do trabalho e para eliminá-lo só há um caminho, o da abolição da propriedade privada e do próprio trabalho[25].

Marx sempre insistiu que não foi ele o autor da teoria da luta de classes, que o que ele fez foi demonstrar que a existência das classes segue, *pari passu*,

> [...] determinadas lutas históricas que configuram o desenvolvimento da produção, deixando claro que a luta de classes conduz necessariamente à ditadura do proletariado e que esta ditadura representa simplesmente a transição à total abolição das classes e à instauração de uma sociedade sem classes[26].

Sobre as acusações que sofria, já naquela época, de tornar os operários portadores de uma missão histórica, como se fossem deuses, dizia Marx:

> Muito pelo contrário! O proletariado pode e deve, necessariamente, emancipar-se a si mesmo porque nele, no proletariado culto, consumou-se praticamente a abstração de toda a humanidade, inclusive de toda a aparência de humanidade, porque nas condições de vida do proletariado ganham sua expressão mais desumana todas as condições de vida da atual sociedade, porque o homem, em seu seio, perdeu-se a si mesmo, mas conquistando, ao mesmo tempo, não só a consciência teórica desta perda, mas também, diretamente, pelo imperativo de uma necessidade absolutamente coercitiva, impossível de se esquivar a ela, o dever e a decisão – expressão prática da necessidade – de levantar-se contra essa situação desumana[27].

Revolução

Durante sua estada em Paris, Marx foi convidado para fazer parte de várias sociedades secretas e recusou todos os convites que recebeu, porque achava perda de tempo e de energia participar de atividades conspiratórias de pequenas seitas. O essencial, para ele, seria organizar e mobilizar amplas massas populares para que elas próprias promovessem a transformação da sociedade.

Em Paris, os revolucionários estavam muito divididos. Mehring expõe as ideias que Marx tinha deles: Saint Simon morrera em 1825 e Marx considerava seus seguidores "meio apóstolos e meio escroques". Fourier morrera em 1837 e seus seguidores queriam planejar os falanstérios: com comida, higiene e o reaprendizado de práticas de solidariedade humana. Louis Blanc liderava os socialistas que não queriam incompatibilizar-se com a burgue-

124

sia. Achavam que participando de uma política de cúpula conseguiriam concessões e uma ordem social mais humana. Bakunin tinha concepções confusas e variáveis, que seu ideal anarquista não conseguia sintetizar em eficiente programa de ação. Proudhon era contra a "agitação comunista" e a favor de reformas econômicas racionais e pacíficas. Achava absurdo que os proletários se unissem para reivindicar e fossem levados à greve. Esta, prejudicando a harmonia do sistema de produção e fazendo a produção cair, parecia-lhe uma posição necessariamente criminosa[28].

Em maio de 1846, Marx convidara Proudhon para fazer parte de um comitê encarregado de promover, por correspondência, um intercâmbio das ideias comunistas em vários países. Mas Proudhon respondeu que não estava de acordo com a ação revolucionária para transformar a sociedade. Na ocasião, escreveu o *Sistema das contradições econômicas – A filosofia da miséria*, a que Marx respondeu com *A miséria da filosofia*, que deixou Proudhon furioso a ponto de dizer que "os judeus envenenam tudo, dever-se-ia enviar essa raça para a Ásia ou então exterminá-la"[29].

Por essa época Marx rompeu também com os irmãos Bauer – Bruno, Edgar e Egbert –, e foi contra eles que escreveu *A sagrada família*.

Em 30 de março de 1846 houve em Bruxelas uma importante reunião do comitê operário local, filiado à Liga dos Justos, entidade comunista fundada por Wilhelm Weitling, alfaiate, líder operário de grande prestígio. Na reunião, Marx e Weitling travaram ferrenha discussão. Marx disse ser tolice querer implantar o comunismo em lugares onde sequer a revolução burguesa tinha se realizado, e mostrou-se contra o envolvimento de trabalhadores em atividades revolucionárias, para ele mal-amadurecidas, ou em aventuras românticas. Para a ação revolucionária era preciso apresentar um programa com sólidas bases científicas. Já Weitling considerava que o proletariado revolucionário não precisava de teorias e, ao contrário, devia desconfiar dos teóricos. Conta-se que nessa ocasião, dando um soco na mesa, Marx exclamou: "A ignorância jamais foi útil a alguém!" E acabou a reunião.

Mais tarde, com seus pontos de vista prevalecendo nos meios revolucionários, Marx aceitou ingressar na Liga dos Justos. A Liga realizou um congresso em junho de 1847, em Londres, congresso a que Marx não compareceu por falta de dinheiro para locomover-se. Engels foi e falou em seu nome.

Ao segundo congresso da Liga dos Comunistas, em novembro de 1847, Marx e Engels compareceram e foram encarregados da redação de um Manifesto Comunista. Para Konder, o *Manifesto comunista* representa a melhor introdução ao estudo do pensamento de Marx[30]. Nele ficam claras suas ideias básicas: "Até hoje, a história de todas as sociedades, até nossos dias, é a história da luta de classes"[31]. Marx faz um histórico da evolução das sociedades, em especial do feudalismo ao capitalismo, analisando as classes sociais nelas presentes e seu comportamento político, para concluir: "De todas as classes que ora enfrentam a burguesia, só o proletariado é uma classe verdadeiramente revolucionária. As outras classes degeneram e perecem com o desenvolvimento da grande indústria; o proletariado, ao contrário, é seu produto mais autêntico"[32]. E mais adiante:

> O progresso da indústria, de que a burguesia é agente passivo e inconsciente, substitui o isolamento dos operários, resultante de sua competição, por sua união revolucionária, mediante a associação. Assim, o desenvolvimento da grande indústria socava o terreno em que a burguesia assentou o seu regime de produção e de apropriação dos produtos. A burguesia produz, sobretudo, seus próprios coveiros. Sua queda e a vitória do proletariado são igualmente inevitáveis[33].

Com a atividade política dos operários nos anos de 1848-1849, Marx esperava que a revolução proletária se concretizasse em breve. No início de 1859 ainda considerava possível uma nova onda revolucionária, "seja provocada por um levante do proletariado francês seja pela invasão da Santa Aliança contra a Babel revolucionária"[34]. Achava que, assim como o movimento revolucionário de março de 1848 levara a burguesia ao poder, uma nova onda revolucionária daria o poder, desta vez, à pequena burguesia, que acabaria por trair a classe operária. No entanto, considerava necessária uma união entre proletários e pequeno-burgueses:

> A classe operária se une a eles para derrotar a fração cuja derrubada aspira, levantando-se contra eles em tudo que pretendam afirmar-se por si próprios. Os pequeno-burgueses se aproveitariam da revolução que lhes desse a vitória para reformar a sociedade capitalista, tornando-a mais cômoda e mais útil para sua própria classe e, até certo ponto, para os próprios trabalhadores. Mas o proletariado não podia dar-se por satisfeito só com isso. Enquanto os democratas pequeno-burgueses, uma vez cumpridas suas modestas aspirações, se esforçariam por pôr ponto final à revolução, os operários deveriam cuidar de fazê-la permanentemente, enquanto não sejam tiradas do governo todas as classes mais ou menos possuidoras, conquistado o poder pelo proletariado, cuja associação esteja avançada não só em um país, mas em todos os países importantes; que haja terminada toda a concorrência entre eles nos ditos países, e que concentrem em suas mãos pelo menos as forças produtivas decisivas[35].

No verão europeu de 1850 as esperanças revolucionárias foram diminuindo e, segundo as ideias de Marx, enquanto as forças produtivas da sociedade burguesa estivessem em desenvolvimento a revolução não poderia ocorrer, pois o momento revolucionário é o do choque de forças produtivas modernas com o regime burguês de produção.

A Associação Internacional dos Trabalhadores, AIT, a 1ª Internacional

Para Franz Mehring, Marx iniciou sua participação na política em 1842, quando escreveu em Trombetaços, revista de Ruge, um artigo criticando o decreto sobre a censura na Prússia. Na *Crítica da filosofia do direito de Hegel*, Marx escreveu:

> A arma da crítica não pode suplantar a crítica das armas. O poder material só pode ser derrotado por outro poder material; mas, por outro lado, a teoria se

126

converte em força efetiva quando se apodera das massas. Uma revolução radical precisa de um elemento passivo, de uma base material; nos povos, a teoria só se realiza na medida em que realiza suas necessidades, não basta que uma ideia clame por se realizar, é preciso que a realidade clame pela ideia[36].

As décadas de 30 e 40 do século XIX foram décadas revolucionárias, com o surgimento na cena política de segmentos operários que pareciam ter plena consciência de sua situação de classe e que estavam dispostos a lutar contra a burguesia, contra a exploração do homem pelo homem e pareciam autorizados a ter grandes perspectivas de vitória. Logo depois das insurreições dos anos de 1830 foi criada a Associação Patriótica Alemã, que reivindicava a liberdade e unidade da Alemanha.

No verão de 1847 Marx começara a escrever na *Gazeta Alemã*, de Bruxelas e tinha grande influência no periódico, que passou a ser praticamente o porta-voz de uma organização proletária que se formava e que se concretizou na Liga dos Comunistas. Inicialmente a liga chamou-se Liga dos Justos, e organizou-se em Londres como um comitê de correspondência internacional entre comunistas. Em janeiro de 1847, quando foi organizada, o relojoeiro José Moll convidou Marx e Engels para participarem dela, pois conhecia suas ideias e estava de acordo com elas. A liga propunha o fim da burguesia. Em setembro de 1847, o comitê central da Liga publicou a *Revista Comunista*, com a consigna de "Proletários de todos os países, univos!" e a 30 de novembro a Liga dos Justos transformou-se em Liga dos Comunistas.

1) O objetivo da Liga é derrubar a burguesia, levar o proletariado à situação de classe dominante, suprimir a velha sociedade baseada na dominação de classe e instaurar uma sociedade nova, sem classes e sem propriedade privada.

2) Para fazer parte da Liga é necessário preencher as condições seguintes:

a) viver e agir de acordo com as finalidades da Liga;

b) ser enérgico e abnegado na propaganda;

c) aderir aos princípios do comunismo;

d) não fazer parte de qualquer associação anticomunista, política ou nacional;

e) submeter-se às decisões da Liga;

f) manter absoluta discrição acerca de todas as questões da Liga;

g) ser aceito unanimemente por todas as seções da Liga.

3) Todos os membros da Liga devem considerar-se irmãos e devem ajudar-se mutuamente, em caso de necessidade[37].

Foi para essa organização que, em 1848, Karl Marx e Friederich Engels escreveram o *Manifesto Comunista*.

Bem mais tarde, a 28 de setembro de 1864, sob o impacto da rebelião polonesa de 1863 e da sangrenta repressão tzarista contra ela, foi criada a Associação Internacional dos Trabalhadores – considerada a Primeira Internacional – em um comício realizado em Saint Martin's Hall, em Londres. Eis algumas das teses: a emancipação dos trabalhadores deve ser obra deles mesmos; a libertação dos operários deve acabar com toda e qualquer forma de dominação de classe; a luta política é necessária e deve sempre ter como objetivo final a emancipação econômica dos trabalhadores; a libertação do proletariado exige a atividade conjugada – teórica e prática – dos trabalhadores dos diversos países.

O período da AIT foi um período de lutas de ideias entre as diversas correntes que a compunham. Um dos pontos de discordância com outros revolucionários foi o fato de Marx considerar que, em certas ocasiões, sempre que fosse possível os operários deveriam apresentar candidatos às Assembleias Nacionais de seus países.

Marx discordava de Louis Blanqui por este pretender chegar ao poder através de um golpe de mão de uma minoria resoluta. Proudhon pregava a formação de bancos que dessem crédito gratuito aos trabalhadores e reformas ilusórias, centradas na idealização de trabalhadores e artesãos independentes, e outras experiências semelhantes que, segundo Marx, só se propunham a melhorar a vida dos trabalhadores. O cartismo havia fracassado, a escola utópica de Robert Owen convertera-se numa seita religiosa de livres-pensadores e o socialismo cristão não propunha lutas políticas, mas a formação de cooperativas e atividades filantrópicas e culturais. As organizações sindicais pareciam sofrer de indiferentismo político.

A cisão mais séria entre os revolucionários deu-se mais tarde. Em setembro de 1868 a Aliança Internacional da Democracia Socialista, liderada pelo anarquista russo Miguel Bakunin, pediu sua incorporação à AIT, sendo aceita em julho do ano seguinte. Surgiram logo duas tendências na associação: a marxista (termo cunhado pejorativamente por Bakunin) e a anarquista. Os anarquistas chamavam os marxistas de autoritários e a si próprios de libertários. Em setembro de 1871, numa conferência em Londres, apesar da oposição bakunista, as teses de Marx sobre a necessidade da ação política da classe operária foram vitoriosas. Dizia a Resolução IX:

> Considerando:
>
> Que contra o poder coletivo das classes possuidoras o proletariado só pode agir como classe constituindo-se em partido político distinto, oposto a todos os antigos partidos formados pelas classes possuidoras;
>
> Que esta constituição do proletariado em partido político é indispensável para assegurar o triunfo da revolução social e de seu objetivo supremo: a abolição das classes;
>
> Que a coalizão das forças operárias, já conseguida através das lutas econômicas, deve servir também de alavanca nas mãos desta classe, em sua luta contra o poder político de seus exploradores;
>
> A Conferência lembra aos membros da Internacional: que, no estado de militância da classe operária, seu movimento econômico e sua ação política estão indissoluvelmente reunidos[38].

Em setembro de 1872, depois da derrota da Comuna de Paris, que marcou o início de uma fase descendente da ação operária, oficializou-se, em Haia, a cisão existente entre anarquistas e comunistas, sendo aqueles expulsos da AIT. A Associação perdeu força política transferindo sua sede para Nova York, e acabou por se dissolver a 15 de julho de 1876.

Marx escreveu brilhantes trabalhos de história política. Destacamos: os capítulos de *O capital* sobre a acumulação originária, a jornada de trabalho, a origem e a natureza do dinheiro, sobre a Revolução Industrial e as formas de capital (comercial, industrial e financeiro), sobre a renda da terra. A estes somam-se o *Manifesto comunista* e *As lutas de classe em França, O 18 brumário de Luiz Bonaparte* e *A guerra civil na França*.

Em *O 18 brumário de Luiz Bonaparte* Marx faz, em cima dos acontecimentos, uma refinada análise política, em especial do comportamento das classes e camadas sociais em luta. Destacamos aqui suas indicações sobre a pequena burguesia e o campesinato:

> A pequena burguesia percebeu que tinha sido mal recompensada depois das jornadas de julho de 1848, que seus interesses materiais corriam perigo e que as garantias democráticas que deviam assegurar a efetivação desses interesses estavam sendo questionadas pela contrarrevolução. Em vista disso aliam-se ao operariado. [...] Não se deve formar uma concepção estreita de que a pequena burguesia, por princípio, visa impor um interesse de classe egoísta. Ela acredita, pelo contrário, que as condições *especiais* para sua emancipação são as condições *gerais* sem as quais a sociedade moderna não pode ser salva nem evitada a luta de classes. Não se deve imaginar, tampouco, que os representantes democráticos sejam na realidade todos *shokeepers* (lojistas) ou defensores entusiastas desses últimos. Segundo sua formação e posição individual podem estar tão longe deles como o céu da terra. O que os torna representantes da pequena burguesia é o fato de que sua mentalidade não ultrapassa os limites que esta não ultrapassa da vida, de que são consequentemente impelidos, teoricamente, para os mesmos problemas e soluções para os quais o interesse material e a posição social impelem, na prática, a pequena burguesia. Esta é, em geral, a relação que existe entre os *representantes políticos e literários* de uma classe e a classe que representam[39].

E sobre o campesinato:

> Na medida em que milhões de famílias camponesas vivem em condições econômicas que as separam umas das outras e opõe o seu modo de vida, os seus interesses e sua cultura aos das outras classes da sociedade, esses milhões constituem uma classe. Mas na medida em que existe entre os pequenos camponeses apenas uma ligação local e em que a similitude de seus interesses não cria entre eles comunidade alguma, ligação nacional alguma, nem organização política, nessa medida não constituem uma classe. São, consequentemente, incapazes de fazer valer seus interesses[40].

Em sua apreciação sobre a Comuna de Paris, também escrita no momento dos acontecimentos, Marx dá inestimáveis indicações históricas sobre a luta revolucionária:

> A variedade de interpretações a que foi submetida a Comuna e a variedade de interesses que encontraram nela sua expressão demonstram que era uma

forma política perfeitamente flexível, diferentemente das formas anteriores de governo, que foram todas fundamentalmente repressivas. Eis seu verdadeiro segredo: a Comuna foi, essencialmente, um governo da classe operária, fruto da luta da classe produtora contra a classe apropriadora, a forma política finalmente descoberta, para levar a cabo dentro dela a emancipação econômica do trabalho. Sem essa última condição o regime da Comuna teria sido uma impossibilidade e uma impostura. A dominação política dos produtores é incompatível com a perpetuação de sua escravidão social. Portanto, a Comuna deveria servir de alavanca para extirpar os cimentos econômicos sobre os quais descansa a existência das classes, e, por conseguinte, a dominação de classe. Emancipando o trabalho, todo homem se converte em trabalhador e o trabalho produtivo deixa de ser atributo de uma classe[41].

Para Marx, a Comuna de Paris foi "a primeira revolução em que a classe operária foi abertamente reconhecida como a única classe capaz de iniciativa social, inclusive pela grande massa da classe média parisiense – donos de lojas, artesãos, comerciantes – com a única exceção dos capitalistas ricos"[42].

Economia

No prólogo de *O capital*, Marx diz que "a finalidade dessa obra é descobrir a lei econômica que move a sociedade moderna", isto é, a sociedade capitalista; o estudo das relações de produção de uma dada sociedade, historicamente determinada, seu surgimento, desenvolvimento e decadência – é esse o conteúdo de sua obra.

Marx formulou – ou reformulou criticamente – uma série de categorias que são fundamentais para a compreensão de sua obra: *valor* – o valor de uma mercadoria é determinado pelo tempo de trabalho socialmente necessário à sua produção; *mais-valia*, lei econômica básica da sociedade capitalista: quando a produção de mercadorias atinge um determinado grau de desenvolvimento o dinheiro se transforma em capital; a fórmula de circulação da mercadoria, que era, nas sociedades pré-capitalistas, mercadoria-dinheiro-mercadoria (M.D.M.) passa a ser dinheiro-mercadoria-dinheiro incrementado (D-M-D'). É a esse incremento do dinheiro que Marx chama de mais-valia (mais valor).

Marx desenvolveu sua teoria econômica mostrando, através da descoberta da mais-valia, quem são os verdadeiros criadores da riqueza social – o proletariado –, o processo de sua exploração e a necessidade de sua libertação, libertando, ao mesmo tempo, toda a sociedade da exploração do homem pelo homem.

O conceito de relação de produção é outra das grandes contribuições de Marx para a compreensão das sociedades: relações de produção são relações entre as pessoas, tendo em vista as coisas.

Poderíamos resumir as grandes contribuições de Marx às ciências humanas em quatro grandes itens:

1) o materialismo histórico – base teórica para a interpretação crítico-científica das sociedades;

2) a crítica da economia política e o modelo teórico do modo de produção capitalista;

3) as aplicações e desdobramentos desses modelos ao estudo de situações e sistemas concretos, como por exemplo o estudo das crises europeias pós-1848, da situação econômica da Índia, da Revolução Espanhola e, em particular, a clássica análise do bonapartismo;

4) a perspectiva política da transição revolucionária ao socialismo.

A metodologia de Marx

Na *Introdução à Contribuição à crítica da economia política* Marx diz que havia preparado a introdução, mas que desistira de publicá-la por considerar que, adiantar resultados daquilo que deve ser demonstrado, mais do que ajudar atrapalharia a compreensão de seus pontos de vista. Essa observação tem grande importância para a compreensão da parte três desse trabalho – "O método da economia política" – cujo conteúdo, o método, é colocado em alto nível de generalização: os princípios de sua metodologia científica. A dificuldade para entender a prática teórica de Marx só pode ser vencida se acompanharmos a exposição sistemática da anatomia da formação capitalista, de um rigoroso estudo de *O capital*. Aqui, evidentemente, não podemos refazer esse caminho, mas apenas tentar nos aproximar da compreensão dos princípios da metodologia de Marx para as ciências humanas, em especial para a História.

A *Introdução à Contribuição à crítica da economia política* começa por uma crítica ao método empirista utilizado pelos economistas do século XVI, que descreviam a economia do país a partir de fenômenos superficiais tais como população que, apesar de ser "base e sujeito de todo ato social", não deixa de ser uma generalização arbitrária, quando se omitem as classes que a compõem. Ao mesmo tempo, as classes podem ser também uma generalidade indeterminada, quando nelas não entram os elementos que as fundamentam: a divisão do trabalho, a troca, os preços, o trabalho assalariado e o capital. Esse último, salienta Marx, nada representa sem o trabalho assalariado, sem o valor, sem o dinheiro, sem os preços etc. Dito de outra maneira: as categorias a serem utilizadas para dar conta da formação econômica capitalista têm, necessariamente, que se articular num sistema que reproduz *a totalidade do real*.

Os economistas que começam pela população apenas reproduzem uma representação incoerente do conjunto e quanto mais avançam na descrição das partes, maior é o número de conceitos indeterminados que acumulam. Quando se percorre esse caminho – de mera descrição do concreto vivo – tem-se que fazer o caminho de volta para que se chegue novamente à população, "não mais como uma representação indeterminada, mas como uma rica totalidade de relações e determinações diversas"[43]. Nesse caso, a população absorve as determinações de classe, de divisão do trabalho, a propriedade, a troca, a renda etc.

Como em outras partes da *Introdução à Contribuição à crítica da economia política*, Marx polemiza continuamente com Hegel, que tinha a ilusão de que o real é produzido pelo pensamento, que parte, se concretiza e se aprofunda em si e para si. A essa ideia Marx contrapõe o método que consiste em se elevar do abstrato ao concreto, "forma de proceder do pensamento para se apropriar do concreto, para reproduzi-lo mentalmente como concreto pensado"[44]. Dá como exemplo a categoria econômica mais simples – valor de troca – que absorve em si, ou pressupõe, uma população que produz em determinadas condições, as famílias, as comunidades, os Estados. Essa relação – valor de troca – só existe como relação parcial, separada de um todo concreto e vivo já determinado como concreto.

Marx insistiu várias vezes numa característica fundamental de seu método: o sujeito. A sociedade está sempre pressuposta, sempre presente no espírito, como totalidade.

Sobre a relação entre Lógica e História – ou entre o concreto pensado e o concreto real – Marx coloca o problema da existência autônoma anterior das categorias simples em relação às mais concretas. Aponta que Hegel começava corretamente pela posse como relação jurídica mais simples. Mas não existem posses jurídicas anteriores à família ou às relações de dominação e servidão, que são relações muito concretas. Lembra Marx que havia tribos que tinham posses sem que existisse a propriedade e conclui que, frente à propriedade, as categorias mais simples são as de comunidade, de família, de tribo, embora, num nível mais evoluído de sociedade, a propriedade apareça como uma relação simples dentro de uma organização desenvolvida. Desse e de outros exemplos Marx deduziu que as categorias mais simples podem expressar, podem ser portadoras de relações dominantes num conjunto não desenvolvido ou num conjunto de relações subordinadas de uma totalidade desenvolvida. A categoria dinheiro, por exemplo, encerrava, de forma embrionária, as contradições que iriam se desenvolver plenamente no capitalismo e muito antes do capitalismo existir. Por outro lado, na sociedade moderna, o dinheiro continua a ser veículo tanto de relações pré-capitalistas como de relações de dominação totalitária – dinheiro financeiro gerador do capital monopolista-financeiro universalizado.

Entre as indicações metodológicas que dizem respeito diretamente à ciência da História destaca-se a seguinte: a sociedade burguesa é a mais complexa organização histórica da produção e as categorias que a representam também servem para compreender a anatomia das relações de produção das sociedades anteriores.

> Do mesmo modo que a anatomia do homem é a chave para a compreensão da anatomia do macaco [...] a economia burguesa nos dá a chave para a economia antiga, mas não como fazem os economistas vulgares, que apagam todas as diferenças históricas e "descobrem" capital em todas as sociedades[45].

Nessa parte Marx ressaltou a importância das diferenças, dando exemplo da proprie-dade comunal, uma relação pré-burguesa, que no capitalismo aparece atrofiada e deturpada pela dominação das relações capitalistas.

Na parte final da *Introdução à Contribuição à crítica da economia política* Marx referiu-se à não correspondência entre a data de nascimento de uma relação e a data de nascimento da categoria que a representa como concreto pensado. Cita como exemplo a renda da terra, relação real muito anterior ao lucro industrial e à mais-valia capitalista, mas que no capita-lismo é uma relação e uma categoria subordinada ao capital e ao lucro.

E Marx então formula um critério metodológico para expor o resultado de suas pes-quisas sobre diferentes formações sociais: "Em todas as formas de sociedade existe uma produção determinada que define o grau e a influência de todas as outras"[46]. E ilustrou essa afirmação com exemplos que vão desde os povos pastores até à sociedade burguesa, para afirmar o fundamento de sua ordenação das categorias que definem um sistema: "Não se pode compreender a renda da terra sem o capital, embora se possa compreender o capital sem a renda da terra. O capital é a potência econômica da sociedade burguesa, que domina tudo"[47]. Por isso, o capital deve constituir o ponto de partida e o ponto de chegada e tem que ser examinado antes da propriedade da terra. Depois de examiná-los por separado, têm que ser examinados em sua relação recíproca. Na estrutura dos três livros de *O capital* Marx seguiu rigorosamente tal metodologia.

4 Considerações finais

Até então os filósofos tinham tratado de explicar o mundo; tratava-se, não só de expli-cá-lo, mas de transformá-lo. Marx buscou dar uma explicação científica da sociedade a fim de forjar as armas teóricas de sua transformação, pois

> Marx era, antes de mais nada, um revolucionário. Cooperar, desta ou daquela maneira para a derrocada da sociedade capitalista e das instituições políticas por ele criadas, contribuir para a emancipação do proletariado moderno, a quem havia infundido, pela primeira vez, a consciência de sua própria situação e de suas necessidades, a consciência das condições de sua emancipação: tal era a verdadeira missão de sua vida. A luta era seu elemento. E lutou com uma paixão, uma tenacidade e um êxito como poucos [...] Seu nome viverá através dos séculos e com ele sua obra[48].

Notas

[1] MARX, K. "Debates sobre a liberdade de imprensa". In: MARX, K. & ENGELS, F. *Obras*. T. I, p. 45. Cf. MEHRING, F. *Carlos Marx*: historia de su vida. La Habana: Política, 1964, p. 69.

[2] MARX, K. & ENGELS, F. *Obras*. T. III, p. 221. Cf. MEHRING, F. *Carlos Marx:* historia de su vida. Op. cit., p. 138.

[3] KONDER. L. *Marx:* vida e obra. Rio de Janeiro: José Álvaro, 1968, p. 60.

[4] Ibid., p. 61.

[5] MARX, K. "Towards the Critique of Hegel's Philosophy of Right (1844)". In: FEUER, L.S. (org.). *Marx and Engels, Basic Writings on Politics and Philosopy*. Londres: Fontana, 1969, p. 304. Cf. LÖWY, M. *A guerra dos deuses, religião e política na América Latina*. Petrópolis: Vozes, 2000, p. 13.

[6] KONDER, L. *Marx*: vida e obra. Op. cit., p. 113.

[7] MARX, K. *Contribucion a la critica de la economia política*. La Habana: Política, 1966, p. 12. Chamamos a atenção para o fato de Marx jamais ter utilizado o termo "infraestrutura" (como hoje tornou-se habitual) para referir-se à base econômica, e sim "estrutura", que corresponde à base.

[8] MARX, K. & ENGELS, F. *La ideologia alemana*. Montevidéu: Pueblos Unidos, 1958, p. 40.

[9] MARX, K. & ENGELS, F. *Correspondência*. Buenos Aires: Cartago, 1972, p. 393.

[10] MARX, K. & ENGELS, F. *Obras escogidas*. Vol. III. Moscou: Progreso, 1974, p. 531.

[11] MARX, K. "O 18 brumário de Luiz Bonaparte". In: MARX, K. & ENGELS, F. *Obras escolhidas*. Vol. I. Rio de Janeiro: Vitória, 1961, p. 203.

[12] MARX, K. "Teses sobre Feuerbach". In: MARX, K. & ENGELS, F. *Obras escolhidas*. Vol. III. Rio de Janeiro: Vitória, 1961, p. 210.

[13] LÖWY, M.; RENAULT, E. & DEMÉNIL, G. *Ler Marx*. São Paulo: Unesp, 2011, p. 35.

[14] KONDER, L. "Esquerda, socialismo e marxismo". *Revista Teoria e Pesquisa*, n. 2, 1992, p. 11. São Carlos: UFSCar/DCSo, 1992.

[15] Ibid.

[16] Ibid., p. 11-12.

[17] Ibid., p. 11.

[18] MARX, K. *Manuscritos econômicos y filosóficos de 1844*. Santiago de Chile: Austral, 1960, p. 67.

[19] Ibid., p. 68.

[20] Ibid., p. 78.

[21] KONDER, L. *A questão da ideologia*. São Paulo: Companhia das Letras, 2002, p. 31.

[22] LÖWY, M.; RENAULT, E. & DEMÉNIL, G. *Ler Marx*. São Paulo: Unesp, 2011, p. 65.

[23] MARX, K. & ENGELS, F. *La ideologia alemana*. Op. cit., p. 48-49.

[24] MARX, K. "Sobre la *Critica de la Filosofia Del Derecho*, de Hegel". In: MARX, K. & ENGELS, F. *Obras*. T. I, p. 390. Cf. MEHRING, F. *Carlos Marx*: historia de su vida. La Habana: Política, 1964, p. 95.

[25] MARX, K. & ENGELS, F. *La ideologia alemana*. Op. cit., p. 58.

[26] MEHRING, F. *Carlos Marx*: historia de su vida. Op. cit., p. 102.

[27] MARX, K. & ENGELS, F. "A sagrada família, ou Crítica da crítica crítica (Contra Bruno Bauer e consortes)". *Obras*. T. II, p. 20. Cf. MEHRING, F. *Carlos Marx*: historia de su vida. Op. cit., p. 129.

[28] MEHRING, F. *Carlos Marx*: historia de su vida. Op. cit., p. 325-327.

[29] KONDER, L. *Marx:* vida e obra. Op. cit., p. 135.

[30] Ibid., p. 140.

[31] MARX, K. & ENGELS, F. "Manifesto do Partido Comunista". *Obras escolhidas*. Vol. I. Rio de Janeiro: Vitória, 1961, p. 21.

[32] Ibid.

[33] Ibid., p. 31.

[34] MARX, K. & ENGELS, F. "Alocución de las autoridades centrales a la Liga de marzo de 1850". *Obras*. T. VII, p. 245. Cf. MEHRING, F. *Carlos Marx*: historia de su vida. Op. cit., p. 220.

[35] MARX, K. & ENGELS, F. "Alocución de las autoridades centrales a la Liga de marzo de 1850". Op. cit., p. 220.

[36] MEHRING, F. *Carlos Marx*: historia de su vida. Op. cit., p. 93-94.

[37] BEAR, M. *História do socialismo e das lutas sociais*. Rio de Janeiro: Laemmert, 1968, p. 467ss.

[38] KRIEGER, A. *Les internationales ouvrières, 1864-1943*. Paris: PUF, 1966, p. 17.

[39] MARX, K. "O 18 brumário de Luiz Bonaparte". In: MARX, K. & ENGELS, F. *Obras escolhidas*. Vol. I. Op. cit., 1961, p. 226-227.

[40] Ibid., p. 277.

[41] MARX, K. "A guerra civil na França". In. MARX, K. & ENGELS, F. *Obras escogidas*. Vol. 2. Moscou: Progreso, 1973, p. 236.

[42] Ibid., p. 238.

[43] MARX, K. *Introduccion a la critica de la economia política*. La Habana: Política, 1966, p. 257.

[44] Ibid., p. 257-258.

[45] Ibid., p. 264.

[46] Ibid., p. 267.

[47] Ibid., p. 257

[48] ENGELS, F. "Discurso en la tumba de Marx". In: MARX, K. & ENGELS, F. *Obras escogidas*. T. III. Op. cit., p. 17-19. Cf. MEHRING, F. *Carlos Marx*: historia de su vida. Op. cit., p. 514.

Referências

BEAR, M. *História do socialismo e das lutas sociais*. Rio de Janeiro: Laemmert, 1968.

BENSAID, D. *Marx, o intempestivo*. Rio de Janeiro: Civilização Brasileira, 1999 [Trad. de L.C.M. Guerra].

BUEY, F.F. *Marx (sem ismos)*. 2. ed. Rio de Janeiro: UFRJ, 2009 [Trad. de L.S. Henriques].

CÁTEDRA DE FORMACIÓN POLÍTICA "ERNESTO CHÊ GUEVARA. *Introducción al pensamiento marxista*. Buenos Aires: Ed. Madres de Plaza de Mayo, 2003.

GRAMSCI, A. *Il materialismo storico*. Roma: Riuniti, 1971.

HOBSBAWM, E. et al. *Storia del marxismo* – Vol. 1: Il marxismo ai tempi di Marx. Turim: Giulio Einaudi, 1978.

KONDER, L. *Em torno de Marx*. Rio de Janeiro: Boitempo, 2010.

_____. *A questão da ideologia*. São Paulo: Companhia das Letras, 2002.

_____. "Esquerda, socialismo e marxismo". *Revista Teoria & Pesquisa*, n. 2, set./1992. São Carlos: UFSCar/DCSo.

_____. *Marx*: vida e obra. Rio de Janeiro: José Álvaro, 1968.

KRIEGER, A. *Les internationales ouvrières*: 1864-1943. Paris: PUF, 1966.

LÖWY, M. *A teoria da revolução no jovem Marx*. Petrópolis: Vozes, 2002.

_____. *A guerra dos deuses, religião e política na América Latina*. Petrópolis: Vozes, 2000 [Trad. de V.L.M. Joscelyne].

LÖWY, M.; RENAULT, E. & DUMÉNIL, G. *Ler Marx*. São Paulo: Unesp, 2011 [Trad. de M. Echalar].

MEHRING, F. *Carlos Marx*: historia de su vida. La Habana: Política, 1964.

Do autor

MARX, K. "La burguesia y la contrarevolucion". In: MARX, K. & ENGELS, F. *Obras escogidas*. Vol. 1. Moscou: Progreso, 1973.

_____. "A guerra civil na França". In: MARX, K. & ENGELS, F. *Obras escogidas*. Vol. 2. Moscou: Progreso, 1973.

_____. *Prólogo de Contribucion a la Critica de la economia política*. La Habana: Política, 1966.

_____. *Introduccion a la Critica de la economia política*. La Habana: Política, 1966.

_____. *El capital*. T. I. México: FCE, 1966 [Trad. de W. Roces].

_____. *Contribucion a la Critica de la economia política*. La Habana: Política, 1966.

_____. "As lutas de classe na França de 1848 a 1850". In: MARX, K. & ENGELS, F. *Obras escolhidas*. Vol. 1. Rio de Janeiro: Vitória, 1961.

_____. "O 18 brumário de Luiz Bonaparte". In: MARX, K. & ENGELS, F. *Obras escolhidas*. Vol. 1. Rio de Janeiro: Vitória, 1961.

_____. "Manifesto de lançamento da Associação Internacional dos trabalhadores". In: MARX, K. & ENGELS, F. *Obras escolhidas*. Vol. 1. Rio de Janeiro: Vitória, 1961.

_____. "Teses sobre Feuerbach". In: MARX, K. & ENGELS, F. *Obras escolhidas*. Vol. 3. Rio de Janeiro: Vitória, 1961.

_____. *Manuscritos económicos y filosoficos de 1844*. Santiago do Chile: Austral, 1960.

MARX, K. & ENGELS, F. *Obras escogidas*. Vol. 3. Moscou: Progreso, 1974.

_____. *Correspondencia*. Buenos Aires: Cartago, 1972.

_____. "Manifesto do Partido Comunista". In: MARX, K. & ENGELS, F. *Obras escolhidas*. Vol. 1. Rio de Janeiro: Vitória, 1961.

_____. *La ideologia alemana*. Montevidéu: Pueblos Unidos, 1958 [Trad. de W. Roces].

7
Benedetto Croce (1866–1952)

Raimundo Nonato Pereira Moreira★

> Para Ely Souza Estrela, *in memoriam*.

1 O historiador e sua época

Benedetto Croce foi um dos maiores historiadores italianos do século XX e exerceu uma espécie de *ditadura* sobre a vida filosófica, historiográfica e literária do seu país durante mais de 40 anos. O *corpus* dos seus escritos estende-se por cerca de 80 volumes, entrelaçando gêneros tão diversos quanto a história, historiografia, crítica literária, polêmica política e filosofia formal – incluindo ética, estética e filosofia da história. Conforme enfatizou Henry Stuart Hughes, desde o escritor alemão Johann Wolfgang von Goethe (1749-1832) nenhum homem, isoladamente, dominou de maneira tão completa a cultura de um dos principais países europeus[1].

Na contemporaneidade, em algumas obras de divulgação, Croce tem sido apresentado como um filósofo neo-hegeliano da história. Porém, um mapeamento dos matizes teóricos a partir dos quais o autor construiu o seu sistema, autodenominado *Filosofia come scienza dello spirito* (*Filosofia como ciência do espírito*), coloca em xeque essa tese simplista. No que diz respeito às reflexões historiográficas crocianas, são evidentes os influxos de Giambattista Vico (1668-1744), Georg Wilhelm Friedrich Hegel (1770-1831) e Karl Marx (1818-1883). Ademais, o intelectual italiano escreveu três livros acerca desses filósofos, os quais ocupam lugar de destaque no conjunto da sua obra: *Materialismo storico ed economia marxistica* (*Materialismo histórico e economia marxista*, 1900), *Ciò che è vivo e ciò che è morto della filosofia de Hegel* (*O que está vivo e o que está morto na filosofia de Hegel*, 1906) e *La filosofia de Giambattista Vico* (*A filosofia de Giambattista Vico*, 1911). A esse respeito, Stuart Hughes estabeleceu uma

---

★ Mestre e doutor em História pela Universidade Estadual de Campinas (Unicamp). Professor permanente do Programa de Pós-Graduação em História Regional e Local (PPGHIS), da Universidade do Estado da Bahia (Uneb), Campus V/Santo Antônio de Jesus.

hierarquia dos pensadores que mais inspiraram a formação intelectual de Croce, de acordo com esta ordem: Vico, Marx e Hegel[2].

Ainda no que concerne aos domínios da historiografia, não é difícil assinalar o influxo exercido pelas obras de Croce, a exemplo de *Storia d'Italia dal 1871 al 1915* (*História da Itália de 1871 a 1915*, 1928) e *Storia d'Europa nel secolo decimonono* (*História da Europa no século XIX*, 1932), sobre os seus compatriotas durante o período fascista (1922-1943). Esses trabalhos, além de marcarem os jovens historiadores italianos, estenderam a influência crociana para o universo dos profissionais maduros da história – tais como Gaetano De Sanctis (1870-1957) e Luigi Salvatorelli (1886-1974) – o que deu a Croce, inclusive aos olhos dos fascistas, o título de maior historiador italiano do período. No curso do século XX, os problemas de natureza crociana (a exemplo do conceito da história como história contemporânea, das relações existentes entre a política e a ética e dos estudos sobre as elites intelectuais) foram típicos da historiografia italiana. Assim, não é exagero afirmar que, decorridos 60 anos desde a sua morte, um debate sobre a história e a historiografia da Itália no século passado demanda um exame acerca das teses de Benedetto Croce[3].

O raio de alcance do pensamento crociano extrapolou os limites da cultura italiana e influenciou o pensamento de autores tão diversos quanto o filósofo inglês Robin George Collingwood (1889-1943), o historiador norte-americano Carl Becker (1873-1945) e o pensador espanhol José Ortega y Gasset (1883-1955), dentre muitos outros. No Brasil, entretanto, sua ascendência foi pouco significativa, as suas obras escassamente traduzidas e as suas ideias não interessaram profundamente aos grandes historiadores, com a notável exceção de José Honório Rodrigues (1913-1987)[4].

Quanto à trajetória intelectual de Croce, Arnaldo Momigliano destacou que o material biográfico e autobiográfico sobre o pensador é tão abundante quanto se pode desejar para qualquer dos seus contemporâneos. Mas, a abundância, a facilidade e a elegância dos seus próprios escritos, aliadas às observações dos amigos, não fizeram senão aumentar o enigma básico da personalidade de Croce. Conforme o mesmo intérprete, parte da dificuldade para compreender a trajetória do pensador reside na variedade de situações históricas em que atuou durante a sua longa vida. Desta forma, as atividades intelectuais de Croce podem ser divididas em seis etapas, as quais correspondem a um período bem-definido da história da Itália. Assim, os anos de formação do jovem teórico terminaram quando a Itália foi sacudida pelo assassinato do Rei Umberto II (1844-1900). Em seguida, veio a fase de intensa colaboração intelectual com Giovanni Gentile (1875-1944), na qual elaborou todo o seu sistema filosófico, encerrada com a conquista colonial da Líbia (1911). Nos anos seguintes, especialmente durante a Primeira Guerra Mundial (1914-1918), Croce se encontrou isolado e modificou profundamente as suas ideias. Nos anos de 1918 a 1924 colaborou com os democrata-cristãos, os nacionalistas e os fascistas. Na continuação, durante 19 anos (1925-1943) foi o líder moral do antifascismo italiano, mas também o termo de referência para as atividades intelectuais dos próprios fascistas. Finalmente, na última década da sua vida, o velho pensador se deu conta que as novas gerações seguiam o seu próprio caminho – embora seja apressado dizer que a sua influência passou a ser insignificante ou os seus escritos tenham se tornado meras repetições[5].

Portanto, analisar a trajetória e os diálogos estabelecidos por Croce, na perspectiva de compreender algumas das suas contribuições para a teoria e a história da historiografia, demanda a elaboração de um esboço biográfico do pensador italiano. Ou seja, trata-se de estabelecer uma biografia intelectual crociana, mediante a avaliação dos seus escritos autobiográficos. Este procedimento está em consonância com um juízo manifestado por Croce, segundo o qual "toda verdadeira história é sempre autobiografia". Assim, na sequência deste trabalho, discutem-se algumas das informações presentes nas versões elaboradas por intérpretes da sua obra e no mais relevante texto autobiográfico de Croce: *Contributo alla critica di me stesso* (*Contribuição à crítica de mim mesmo*, 1915)[6].

2 Percursos e diálogos

Benedetto Croce nasceu em 25 de fevereiro de 1866, na comuna de Pescasseroli, localizada na região de Abruzzo. Proveniente de uma família de proprietários rurais e funcionários públicos do Sul da Itália, comprometida com a tradição da dinastia dos Bourbon napolitanos e rigidamente católica, era sobrinho, pelo lado paterno, do filósofo Bertrando Spaventa (1817-1883). Em sua autobiografia intelectual, Croce assinalou que o pai seguia a linha tradicional das pessoas honradas de Nápoles, segundo a qual os homens de bem deveriam se ocupar apenas dos assuntos familiares e dos negócios, mantendo-se distantes dos meandros da política. Assim, fazia questão de frisar, sobre a sua família não ressoou nenhum eco da vida pública ou política. De acordo com o pensador, o ambiente familiar se repetiu na escola católica que frequentou, em Nápoles, a partir dos nove anos. No corpo do *Contributo alla critica di me stesso*, Croce assinalou que, durante a época em que esteve matriculado no referido colégio, possuía uma vaga ideia a respeito dos eventos capitais do *Risorgimento* (processo que resultou da unificação italiana), a exemplo das revoluções, conspirações e acontecimentos registrados ao longo dos anos de 1848-1849 e 1860[7].

Em 1883 Croce perdeu os pais e a única irmã quando um terremoto varreu a estação de verão de Casamicciola, na ilha de Ischia, ficando ele mesmo soterrado, por várias horas, sob os escombros, além de sofrer diversas fraturas. Em seguida, mudou-se para Roma, residindo na casa do tio Silvio Spaventa (1822-1893). Na capital, ingressou na universidade, mas não concluiu o curso de direito no qual se matriculou. Mas, o ambiente universitário possibilitou o estabelecimento de relações intelectuais e pessoais com o professor Antonio Labriola (1843-1904), que, no final da década de 1880, tornou-se o "pai do marxismo italiano" e o "primeiro marxista acadêmico" da Europa[8].

Croce retornou a Nápoles em 1886. Com a sobrevivência garantida pela fortuna herdada, passou a se dedicar aos estudos históricos, filosóficos e filológicos, além de contribuir

140

para a organização dos Arquivos Municipais e colaborar com periódicos provinciais. Assim, concentrou as suas pesquisas em três frentes principais: a crítica literária, influenciada pelo idealismo de Francesco De Sanctis (1817-1883); a revalorização das histórias e anedotas locais dos séculos XVII e XVIII; e, finalmente, o projeto relacionado à preparação de uma "história moral" da Itália, dos seus sentimentos e da sua "vida espiritual" a partir do Renascimento, com ênfase nas relações e nos influxos recíprocos entre a civilização italiana e os povos estrangeiros[9].

Aos 27 anos produziu o seu primeiro trabalho teórico significativo: o ensaio *La storia ridotta sotto il concetto generale dell'arte* (*A história reduzida ao conceito geral da arte*, 1893). No texto em questão, debruçou-se sobre a querela relativa ao caráter da história enquanto forma de conhecimento artístico ou científico – problema debatido na Alemanha do final do século passado por Wilhelm Dilthey (1833-1911), Heinrich Rickert (1863-1936), Georg Simmel (1858-1918) e Wilhelm Windelband (1848-1915), dentre outros pensadores. A controvérsia, travada no âmbito da filosofia alemã, nos últimos decênios do século XIX, associou-se à *crise do historicismo*. Portanto, o debate girava em torno do estatuto epistemológico do conhecimento histórico, opondo os neo-hegelianos, encabeçados por Dilthey, aos neokantianos, liderados por Windelband. Para este último, a história distinguia-se das ciências naturais não pelos objetos que tomava para investigação, mas por suas finalidades. O conhecimento histórico era "idiográfico", ou ainda "produtor de imagens", ao passo que a abordagem científica era "nomotética", idealizadora de leis. Por seu turno, Dilthey sustentava que a história pertencia ao ramo das *Geisteswissenschaften* (*Ciências do espírito*), enquanto disciplinas como a biologia e a física ocupavam o terreno das *Naturwissenschaften* (*Ciências da natureza*)[10].

No ensaio, Croce sustentou que o conhecimento histórico não se reduzia ao terreno meramente artístico, mas que a história estava incluída sob o conceito geral da arte. Como avaliou posteriormente, o trabalho objetivou combater a intromissão dos esquemas derivados das ciências naturais no âmbito da historiografia; afirmar o caráter teórico e a seriedade da arte, encarada pelo positivismo dominante enquanto objeto de diversão; e negar a perspectiva segundo a qual a historicidade fosse uma terceira modalidade do espírito teórico, distinta tanto da forma estética quanto da teórica[11].

O encontro de Benedetto Croce com o materialismo histórico foi mediado por Antonio Labriola, expoente teórico do marxismo italiano do final do século XIX. Em sua autobiografia, o pensador napolitano assinalou que, em abril de 1895, Labriola lhe remeteu para leitura e publicação o ensaio *In memoria del Manifesto dei Comunisti* (*Em memória do Manifesto dos Comunistas*). O contato com o texto impressionou vivamente o jovem Croce, a ponto de fazê-lo esquecer os projetos intelectuais anteriores e mergulhar nos estudos de economia e de literatura clássica do marxismo, até então campos de conhecimento desconhecidos. No corpo do *Contributo alla critica di me stesso*, o autor sublinhou que o interesse pelo materialismo histórico, a prática adquirida com a literatura marxista e a atenção dispensada aos periódicos socialistas alemães e italianos o comoveram profundamente, a ponto de suscitarem, pela primeira vez, algo semelhante à paixão política em um intelectual até então apolítico[12].

Porém, o engajamento político crociano foi muito breve. Segundo o autor, mesmo sob a influência de Labriola, nunca fora um "marxista ortodoxo", nem mesmo um "convertido" ao "novo credo", embora o seu interesse filosófico pela doutrina e a forma como se inseriu nos debates sobre o socialismo italiano pudessem criar tal ilusão. Assim, entre 1895 a 1900, Croce escreveu textos nos quais dialogava criticamente com a teoria de Marx e com o pai do marxismo italiano. Em 1900 sete desses ensaios foram incluídos no volume *Materialismo histórico e Economia marxista*, sinalizando o rompimento entre Croce e Labriola. Na publicação, o jovem intelectual esgrimiu quatro argumentos básicos contra o marxismo. No primeiro, destacou que as concepções do materialismo histórico somente poderiam ser entendidas e utilizadas de maneira aceitável se reduzidas à condição de mero "cânone de interpretação historiográfica". No segundo, assinalou que a teoria marxista do valor-trabalho não era senão o resultado de uma comparação elíptica entre dois tipos de sociedade. No terceiro argumento, criticou a lei referente à queda da taxa do lucro, que, se ocorresse conforme acreditava Marx, importaria no final automático e iminente da sociedade capitalista. Finalmente, propôs a criação de uma "ciência filosófica da Economia", ao lado dos estudos econômicos empírico-abstratos[13].

Na verdade, os artigos de Croce inseriam-se no contexto mais amplo da primeira crise do marxismo, emblematizada nos trabalhos de críticos do socialismo, como o francês Georges Sorel (1847-1922), o alemão Eduard Bernstein (1850-1932) e o italiano Giovanni Gentile. A propósito, Croce era amigo e editor de Sorel na Itália. Já Labriola estabeleceu uma profícua correspondência com Sorel, a quem considerava um autêntico marxista. No que se refere a Bernstein, em uma carta dirigida a Sorel admitiu ter se inspirado, em certa medida, nos ensaios crocianos sobre o materialismo histórico. No mesmo período, Gentile publicou *La filosofia di Marx* (*A filosofia de Marx*, 1899), enquanto Charles Andler (1866-1933) falava abertamente na *dissolução do marxismo*. Trinta anos após o debate, Antonio Gramsci enxergou em Croce o "líder intelectual das tendências revisionistas" da década de 1890[14].

Finalizada a batalha contra o marxismo teórico, o qual considerou "morto" a partir de 1900, Croce voltou as suas energias intelectuais contra o positivismo, buscando recuperar uma abordagem espiritualista do real, inserindo-se em uma autêntica *rebelião antipositivista* no âmbito da cultura italiana. Sobre o ponto em questão, destaque-se que, na Itália do início do século XX, conforme assinalou Norberto Bobbio, o positivismo foi uma filosofia sem raízes na sociedade italiana, aparecendo como uma crença estrangeira. Em um país economicamente atrasado, a doutrina estava destinada a chegar tarde e, transplantada, a sobreviver com dificuldade. Assim, o positivismo foi atacado em duas frentes opostas: os marxistas criticavam os aspectos relacionados ao naturalismo determinista e ao evolucionismo otimista; já os chamados *irracionalistas* voltavam as baterias contra a sua postura intelectualista abstrata e o seu cientificismo reformador. Ademais, a variante historiográfica positivista dominante na Itália era rígida e dogmática, o que dificultava suas chances de sucesso e a tornava presa fácil dos adeptos do *espiritualismo perene*. Em suma, o positivismo, aparecendo na sociedade italiana como uma forma de pensamento anacrônico, sucumbiu frente aos ataques dos cruzados do espiritualismo clerical e laico, capitaneados por Croce[15].

Contra o positivismo, Croce defendeu o "renascimento do idealismo", acreditando dever impulsionar uma obra de reforma radical, de oposição total, de inversão. No contexto da rebelião antipositivista, o pensador italiano dedicou-se à elaboração do seu próprio sistema filosófico. Em 15 anos Croce publicou as quatro partes que o compõem: *Estetica come scienza dell'espressione e linguistica generale* (*Estética como ciência da expressão linguística geral*, 1902), *Logica come scienza del concetto puro* (*Lógica como ciência do conceito puro*, 1905-1909), *Filosofia della pratica: Economia ed etica* (*Filosofia da prática: economia e ética*, 1909) e *Teoria e storia della storiografia* (*Teoria e história da historiografia*, 1917). No conjunto da obra adotou uma visão de mundo idealista, combateu o positivismo e o marxismo e defendeu a autonomia da história frente à intromissão dos métodos das ciências naturais. Portanto, tornou-se o *restaurador do idealismo* no início do século XX[16].

Segundo Bobbio, o combate travado por Croce e os seus aliados contra o positivismo apresentava uma clara dimensão política. Assim, as críticas do pensador ao determinismo anti-humanista, ao naturalismo, às simplificações sociológicas, à ingênua adoração aos fatos brutos e à redução do homem ao seu meio acompanhavam de perto as ideias conservadoras contrárias às tentativas de reforma na velha ordem legada pelo *Risorgimento*. Portanto, as críticas do *espiritualismo perene* ao positivismo confundiam-se com o repúdio de Croce ao socialismo e à democracia, que postulavam a ampliação das bases do poder político e a ascensão de novas classes sociais[17].

Assim, os anos iniciais do século XX foram singularizados pela *hegemonia crociana* na cultura italiana. Com efeito, o pensamento do filósofo napolitano foi o centro de irradiação e convergência dos movimentos intelectuais da época, desde os supostamente inovadores aos tradicionalistas. Um exemplo de tal predomínio pode ser vislumbrado no ataque ao positivismo, quando Croce chamou em seu auxílio tanto os seguidores do marxismo quanto os adeptos das chamadas "forças do irracional"[18].

As razões que explicam a ascendência de Croce sobre jovens artistas e intelectuais irracionalistas, a exemplo dos escritores Giovanni Papini (1881-1956), Giuseppe Prezzolini (1882-1982) e Giuseppe Antonio Borgese (1882-1952) são ainda nebulosas, pois, como sublinhou Robert Paris, os movimentos artísticos e intelectuais do período fundiam elementos do decadentismo literário, fragmentos de doutrinas nacionalistas extremadas, concepções elitistas e imperialistas, além de crenças derivadas do socialismo revolucionário soreliano. Entretanto, Croce compartilhava com os jovens intelectuais do mesmo repúdio ao positivismo e do desprezo à democracia. Ademais, a intensificação dos contatos com os irracionalistas ocorreu sob a influência do filósofo Gentile, que ocupou o espaço como principal interlocutor de Croce[19].

143

Na esteira da vinculação intelectual com Gentile, Croce lançou, em 1903, a sua própria revista, *La Critica*, que circulou até 1944. Versando sobre temas históricos, literários e filosóficos, o periódico expunha, em seu programa, a intenção de, através dos seus artigos, ilustrar a vida intelectual do país durante os últimos 50 anos, partindo da formação da nova Itália. Com as atividades desenvolvidas no periódico, Croce acreditava dar o melhor de si à cultura italiana, cumprindo, assim, uma obra política, no sentido mais amplo da palavra: obra de estudioso e de cidadão, que não mais se envergonhava frente aos políticos e aos homens socialmente ativos[20].

A aliança entre Croce e a intelectualidade nacionalista italiana se dissolveu frente à conquista da Líbia e a Primeira Guerra Mundial. Não obstante, as afinidades teóricas para com Gentile foram mantidas e mesmo estreitadas. Com o auxílio do filósofo, Croce transformou a pequena editora Laterza, da cidade de Bari, em uma das mais importantes da Itália, chegando a ditar os rumos da política editorial do país[21].

Nos primeiros 15 anos do século XX, a produção teórica de Croce foi extraordinária. Além das três primeiras partes da *Filosofia dello spirito*, escreveu os trabalhos sobre Hegel e Vico, *Problemi di estetica* (*Problemas de estética*, 1910), os primeiros artigos que originaram *Teoria e storia della storiografia*, o *Breviario di Estetica* (*Breviário de estética*, 1913), além de quatro volumes da série *La letteratura della nuova Italia* (*A literatura da nova Itália*, 1914-1915) e centenas de outros escritos. O autor considerou este período como o mais fecundo da sua vida intelectual[22].

Contrastando com a intensa atividade literária, Croce participou escassamente da vida política, não obstante a nomeação para o Senado do Reino, em 1910, e o fato de integrar o quinto gabinete do *premier* Giovanni Giolitti (1842-1928), como Ministro da Instrução Pública, entre junho de 1920 e junho de 1921. Para Norberto Bobbio, Croce estava convencido de que a política era uma atividade necessária, porém inferior. Como idealista coerente, acreditava, com firmeza, que as ideias (e os seus portadores, os homens da cultura) eram os dirigentes da história. Assim, as suas intervenções na política foram esporádicas e pouco significativas até 1915. Por exemplo, a batalha travada contra a entrada da Itália na Primeira Guerra Mundial foi cultural e não política. Mais ainda, durante o conflito, o pensador colocou-se mais como defensor da cultura ofendida do que do mundo ensanguentado[23].

Conforme ainda Bobbio, o restaurador do idealismo foi, no sentido mais amplo e menos estreito da palavra, um conservador. Assim, compartilhava do *grande medo* da revolução social com o amigo Gaetano Mosca (1858-1941) – um dos construtores da *Teoria das elites*, ao lado de Vilfredo Pareto (1848-1923) e Robert Michels (1876-1936). Croce registrou explicitamente esse temor em *Materialismo storico ed economia marxistica*, manifestando compreensão para com o pânico de muitos de que a força política do proletariado pudesse culminar em um impulso bestial das massas populares em direção a um abalo social imprevisível, semelhante às *jacqueries* francesas do século XIV e às guerras camponesas alemãs. "O medo, que provém de saber que os movimentos proletários, quando são instintivos e cegos, podem ser dominados, enquanto que a consciência esclarecida pode sofrer derrotas temporárias"[24].

Para exorcizar o pesadelo, Croce depositava toda a sua confiança na preservação do sistema social que havia feito próspero e feliz o "glorioso" século XIX (o período histórico ao qual dedicou as suas melhores investigações históricas). O posicionamento político crociano pode ser sintetizado nesta sentença lapidar, exposta na obra *Cultura e vita morale* (*Cultura e vida moral*, 1914): "Não se trata de criar um mundo novo, mas sim de seguir trabalhando sobre o velho, que é sempre novo". Esse velho mundo relacionava-se como o *Risorgimento* e o seu legado de moderantismo político[25].

Nas três décadas seguintes Croce desempenhou um duplo papel: inicialmente, na primeira metade da década de 1920, simpatizou com o movimento e o regime fascistas; e, no segundo momento, de 1925 até 1943, desempenhando o papel de opositor da ditadura, transformou-se no *filósofo da liberdade*, virtual *ditador* da cultura italiana e ponto de referência moral para todos aqueles que resistiram ao fascismo. Assim, as relações existentes entre Croce e o movimento fascista podem ser analisadas sob a lógica da colaboração tática entre a ala conservadora do liberalismo italiano e os seguidores de Benito Mussolini (1883-1945). Na condição de aliado de Giolitti, Croce endossou o apoio do antigo primeiro-ministro à formação do gabinete fascista, em 1922. Os velhos liberais italianos, representados por Croce e Giolitti, viviam mentalmente no século XIX e fracassaram na tarefa de interpretarem as mudanças engendradas na sociedade italiana pelo conflito mundial. Às vésperas da tomada do poder por Mussolini, Croce argumentava que o fascismo não era perigoso, já que carecia de um programa. Por seu turno, Giolitti estava convencido de que aquele movimento expressava os anseios das classes médias patrióticas e, portanto, não desafiariam a lei e a ordem. Em suma, o *premier* vislumbrava no fascismo uma força saudável, embora radical, capaz de ser integrada à estrutura da política liberal[26].

No que diz respeito a Croce, em 1922, simpatizou com os fascistas. Assim, no Senado, continuou votando com Mussolini mesmo após o assassinato do deputado socialista Giacomo Matteotti em junho de 1924. Na mesma linha de colaboração para com o novo governo, entre 1923 e 1924, apoiou as reformas educacionais introduzidas pelo Ministro da Instrução Pública, Giovanni Gentile, contra os ataques dos liberais e socialistas. A própria nomeação de Gentile para o primeiro gabinete fascista foi vista, na época, como um sinal da disposição de Croce em colaborar com o regime[27].

Em sua defesa, Croce argumentou, nas notas complementares ao *Contributo alla critica di me stesso* que, no início, considerava o fascismo como um simples episódio do pós-guerra, com alguns traços de reação juvenil e patriótica, que se dissiparia sem provocar mal e, ao contrário, deixaria atrás de si algum efeito benéfico. Não imaginava que a Itália perdesse a liberdade, que havia custado tanto esforço e tanto sangue, que sua geração julgava conquistada para sempre. Porém, o inverossímil aconteceu e o fascismo criou raízes e consolidou o seu domínio[28].

Croce fixou a sua passagem para a oposição na segunda metade de 1924, após uma série de falsas promessas do regime e o esgotamento das esperanças relativas à restituição da liberdade. Instigado pelo espancamento do liberal Giovanni Amendola (1886-1926) escreveu a primeira condenação efetiva dos homens do mundo da cultura ao regime fascista: *Il manifesto degli intellettuali italiani antifascisti* (*O manifesto dos intelectuais italianos antifascistas*), publicado em 1º de maio de 1925[29].

O manifesto elaborado por Croce sustentava três pressupostos básicos: em primeiro lugar, reafirmava o princípio relacionado à autonomia da arte e da cultura frente à política; em seguida, condenava os ataques contra a democracia e o liberalismo e a glorificação da força e do irracionalismo, presentes no documento fascista; e, finalmente, concomitante à reafirmação dos valores das instituições políticas liberais resultantes do *Risorgimento*, protestava contra a divisão criada pelos intelectuais fascistas em torno dos cidadãos italianos em partidários e inimigos da nação[30].

Com efeito, o final da transição para um governo fascista e os atos de violência cometidos contra os opositores, em 1925, não mais permitiam aos italianos acalentarem ilusões quanto à verdadeira natureza do regime. No espaço de poucos meses muitos antifascistas foram assassinados, encarcerados ou tiveram de se exilar. Em abril do mesmo ano, Gentile e aliados lançaram o *Manifesto degli intellettuali fascisti* (*Manifesto dos intelectuais fascistas*). Assim, Croce se converteu, quase da noite para a manhã, no líder da *intelligentsia* opositora ao esboçar o documento em que respondia às provocações dos eruditos fascistas. Paradoxalmente, o mesmo êxito alcançado pelo fascismo, ao assassinar, desterrar e prender os seus adversários mais ativos, fez de Benedetto Croce o virtual "ditador" da cultura italiana[31].

Para Norberto Bobbio, o despertar desse liberalismo de tradição que adormecia em Croce foi consequência direta da tirania que se abateu sobre a Itália. Consolidada a ditadura fascista, a inspiração liberal-conservadora crociana transformou-se, gradativamente, em uma teoria historiográfica e política do liberalismo, originando uma verdadeira concepção de *História como história da liberdade*. Assim, entre 1925 e 1940, Croce tornou-se a consciência moral do antifascismo italiano, não mais no papel do *restaurador do idealismo*, mas do *filósofo da liberdade*. Portanto, o pensamento crociano dos 15 anos iniciais do século, marcado por um enfoque apolítico e mesmo antipolítico, preenchido pela construção de um sistema filosófico, metamorfoseou-se em uma obra historiográfica politicamente comprometida[32].

A arquitetura da obra crociana, composta durante a vigência do fascismo, pode ser segmentada em dois blocos: os trabalhos históricos de caráter "ético-político" e os ensaios filosóficos e historiográficos de inspiração liberal. No primeiro, incluem-se *Storia del regno de Napoli* (*História do reino de Nápoles*, 1925), *Storia d'Italia dal 1871 al 1915* (1928), *Storia dell'età barocca in Italia* (*História do período Barroco na Itália*, 1929) e *Storia d'Europa nel secolo decimonono* (1932). No segundo, destacam-se *Aspetti morali della vita politica* (*Aspectos morais da vida política*, 1928), *Etica e politica* (*Ética e política*, 1931), *Piccoli saggi di filosofia politica* (*Pequenos ensaios de filosofia política*, 1934), *La storia come pensiero e come azione* (*A história como pensamento e como ação*, 1938) e *Il caratere della storia moderna* (*O caráter da história moderna*, 1941). No conjunto desses volumes, Croce exaltou as conquistas do liberalismo europeu e italiano no século XIX e criticou os equívocos teóricos dos fascistas (irracionalismo, ativismo cego e autoritarismo), que advogavam a tese relativa à morte do ideário liberal. Em suma, elevou o liberalismo ao patamar de *religião da liberdade* e *doutrina metapolítica*, concepção total do mundo e da realidade[33].

Assim, em *Storia d'Europa nel secolo decimonono*, Croce reafirmou o princípio hegeliano segundo o qual a marcha da história se confunde com a caminhada da liberdade. Criticando os pressupostos fascistas, assinalou que a liberdade foi o *espírito animador* das diversas épocas históricas, o princípio fundamental e o fio condutor das lutas no curso da história. O pensador advertiu que a perda da liberdade sempre foi considerada como causa ou sinal da decadência nas artes, nas ciências, na economia e na vida moral. Aos historiadores, Croce lembrou que o liberalismo proporcionava à historiografia um critério seguro de interpretação do processo histórico, no qual a liberdade aparecia como o próprio sujeito e a força criadora da história. Para concluir, asseverou que o liberalismo não morrera (como afirmavam os fascistas), destinando-se a renascer, mesmo quando se apresentasse incompreendido e esquecido[34].

Croce manteve as suas atividades intelectuais durante a vigência do regime fascista, não obstante a ação da censura, a espionagem, as ameaças e os atos de violência dos partidários da ditadura, inclusive a invasão da sua residência, em Nápoles. O governo permitiu que o pensador mantivesse o seu trabalho, embora condicionado a algumas regras não escritas. Mussolini consentiu que *La Critica* circulasse, sob a condição de não publicar ataques políticos diretos ao fascismo. O próprio *Duce* lia atentamente os livros e os artigos crocianos e, ainda assim, julgava conveniente manter ativa uma publicação anticomunista, anticlerical e, após 1933, antinazista. Algumas dessas regras eram bem aceitas por Croce, outras não[35].

Como destacou Arnaldo Momigliano uma crítica ao desempenho político do *Croce opositor* diz respeito ao fato dele nunca ter proposto uma saída clara para superação do fascismo, preferindo entregá-la à ação da misteriosa Providência e não às mãos dos homens. Daí o porquê da sua concepção de *História como história da liberdade* ser essencialmente fatalista. Não obstante, as suas ideias relacionadas à exaltação da liberdade e da autonomia da arte foram aceitas pelo conjunto das forças políticas que deram sustentação à resistência antifascista (liberais, democrata-cristãos, socialistas e comunistas). Os princípios crocianos funcionaram como uma espécie de elo entre tais matizes ideológicos. Portanto, Croce tornou-se o guia espiritual dos jovens intelectuais antifascistas, para os quais a oposição do regime nascia de um ato de impulso moral, sendo político na exata medida em que expressava uma ação de rebeldia contra a ditadura e uma negativa de obediência ao tirano[36].

Em julho de 1943, após a queda do fascismo, Croce participou da formação dos primeiros governos de unidade nacional, como ministro sem pasta, e da refundação do Partido Liberal, agremiação que presidiu até 1947, exercendo os mandatos de deputado e senador.

Retirou-se da vida pública ao completar 82 anos. No entanto, manteve a rotina de erudito, publicando algumas obras que discutiam as relações entre os conhecimentos histórico e filosófico, dentre as quais *Filosofia e storiografia* (*Filosofia e historiografia*, 1949) e *Storiografia e idealità morale* (*Historiografia e idealidade moral*, 1950). Dedicou-se ainda, a partir de 1945, à reestruturação da sua revista, agora denominada *Quaderni della Critica*. Em 1946, as suas reflexões historiográficas passaram a contar com o suporte do *Instituto di studi storici* (*Instituto de estudos históricos*), sediado em Nápoles.

Entretanto, com o final da Segunda Guerra Mundial e o retorno da liberdade de expressão e livre circulação das ideias, os aspectos mais arcaicos do pensamento crociano passaram ao primeiro plano. No final da década de 1940, a publicação dos escritos gramscianos relativos a Croce e as suas agudas observações sobre o "papado laico" exercido pelo filósofo napolitano sobre a cultura italiana circularam amplamente. Ao mesmo tempo, se observou muito pouco que a indiferença manifestada por Gramsci no tocante às ciências naturais, à antropologia e, inclusive, à economia era resultado direto da influência crociana. Por outro lado, a preocupação dominante dos últimos anos de Croce foi combater o comunismo, resultando na formalização da antinomia entre o seu sistema filosófico e o de Marx[37].

Finalmente, a recusa sistemática de Croce em analisar profundamente a experiência fascista contribuiu para reforçar as suspeitas acerca do conservadorismo do seu sistema filosófico e das posições políticas que dele derivavam. Buscando minimizar o impacto do fascismo sobre a sociedade italiana, Croce o encarava como sintoma de uma "decadência moral" temporária do liberalismo no primeiro quarto do século, vitimado pelos efeitos da Grande Guerra. Portanto, não passara de uma "doença moral" da qual a Itália poderia se recuperar em pouco tempo. Respondendo a um interlocutor sobre o significado do fascismo, em 1944, Croce lhe propôs uma enigmática questão: "O que é em nossa história um parêntese de vinte anos?"[38]

A esse respeito, julgava inconcebível a ideia de escrever a história do fascismo italiano. Em fevereiro de 1946, respondendo a um convite para redigir essa história, observou: "Não a escrevi e não a escreverei, porque odeio de tal maneira o fascismo que me proíbo de pensar sequer a sua história". Mas, em março de 1950, retornou ao assunto, no corpo do artigo sugestivamente intitulado *L'obiezione contro la "Storia dei propri tempi"* (*A objeção contra a "História dos próprios tempos"*), protestando contra os que apresentavam o fascismo somente como um momento de negatividade e pessimismo. Segundo Croce, contra essa imagem de um "quadro completamente negro" e de vergonha e erro, dever-se-ia buscar converter o momento supracitado à positividade da história, até mesmo fazendo justiça aos que aderiram ao fascismo movidos por sentimentos nobres e generosos[39].

Benedetto Croce faleceu em 20 de novembro de 1952, deixando a impressão de não haver declarado tudo que queria dizer. Para os estudiosos restou o árduo empreendimento de interpretar as razões desse silêncio no conjunto da sua obra, dispersa em mais de 80 volumes, abarcando gêneros tão diversos quanto a história, a polêmica política, a historiografia, a filosofia e a crítica literária.

3 Conceitos-chave

Como assinalou Patrick Gardiner, Croce não é um autor de fácil leitura. Ao contrário, o intelectual napolitano foi um expositor desordenado das suas próprias ideias. Por outro lado, a estranha mistura de agudo senso comum e de filosofar idealista, característica de grande parte da sua obra, é muitas vezes desconcertante para o leitor. Ademais, desde o início da sua trajetória intelectual interessou-se por diversos problemas suscitados pela investigação histórica e pela natureza dos juízos históricos[40].

Portanto, a tarefa de identificar conceitos que abarquem as preocupações representativas das diversas fases do itinerário de Benedetto Croce coloca-se como um desafio para os intérpretes da sua obra. No corpo de outro trabalho, o autor do presente artigo destacou quatro conceitos fundamentais, presentes nas elaborações de Croce: *filosofia da história*, *historicismo*, *historiografia* e *teoria da história*. Não obstante, em virtude das peculiaridades da coletânea *Os historiadores*, ao invés de esmiuçar tais conceitos é mais proveitoso discutir acerca do *fio de Ariadne* que orientou as reflexões historiográficas crocianas: o princípio segundo o qual *toda verdadeira história é história contemporânea* (*ogni vera storia è storia contemporanea*)[41].

Assim, concomitante à edificação do seu sistema filosófico, Croce elaborou uma complexa teoria da historiografia. O primeiro momento de elaboração do sistema resultou no ensaio *La storia ridotta sotto il concetto generale dell'arte*, no qual estabeleceu relações de afinidade entre os conhecimentos artístico e histórico. Em seguida, após subsumir a historiografia ao conceito geral de arte, Croce identificou a filosofia à história, ou seja, o juízo universal ao particular, no corpo da *Logica*. No trabalho em questão, concluiu que a filosofia era a metodologia da história. Ao mesmo tempo, assegurou que a historiografia expressava a síntese entre os conceitos de universal e particular. O passo seguinte foi a afirmação da tese segundo a qual toda verdadeira história é história contemporânea, ou seja, o princípio que advoga as relações entre o ofício do historiador e as preocupações dos amantes de Clio com a vida presente.

A propósito, *Teoria e storia della storiografia* resultou da compilação de uma série de ensaios publicados e de conferências proferidas por Croce entre 1912-1913. A primeira edição foi publicada em alemão, sob o título *Zur Theorie und Geschichte der Historiographie* (Tübingen, Mohr, 1915). O editor solicitara do autor um livro sobre "filosofia da história". Em contrapartida, recebeu uma obra que proclamava a "morte" do gênero histórico supracitado e a sua "dissolução" no âmago da historiografia.

Croce partiu da afirmativa segundo a qual se denomina "história contemporânea" aquela referente a um passado muito recente: o dos últimos 50 ou 10 anos, de um mês, do dia anterior, ou mesmo da última hora ou do último minuto. Mas, ponderava, se os leitores considerassem a questão com estrito rigor, aplicariam o adjetivo "contemporâneo" somente à história nascida imediatamente, após o ato que se está realizando, como consciência dessa mesma ação. Exemplificando, seria a história que o autor compõe de si mesmo, escrevendo as páginas que configuram o seu pensamento, necessariamente vinculado ao trabalho de elaboração. Nesse caso, o conceito "contemporâneo" estaria bem aplicado, posto que tal história, como todos os atos espirituais, está fora do tempo (do antes e do depois) e se forma "no mesmo tempo" da ação à qual está ligada. Por outro lado, a "história não contemporânea" ou "passada" era aquela já formada e que nascia como crítica dessa narrativa, tivesse ela milhares de anos ou remontasse somente à última hora[42].

Não obstante, argumentava, até mesmo a história já formada, se tem algum sentido e não soa como um discurso vazio, também é contemporânea, em nada diferindo da outra. Como no primeiro caso, a condição para a existência da "história não contemporânea" é que o fato acerca do qual se tece a história vibre na alma do historiador ou, ainda, que este tenha diante de si, inteligíveis, os documentos. Assim, se a história contemporânea emerge diretamente da vida, o mesmo ocorre com a história não contemporânea, porque apenas um interesse pelo presente conduz à investigação de um fato passado – o qual, na medida em que se relaciona com uma questão da atualidade, não responde a um interesse pelo passado, mas acerca do tempo presente[43].

Para Croce, a contemporaneidade não é característica apenas de uma classe de histórias, mas traço intrínseco de toda a historiografia. A partir desse prisma, o autor sublinhou que era necessário pensar a relação entre a história e a vida a partir de um vínculo de *unidade*. Prosseguindo, destacou que, uma vez estabelecido o nexo indissolúvel entre a vida e o pensamento na história, desapareceriam totalmente as dúvidas suscitadas quanto à *certeza* e à *utilidade* do conhecimento histórico. Como poderia ser incerto aquilo que é uma elaboração presente do nosso espírito? Como seria inútil um conhecimento que resolve um problema emergente do seio da vida?[44]

Não é difícil perceber que a tese referente à contemporaneidade do conhecimento histórico era uma resposta crociana à *crise do historicismo* do final do século XIX – relacionado às incertezas quanto ao estatuto epistemológico da história e à sua validade. Assim, mesmo acreditando na utilidade do conhecimento histórico e na sua ligação com o presente, o autor sublinhou que o nexo entre o documento e a narrativa e a vida e a história poderia ser rompido. O fenômeno ocorreria nas histórias cujos testemunhos se perderam e naquelas em que os documentos não mais vivam nos espíritos. Consequentemente, rompido o elo entre a narração histórica e a vida, o que restava não era mais história (porque esta consistia precisamente naquele vínculo). Para Croce, somente se poderia chamar tal narração de "história" no mesmo sentido que se denomina "homem" um cadáver. Enfim, todas as histórias separadas dos seus *documentos vivos* eram narrações vazias e, como tais, privadas de verdade. Portanto, como a vida é um presente, a história convertida em narração vazia transformava-se em um passado irrevogável – se não de forma absoluta, decerto no momento presente[45].

Na verdade, ao discutir essas questões, Croce buscava estabelecer uma distinção nítida entre a *história* e a *crônica*. Assim, a diferença entre os dois gêneros não aparecia na qualidade dos fatos que cada um tomou como objeto de estudo – por exemplo, a história abordaria os

150

fatos gerais e os acontecimentos públicos, enquanto à crônica caberiam os eventos individuais e privados. Sob a perspectiva do autor, a história e a crônica não se distinguiam enquanto duas formas do gênero histórico, mutuamente complementares ou em que uma estaria subordinada à outra, mas como duas atitudes espirituais diversas. Para Croce, a História é história viva, a crônica é a história morta; a História é história contemporânea, a crônica é história passada; a História é principalmente um ato de pensamento, a crônica, um ato de vontade. Enfim, toda história se torna crônica quando não mais é pensada, mas somente recordada nas palavras abstratas, as quais, em um tempo, eram concretas e a expressavam[46].

Ainda no que concerne à tese segundo a qual toda verdadeira história é história contemporânea, Croce sublinhou que as verdadeiras fontes da síntese histórica eram o *documento* e a *crítica*, a *vida* e o *pensamento*. Assim, destacava que as fontes históricas estavam no âmago do historiador e não fora dele. Em consonância com o seu idealismo historiográfico e na contracorrente da abordagem "empiricista", acreditava que o espírito humano era o verdadeiro responsável pela construção da história. Desta forma, cabia ao espírito a preservação dos despojos mortais da história – as narrações vazias, os documentos mortos e as crônicas. O espírito se encarregava de conservar o quanto possível os vestígios da vida passada, restaurando-os à medida que os mesmos se alteravam. Portanto, a atitude de transcrever histórias vazias e recolher documentos mortos constituía um ato de vida, que servia à existência humana. Croce acreditava que chegaria o momento no qual aqueles despojos reproduziriam, enriquecida em nosso espírito, a história passada, reconstruindo-a como presente[47].

Segundo Croce, a história morta reviveria e a passada se tornaria presente à medida que assim exigisse o desenvolvimento da vida. O autor citava o exemplo dos gregos e dos romanos, que permaneceram em seus sepulcros até que o Renascimento possibilitou um novo despertar. No mesmo sentido, as formas primitivas da civilização, grosseiras e bárbaras (nos sentidos empregados por Vico), durante muito tempo permaneceram esquecidas, ou pouco estudadas, ou mal-interpretadas, até que uma nova fase do espírito europeu, conhecida como Romantismo ou Restauração, não "simpatizou" com ela, ou seja, não as reconheceu como de seu próprio interesse presente. Portanto, grande parte da história, que, nas diversas épocas, aparecia sob o aspecto de crônica, assim como os documentos supostamente mudos, mediante as necessidades da vida presente, voltariam a falar[48].

Ademais, Croce assegurou que era impossível entender qualquer coisa do efetivo processo do pensar histórico a não ser que se considere que o próprio espírito é história. Assim, o espírito é, em cada momento, construtor da história e, ao mesmo tempo, resultado de toda a história anterior. E mais: o espírito carrega em si toda a sua história, a qual coincide com ele próprio. Portanto, o espírito reviveria a sua história, mesmo sem os elementos externos chamados *narrações* ou *documentos*, que eram instrumentos forjados por ele e atos preparatórios em cujo processo se resolvem. Para esse fim, o espírito assevera e preserva zelosamente as "memórias do passado"[49].

Na conclusão de *Teoria e storia della storiografia* Croce expressou um surpreendente paradoxo da sua tese: da nova filosofia e da nova historiografia, que era *sujeito* e não *objeto*, não se podia fazer história, ou seja, não podiam emitir juízos históricos acerca de si mesmos e do tempo presente. Segundo o autor, a historiografia em construção se ocupava com uma história de "épocas" ou de "grandes períodos", enquanto o novo tempo no qual se constituía o seu enfoque historiográfico não havia se encerrado. Em síntese, Croce revelou um aspecto contraditório do princípio segundo o qual toda verdadeira história é história contemporânea. Se, por um lado, o sugeria o caráter contemporâneo da "nova historiografia" (elaborada a partir das questões suscitadas pelo presente), por outro, esse empreendimento (que se ocupava de "épocas" ou "grandes períodos") não podia dizer algo relevante sobre o tempo em que se desenvolvia. Mais ainda: no que dizia respeito aos fatos em processo, cabia à crônica (e não à história) lidar com tais acontecimentos[50].

As discussões referentes à contemporaneidade da história foram retomadas por Benedetto Croce em *La storia come pensiero e come azione*. Na perspectiva de discutir a natureza da verdade de um livro de história, o autor enfatizou que:

> A necessidade prática, que está no fundo de todo juízo histórico, dá a toda história o caráter de "história contemporânea", porquanto, por muito e muito distantes que pareçam cronologicamente os fatos por ela referidos, a história se relaciona sempre com a necessidade e a situação presentes, nas quais aqueles fatos propagam as suas vibrações[51].

Para Croce, a condição presente da alma do historiador carrega em si o *documento vivo* do juízo histórico. Assim, o que se chama documentos escritos, esculpidos, figurados ou aprisionados nos gramofones, ou talvez aqueles existentes nos objetos naturais, tais como esqueletos ou fósseis, não operam sob a condição de testemunhos se não forem capazes de estimular estados de ânimo que se encontram presentes no estudioso. Exemplificando, destacou que, se não existe no historiador, mesmo adormecido, o sentimento da caridade cristã, da salvação pela fé, da honra cavalheiresca, ou, ainda, do radicalismo jacobino e da reverência pela tradição, passarão inutilmente sob os seus olhos as páginas dos Evangelhos e das epístolas paulinas, da epopeia carolíngia, dos discursos que se faziam na Convenção francesa, das líricas, dos dramas e dos romances que exprimiram a nostalgia do século XIX pela Idade Média. Segundo o autor, o homem é um *microcosmo*, um compêndio de história universal. Ao lado da pequena quantidade de documentos especificamente denominados pelos investigadores, aparecem outros testemunhos sobre os quais continuamente se apoiam os historiadores no seu ofício – a língua falada, os costumes familiares, as intuições e os raciocínios realizados quase instintivamente e as experiências presentes no organismo. Portanto, a verdade da história não é dada pelo exterior, através do que se denominou classicamente documentos, mas vive no âmago do historiador[52].

Na mesma perspectiva, Croce também discutiu os problemas da certeza e da verdade nos documentos e testemunhos históricos. Assim, destacou que as não raras e sempre possíveis falsificações dos registros históricos forneciam o argumento capital para o ceticismo historiográfico. Por exemplo, textos como *Protocolos dos sábios de Sião*, mesmo quando desmascarados, "projetam sombra em toda a inteiriça massa de documentos e testemunhos, e, abalando a fé histórica, induzem à dúvida sobre a historiografia em si e por si, e levam a concluir que ela é um conhecimento ilusório e convencional". Para sair da perplexidade e esclarecer as dúvidas, Croce sugeriu ao historiador ter certeza e firmeza quanto ao caráter dos documentos e dos fatos bem fundamentados. Em suma, definia como documentos todas as obras do passado que ainda podiam ser evocadas nos sinais das escritas, nas notações musicais, nas pinturas, esculturas e arquiteturas, nas descobertas técnicas, nas transformações sofridas pela superfície terrestre, nas mudanças ocorridas nas profundezas da alma, ou seja, nas instituições políticas, morais, religiosas, nas virtudes e nos sentimentos formados ao longo dos séculos e ainda vivos e atuantes. Esses documentos, às vezes recolhidos pelo espírito do historiador, juntando-se às suas capacidades, aos seus pensamentos e aos seus sentimentos, tornavam possível o conhecimento do que aconteceu, por meio de uma espécie de *anamnesis* platônica, ou, antes, através do princípio de Vico, segundo o qual o homem, criador da história, eternamente a conhece, recriando-a no pensamento. "A historiografia não se baseia em nada mais do que neles, toda a historiografia, e não apenas, como tantas vezes ingenuamente acreditaram e disseram, e ainda acreditam e dizem, a da poesia e a da arte, cujas obras teriam o privilégio de ser sempre vivas"[53].

Mas, Croce também destacou que era necessário não superestimar a necessidade prática e o estado de ânimo presentes no historiador, que conformavam somente o material necessário, a matéria-prima da historiografia. Portanto, o conhecimento histórico, como qualquer outro, não podia consistir em uma reprodução ou cópia do estado de ânimo, pela razão óbvia de que isso seria totalmente inútil e estranho à atividade espiritual – que não apresentava, dentre as suas produções, a do inútil. Assim, Croce criticava os programas dos historiógrafos que se propunham a representar a vida em seu caráter imediato. Por conseguinte, cabia à historiografia superar a existência vivida para representá-la sob a forma de conhecimento. Em síntese, prosseguindo a linha de raciocínio iniciada na *Logica*, o autor destacou que a historiografia não era fantasia, mas pensamento. "Como pensamento, ela não dá somente cunho universal à imagem, tal qual faz a poesia, mas liga intelectivamente a imagem ao universal, distinguindo e unificando ao mesmo tempo no juízo histórico"[54].

Para Croce, a historiografia também constituía fator de libertação da história. Assim, o historiador italiano retomou a controvérsia sobre o "fardo da história", ajuizando que somos produto do passado e vivemos imersos nele, que nos oprime por todos os lados. Frente a essa constatação, emergiam dois questionamentos: Como podemos nos lançar à nova vida, criar nova ação, sem sairmos do passado, sem nos colocarmos acima dele? E como realizar tais intentos, se estamos no interior do passado e ele em nós? Para tais dúvidas, uma resposta inequívoca: não havia senão uma via de escape, ou seja, aquela do pensamento, que não rompe a relação com o passado, mas se eleva idealmente sobre ele e o converte em conhecimento. Portanto, tornava-se imperioso olhar de frente o passado, ou, ainda, reduzi-lo à condição de problema mental, resolvendo-o numa proposição de verdade, que será a premissa ideal para a nova ação e a nova vida. "Escrever histórias – observou Goethe certa vez – é uma forma de tirar-se dos ombros o passado. O pensamento histórico o reduz a matéria sua, transfigura-o em objeto seu, e a historiografia nos liberta da história"[55].

Ao afirmar o princípio segundo o qual toda verdadeira história é história contemporânea, com quais interlocutores Benedetto Croce estava dialogando? Uma leitura possível sugere que essa abordagem foi concebida para combater os seus adversários teóricos, representados em diversos matizes historiográficos, denominados pelo autor "pseudo-histórias" (os gêneros "filológico", "poético" e "retórico"), "história universal" (de feito iluminista ou hegeliano), "filosofia da história" e "história determinista" (os modelos positivista e marxista). Por exemplo, referindo-se à concepção do historiador Leopold von Ranke (1796-1886), declarou se tratar de uma "historiografia sem problema histórico". Por outro lado, mediante um ardiloso estratagema, através do qual decidia "o que estava vivo e o que estava morto" nas obras de outros pensadores, Croce se apropriou das partes vitais dos sistemas elaborados por seus interlocutores, ao mesmo tempo em que desprezava, ignorava e suprimia os seus elementos inertes. Assim, a esfinge napolitana erigiu a sua história contemporânea como o único empreendimento verdadeiramente historiográfico[56].

4 Considerações finais

As contribuições de Benedetto Croce para o conhecimento histórico elaborado ao longo do século XX são relevantes e merecem especial destaque. Um primeiro aporte diz respeito à diferenciação estabelecida pelo autor entre história e historiografia, ou, ainda, entre os estudos históricos e os de questões históricas. À distinção capital acrescente-se o fato de Croce ter insistido na importância da história da historiografia – com desdobramentos significativos para o ofício do historiador. Como tão bem avaliou Jacques Le Goff, "a história da historiografia toma como divisa a palavra de Croce: toda a história é história contemporânea e o historiador, de sábio que julgava ser, tornou-se um forjador de mitos, um político inconsciente"[57].

Por outro lado, um dos impasses do legado teórico crociano aparece no lugar ocupado pela sua obra no contexto do conhecimento histórico do século XX, ou seja, em um ponto de interseção entre a teoria da historiografia e a filosofia da história. Assim, o *Croce historiador* objetivou arquitetar uma teoria da historiografia (domínio quase inexistente nos primórdios do século passado), na perspectiva de absorver a filosofia como metodologia da história e eliminar os resíduos metafísicos e teleológicos das searas do conhecimento histórico. Mas, o *filósofo da liberdade*, opondo-se às teses fascistas acerca da morte do liberalismo, lançou

154

mão dos esquemas finalistas e providencialistas da filosofia hegeliana da história (anteriormente repudiados) para fundamentar a sua historiografia de caráter ético-político[58].

Não obstante o paradoxo da fortuna crítica de Benedetto Croce, a sua obra se constitui em um campo aberto para as diversas investigações que desejem realizar os jovens pesquisadores do alvorecer do século XXI, aos quais agradecemos pela leitura atenta e paciente do texto que aqui se encerra.

Notas

[1] HUGHES, H.S. "Croce, Benedetto". In: SILLS, D.S. (org.). *International Encyclopedia of the Social Sciences*. Vol. 3. Nova York: The Macmillan Company/The Free Press, 1972, p. 518. • HUGHES, H.S. *Consciousness and Society*: The Reorientation of European Social Thought (1890-1930). Nova York: Knopf, 1958, p. 201.

[2] HUGHES, H.S. *Consciousness and Society*. Op. cit., p. 206.

[3] MOMIGLIANO, A. "Reconsideración de B. Croce (1866-1952)". *Ensayos de historiografía antigua e moderna*. México: Fondo de Cultura Económica, 1993, p. 298-299.

[4] RODRIGUES, J.H. *Vida e história*. Rio de Janeiro: Civilização Brasileira, 1965, p. 3-21. • RODRIGUES, J.H. *Filosofia e história*. Rio de Janeiro: Nova Fronteira, 1981, p. 29-48.

[5] MOMIGLIANO, A. "Reconsideración de B. Croce (1866-1952)". Op. cit., p. 288-289.

[6] CROCE, B. *El carácter de la filosofía moderna*. Buenos Aires: Imán, 1959, p. 139-141. • CROCE, B. "Contributo alla critica di me stesso". *Etica e politica*. Bari: Laterza, 1945.

[7] CROCE, B. "Contributo alla critica di me stesso". Op. cit., p. 369.

[8] GERRATANA, V. "Antonio Labriola e a introdução do marxismo na Itália". In: HOBSBAWM, E.J. *História do marxismo IV*: o marxismo na época da II Internacional. Terceira Parte. Rio de Janeiro: Paz e Terra, 1984, p. 11-49.

[9] CROCE, B. "Contributo alla critica di me stesso". Op. cit., p. 376-379.

[10] ABBAGNANO, N. *Dicionário de Filosofia*. São Paulo: Mestre Jou, 1970, p. 483-484. • COLLINGWOOD, R.G. *A ideia de história*. Lisboa: Presença, 1995, p. 214-226, 244-247. • IGGERS, G.G. "Historicism". In: WIENER, P. *Dictionary of the History of Ideas*. Vol. 2. Nova York: Scribner's Sons, 1973, p. 461. • WHITE, H. "Croce: a defesa filosófica da história de modo irônico". *Meta-história – A imaginação histórica no século XIX*. São Paulo: Edusp, 1995, p. 388-391.

[11] CROCE, B. *Lógica como ciencia del concepto puro*. Madri: Poblet, 1933, p. 235-236.

[12] CROCE, B. "Contributo alla critica di me stesso". Op. cit., p. 381-383.

[13] CROCE, B. *Materialismo histórico e economia marxista*. São Paulo: Centauro, 2007, p. 7-10.

[14] GRAMSCI, A. *Concepção dialética da história*. Rio de Janeiro: Civilização Brasileira, 1995, p. 208-209. • LABRIOLA, A. *Socialismo y filosofia*. Madri: Alianza, 1969, p. 186-201.

[15] BOBBIO, N. *Perfil ideológico del siglo XX en Italia*. México: Fondo de Cultura Económica, 1993, p. 15-18, 120.

[16] Ibid., p. 121, 127.

[17] Ibid., p. 21-22.

[18] Ibid., p. 61-80.

[19] PARIS, R. *As origens do fascismo*. São Paulo: Perspectiva, 1993, p. 42-51. Sobre os influxos recíprocos entre Croce e Gentile, cf. "Contributo alla critica di me stesso". Op. cit., p. 383-384, 387-388 e 399.

[20] CROCE, B. "Contributo alla critica di me stesso". Op. cit., p. 387-389.

[21] MOMIGLIANO, A. "Reconsideración de B. Croce (1866-1952)". Op. cit., p. 290-291.

[22] CROCE, B. "Contributo alla critica di me stesso". Op. cit., p. 389-390.

[23] BOBBIO, N. *Perfil ideológico del siglo XX en Italia*. Op. cit., p. 137.

[24] Ibid., p. 82-84, 127. • CROCE, B. *Materialismo histórico e economia marxista*. Op. cit., p. 95.

[25] BOBBIO, N. *Perfil ideológico del siglo XX en Italia*. Op. cit., p. 84, 129.

[26] TANNENBAUM, E.R. *La experiencia fascista* – Sociedad y cultura en Italia (1922-1945). Madri: Alianza, 1975.

[27] MOMIGLIANO, A. "Reconsideración de B. Croce (1866-1952)". Op. cit., p. 294.

[28] CROCE, B. "Contributo alla critica di me stesso". Op. cit., p. 1.172-1.174.

[29] Ibid., p. 1.172.

[30] MOMIGLIANO, A. "Il manifesto degli intellettuali italiani antifascisti". *Filosofia, poesia, storia*. Op. cit., p. 1.156-1.160.

[31] Ibid., p. 294-295.

[32] BOBBIO, N. *Perfil ideológico del siglo XX en Italia*. Op. cit., p. 225-226, 230.

[33] MOREIRA, R.N.P. "Benedetto Croce: entre a filosofia da história e a teoria da historiografia". In: MENEZES, E. & DONATELLI, M. (orgs.). *Modernidade e a ideia de história*. Ilhéus: Universidade Estadual de Santa Cruz, 2003, p. 228.

[34] CROCE, B. *Storia d'Europa nel secolo decimonono*. Bari: Laterza, 1965, p. 7-21, 307-316.

[35] CROCE, B. "Contributo alla critica di me stesso". Op. cit., p. 1.172-1.173. • MOMIGLIANO, A. "Il manifesto degli intellettuali italiani antifascisti". Op. cit., p. 295.

[36] MOMIGLIANO, A. "Il manifesto degli intellettuali italiani antifascisti". Op. cit., p. 296. • CROCE, B. *Storia d'Europa nel secolo decimonono*. Op. cit., p. 236-237.

[37] MOMIGLIANO, A. "Il manifesto degli intellettuali italiani antifascisti". Op. cit., p. 297-298.

[38] Apud PARIS, R. *As origens do fascismo*. Op. cit., p. 106.

[39] Apud FELICE, R. *Explicar o fascismo*. Lisboa: Ed. 70, 1978, p. 253. • CROCE, B. L'obiezione contro la "Storia dei propri tempi". *Filosofia e idealità morale*. Bari: Laterza, 1950, p. 115.

[40] GARDINER, P. *Teorias da história*. Lisboa: Fundação Calouste Gulbenkian, 1995, p. 274.

[41] MOREIRA, R.N.P. *Toda verdadeira história é história contemporânea* – A historiografia como passado presente na obra de Benedetto Croce. Campinas: Unicamp, 1999. 120 f. [Dissertação de mestrado em História Social].

[42] CROCE, B. *Teoria e storia della storiografia*. Bari: Laterza, 1941, p. 3.

[43] Ibid., p. 4.

[44] Ibid., p. 5-6.

[45] Ibid., p. 7-9.

[46] Ibid., p. 10-11.

[47] Ibid., p. 14-15.

[48] Ibid., p. 15.

[49] Ibid., p. 16.

[50] Ibid., p. 283-288.

[51] CROCE, B. *A história, pensamento e ação*. Rio de Janeiro: Zahar, 1962, p. 14.

[52] Ibid., p. 15.

[53] Ibid., p. 94-97.

[54] Ibid., p. 16.

[55] Ibid., p. 34-35.

[56] Ibid., p. 69-83.

[57] LE GOF, J. *História e memória*. Campinas: Unicamp, 1994, p. 98-99, 136.

[58] MOREIRA, R.N.P. *Benedetto Croce*: entre a filosofia da história e a teoria da historiografia. Op. cit., p. 230-231.

Referências

Obras de Benedetto Croce

CROCE, B. *A história como história da liberdade*. Rio de Janeiro: Topbooks, 2008.

_____. *Materialismo histórico e economia marxista*. São Paulo: Centauro, 2007.

_____. *Storia d'Europa nel secolo decimonono*. Bari: Laterza, 1965.

_____. *A história, pensamento e ação*. Rio de Janeiro: Zahar, 1962.

_____. *El carácter de la filosofía moderna*. Buenos Aires: Imán, 1959.

_____. "Il manifesto degli intellettuali italiani antifascisti". *Filosofia, poesia, storia*. Milão: Nápoles: Riccardo Ricciardi, 1955, p. 1.156-1.160.

_____. "L'obiezione contro la 'Storia dei propri tempi'". *Filosofia e idealità morale*. Bari: Laterza, 1950, p. 107-116.

_____. "Contributo alla critica di me stesso". *Etica e politica*. Bari: Laterza, 1945, p. 363-411.

_____. *Teoria e storia della storiografia*. Bari: Laterza, 1941.

_____. *Logica como ciencia del concepto puro*. Madri: Poblet, 1933.

Demais referências

ABBAGNANO, N. *Dicionário de Filosofia*. São Paulo: Mestre Jou, 1970.

BOBBIO, N. *Perfil ideológico del siglo XX en Italia*. México: Fondo de Cultura Económica, 1993.

FELICE, R. *Explicar o fascismo*. Lisboa: Ed. 70, 1978.

GARDINER, P. *Teorias da história*. Lisboa: Fundação Calouste Gulbenkian, 1995.

GRAMSCI, A. *Concepção dialética da história*. Rio de Janeiro: Civilização Brasileira, 1995.

HUGHES, H.S. "Croce, Benedetto". In: SILLS, D.S. (org.). *International Encyclopedia of the Social Sciences*. Nova York: The Macmillan Company/The Free Press, 1972.

LABRIOLA, A. *Socialismo y filosofia*. Madri: Alianza, 1969.

MOMIGLIANO, A. *Ensayos de historiografía antigua e moderna*. México: Fondo de Cultura Económica, 1993.

MOREIRA, R.N.P. *Toda verdadeira história é história contemporânea* – A historiografia como passado presente na obra de Benedetto Croce. Campinas: Unicamp, 1999, 120 f. [Dissertação de mestrado em História Social].

PARIS, R. *As origens do fascismo*. São Paulo: Perspectiva, 1993.

TANNENBAUM, E.R. *La experiencia fascista:* sociedad y cultura en Italia (1922-1945). Madri: Alianza, 1975.

WIENER, P. *Dictionary of the History of Ideas*. Vol. 2. Nova York: Scribner's Sons, 1973.

WHITE, H. *Meta-história* – A imaginação histórica no século XIX. São Paulo: Edusp, 1995.

8
Robin George Collingwood (1889–1943)

Sara Albieri★
Gustavo Freitas Pereira★★

1 O historiador e sua época

A obra de R.G. Collingwood é ampla e diversificada. Ocupou-se de religião, arte, filosofia, arqueologia e história com rara competência, reflexo de uma formação sólida e com vasto leque de interesses. Filho de pai arqueólogo e pintor, e mãe também artista e pianista, foi educado em casa até a idade de 13 anos, quando seguiu para uma escola preparatória[1]. Ele e suas irmãs tinham cerca de três horas diárias de instrução, seguidas de atividades diversas, que os estimulavam tanto para as ciências naturais como para as artes, além de contarem com uma boa biblioteca doméstica.

Collingwood compartilhou, ainda criança, de um ambiente no qual a presença da arqueologia era sempre forte[2]. Sua autobiografia enumera e descreve a influência das escavações de seu pai em sua formação. As ilustrações, os mapas, os instrumentos e todos os aspectos que compunham a face real dos trabalhos práticos em arqueologia determinaram o desenvolvimento intelectual de Collingwood.

Desde então seus trabalhos práticos em arqueologia o tornaram reconhecido como referência no que diz respeito ao estudo dos vestígios do Império Romano na Grã-Bretanha. Ao lado de Francis Haverfield, Frank Gerald Simpson e Eric Birley, Collingwood protagonizou e incentivou a investigação nos sítios arqueológicos na Inglaterra e, já na década de 1920, surgia como um dos principais cientistas dessa área.

★ Doutora em Filosofia e livre-docente em Teoria da História pela Universidade de São Paulo. É professora no Departamento de História da Universidade de São Paulo, onde foi coordenadora do Programa de Pós-Graduação em História Social e, atualmente, é chefe do Departamento de História.

★★ Doutor em História Social pela USP. Atualmente é professor-assistente na Universidade Federal do Piauí.

A produção bibliográfica de Collingwood é extensa e representa um esforço interdisciplinar não muito comum para a época. Seu primeiro livro autoral, publicado em 1916, foi *Religion and Philosophy*[3], seguido de uma lista de títulos, todos eles desenvolvendo discussões acerca de problemas relacionados às suas diversas áreas de interesse. Podemos destacar: *The Roman Britain*, publicado em 1923, o texto que mais apoiou o reconhecimento de seu autor como arqueólogo; *Speculum Mentis*, de 1924, cuja preocupação seria a de desenhar um "mapa" do conhecimento humano; *An Essay on Philosophical Method*, de 1933, em que o autor tenta definir a filosofia e explicitar seu método; *The Principles of Art*, de 1938, consistindo na cristalização de seus conhecimentos em filosofia da arte; *An Essay on Metaphysics*, de 1940, que realmente figura entre os mais importantes, filosoficamente, pois nele defende posições polêmicas como a suspeita do valor epistemológico da psicologia e a aproximação entre metafísica e história; e *The New Leviathan*, de 1942, contendo suas posições no que diz respeito à ética e à filosofia política. Também no âmbito do pensamento político há uma coletânea de artigos e palestras, editada por David Boucher em 1989, a partir de manuscritos inéditos[4].

Para Collingwood, as ciências humanas não consistiam em erudição vazia. Elas tinham um efeito prático diretamente ligado às características do modo de vida de uma sociedade. Elas representavam a atitude de busca da compreensão e de questionamento constante, para além da análise lógica com viés matemático-linguístico. Sobretudo, o estudo da história não podia ser tratado como um ornamento, um complemento apenas do que se conquistava a sério com os métodos das ciências naturais.

Collingwood viveu o bastante para poder acompanhar a história do século XX. Quando, recém-formado, iniciava sua carreira em Oxford, eclodiu a Primeira Guerra Mundial. Interrompeu então a docência para trabalhar para a inteligência inglesa. No entreguerras teve a oportunidade de refletir sobre o imperialismo e o sentimento nacionalista extremo, expresso em doutrinas que moldavam o comportamento e alimentavam o ressentimento das massas europeias, principalmente na Alemanha nacional socialista. O nazismo e o fascismo, para Collingwood, constituíam contradições que se originavam na falta de compreensão dos valores que devem integrar e possibilitar o modo de vida de uma sociedade. Seus trabalhos sobre política incorporavam a concepção de que o trabalho intelectual não deveria parar no gabinete: o pensamento devia ter por objetivo a ação.

Nesses textos, Collingwood desenvolve reflexões acerca dos temas postos pela história de seu tempo, sobretudo o advento do totalitarismo. O autor faz a defesa do liberalismo, que entende como um modo de governo em que as aporias sociais encontram solução através da discussão institucionalizada, isto é, através da dialética. A essência do conceito de liberalismo é, em suas palavras: "a ideia de uma grande comunidade se autogovernando por adotar a liberdade de expressão de todas as opiniões políticas que tomam forma dentro dela, e encontrando meios para reduzir essa multiplicidade a uma unidade"[5].

O liberalismo político permite, em oposição às alternativas como o autoritarismo, a resolução dialética dos problemas preservando ainda a liberdade individual.

160

Trabalhos como *The New Leviathan* resultam de um pressuposto humanístico básico: é preciso ocupar-se do conhecimento histórico[6]. Para esse autor, a gravidade da situação europeia teria sua razão de ser, em boa parte, pelo abandono da reflexão acerca do que é essencialmente humano. Em sua autobiografia, uma das preocupações é a de demonstrar que as habilidades desenvolvidas no âmbito da técnica e do conhecimento científico propriamente dito deram um salto de dimensões inversamente proporcionais à habilidade de controle e compreensão dos fenômenos humanos. A Europa da Primeira Guerra, e do período que antecipou o início da Segunda Guerra Mundial, era o palco daquilo que denominou "corrupção da consciência". O homem estaria dominado por seus sentimentos irrefletidos, e suas habilidades técnicas obedeceriam a impulsos cegos, irracionais. Os intelectuais seguiram ao ritmo predominante e, mesmo inconscientemente, reproduziram a lógica de um mecanismo autodestrutivo gerado pela negligência com relação a saberes humanísticos: o conhecimento histórico e a autocompreensão. A ignorância com relação ao conhecimento histórico por parte dos intelectuais, tal como defende este pensador, tinha implicações sérias. Collingwood chega a acusar seus colegas de conivência com relação ao abalo das instituições democráticas, fruto dos ataques do fascismo e do nazismo. Nas palavras dele, "a lacuna era um demérito para a Filosofia inglesa"[7].

A saúde de Collingwood começa a deteriorar já no início da década de 1930. Em sua autobiografia, afirma que o trabalho funcionava como uma espécie de anestesia: quanto mais se via fraco, mais trabalhava. Durante essa fase ainda consegue escrever *The Idea of Nature*, publicado postumamente em 1945. A saúde piora em 1938, quando o primeiro de uma série de derrames o acometeu. Em uma tentativa de recuperação, organiza uma viagem de barco à Grécia com alunos e amigos. Como não deixa de escrever, o resultado editorial de sua viagem é seu diário de bordo: *The First Mate's Log*. Na verdade, o período entre 1938 e 1943, ano de sua morte, compreendeu a produção de *An Essay on Metaphysics*, *The First Mate's Log*, *The New Leviathan* e o início de seu projeto mais importante: *The Principles of History*.

Os manuscritos de *The Principles of History* faziam parte do projeto de um livro reunindo todo seu pensamento sobre a teoria da história. Palestras, aulas, cursos inteiros, artigos, deveriam compor o livro. Antes de morrer, Collingwood opta por não publicá-lo. Contudo, muito do que compõe *The Idea of History*, texto publicado também postumamente, foi elaborado no período de sua doença.

O livro, segundo J.V. der Dussen, a propósito de sua introdução para a edição revisada de 1993, é responsável pelo ressurgimento do interesse geral com relação à filosofia da história, "tema usualmente associado a autores alemães da virada do século como Dilthey, Windelband, e Rickert"[8]. Após a morte de Collingwood, um de seus ex-alunos, T.M. Knox, foi incumbido da tarefa de reunir e organizar manuscritos que tivessem como tema o conhecimento histórico[9]. Parece haver consenso entre os especialistas a respeito das falhas de Knox na realização da edição de *The Idea of History*. Robert Burns, por exemplo, endossa esse ponto de vista quando diz: "A edição de T.M. Knox para *The Idea of History* é um problema básico"[10].

161

Muitos dos manuscritos que não foram publicados, infelizmente, foram perdidos. Mas boa parte ainda se encontra à disposição dos leitores na Bodleian Library, em Oxford. Ao todo, o número de páginas ali depositadas ultrapassa a marca de quatro mil[11]. A vontade expressa de Collingwood era a de que esse material jamais fosse publicado. Mas depois da liberação para pesquisa local, alguns intelectuais trabalharam no sentido de viabilizar uma parte destes artigos para o público. Uma desobediência bem-vinda e que contou com a orientação e permissão de alguns familiares de Collingwood. Dois exemplos relativamente recentes são as compilações propostas por David Boucher em *Essays on Political Philosophy*, de 1989, e, também, *The Philosophy of Enchantment*, de 2005. A primeira delas reúne artigos de Collingwood sobre política, sobre ética e também sobre economia. Com esta compilação a discussão sobre a filosofia política neste autor inglês pôde ir além de seu livro, *The New Leviathan*. Mais recentemente Boucher, Wendy James e Philip Smallwood tornaram possível o acesso a alguns manuscritos que têm por objeto a crítica literária, o folclore e a antropologia. Nessa compilação pode-se acompanhar o pensamento de Collingwood acerca do texto literário enquanto evidência histórica, acerca do folclore como documento e objeto de investigação, assim como avaliar as posições de Collingwood sobre o processo criativo na arte, suas características antropológicas e seu papel na historiografia[12].

The Idea of History, a despeito dessa disputa acerca da qualidade da edição, representa parte essencial para a compreensão da teoria da história no século XX. É, de fato, a obra mais conhecida de Collingwood e, junto com sua autobiografia, é peça fundamental para a discussão dos problemas da filosofia da história. De todo modo, as considerações epistemológicas acerca dessa área do conhecimento passam a ser, depois de sua morte, a parte mais importante de sua obra; e é pela filosofia da história que o trabalho de Collingwood toma projeção.

2 Percursos e diálogos

O fio condutor da produção intelectual de Collingwood – sua oposição ao positivismo – é tributário de um intenso embate de ideias sobre o método na historiografia inglesa na segunda metade do século XIX. Os pensadores de maior destaque e que, portanto, exerciam maior impacto no desenrolar das disputas eram Augusto Comte, John Stuart Mill e o historiador Henry Thomas Buckle[13]. O positivismo de Comte, divulgado também por Mill, defendia a aplicação do método das ciências naturais no âmbito das ciências históricas. Repercutindo essa ideia geral, Buckle instaura definitivamente uma cisão entre os historiadores ingleses daquele período. O objetivo último do programa positivista era a descoberta das leis gerais que, supostamente, determinariam a direção da ação humana. A estas leis o historiador chegaria por meio da coleção e enumeração indutiva de fatos.

No clima predominantemente anglicano e protestante da academia inglesa do século XIX, as ideias de Buckle aqueceram o debate sobre a natureza da pesquisa histórica, colocando em questão crenças estabelecidas e provocando a discussão sobre as novas ideias propostas. Todo este cenário se descortinara mesmo antes de a historiografia ser reconhecida como atividade de pesquisa autônoma nas universidades inglesas. Segundo a perspectiva de Buckle, a história deveria se ocupar não dos indivíduos ou do peculiar, mas do amplo e do geral[14].

Já os idealistas divergiam dos princípios positivistas, principalmente em dois de seus pontos fundamentais. O primeiro deles diz respeito à ideia de que a história, na verdade, deva se ocupar de casos particulares em sua estrita individualidade. Ao contrário dos positivistas, os idealistas, cujos nomes mais representativos, abrangendo o período de 1850 até a primeira década do século XX foram Lord Acton, Goldwin Smith, Charles Kingsley, J.A. Froud (um dos discípulos de Carlyle), T.H. Green e F.H. Bradley, que elegem o livre-arbítrio das ações humanas como pressuposto básico para a explicação histórica. Além disso, os idealistas não descartavam o peso dos princípios anglicanos, católicos ou calvinistas na compreensão dos processos históricos. Collingwood é descendente direto desta linhagem de autores idealistas que, por décadas, já constituíam oposição à doutrina de Comte e Mill e seu impacto na historiografia de Buckle[15].

Outra fonte determinante na formação de Collingwood foi o idealismo italiano. Autores como Vico e Croce aproximaram Collingwood da filosofia continental e o auxiliaram no processo de maturação de ideias antipositivistas.

As ideias de Benedetto Croce possuem papel de destaque na formação de Collingwood. Porém, outros italianos são fontes importantes para que possamos avaliar seu processo de formação intelectual. Além de Guido de Ruggiero e Gentile, o nome mais óbvio dentre um conjunto de pensadores reconhecidos é o de Giambatistta Vico. A primeira característica salientada por Collingwood em Vico é que o italiano tinha se colocado a tarefa de propor um método para a história assim como Bacon oferecera um método para as ciências naturais[16]. Segundo Collingwood, é com Vico que chegamos completamente à visão moderna acerca do objeto da historiografia: "o processo histórico é um processo em que seres humanos constroem sistemas de linguagem, costumes, leis e governos, ele pensa na história como a história da gênese e do desenvolvimento das sociedades humanas e suas instituições"[17]. Só a mente humana, que criou a história, pode conhecê-la a partir da interioridade de significados e intenções. Há em Vico

> [...] uma espécie de compatibilidade de natureza preestabelecida entre a mente do historiador e o objeto ao qual se dedica; mas essa harmonia preestabelecida, ao contrário da de Leibniz, não tem como fundamento um milagre – ela tem por fundamento a natureza humana compartilhada com os homens cuja obra ele estuda[18].

Na comparação com as ciências da natureza, como aponta William Mills[19], reside também uma hierarquia epistemológica constituída na qual a história ocupa o plano superior.

Na década de 1920, na atmosfera intelectual britânica, qualquer forma de idealismo era recebida com suspeitas, quando recebida. À época, o trabalho de Croce era apresentado ao público inglês por meio das traduções de Douglas Ainslie que, segundo G.R.G. Mure, eram "lamentavelmente incompetentes"[20]. Por volta de 1910, A.J. Smith e E.F. Carritt, este último orientador (tutor) de Collingwood, já o haviam alertado para a relevância de Croce. Desse interesse surgiu a tradução de Collingwood do trabalho de Croce sobre a filosofia de Vico, publicada em 1913. Quase dez anos mais tarde, Smith apresentaria Croce pessoalmente a Collingwood[21]. Mais tarde, em 1927, Collingwood traduz a autobiografia de Croce.

O italiano claramente exerce influência na formação das posições de Collingwood por meio de suas ideias sobre a estética e por meio do conceito de história. Além disso, o pensamento de Croce sobre a situação política europeia e sobre o liberalismo também foi objeto de reflexão. Na produção literária de Collingwood, do início ao fim, é possível reconhecer o pano de fundo crociano. Para comentadores que defendem a existência de uma unidade de pensamento no trabalho de Collingwood, Croce representa uma chave interpretativa e, muito provavelmente, a base de sustentação para a compreensão do fio condutor de seu pensamento. Autores como Peter Johnson e Giuseppina D'oro reconhecem na metafísica crociana e sua oposição ao positivismo um elemento anímico. Com relação à gestação e maturação do conceito de *re-enactment*, a influência torna-se ainda mais clara. A explicação histórica por meio de atitude empática e compreensão da relação entre teoria e prática, pensamento e ação constituem o norte para a construção de sua filosofia da história.

Aponta-se também a aproximação de Collingwood para com a tradição hermenêutica. No comentário de Bleicher, a hermenêutica possui uma longa tradição, mas com Vico, no século XVIII, passa a ser uma possível referência metodológica para as ciências do espírito. Porém, além dele, podemos observar a relevância de Schleiermacher, Droyssen e Dilthey no desenvolvimento do pensamento de Collingwood[22].

Se, por um lado, o contato com o idealismo italiano empresta forma aos argumentos de Collingwood, até a publicação de *The Idea of History*, em 1946, seu trabalho não exerce impacto considerável. Sua tentativa de resgate epistemológico da historiografia permanecera à margem dos desdobramentos mais perceptíveis da cena intelectual inglesa e europeia de modo geral. Após a segunda metade do século XX o pensamento de Collingwood foi revisitado e fomentou, consideravelmente, a discussão sobre os problemas epistemológicos motivados pela atividade historiográfica. Sua atuação como professor de Filosofia em Oxford desperta o interesse do estudante William Dray. Sua tese de doutorado, mais tarde publicada, *Laws and Explanation in History*, procura inserir-se na discussão predominantemente anglófona sobre o papel das leis gerais em história, a partir do artigo semanal de Carl Hempel[23]. Dray procura resgatar o valor epistêmico das propostas idealistas em filosofia da história, resgatando os argumentos de Collingwood para discordar do monismo metodológico não só de C. Hempel, mas também de E. Nagel e K. Popper.

Partindo do pressuposto collingwoodiano de que a história deve se ocupar da ação humana, Dray defende o que chama de "modelo racional de explicação". Na pesquisa histórica a empatia não está separada da investigação empírica: "para calçar as botas de Disraeli o historiador não se pergunta apenas: o que eu teria feito?; ele lê os decretos de Disraeli, suas cartas, seus discursos"[24]. O objetivo do historiador, segundo Dray, é alcançar a compreensão por meio de um equilíbrio entre atitude empática e evidência histórica. O historiador, neste sentido, procura reconstruir o cálculo do agente histórico ao levar adiante um processo de decisão, ao levar adiante sua ação empaticamente. Dray defende a ideia de que a reconstrução histórica possui como princípios de orientação elementos essencialmente subjetivos sem os quais a explicação histórica passa a carecer de significado.

A tese de Dray recolocou o pensamento de Collingwood no mapa das principais polêmicas sobre a epistemologia da história. Ainda nos anos de 1960, outro trabalho em língua inglesa que chamou a atenção para o pensamento de Collingwood foi *The Latter Philosophy of R.G. Collingwood*, de Alan Donagan. O autor propõe uma exposição ampla sobre as ideias de Collingwood buscando sempre a unidade de sua doutrina. Discordando de Knox e mesmo de Collingwood quando, segundo o comentador, ele oferece um relato inadequado de seu próprio desenvolvimento intelectual, Donagan não só auxilia na inserção do pensamento de Collingwood na agenda teórica do pós-guerra, mas também garante seu papel na discussão sobre a natureza do conhecimento histórico.

Mais recentemente, em um artigo publicado no ano de 2001, Quentin Skinner coloca-se em defesa da "abordagem collingwoodiana" em história das ideias de maneira mais enfática. No texto em questão, Skinner procura rastrear indícios da formação desta abordagem e busca, também, explicitar sua natureza epistêmica. O autor aponta como clara a influência das ideias do historiador Collingwood nas diretrizes fundamentais de método da escola de Cambridge e de outros pensadores de língua inglesa dedicados à reconstrução do passado das ideias.

Os autores e a abordagem de que fala Skinner estão unidos por algumas ideias fundamentais: a) a historicidade dos problemas da teoria política e da história intelectual; b) a necessidade de descobrir as questões precisas para as quais os textos se apresentam como respostas; e c) a importância de descobrir as intenções e propósitos dos autores. Skinner, a partir destas ideias fundamentais, tenta levar a "abordagem collingwoodiana" a teste e, para isto, evoca alguns argumentos de autores que compõem o que os divulgadores chamam corrente pós-moderna na historiografia. Tendo no horizonte o ceticismo pós-moderno, a questão passa a ser: "Até que ponto podemos defender a crença de que podemos falar com proveito da descoberta de projetos e intenções de autores, atribuir a suas sentenças significados particulares, distinguir interpretações corretas de interpretações erradas de textos filosóficos complexos?"[25] Durante as décadas de 1970 e 1980, conforme Skinner, o ceticismo com relação à tarefa hermenêutica, de modo geral, tornou-se mais intenso. De acordo com este ceticismo, a linguagem oferece uma complexidade infinita, tornando mais intrincada a tentativa de interpretação e também qualquer tentativa de se estabelecer nexos compreensivos entre a linguagem e o mundo. Frente a este tipo de questionamento, é possível defender a busca por intenções autorais ou de significado?

A resposta de Skinner é afirmativa. Para ele, os argumentos desse ceticismo contemporâneo não possuem força suficiente para afastar a metodologia collingwoodiana. Quase toda teoria do significado concede que interpretações tenham inevitavelmente caráter hipotético. Seguindo novos elementos, novos questionamentos e até mesmo novos dados empíricos sobre o texto, interpretações quase sempre podem ser substituídas. Neste sentido, como defende Skinner, "as interpretações que oferecemos podem estar sempre erradas, e este é um risco que sempre devemos aceitar"[26]. E esta seria uma posição compatível com a abordagem collingwoodiana.

O que Skinner recupera ao defender esta ideia é, principalmente, a lógica de pergunta e resposta, que Collingwood apresenta como metodologia para a história. Em oposição ao método de análise da linguagem defendido por Russell e Ayer nas décadas de 1920 e 1930, Collingwood propõe que a história das ideias não pode avançar exclusivamente de acordo com a análise formal de sentenças e proposições isoladas; ao contrário, o historiador deve reconstruir os problemas que os autores tinham em mente ao escrever seus textos. Por meio do questionamento contínuo e investigativo em busca por respostas, o historiador se tornaria capaz de aproximar-se do significado das ideias de um autor. É esta ideia em Collingwood a que Skinner faz questão de pagar tributo. Em *The Idea of History* o próprio Collingwood fala da reconstrução do pensamento dos agentes históricos por meio da linguagem. Não por acaso, todos os exemplos escolhidos para ilustrar o conceito falam da leitura de textos, seja a leitura de um decreto de um imperador romano ou a leitura de um texto filosófico. A tarefa do historiador, para Collingwood, é adentrar o mundo dos significados, os quais, por sua vez, se nos apresentam essencialmente sob o signo da interpretação linguística. Textos filosóficos, obras de arte ou utensílios arqueológicos compartilhariam do mesmo patamar interpretativo, por analogia com seu caráter simbólico.

Comentários como o de Skinner mostram que explorar o pensamento de Collingwood sobre o conhecimento histórico representa mais do que um sobrevoo em uma paisagem desertificada pelo tempo. Ao contrário, tanto as virtudes quanto as possíveis inconsistências de seus argumentos constituiriam um solo fértil para o florescimento e diversificação da teoria da história.

3 O conceito de *re-enactment*

Segundo Collingwood, o historiador tenta compreender a ação humana e seu pressuposto básico, ou, ainda, seu interior: o pensamento humano. Nesse sentido, o objeto do conhecimento histórico são as coisas feitas pelo homem. O historiador se movimenta em um espaço cognitivo constituído por dois elementos, a saber, o pensamento e suas expressões. As duas instâncias dão forma ao que se chama ação humana. A partir das evidências de ações humanas passadas, remotas ou mais recentes, o historiador busca reconstruir em sua própria mente o pensamento que deu origem à ação.

166

Ao contrário dos fenômenos investigados pelos cientistas naturais, os processos abordados na historiografia, de acordo com a proposta de Collingwood, possuem uma característica exterior, os traços físicos das ações, e, por outro lado, um âmbito interior, o pensamento. É possível ao historiador se apoderar do pensamento de seu objeto de estudo, seja ele um imperador ou uma rainha, um representante político ou um revolucionário. Em contrapartida, não é o objetivo do físico compreender uma subpartícula atômica. Seres humanos não estão inseridos, segundo Collingwood, em um mundo de fatos puros, isto é, apenas corpos físicos e suas mudanças e movimentos[27]. O mundo humano é um mundo de significados, linguagem e pensamento; e a tarefa do historiador é adentrar essa realidade.

Suponhamos o exame de um ato legislativo do Imperador Teodósio. Para alcançar sua compreensão histórica, o historiador deve penetrar a situação que o imperador enfrentava e deve ser capaz de vê-la tal como o imperador a via. Deve chegar a perceber, tal como se ocupasse a posição do imperador, qual o tratamento possível de dar àquela situação, deve enxergar as alternativas possíveis e as razões para optar por uma e não por outra; e deve, assim, acompanhar o processo seguido pelo imperador ao decidir daquela particular maneira. Dessa forma, ele está reelaborando em seu próprio espírito a experiência do imperador; e, só na medida em que o faça, adquirirá conhecimento histórico – diverso do conhecimento meramente filológico – a propósito do significado do documento. Há, no mínimo, duas implicações epistemológicas importantes a partir desta discussão no pensamento de Collingwood. A primeira diz respeito à distinção entre duas possibilidades de perguntas, a saber, "como?" e "por quê?" Em outras palavras, investigar o "como?" dos processos históricos seria ocupar-se do exterior deles. Mas a investigação histórica não se detém, é preciso buscar os "porquês" subjacentes aos processos históricos, as razões por trás das ações, isto é, o pensamento dos personagens históricos. O segundo ponto a ser explorado é a natureza mesma do conceito de *re-enactment* apresentado por Collingwood.

O parentesco das ideias de Collingwood quanto à tradição hermenêutica, principalmente com relação a pensadores como Droyssen e Dilthey[28], dá-se através do conceito de *re-enactment*. Importante ressaltar, todavia, que Collingwood toma o cuidado de distinguir sua proposta daquela identificada no pensamento de Dilthey. Obviamente que, quando o inglês defende que um historiador deve enxergar uma situação tal como o agente histórico a viu, torna-se impossível não aproximá-lo da tradição empática. Contudo, a empatia em jogo para Collingwood diz respeito apenas ao pensamento. Ele considera que a empatia de Dilthey, em última instância, incorreria em uma psicologia redutível a termos fisiológicos. Para ele, o pensamento não representaria uma grandeza física ou um elemento químico, e sua abordagem, diferente da abordagem experimental, deveria ser qualitativa. Em um experimento físico, o cientista observa os objetos, manipula a intensidade dos movimentos e quantifica os valores associados às variáveis, com o objetivo de controlar e reproduzir um fenômeno. Tudo isso ocorre desde uma perspectiva externa ao objeto estudado. Observa-se o oposto no conhecimento histórico interpretado sob a luz do conceito de *re-enactment*. Por exemplo, se

167

quiséssemos compreender historicamente o procedimento do cientista que trabalhava no laboratório, deveríamos reconstruir na imaginação seus argumentos para chegar aos resultados a que chegou. Trata-se, portanto, de repensar o complexo de perguntas e respostas que orientou o cientista. Trata-se de tomar posse do pensamento de outrem. Note-se que não estão em questão as eventuais sensações (cansaço ou fome, por exemplo) ou emoções (paixão ou orgulho) do cientista, e sim o argumento por trás de sua ação investigativa.

Tendo em vista o fato de que o historiador não pode contar com a mediação empírica com relação a seu objeto e também a perspectiva de que o historiador não deve confiar plenamente em autoridades anteriores ou testemunhos, qual é o objetivo possível? A resposta de Collingwood é a de que o historiador deve reconstruir (*re-enact*) em sua própria mente o pensamento do personagem histórico. A investigação das evidências, a crítica às autoridades e a atividade constante de tentar refazer as perguntas que fizeram os agentes históricos têm como resultado, segundo Collingwood, a re-efetivação[29] do mesmo ato de pensamento do personagem que se investiga. Recorremos a outro exemplo do autor que, além de explicitar melhor sua proposta conceitual, aproxima a história da filosofia.

Suponhamos agora a leitura de um excerto de algum filósofo antigo. Certamente, é preciso conhecer a língua, no sentido filológico, e ser capaz de traduzi-la; contudo, esse conhecimento por si não é suficiente para promover a compreensão do texto do modo como um historiador da filosofia deveria compreendê-lo. Para tanto, o historiador deve recuperar o problema filosófico ao qual o autor tentava apresentar uma solução. Deve pensar ele mesmo aquele problema, procurar entrever possíveis soluções, para recuperar as razões de aquele filósofo escolher determinada solução em lugar de outra. O objetivo do historiador, portanto, é refazer e tornar seu próprio o caminho argumentativo do filósofo estudado.

Ao longo de *The Idea of History* podemos perceber Collingwood apresentando e tentando defender sua ideia de possíveis críticas. Contudo, as insuficiências não são contornadas de maneira definitiva. Uma das críticas mais lembradas pelos comentadores é a restrição do alcance da investigação do historiador que a doutrina do *re-enactment* estabelece. Ao assumir a reconstrução do pensamento como objetivo do conhecimento histórico, podemos deixar de lado temas e problemas não menos humanos, mas que não estão diretamente relacionados ao pensamento consciente. Isto é, ações humanas podem tomar lugar sem que possamos apontá-las como racionais ou frutos de um pensamento claro e passível de reconstrução. Além disso, por que o fluxo das sensações ou das emoções não poderia constar como tema para os historiadores? A história natural também fica de fora do alcance epistemológico da história propriamente dita, segundo a teoria de Collingwood. As mudanças no mundo natural seriam resultado de movimentos corporais e, por consequência, objetos conciliáveis apenas com a abordagem empírica. Mas será mesmo assim? Talvez a ideia de reconstruir razões não esteja restrita apenas às ações humanas e sua complexa psicologia. Talvez, como podemos perceber em autores como Daniel Dennett, possamos compreender as razões por trás das mudanças no mundo natural. Desta maneira, a pergunta sobre os "por quês" também faria sentido na biologia evolutiva, por exemplo.

168

Para muitos críticos, o próprio ato de postular um interior e um exterior para oferecer uma análise descritiva do objeto da historiografia apresenta dificuldades. Uma das críticas, referida por Dray, é a de Patrick Gardiner. O teor desta crítica leva em consideração o possível erro de Collingwood ao interpretar o pensamento como uma entidade peculiar de acesso indireto e apenas possível ao historiador. De acordo com Gardiner, a divisão interior-exterior do objeto conferiria ao pesquisador habilidades quase místicas, incompatíveis com uma abordagem epistemológica racional. Ou ainda, como na crítica de G.J. Renier, também lembrada no texto de Dray, a inferência histórica estaria mais próxima de um tipo de "clarividência" e não de um processo investigativo cuja metodologia teria por critério principal a racionalidade[30]. Seria então o conceito de *re-enactment* um indicativo irrefutável da autonomia do conhecimento histórico? Em que medida este conceito contemplaria o real objetivo da investigação histórica?

De todo modo, o conceito de *re-enactment*, sem dúvida, tirou Collingwood do anonimato, inserindo-o, mesmo que tardiamente, no cenário das discussões acerca da epistemologia das ciências históricas. Em seu livro mais famoso, *A ideia de história*, além de rever com grande perspicácia as visões de história desde a Antiguidade, Collingwood comenta a historiografia de seu tempo. Ao considerar o surgimento da história científica no século XIX e suas implicações ainda não suficientemente avaliadas, pretende oferecer um relato mais consistente, tomando como ponto de partida o padrão prático do trabalho do historiador. Ali o autor propõe uma distinção básica entre o mundo dos eventos físicos e o pensamento. Para Collingwood, o historiador ultrapassa o nível dos eventos físicos ao abordar as razões dos agentes históricos para suas ações. O objeto de estudo do historiador é, portanto, o passado humano no que ele possa ser descrito em termos de razões, significados e motivações. Os nexos próprios ao conhecimento histórico dizem respeito à conexão lógica entre pensamento e ação prática. Esta ideia é indicativa não apenas da distinção entre os objetos de estudo da história e das ciências naturais, mas também de seus procedimentos explicativos. E é nesse contexto de distinções que Collingwood apresenta a tão polêmica conclusão:

> Os processos da natureza podem, portanto, ser propriamente descritos como sequências de meros eventos, mas os da história não. Eles não são processos resultantes de meros eventos, mas de ações, que possuem um interior consistindo de processos, constituídos por pensamento; e aquilo a que o historiador busca são os processos do pensamento. Toda história é história do pensamento[31].

4 Considerações finais

Levando-se em conta o cenário intelectual da primeira metade do século XX, pode-se avaliar o desenvolvimento das ideias de Collingwood sobre o conhecimento histórico e também o impacto delas nesse contexto. Embora procurasse se apresentar como um intelectual solitário nadando contra as correntes neopositivistas, as linhas gerais de sua argumentação obedeciam, de certa forma, às diretrizes básicas da polêmica entre historiadores idealistas e positivistas ingleses, iniciada ainda no século XIX. Contudo, mesmo não sendo um inovador radical nesse embate, sua intervenção confere um novo fôlego para pontos de vista distintos daqueles que predominavam na cena intelectual britânica do início do século XX.

As ideias de Collingwood colocam em questão a possibilidade do conhecimento histórico. Com esse autor, as preocupações teóricas com relação à investigação sobre o passado tomam um corpo definido e um repertório de reflexão organizado. O próprio desenvolvimento do pensamento do autor reflete uma mudança substancial na maneira de pensar os princípios epistêmicos da história. Desde o ceticismo de caráter realista em *Speculum Mentis*, no início de década de 1920, evoluindo para uma reorientação teórica nos textos maduros do final da mesma década, podemos acompanhar a teoria da história de Collingwood propondo questões importantes para as discussões epistemológicas do período pós-Segunda Guerra.

Um aspecto importante desta retomada é o fato de Collingwood ter trabalhado na prática as questões teóricas levantadas por filósofos acerca da história. Em sua atividade como historiador e arqueólogo da Roma Britânica, punha em questão princípios teóricos e especulativos; a arqueologia funcionava como um campo de teste também para as teorias do conhecimento histórico aventadas pelos pensadores de gabinete.

Segundo Collingwood, quer os procedimentos filosóficos de análise estritamente formal da linguagem, ou a reflexão sobre o modo de conhecer das ciências empíricas, negligenciavam os processos específicos inerentes ao conhecimento histórico. As consequências disso não permaneciam circunscritas apenas ao meio acadêmico, elas se refletiam nas configurações sociais e políticas do Ocidente de maneira geral. O conhecimento técnico avançava em um ritmo jamais visto, enquanto a reflexão sobre fenômenos essencialmente humanos não acompanhava esse passo. O resultado mais evidente desse descompasso era a crise dos valores e das instituições democráticas. Collingwood buscou na reflexão sobre o conhecimento histórico um antídoto não apenas para a cegueira epistemológica do neopositivismo, mas também para aquilo que chamou de a "corrupção da consciência".

Ao apresentar suas críticas aos neopositivistas, Collingwood apoiou-se na reflexão teórica sobre o conhecimento histórico. Sua teoria da história assenta sobre dois pilares fundamentais: a lógica de pergunta e resposta e o conceito de *re-enactment*. De seu trabalho como arqueólogo, foi capaz de inferir uma lógica de pergunta e resposta como alternativa à interpretação de elementos tomados isoladamente. Assim, textos e inscrições históricas deveriam ser interpretados como respostas a problemas, e não como compostos de sentenças e enunciados verdadeiros ou falsos. A verdade histórica, para Collingwood, não é um atributo linguístico formal, mas, isto sim, o resultado da compreensão apropriada de um complexo de perguntas e respostas.

O conceito de *re-enactment* pretende elucidar o objeto de estudo próprio da história. A ideia de compreensão histórica remete inegavelmente a Dilthey. Collingwood, porém, trata

170

de restringi-la ao pensamento, evitando qualquer psicologismo ou subjetivismo. A apreensão objetiva do pensamento, no entanto, apresenta dificuldades metodológicas especiais.

Apesar das muitas críticas e inconsistências apontadas, as ideias de Collingwood continuam a merecer comentário da comunidade acadêmica internacional, e tem crescido o interesse por elas no cenário intelectual brasileiro. Talvez porque Collingwood possua aquilo que Nietzsche tanto admirou nos pré-socráticos: a coragem filosófica de questionar. Ademais, ele o faz em linguagem instigante ao especialista e acessível ao não especialista. Seu estilo é um convite a retomar as questões acerca do conhecimento que a história abriga.

A variedade de interesses que transparece ao longo do trabalho de Collingwood indica uma reflexão de natureza invariavelmente interdisciplinar. Um de seus êxitos foi o de trazer para a interpretação da prática a mais etérea abordagem filosófica. Daí seu interesse pelas mais diversas áreas da atividade humana, da política internacional ao folclore, do pensamento de Platão e Descartes ao trabalho de Henri Ford.

A própria construção de uma obra na intersecção entre filosofia e história traduz o intuito de atravessar fronteiras artificialmente estabelecidas. Mais do que tentar reduzir a filosofia ou a metafísica à história, o esforço de Collingwood endossa o pleito por uma pesquisa que se desenvolva na confluência de interesses diversos, pelo reconhecimento mútuo entre pesquisadores na área das ciências humanas e, mais claramente, pela solidariedade criativa entre áreas distintas do saber humano.

Para a epistemologia das ciências humanas, de modo geral, Collingwood representa um avanço e uma forte justificativa. A melhor medida para aferir os efeitos do pensamento de Collingwood talvez seja um domínio de pesquisa ainda em constituição, mas que se sabe nascido sob o signo da interdisciplinaridade: a história intelectual.

É inegável que a contribuição de Collingwood mantém seu significado nos dias atuais. Em um mundo em que a tecnologia avança a passos velozes, onde a palavra escrita perde cada vez mais espaço, e a capacidade de compreensão empática da humanidade perde nitidamente seu fôlego, os argumentos de Collingwood, a despeito dos problemas que possamos apontar, mantêm seu caráter de antídoto. Contra a corrupção da consciência que identificou em sua época – e ainda pode ser reconhecida por seu poder de destruição intensificado – devemos apostar na capacidade de compreender o que nos é próprio. Em tempos de relativismo e fragmentação, a reflexão de Robin George Collingwood pode estimular a construção coletiva e compartilhada de um caminho historiográfico renovado, teórico e prático.

Notas

[1] Seu pai, W.G. Collingwood, era pintor de aquarelas, foi secretário pessoal do arquiteto e educador J. Ruskin e o autor de *The Art Teaching of John Ruskin* (1891). Sua mãe, Edith Mary, era musicista e também pintora. Cf., p. ex., JOHNSON, P. *R.G. Collingwood – An Introduction*. Thoemmes Press: Bristol, 1998, p. 12.

[2] SMITH, T. "R.G. Collingwood: This Ring of Thought – Notes on Early Influences". *Collingwood Studies*. Vol. 01. Llandybie: Dinefwr Press, 1994, p. 27-43.

[3] Sua primeira publicação consiste numa tradução: *The Philosophy of Giambattista Vico*, do italiano Benedetto Croce, em 1913.

[4] HARRIS, E.E. "Collingwood's Theory of History". In: *Philosophical Quarterly*, vol. 7, n. 26, jan./1957, p. 35-49.

[5] BOUCHER, D. (org.). *R.G. Collingwood* – Essays in Political Philosophy. Oxford: Oxford University Press, 1989, p. 177.

[6] Outro exemplo pode ser o artigo *The Present Need of a Philosophy*, presente na coletânea organizada por Boucher: *Essays in Political Philosophy* (p. 166-170). Nele Collingwood defende uma posição intermediária entre os extremos da ideia platônica do rei filósofo e a confiança irrefletida no progresso humano como um fator inevitável garantido por si só. Era preciso ter a consciência de que o desenvolvimento humano é fruto de um esforço cognitivo e prático. Era preciso pensamento e ação para que as soluções dos problemas (problemas morais, de organização econômica, ou política internacional) fossem apresentadas.

[7] COLLINGWOOD, R.G. *An Autobiography*. Oxford: Oxford University Press, 1978, p. 87-88.

[8] COLLINGWOOD, R.G. *The Idea of History*. Oxford University Press: Oxford, 1993 (1946), p. 04.

[9] Muito do material deixado por Collingwood não teve sua permissão para publicação. Os textos foram depositados na Bodleian Library, em Oxford. Como William Dray lembra, em *History as Re-enactment* (1999: 12), os manuscritos foram liberados para pesquisa em 1978. As notas, artigos e palestras mais relevantes para a compreensão da teoria da história em Collingwood, segundo Dray, datam de 1926 e 1928. A edição revista de *The Idea of History*, editada por J.V. der Dussen, contém alguns destes manuscritos, e a autorização para publicação partiu da filha de Collingwood, Theresa Smith.

[10] "Collingwood, Bradley, and Historical Knowledge". *History and Theory*, n. 45, mai./2006, p. 178-203.

[11] TAYLOR, D.A "Bibliography of the Publications and Manuscripts of R.G. Collingwood – With Selective Annotation". *History and Theory*, vol. 24, n. 4, 1985.

[12] Dada a enorme quantidade de textos, alguns especialistas elaboraram bibliografias que pudessem auxiliar na organização do estudo de Collingwood. É o caso de Donald Taylor, cuja bibliografia conta com um volume inteiro publicado pela revista *History and Theory*, em 1985. Taylor oferece como justificativa para uma bibliografia tão extensa a ideia de que o pensamento de Collingwood não deve ser interpretado apenas com base nos principais livros. "A completude desejada da bibliografia [diz Taylor] pode ajudar a corrigir a tendência de interpretar o pensamento de Collingwood com base em poucos de seus livros mais conhecidos". Taylor ainda lembra outras bibliografias que podem auxiliar na pesquisa deste pensador inglês; é o caso do próprio T.M. Knox, que listou os trabalhos filosóficos de Collingwood em *Proceedings of The British Academy*, 29 (1943). Também são evocados por Taylor, William Debbins, por *Essays in The Philosophy of History*; William M. Johnston, por *The Formative Years of R.G. Collingwood* (1967); Lionel Rubinoff, por *Collingwood and The Reform of Metaphysics: A Study in the Philosophy of Mind* (1970); de Dussen por seu artigo de 1979 publicado em *History and Theory, The Unpublished Manuscripts of R.G. Collingwood* e também por seu livro *History as a Science: The Philosophy of R.G. Collingwood*, de 1981; e Michael Kraus, pela edição de *Critical Essays on The Philosophy of R.G. Collingwood*, em 1972.

[13] O trabalho mais conhecido desse historiador é *História da Civilização na Inglaterra*. 2 vols. Traduzido para o português por Adolpho J.A. Melchert. São Paulo: Tipografia da Casa Eclética, 1899-1900.

[14] "As provas fornecidas pelos mapas estatísticos, apresenta-as Buckle como motivo para se acreditar que funcionam de fato leis da espécie que ele tem em mente, e faz contrastar o emprego de tais técnicas de observação e generalização com os métodos usados pelos metafísicos, que procuram construir as verdades universais acerca do espírito e do caráter humanos recorrendo às descobertas da psicologia introspectiva individual. Segundo Buckle, o metafísico toma como óbvio que, estudando um só espírito, pode descobrir as leis de todos os espíritos" (GARDINER, P. *Teorias da história*. Lisboa: Fundação Calouste Gulbenkian, 2004, p. 131).

[15] Segundo Parker, o relato de Collingwood sobre o embate idealismo-positivismo na historiografia inglesa é inadequado. Parker sugere que o positivismo, apesar de seus aspectos contundentes, jamais havia sido predominante na Inglaterra como Collingwood tenta defender. PARKER, C. "English Historians against Positivism". *History and Theory*, vol. 22, n. 2, mai./1983, p. 120-145.

[16] COLLINGWOOD, R.G. *The Idea of History*. Oxford: Oxford University Press, 1994, p. 64.

[17] Ibid., p. 65.

[18] Ibid., p. 72.

[19] "Positivism Reversed: The Relevance of Giambattista Vico". *Transactions of the Institute of British Geographers*, vol. 7, n. 1, 1982, p. 1-14 [New Series].

[20] "Benedetto Croce and Oxford". *The Philosophical Quarterly*, vol. 4, n. 17, out./1954, p. 327-331.

[21] INGLIS, F. *History Man* – The Life of R.G. Collingwood. Princeton: Princeton University Press, 2009, p. 78.

[22] BLEICHER, J. *Contemporary Hermeneutics, Hermeneutics as Method, Philosophy and Critique*. Londres: Routledge, 1993, passim.

[23] HEMPEL, C. "The Function of General Laws in History". *The Journal of Philosophy*, vol. 39, n. 2, 15/01/1942. Há uma tradução portuguesa do artigo incluída na coletânea de P. Gardiner sobre teoria da história, referida nas Referências.

[24] Ibid., p. 129.

[25] SKINNER, Q. "The Rise of, Challenge to and Prospects for a Collingwoodian Approach to the History of Political Thought". In: CASTIGLIONE, D. & HAMPSHER-MONK, I. (orgs.). *The History of Political Thought in National Context*. Cambridge: Cambridge University Press, 2001, p. 177.

[26] Ibid., p. 182.

[27] COLLINGWOOD, R.G. *An Autobiography*. Oxford: Oxford University Press, 1978, p. 147.

[28] Cf. CONNELLY, J. *Robin George Collingwood*. Para a Stanford Library of Philosophy, em jan./2006.

[29] "Re-efetivação" é a proposta de Paul Ricoeur para traduzir "re-enactment".

[30] DRAY, W. *History as Re-enactment*. Oxford: Clarendon Paperbacks, 1999, p. 38-41.

[31] COLLINGWOOD, R.G. *The Idea of History*. Op. cit., p. 215.

Referências

Obras de Collingwood

COLLINGWOOD, R.G. *An Essay on Metaphysics*. Oxford: Clarendon Press, 2002.

_____. *Essays in Political Philosophy*. Oxford: Clarendon Press, 1995.

_____. *The Idea of History*. Nova York: Oxford University Press, 1994.

_____. *An Autobiography*. Oxford: Clarendon Press, 1978.

_____. *The Idea of Nature*. Oxford: Oxford University Press, 1956.

_____. *The New Leviathan, or Man, Society and Barbarism*. Oxford: Oxford University Press, 1942.

_____. *The First Mate's Log of a Voyage to Greece in the Schooner Yacth Fleur de Lis in 1939.* Londres: [s.e.], 1940.

_____. *The Principles of Art*. Oxford: Oxford University Press, 1938.

_____. *Roman Britain and The English Settlements*. Oxford: Oxford University Press, 1937.

_____. *An Essay on Philosophical Method*. Oxford: Oxford University Press, 1933.

_____. "The Limits of Historical Knowledge". *Journal of Philosophical Studies*, vol. 3, 1928, p. 213-222.

_____. "Are History and Science Different Kinds of Knowledge?", vol. 31, n. 124, 1922, p. 443-466 [New Series].

Outras obras

ADELMAN, H. "Rational Explanation Reconsidered: Case Studies in the Hempel-Dray Model". *History and Theory*, vol. 13, n. 03, 1974.

ALBIERI, S. "Razão e experiência na constituição do conhecimento histórico – Reflexões sobre os aspectos indiciários do paradigma newtoniano". *Dimensões* – Revista de História da Ufes, n. 24, 2010.

ARRAIS, C. "A Filosofia da História de R.G. Collingwood: duas contribuições". *Dimensões* – Revista de História da Ufes, n. 24, 2010.

AUSTIN, J.L. *How to do things with Words*. Cambridge: Harvard University Press, 1962.

AYER, A.J. *Philosophy in the Twentieth Century*. Nova York: Vintage Books, 1982.

_____. *The Problem of Knowledge*. Harmondsworth-Middlesex: Penguin, 1957.

BRAUDEL, F. *Escritos sobre a história*. São Paulo: Unesp, 1991.

BELVEDRESI, R. "Explicar lo que ocurrió: una evaluación de la tésis de la re-enacment de Collingwood e su aplicación a la explicación histórica". *Dialogos*, jul./2003, p. 57-81.

BENTLEY, M. (org.). *A Companion to Historiography*. Londres: Routledge, 1997.

BLEICHER, J. *Contemporary Hermeneutics, Hermeneutics as Method, Philosophy and Critique*. Londres: Routledge, 1993.

BLOCH, M. *Apologia da história*. Rio de Janeiro: Zahar, 2002.

BOHMAN, J. *New Philosophy of Social Science*: problems of indeterminacy. Cambridge, Mass.: MIT Press, 1993.

BOUCHER, D. The significance of R.G. Collingwood's "Principles of History". *Journal of the History of Ideas*, 1997, p. 309-330.

_____. *Texts in Contexts* – Revisionist Methods for Studying the History of Ideas. Dordrecht: Martinus Niijhoff, 1985.

BOURDÉ, G. & MARTIN, H. *Les écoles historiques*. Paris: Du Seuil, 1983.

BURKE, P. "History and Folklore: a Historiographical Survey". *Folklore*, 2004, p. 133-139.

_____. *A escrita da história*: novas perspectivas. São Paulo: Unesp, 1991.

BURNS, R. "Collingwood, Bradley, and Historical Knowledge". *History and Theory*, n. 45, mai./2006.

CARR, E.H. *O que é história*. São Paulo: Paz e Terra, 1982.

CASTIGLIONE, D. & HAMPSHER-MONK, I. (orgs.). *The History of Political Thought in National Context*. Cambridge: Cambridge University Press, 2001.

CERTEAU, M. *A escrita da história*. Rio de Janeiro: Forense Universitária, 1982.

COADY, C. "Collingwood and Historical Testimony". *Philosophy*, vol. 50, n. 194, 1975, p. 409-424.

CONELLY, J. "Robin George Collingwood". *The Stanford library of Philosophy*, 2001.

COUSE, G.S. "Collingwood's Detective Image of the Historian and the Study of Hadrian's Wall". *History and Theory*, vol. 29, n. 04, 1990. Beiheft.

CROCE, B. *A história*: pensamento e ação. Rio de Janeiro: Zahar, 1962.

DALLMAYR, F. & McCARTHY, T. *Understanding and Social Enquiry*. [s.l.]: Notre Dame Press, 1977.

DANTO, A. *Narration and Knowledge* – Including the integral text of Analytical Philosophy of History. Nova York: Columbia University Press, 1985.

DAVIDSON, D. *Truth, Language and History*. Oxford: Oxford University Press, 2005.

_____. *Subjective, Intersubjective, Objective*. Oxford: Oxford University Press, 2002.

DIETL, P. "Deduction and Historical Explanation". *History and Theory*, vol. 25, n. 02, 1968.

DILTHEY, W. *Introdución a las Ciencias del Espiritu*. México: Fondo de Cultura Económica, 1953.

DONAGAN, A. "Collingwood's Debt to Croce". *Mind*, vol. 81, n. 322, 1972, p. 265-266 [New Series].

_____. *The Later Philosophy of R.G. Collingwood*. Oxford: Clarendon Press, 1962.

D'ORO, G. "Re-enactment and Radical Interpretation". *History and Theory*, mai./2004, p. 198-208.

DRAY, W. *History as Re-enactment, R.G. Collingwood's idea of History*. Oxford: Clarendon Press, 1995.

_____. *Filosofia da história*. Rio de Janeiro: Zahar, 1977.

_____. *Laws and Explanation in History*. Oxford: Clarendon Press, 1964.

DUSSEN, J. "Collingwood's 'Lost' Manuscript of The Principles of History". *History and Theory*, vol. 36, n. 1, fev./1997, p. 32-62.

_____. "The Philosophical context of Collingwood's Re-enactment Theory". *International Studies in Philosophy*, 27 (2), 1995, p. 81-99.

_____. "Collingwood's Unpublished Manuscripts". *History and Theory*, n. 01, 1970.

FORASTIERI, R. *História da historiografia*. Bauru: Edusc, 2001.

GADAMER, H. *Verdade e método* – Traços fundamentais de uma hermenêutica filosófica. Petrópolis: Vozes, 2004.

_____. *Nova antropologia* – O homem em sua existência biológica, social e cultural. São Paulo: Edusp, 1977.

GALLIE, W.B. *Philosophy and the historical Understanding*. Londres: Chatto and Windus, 1964.

GARDINER, P. *Teorias da história*. Lisboa: Fundação Calouste Gulbenkian, 2004.

GLENISSON, J. *Iniciação aos estudos históricos*. São Paulo: Difusão Europeia do Livro, 1961.

GOLDSTEIN, L. "Collingwood's Theory of Historical Knowing". *History and Theory*, vol. 09, n. 01, 1970.

GUINZBURG, C. *Mitos, emblemas, sinais*. São Paulo: Companhia das Letras, 2007.

HADDOCK, B.A. *Uma introdução ao pensamento histórico*. Lisboa: Gradiva, 1989.

HARRIS, E. "Collingwood's Theory of History". *The Philosophical Quarterly*, vol. 09, n. 01, 1970.

HARTT, J. "History and Civilization: Collingwood's account of their Interrelationships". *The Journal of Religion*, vol. 33, n. 03, jul./1953, p. 198-211.

INGLIS, F. *History Man* – The Life of R.G. Collingwood. Princeton: Princeton University Press, 2009.

ISER, W. *The Act of Reading* – A Theory of Aesthetic Response. Baltimore: J. Hopkins University Press, 1981.

JOHNSON, P. *R.G. Collingwood an Introduction*. Bristol: Thoemmes Press, 1998.

KEMP, G. "The Croce-Collingwood Theory as Theory". *The Journal of Aesthetics and Art Criticism*, vol. 61, n. 02, 2003.

KOSELLECK, R. *Futuro passado*. Rio de Janeiro: Contraponto/PUC-Rio, 2006.

LEACH, J. "Dray on Rational Explanation". *Philosophy of Science*, vol. 33, n. 01, 1966.

LEIDEN, W. "Categories of Historical Knowledge". *History and Theory*, vol. 23, n. 1, 1984, p. 53-77.

LIMA, L.C. (org.). *A literatura e o leitor* – Textos de estética da recepção. Rio de Janeiro: Paz e Terra, 1979.

MANDELBAUN, M. "Historical Explanation: The Problem of Covering Laws". *History and Theory*, vol. 01, n. 03, 1961.

MARROU, H.I. *Sobre o conhecimento histórico*. Rio de Janeiro: Zahar, 1978.

MEGLLE, G. *Actions and Explanations as Understanding Explanations in Actions, Norms Values*. De-Gruyter: Hamilton, 1999.

MENESES, U.B. *Natureza da arqueologia e do documento arqueológico*. São Paulo: FAU-USP, [s.d.].

MILLS, W. "Positivism Reversed: The Relevance of Giambattista Vico". *Transactions of the Institute of British Geographers*, vol. 7, n. 1, 1982, p. 1-14 [New Series].

MINK, L. *Mind, History and Dialectic*: the philosophy of R.G. Collingwood. New England: University of Princeton, 1987.

_____. *Historical Understanding*. Cornell: Cornell University Press, 1987.

MURE, G.R. "Benedetto Croce and Oxford". *Philosophical Quarterly*, vol. 4, n. 17, out./1954, p. 327-331.

NAGEL, E. *The Structure of Science* – Problems in the logic of scientific explanation. Cambridge: Hackett, 1979.

NIELSEN, M. "Re-enactment and Reconstruction in Collingwood's Philosophy of History". *History and Theory*, vol. 20, n. 01, 1981.

POCOCK, J. *Linguagens do ideário político*. São Paulo: Edusp, 2003 [Trad. de F. Fernandez].

REX, M. "Collingwood on Reasons, Causes, and the Explanation of Actions". *International Studies in Philosophy*, 1991, p. 47-62.

SALAS, G. *History and Theory*, vol. 26, n. 1, fev./1987, p. 53-57.

SKINNER, Q. "The Rise of, Challenge to and Prospects for a Collingwoodian Approach to the History of Political Thought". In: CASTIGLIONE, D. & HAMPSHER-MONK, I. (orgs.). *The History of Political Thought in National Context*. Cambridge: Cambridge University Press, 2001.

SMITH, T. "R.G. Collingwood: 'This Ring of Thought': Notes on Early Influencies". *Collingwood Studies*, vol. 01, 1994, p. 27-43. Llandybie: Dinefwr Press.

STOVER, R. "Dray on Historical Explanation". *History and Theory*, vol. 70, n. 28, 1961.

STUBER, K. "The Psychological Basis of Historical Explanation: Re-enactment, Simulation, and the Fusion of Horizons". *History and Theory*, vol. 21, 2002, p. 25-42.

TAYLOR, C. "Comparison, History, Truth". *Philosophical Arguments*. Cambridge, Mass.: Harvard University Press, 1997.

_____. "Philosophy and the Human Sciences". *Philosophical Papers*, vol. 02, 1985. [s.l.]: Cambridge University Press, 1985.

TAYLOR, D. "A Bibliography of the Publications and Manuscripts of R.G. Collingwood, With Selective Annotation". *History and Theory*, vol. 24, n. 4, 1985.

TOMLIN, E.F. *R.G. Collingwood*. Londres: The British Council, 1953.

TUCKER, A. "Contemporary Philosophy of Historiography". *Philosophy of the Social Sciences*, vol. 27, n. 1, 1997.

TRIGGER, G.B. *História do pensamento arqueológico*. São Paulo: Odisseus, 2004.

WALSH, W. *Introdução à Filosofia da História*. Rio de Janeiro: Zahar, 1978.

WEINRYB, E. "Re-enactment in Retrospect". *The Monist*, 1989, p. 568-580.

9
Johan Huizinga (1872–1945)

Marcelo Timotheo da Costa★

> Em memória de Frans van Baars (1931-2009).

> *La historia es siempre, por lo que se refiere al pasado,*
> *una manera de darle forma, y no puede aspirar a ser*
> *otra cosa. Es siempre la captación e interpretación*
> *de un sentido que se busca en el pasado. También el*
> *simple relato es ya la transmisión de un sentido, y la*
> *asimilación de este sentido puede revestir un carácter*
> *semiestético*[1].

A reimpressão de *O outono da Idade Média* para o mercado brasileiro, em 2011, possibilitou que o relativamente esquecido historiador Johan Huizinga voltasse aos cadernos culturais da imprensa nacional, dando também novo alento ao debate acadêmico em torno do mestre holandês[2]. Revisitação ainda mais oportuna por permitir ao leitor de Huizinga acessar, pela primeira vez, tal obra traduzida diretamente da edição especial holandesa de 1997, texto estabelecido graças à pesquisa nos arquivos do autor, em Leiden.

Assim, *O outono da Idade Média* (*Herfsttij der Middeleeuwen*), mesmo já havendo sido publicado entre nós quatro décadas atrás, com outro título e a partir de acidentada tradução francesa dos anos 1920, guarda algo do sabor reservado às novidades[3]. Ineditismo que, embora parcial, lança nova luz sobre a *magnum opus* de Huizinga – e também em direção à vida e contribuição deste importante intelectual à historiografia e ao debate cultural contemporâneo.

★ Doutor em História pela PUC-Rio, professor da Universidade Salgado de Oliveira (Universo). – Gostaria de registrar a ajuda de Camila Santoro Maroja no envio de valiosos textos dos Estados Unidos. Também agradeço a Marco Lucchesi pela interlocução e a tradução de *Amerika Levend en Denkend*, e, por fim, a Ricardo Benzaquen, por esclarecedora conversa telefônica. Tão bem-assistido, somente a mim atribuo as lacunas e equívocos do presente trabalho.

Vida e contribuição em foco nas linhas seguintes, em três seções:

• Em primeiro lugar, é proposto olhar mais geral, acompanhando o itinerário do autor, sendo acrescentadas algumas informações sobre o contexto histórico em que tal trajetória se desenvolve.

• A esta mirada segue-se outra, mais internalista, tratando de identificar característica própria e marcante na produção deste autor, no caso, o contraste comparativo entre o velho e o novo.

• A seção final volta a cruzar vida e obra de Johan Huizinga, reorganizando e resumindo a discussão em torno da ideia de transição. Ideia válida tanto para iluminar a biografia do autor como para entender sua contribuição à historiografia e sua atuação pública enquanto intelectual renomado.

1 O historiador e sua época

Ligar a história construída por determinado autor e a história de que este mesmo intelectual é produto tornou-se, ao longo do século XX, exercício cada vez mais frequente nas análises e discursos universitários[4]. No caso de Johan Huizinga, a associação entre seu contexto vital e a produção por ele levada a termo é particularmente nítida e reveladora, como se procura demonstrar em seguida.

Johan Huizinga nasceu em Groningen, cidade homônima da província mais nortista dos Países Baixos, em dezembro de 1872. Era filho de Jacoba Tonkens e Dirk Huizinga. A mãe faleceu quando Johan tinha dois anos. Já seu pai, médico e professor de Fisiologia na universidade local, garantiu à família a pertença entre certa elite urbana. Inserção no mundo acadêmico que veio coroar itinerário tortuoso. Na mocidade, Dirk havia deixado o Seminário Menonita de Amsterdam, onde se preparava para o sacerdócio, e abandonara a fé. Contrariava, assim, as expectativas do pai, Jakob, ministro menonita, interrompendo igualmente linhagem familiar de pastores.

Ambos, o avô religioso e o pai professor universitário, constituíram dois influentes e contraditórios legados na formação de nosso autor, definindo "quadro de contrastes que iria determinar o pensamento de Huizinga para o resto de sua vida: ciência *versus* religião, razão *versus* sentimento, indivíduo *versus* comunidade, mudança *versus* permanência"[5].

Johan Huizinga estudou literatura holandesa em Groningen. Ali cultiva seu interesse pela linguística, contato iniciado já ao longo do curso secundário, sendo atraído também pelo estudo do sânscrito, da Índia primitiva e do budismo. Gradua-se em línguas indo-germânicas em 1895, seguindo para Leipzig, Alemanha, onde estuda linguística comparada. Regressando à terra natal, obtém o doutorado, em 1897, com tese intitulada *De Vidûshaka in het Indisch tooneel* (O *Vidûshaka no teatro indiano*), sobre antigo drama teatral sânscrito[6].

Naquele mesmo ano emprega-se como professor secundário em Haarlem. Casou-se com Mary Vicentia Schorer, em 1902, filha do prefeito da cidade de Middelburg.

Em 1903 passa a lecionar história e literatura da Índia Britânica, na Universidade de Amsterdam e, dois anos mais tarde, volta a Groningen. De retorno à universidade onde estudara, ensina história geral e holandesa, cadeira conseguida por influência do Ex-professor Petrus Johannes Blok. Este último convencera o antigo aluno a pesquisar história medieval europeia, deslocando-o das investigações sobre o Oriente. Neste novo campo de pesquisa Huizinga produz estudo sobre a cidade de Haarlem, que impressionou vivamente Blok[7]. Em setembro de 1914, poucos meses após enviuvar (no mês de maio), Huizinga aceitou o convite da Universidade de Leiden para lecionar história geral e holandesa. Ali, substitui na cátedra seu antigo professor e incentivador P.J. Blok.

Em Leiden iniciou-se o tempo da definitiva maturação de *O outono da Idade Média* que, após uma década de trabalho, vem a lume em 1919. Obra, portanto, marcada por dupla experiência trágica, pessoal e coletiva: a morte da mulher e o profundo impacto da Primeira Guerra Mundial (1914-1918), morticínio ao qual seu país assistiu como nação neutra, mas bastante de perto. No prefácio da primeira edição holandesa, como bem lembra um de seus comentadores, Huizinga assinala:

> Ao escrever este livro, era como se meu olhar estivesse voltado para as profundezas de um céu noturno, mas de um céu tomado de vermelho-sangue, pesado e desértico, de um cinza-chumbo ameaçador [...] parece que o quadro, agora que o delineei e colori, tornou-se mais sombrio e menos sereno do que pensei vislumbrar quando iniciei o trabalho[8].

Pensado, em princípio, como uma investigação acerca da pintura dos irmãos Hubert e Jan van Eyck, *O outono da Idade Média* analisa o viver e pensar na França e Países Baixos, nos séculos XIV e XV. A obra desafia a noção rígida de periodização histórica, demonstrando, por intermédio de fontes artísticas e da observação dos costumes, as ligações, contrastes e tensões entre o velho e o novo na longa e complexa passagem da Idade Média para a Renascença[9]. Publicado exatamente dez anos antes da paradigmática fundação da revista *Annales d'Histoire Économique et Sociale* por Marc Bloch e Lucien Febvre, *O outono da Idade Média* é apontado, por muitos analistas, como precursor do interesse historiográfico pelas sensibilidades e emoções, sendo o próprio livro escrito em linguagem que apela aos sentidos e ao emocional[10].

Recebido inicialmente de forma positiva, porém despertando algumas reservas entre colegas holandeses[11], *O outono da Idade Média* projetou o nome de seu autor no estrangeiro, após as edições alemã e inglesa, ambas de 1924. Daí se seguiram convites para visitas e conferências no exterior.

Interesse que pavimenta a viagem de Huizinga aos Estados Unidos da América em 1926. O país já atraíra sua atenção: durante a Guerra Mundial conduziu curso sobre os Estados Unidos, em Leiden, curso veiculado, em parte, em ensaio na revista cultural *De*

Gids, e, posteriormente, em ampliação do argumento, no livro *Mensch enmenigte in Amerika* (*Homem e massa na América*, de 1918, inédito em língua portuguesa)[12]. E, tendo conhecido os Estados Unidos, Huizinga imortaliza a experiência vivida como forasteiro em *Amerika Levend en Denkend* (*América viva e pensante*, editada no mesmo ano da viagem, em 1926, texto também inédito em português)[13].

São ainda as conexões americanas do mestre holandês que o fazem dedicar-se ao estudo biográfico sobre Desiderius Erasmus, chamado Erasmo de Rotterdam (1469-1536). Escrito por encomenda de editor dos Estados Unidos, a obra, em holandês simplesmente *Erasmus*, foi vertida para o inglês, tornando-se *Erasmus and the Age of Reformation* (*Erasmo e a época da reforma*, 1924), sendo, ainda hoje, vista como contribuição de relevo aos estudos renascentistas. Recepção consolidada não sem antes haver percorrido caminhos sinuosos: recorde-se que o *Erasmus* de Huizinga, sem lograr sucesso nas vendas, teve mais de metade das duas mil cópias originais destruídas, em 1931, por iniciativa do editor norte-americano[14]. Antes disto, em 1929, Huizinga sistematizou importante aporte a seu até então especial campo de investigação, na obra *De taak der cultuurgeschiedenis* (*A tarefa da história cultural*).

A difusão dos extremismos de direita na Europa, crescimento tomado por efetiva ameaça à civilização do velho continente (e, por extensão, do Ocidente), leva à redação de *Nas sombras do amanhã: diagnóstico da enfermidade espiritual do nosso tempo* (*In de Schaduwen van Morgen: Een diagnose van hetgeestelijk lijden van onzen tijd*), onde Huizinga amplia conferência proferida em Bruxelas, em março de 1935. O livro foi publicado no mesmo ano, tornando-se o maior sucesso editorial do autor, sendo rapidamente traduzido para oito idiomas logo após sua edição, conhecendo também várias reimpressões[15]. Avalia Wesseling que *Nas sombras do amanhã* obteve tanto impacto quanto *A rebelião das massas* (1930), do filósofo espanhol José Ortega y Gasset. Sucesso que teria feito de Huizinga "o homem mais famoso dos Países Baixos"[16].

O historiador cultural lograva, pois, sucesso como crítico da cultura contemporânea, valendo-se de sua posição para tornar públicas opiniões com nítidas implicações políticas. No entanto, mais que engajamento político *tout court*, Huizinga agia motivado pelo que via como obrigação ética e mesmo decorrência de dada herança cristã[17]. Herança consignada na própria epígrafe de *Nas sombras do amanhã*, em sentença tomada emprestada de São Bernardo de Claraval: "*Habet mundus iste noctes suas et non paucas*"[18].

Em 1938 Huizinga, em reiterado sinal de sua projeção fora de seu país natal, tornou-se vice-presidente do Comitê Internacional de Cooperação com a Liga das Nações. Naquele mesmo ano ele entregou ao público *Homo Ludens*, estudo sobre a natureza e o significado do jogo enquanto fenômeno social, com especial interesse em seus aspectos ritualísticos[19]. Ensaio sobre o elemento lúdico da cultura – e em defesa da própria cultura e de determinado ideal civilizacional – redigido em horizonte plúmbeo, às vésperas da eclosão da Segunda Guerra Mundial (1939-1945)[20]. Assim, ainda que refletindo sobre filosofia da cultura, o registro do momento histórico mais imediato não escapa ao intelectual holandês: "Tinha que escolher entre escrever agora ou nunca mais, e optei pela primeira solução"[21].

182

Vale dizer que as críticas de Huizinga ao nazismo, visto como expressão moderna da barbárie, eram anteriores à publicação das obras *Nas sombras do amanhã* (que, a propósito, levou o nome de seu autor à lista de livros indesejados do Reich) e *Homo Ludens*[22]. Em 1933, ano no qual assumiu a reitoria da Universidade de Leiden, Huizinga expulsou do recinto universitário simpatizantes do nacional-socialismo. Iniciado o novo conflito mundial, estando a Holanda sob a ocupação nazista, ele mantém sua firme oposição ao nazismo. Não estava só: em 1940, a Universidade de Leiden encerrou suas atividades em protesto contra a demissão de professores de origem judaica. Em 1941 Huizinga proferiu palestra onde criticava a influência alemã no pensamento holandês. Detido, foi confinado em campo de prisioneiros, na região do Brabante. Por razões de saúde, foi enviado, sob tutela do exército alemão, para De Steeg, com sua segunda esposa e filha. Nesta cidade, passou seus últimos 18 meses de vida em prisão domiciliar.

Note-se que, durante a guerra, Huizinga volta-se novamente para sua terra natal, lançando luz, em tempos de tormenta, em direção a épocas mais felizes e prósperas. Esforço que resulta na coletânea de ensaios *Nederlands beschaving in de zeventiende eeuw* (*A civilização holandesa no século XVII*), de 1941. Entre os ensaios está seu texto mais autobiográfico, *Mijn Weg tot de Historie* (*Meu caminho para a história*), revelador exercício memorial e inventário de uma vida dedicada à pesquisa.

Ainda cativo em De Steeg, Huizinga faleceu em 1º de fevereiro de 1945, poucos meses antes da libertação holandesa. Dedicara seu último período de vida à redação de *Geschonden Wereld: Een beschouwing over de kanses op herstel von onze beschaving* (*A ruína do mundo: refletindo sobre as possibilidades de restaurar nossa civilização*), editada postumamente, no mesmo ano do fim da Segunda Guerra[23].

2 A ideia-chave: o contraste entre o velho e o novo

Tratando de definir a ideia de história subjacente à obra de Huizinga, Carlo Antoni utiliza linguagem metafórica:

> A história, como ele [Huizinga] a imagina é uma série de grandes concertos polifônicos, cada um dos quais governado por um tema dominante acompanhado de outros motivos menores, que aparecem como sucessões de variações infinitas, mudanças inesperadas e desenvolvimentos. O historiador, como o musicólogo, deve saber como distinguir e seguir a linha do enredo, enquanto que, ao mesmo tempo, ele reúne e saboreia o inexpressável efeito do todo[24].

A imagem de uma sinfonia polifônica, ou de uma sucessão delas, permite olhar adiante, isto é, precisar representação especialmente presente na obra do mestre holandês. De novo e ainda recorrendo ao universo musical, cabe aqui buscar, no conjunto de ideias apresentado por Huizinga, aquela que seria seu *cantus firmus*, a melodia – ou o tema – dominante da produção deste autor. Investigação levada a termo nas próximas linhas.

Willem Otterspeer aponta "profunda unidade" na obra de Huizinga, unidade tecida em torno do *contraste entre o velho e o novo* (e do conceito de renascimento daí decorrente)[25]. Tema desenvolvido a partir de engenhosa construção linguística, apelando ao sensorial, retratando tenso quadro onde são dispostas permanências e mudanças lado a lado. Para Huizinga, a história só poderia ser observada de forma coerente como equilíbrio de oposições contínuas[26]. Ainda segundo Otterspeer:

> Estes [usos de] contrastes são mais do que formas de argumentar ou dar vida a uma imagem. Huizinga estava convencido que eles [os contrastes] estavam embebidos na própria realidade passada. Isto era o que fazia a história tão concreta, tão vívida: o fato que quase sempre ela, a história, manifestava-se em termos de oposições[27].

Forma de conceber e escrever a história exemplarmente ilustrada em *O outono da Idade Média*, livro no qual Huizinga trabalhou com contrastes violentos, ásperos, extremos, ameaçadores na sua brutalidade; um mundo inquieto entre as vicissitudes da fortuna e o constante estado de guerra[28]. E, entre tantos contrastes – vida e morte, corpo e espírito, realidade e sonho, imagem e palavra – destaca-se o contraste maior: o mundo medieval contraposto ao renascentista, em cotejo entre o velho e o novo, entre permanências e mudanças[29]. Cenário que, antes de promover quadro simplista de pares dicotômicos, produz "íntima imbricação entre a Idade Média e o que chamamos de Renascimento"[30]. Tome-se como exemplo a arte dos irmãos Van Eyck, móvel inicial da pesquisa que resultou em *O outono da Idade Média*: para Huizinga, o naturalismo dos Van Eyck, comumente interpretado como anúncio da Renascença, marca o pleno desenvolvimento do espírito medieval tardio[31].

Lembre-se que o próprio título da obra em questão, bastante plástico em sua quase pictórica metáfora outonal, assinala, ao mesmo tempo, amadurecimento e declínio. Como recorda Jacques Le Goff, "[o] outono é a estação em que todas as fecundidades e todas as contradições da natureza parecem se exacerbar"[32]. Estação propícia, afirma o medievalista francês, para sintetizar períodos nos quais "os contrastes aparecem com um brilho extraordinário, e é nesse momento que se pode melhor compreender o que é uma civilização; é quando surgem à plena luz as tensões nela existentes"[33]. Interpretação semelhante à de Antoni: "A imagem de um tempo de outono traz à mente uma sensação de movimento que, apesar de apreciarmos sua última floração, está chegando, contudo, ao fim"[34].

Huizinga recusa, portanto, divisões temporais abstratas em sua busca do que seriam as mais profundas camadas históricas de determinada época. Ao observar o cotidiano, as formas de viver e de pensar, ele, valendo-se fartamente de fontes literárias e artísticas, perscruta emoções, sonhos e fantasmas dos homens medievais. Haveria aí sinais de vitalismo – próprio de certa historiografia não marxista e, ao mesmo tempo, crítica do positivismo. Busca-se, como sintetiza Jacques Le Goff, "a presença do corpo vivo num ambiente também vivo". Proposição complementada por Claude Mettra: "[c]apta-se a vida na maneira como os homens usam os ouvidos, os olhos, a boca, a mão, o nariz. *O outono da Idade Média* é povoado de sons, perfumes e até carícias"[35].

184

Ao retratar tal quadro, em meio a forças e correntes contraditórias – algumas atingindo seu ápice, outras já declinantes –, opondo continuidades e transformações, cotejo que mais aproxima que separa Idade Média e Renascença, Huizinga traça outro painel de oposições. Trata-se de contrastar a vida dos séculos XIV e XV de França e Países Baixos (e, por extensão, da cristandade medieval)[36] com a sociedade e cultura da Europa Ocidental contemporânea ao autor.

Neste sentido, já na abertura de *O outono da Idade Média*, Huizinga registra:

> Quando o mundo era cinco séculos mais jovem, tudo o que acontecia na vida era dotado de contornos bem mais nítidos que os de hoje. Entre a dor e a alegria, o infortúnio e a felicidade, a distância parecia maior do que para nós; tudo que o homem vivia ainda possuía aquele teor imediato e absoluto que no mundo de hoje só se observa nos arroubos infantis de felicidade e dor[37].

Logo adiante, ele reafirma o cotejo:

> O contraste entre a doença e a saúde era maior; o frio severo e a escuridão medonha do inverno eram males mais pungentes. Honra e riqueza eram desfrutadas com mais intensidade, mais avidez, pois destacavam-se da pobreza e da degradação circundantes com maior veemência do que hoje. [...] Também entre a cidade e o campo imperava um nítido contraste. A cidade não se estendia, à maneira das nossas, em subúrbios desmazelados de fábricas enfadonhas e casas humildes. [...] Assim como o contraste entre o verão e o inverno era mais severo do que para nós, também o era o contraste entre a luz e a escuridão, o silêncio e o ruído. A cidade moderna praticamente desconhece a escuridão e o silêncio profundos, assim como o efeito de um lume solitário ou de uma voz distante[38].

O método de análise baseado em contrastes entre o velho e o novo ganha, pois, complexidade. Como foi dito antes, a dinâmica discursiva em *O outono da Idade Média* é forjada na comparação entre tempos medievais e a Renascença. E, de forma complementar, noutras passagens desse texto, como se vê na última citação, há confronto entre eras pretéritas e o século XX. Neste último caso, o próprio leitor de Huizinga é instado a se deslocar no tempo, convite que, fiel às preocupações do autor, apela ao universo dos sentidos e das emoções, contrapondo experiências passadas e contemporâneas diante das intempéries climáticas ("o frio severo"), do cair da noite (e seus "silêncio" e "escuridão"), dos sofrimentos causados pelas enfermidades ("doença") e de diferenças sociais e de fortuna ("honra e riqueza" *versus* "pobreza").

Cotejo entre ontem e hoje, épocas separadas por séculos, ponto presente em *O outono da Idade Média*, que o historiador holandês vê como fundamental para melhor desvelar o passado. Bom exemplo vem da abordagem, proposta por Huizinga, da dança macabra – representação artística de cunho religioso e moralizante, surgida no século XIII e largamente difundida no século seguinte, que visava alertar aos homens sobre a brevidade da vida e a necessidade de conversão de costumes.

Em primeiro lugar, Huizinga assinala traço específico da Idade Média tardia: "Nenhuma época impôs a toda a população a ideia da morte continuamente e com tanta ênfase quanto o século XV. Ininterruptamente, o chamado do *memento mori* [lembrança da morte] ressoa pela vida"[39].

Marcada a diferença entre o século XV e a Modernidade cada vez mais infensa a considerações sobre a morte[40], Huizinga propõe:

> Quem dera pudéssemos ter alguma ideia da natureza de tal espetáculo: as cores, os movimentos, o deslizar das luzes e sombras sobre as pessoas que estão dançando, haveríamos de compreender ainda melhor o verdadeiro horror que a dança macabra infligia aos ânimos, melhor do que nos fazem compreender as xilogravuras de Guyot Marchant e de Holbein[41].

Trata-se de abordagem na qual a descoberta do passado deve ser operada via particular leitura das fontes, em análise que remete ao universo dos sentidos e das emoções. Mais uma vez, nota-se o eco vitalista em Huizinga, como lembraram os acima citados Le Goff e Mettra. Em suma: para Huizinga, a operação de transformar os documentos coletados pelo investigador em história seria comparável a chamar de volta à vida o passado lembrado e consignado nas fontes. Não sem motivo, o historiador holandês, em ensaio sobre a história da cultura, tomou por empréstimo a mensagem gravada no túmulo de Jules Michelet: "A história é uma ressurreição"[42].

Huizinga postula, portanto, inovadora historiografia das atitudes mentais – atitudes a serem inventariadas e melhor percebidas, em seu contexto original, pelo pesquisador. Proposta que, como recorda Wesseling, foi notada por Lucien Febvre. Este último, em artigo intitulado "Uma visão de conjunto: história e psicologia", depois reunida na célebre coletânea *Combates pela história*, fez registro elogioso de *O outono da Idade Média*, classificando-o como "muito sugestivo"[43]. E quando Febvre, no trabalho "Como reconstituir a vida afetiva de outrora?", em tom incisivo, pede "[...] que se abra um vasto inquérito coletivo sobre os sentimentos fundamentais dos homens e de suas modalidades", ele está considerando como possíveis novos temas historiográficos o amor, o medo, a alegria, a piedade, a crueldade e a morte[44]. Temário que, segundo Wesseling, faz lembrar a listagem desejada pelo próprio Huizinga, que incluía, entre futuros objetos de estudo, as histórias da vaidade, do orgulho, dos pecados capitais, entre outros[45].

Retorne-se ao contraste entre velho e novo tão presente em *O outono da Idade Média*. Tal comparação, ideia-chave de nosso autor, é desenvolvida ao longo de toda sua bibliografia, conferindo-lhe harmonia e coerência – até mesmo quando esteve em jogo efetuar câmbios de monta.

Foi o que ocorreu na passagem operada por Huizinga entre o estudo da linguística e o da história, transição consignada em *De Opkomst van Haarlem* (*A ascensão do Haarlem*), de 1905. Neste estudo, Huizinga pesquisou as fontes legais medievais de Haarlem e, com base nos seus conhecimentos de linguística, demonstrou as relações existentes entre tal corpo jurídico e a legislação a ela precedente nas cidades de Leuven e Hertogenbosch. E, em segundo movimento, descreveu como a jurisprudência do Haarlem medieval, em outra conjunção entre elementos velhos e novos, irradiou-se para a maior parte da Holanda. Como afirma Otterspeer: "O objeto [de estudo] em questão era nada menos que uma teoria sobre a origem das cidades – nós evocamos o fascínio de Huizinga pelas origens da linguagem – e isso foi feito utilizando-se de meios filológicos"[46].

O discurso calcado em contrastes repete-se, por exemplo, em *Erasmus*, biografia onde, uma vez mais, misturam-se câmbios e permanências. Erasmo é retratado como homem síntese do Renascimento, época construída sobre bases medievais[47]. Assim, Huizinga trama sua obra pelo fio da tensão, descrevendo (e, a seu modo, atando) personagem e sua conjuntura. Para Huizinga, Erasmo, em escala individual, espelhava e, por sua ativa participação na esfera pública, dinamizava o drama próprio de sua época, violentamente dividida entre modernidade e tradição. Em conhecido trecho de *Erasmus*, lê-se:

> [...] ele foi o homem que enxergou os novos e vindouros acontecimentos mais claramente que qualquer outro, que se obrigou a lutar contra o velho e que também não pode aceitar o novo. Ele tentou permanecer no aprisco da velha Igreja, depois de havê-la atingido seriamente, e renunciou à Reforma e, em certa medida, até ao Humanismo, após havê-los promovido com toda sua força[48].

Interessante destacar outro contraste consignado em *Erasmus*. O biografado, homem marcado pela nuance – característica que o impediu de se posicionar de forma definitiva nas querelas de seu tempo, como se viu acima –, é comparado por Huizinga a Lutero, personagem "da ênfase desproporcional em todas as coisas. O holandês contemplando as ondas revoltas em oposição ao alemão, olhos atentos aos sólidos cumes das montanhas"[49].

Para finalizar esta seção, dedicada à exposição da ideia prevalente na escrita de Huizinga, o contrastante olhar comparativo entre o velho e o novo, sejam também considerados dois outros textos do intelectual em foco. O primeiro é o ensaio sobre os Estados Unidos intitulado *Homem e massa na América*[50], de fins dos anos de 1910. O outro livro é *Nas sombras do amanhã*, publicado em 1935, no qual Huizinga critica duramente os rumos da sociedade moderna, denúncia elaborada dois anos após Adolf Hitler tomar o poder em Berlim[51]. Obras que, embora voltadas ao debate de temas contemporâneos, permitem leituras agregativas face à produção de Huizinga acerca do distante período medieval.

No mencionado ensaio sobre os Estados Unidos, Huizinga opera o mesmo movimento efetuado em *O outono da Idade Média*, lançado um ano depois. Em ambas as obras, lado a lado, são dispostos o antigo e o mais recente. Assim, recuando 500 anos, na Europa descrita em *O outono da Idade Média*, é assinalada a imbricação entre elementos já modernos e outros ainda medievais. E no texto de *Homem e massa na América*, que lida com tempo e lugar bem diversos, o esquema comparativo se mantém, com adaptações: uma vez no século XX, Huizinga correlaciona a velha Europa e os Estados Unidos, país tomado por local da inovação[52]. Cotejo que, como também já se disse, foi primeiramente apresentado aos alunos de Huizinga, em Leiden. Didaticamente, o professor não se furta a confrontar a nação norte-americana com sua Holanda natal[53].

Quanto à obra *Nas sombras do amanhã*, fruto maduro de intelectual no auge da fama nacional e internacional, também é possível perceber nela a proposta de confronto entre realidades distintas. Tomando-se como exemplo, mais uma vez, *O outono da Idade Média*, cabe indagar: o que, na *rationale* de Huizinga, aproximaria um estudo sobre o vigor e o esgotamento do mundo medieval europeu de detalhada e incisiva crítica da sociedade de massas contemporânea? Tanto uma obra como a outra, cada qual versando sobre sociedades afastadas por meio milênio, retratariam processo semelhante, em suas grandes linhas, isto é, o dinamismo e os limites coexistentes em dada civilização que, ao atingir seu ápice, produz as sementes de seu próprio declínio. Em suma: repete-se a ideia-chave de Huizinga, o velho e o novo em tensa e constante interação. Característica, segundo nosso autor, válida tanto para a Cristandade dos séculos XIV e XV como para a moderna cultura e civilização europeias anteriores à eclosão da Primeira Guerra Mundial[54].

Ganha ênfase, então, a interação e o conflito entre velho e novo, relação complexa e dinamizadora da história, trama de contrastes e composições que distingue a exposição do homem de letras holandês. Define-se, assim, em forma sintética, o *cantus firmus* da singular sinfonia de Huizinga. Espécie de "melodia dominante historiográfica" – operando variações do mesmo tema, relacionando e dissociando o velho e o novo na passagem do tempo – também presente em suas obras de crítico da cultura contemporânea. Lembre-se, a propósito, que a repetição é, para nosso autor, uma das leis da história e da cultura, sendo a renovação, viabilizada pelas recorrências, tarefa do homem. Renovação comparável a um renascimento[55]. Não fora de Huizinga, afinal, a ideia de adotar a máxima de Michelet, que proclamava ser a história uma ressurreição?

3 Um historiador em trânsito

Páginas atrás foi lembrada a necessária ligação entre qualquer produção autoral e o contexto vital em que se construiu a obra em foco. Clave de leitura, quase elevada ao *status* de truísmo interpretativo ao longo do século XX, mais que nunca válida para um de seus destacados historiadores, Johan Huizinga, e sua vasta e diversificada bibliografia.

Intelectual que se dedicou, de forma especial, à análise de tempos de transição, como o medievo tardio iluminado em *O outono da Idade Média*, Huizinga, sob muitos outros aspectos, teve seu itinerário pessoal e acadêmico assinalado por trânsitos. Na presente seção, pretende-se recordar algumas dessas transições, cruzando, uma vez mais, texto e contexto e, de forma complementar, o homem e sua circunstância. Conjuntura, também ela, em transformação, de profundos câmbios historiográficos a dramáticas mudanças no macrocenário europeu e global.

188

No âmbito da história, passava-se de uma canônica, especialmente marcada pelo historicismo alemão, à outra, a ele crítica. Ganhava nitidez e força, nas primeiras décadas do século XX, intenso (e tenso) debate historiográfico. Discussão essa que tem na plataforma proposta pelo grupo reunido em torno da revista *Annales d'Histoire Économique et Sociale* sua face mais conhecida, por triunfante[56].

Huizinga, bem a propósito, no discurso inaugural de cátedra, em Groningen (1905), toma partido[57]. E o faz associando os fenômenos históricos a imagens e, por extensão, o trabalho do historiador àquele realizado no ateliê do artista:

> A ciência histórica é capaz de também conter a fantasia e a percepção da beleza, que não se deixam eliminar. Até mesmo quando o escritor não pretenda intervir deliberadamente sobre a fantasia, sua mensagem, caindo em terreno fértil, pode suscitar, de forma imprevista, uma imagem na qual o leitor descobre um vínculo novo, que nem ele e nem quem escreve haviam intuído de início. A imagem histórica terá sempre uma cor mais vívida, mais vivaz que o postulado pela capacidade lógica das palavras que produzem a imagem mesma[58].

Posicionamento que, maturado nos anos subsequentes, terá sua melhor ilustração em *O outono da Idade Média*. Obra de aristocrático historiador da cultura que não ignorou a representação das condições materiais da sociedade observada. Como frisa Le Goff:

> Pois aqui [em *O outono da Idade Média*] tudo o que é imagem ocupa o primeiro plano. Huizinga se empenha em situar a imagem e todo o campo imaginário em relação ao que os marxistas chamam de infraestrutura, isto é, o aspecto econômico. Para os marxistas tradicionais, o mundo completo das representações pertence às superestruturas. Ora, o que Huizinga mostra [...] é que as representações pertencem, em parte, às infraestruturas[59].

Enfim, não há negligência quanto ao mundo do econômico, porém a ênfase está alhures, nos pensamentos e ideias, nas emoções e sonhos, em figuras e nos símbolos, entre outros. Todos transformados em imagem, imagens feitas história. Maneira de compreender a tarefa do historiador reafirmada em *Cultuur-Historische Verkenningen* (*Explorações de história cultural*, 1929), obra na qual a historiografia é definida como "tentativa de uma certa representação, a imagem de um pedaço determinado do passado"[60]. Representação, reitere-se, imagética.

Imagens descritas e analisadas por intermédio de palavras. De acordo com Peter Burke, em um dos textos que acompanham a recente edição de *O outono da Idade Média*, Huizinga tece seu discurso de historiador da cultura atento à morfologia, ao "descrever pensamentos e sentimentos, e suas expressões ou materializações, em obras literárias e de arte"[61].

Propõe-se, no presente texto, desdobrar a afirmação de Burke, reforçando o apelo da morfologia em Huizinga (e, de novo, o linguista nele se faz notar). Para tanto, retorne-se a *O outono da Idade Média*. Vale ter em mente tradução mais literal do título holandês, *Herfsttij der Middeleeuwen*: "Tempo [*tij*] de outono [*herfst*] da Idade Média [*der Middeleeuwen*]". Seja acrescentado sutil movimento realizado por Huizinga, baseado em característica própria de línguas anglo-germânicas, que diferenciam o tempo cronológico (*time*, *Zeit*, *tijd*, respectivamente em inglês, alemão e holandês) do tempo atmosférico (*weather*, *Wetter*, *tij*). Interessa notar que nosso autor, para construir o título em questão, utiliza a palavra holandesa para tempo atmosférico (isto é, *tij*) e não aquela empregada para tempo cronológico (*tijd*), como seria de se esperar em obra de história. Huizinga elege, portanto, ir além da cronologia – e não para fora dela, algo ademais impossível em exercício historiográfico, posto que o tempo (cronológico) é categoria essencial ao historiador. Em *O outono da Idade Média*, escolhendo *tij* (em vez de *tidj*), ele investe em interpretação plástica, sensorial, pictórica da história[62]. Talvez nada sintetize melhor a visão de um tempo, uma era, simultaneamente (ainda) pujante e (já) em processo de ocaso. Afinal, não existem, no Norte, fins de tarde outonais plenos de beleza e cor?

As propostas de Huizinga, como já antecipado, obtiveram, majoritariamente, repercussão positiva em amplos círculos acadêmicos. Recepção que, com a passagem do tempo, conferiu ao autor holandês papel de precursor da chamada Nova História. Nesse sentido, são reveladoras as palavras de Le Goff sobre *O outono da Idade Média*: "Trata-se de um livro a um tempo pioneiro e clássico que fez com que a reputação de Huizinga ultrapassasse o meio dos historiadores e permanecesse atual por ser sempre objeto de debate"[63]. No entanto, o registro elogioso não impede Le Goff de relativizar o papel de Huizinga como arauto da *Nouvelle Histoire*. Para o medievalista francês, tal identificação seria "um pouco redutora"[64]. Opinião que reforça a ideia, aqui registrada, de apontar Huizinga como alguém que esteve em trânsito entre dois cânones historiográficos diversos. Ponto a ser desenvolvido em seguida.

Ainda segundo Le Goff, com o passar do tempo, elementos mais tradicionais das formulações históricas de Huizinga foram sendo inventariados. Entre eles, por conta da passagem deste último pela Alemanha antes de defender seu doutoramento, está a influência da *Kulturgeschichte*, de Jacob Burckhardt e de Karl Lamprecht, que foi seu professor em Leipzig[65]. Influência, admite o próprio Le Goff, existente, mas não sem reservas: nos últimos anos de sua vida, Huizinga criticou o "esquematismo vazio" de Lamprecht[66].

Huizinga descartou a excessiva sistematização não apenas em relação ao antigo mestre. Já no discurso inaugural da cátedra em Groningen, afirmou "[...] que a vida histórica nunca pode ser conhecida mediante noções gerais [...] [tenho] a convicção de que o caráter universal da ciência histórica é prejudicado cada vez que se adota uma regra sistemática"[67].

Resulta daí que Huizinga acredite ser cada civilização criadora de sua própria historiografia, definindo as questões para ela relevantes. Afirmação, por certo, relativista, em decorrência da multiplicidade de formas que o trabalho histórico pode assumir. Relativismo que é fruto da rebelião de Huizinga contra o positivismo. Como, então, resguardar a dignidade científica da historiografia? Não haverá uma validade que transcenda o momento? A saída encontrada por Huizinga, segundo Antoni: em nossa civilização marcada por seu caráter científico, a historiografia só pode ser crítica e científica[68]. Característica que não deve fazer a historiografia, mesmo em época de exaltação da técnica, mimetizar os pressupostos e métodos das ciências naturais.

Huizinga pode ser situado, portanto, entre ortodoxias históricas diversas. Não se filiou ao historicismo (primariamente de herança alemã). E, apesar de compartilhar interesses em comum com o grupo dos *Annales*, confluência já citada, não participou da codificação da nova ortodoxia, crítica do historicismo, que triunfa por ação de Bloch, Febvre e outros.

Sobre este derradeiro ponto, contabilizam-se encontros e desencontros entre Huizinga e os "pais fundadores" da Escola dos Anais. Tanto o holandês, como Bloch e Febvre se especializaram na Idade Média tardia e no início da Idade Moderna, interessando-se igualmente pela história das atitudes mentais. Contudo, os desencontros predominaram. Houve pouco contato entre eles e, sem dúvida, nenhuma cooperação. Um levantamento nas obras completas de Huizinga encontrará poucas referências à dupla francesa e nenhuma referência à Revista *Annales d'Histoire Economique et Sociale*. E o único texto de Huizinga dedicado à produção bibliográfica dos pesquisadores franceses em questão foi uma resenha – bastante crítica – do livro *Os reis taumaturgos*, de Bloch (1. ed. de 1924). Bloch e Febvre também concederam pouca atenção a Huizinga. A despeito de Bloch haver resenhado a edição alemã de *O outono da Idade Média* para o *Bulletin de la Faculte des Lettres de Strasbourg*, a Revista *Annales* jamais publicou texto sobre a edição francesa da mesma obra. Febvre, por seu turno, solicitou, em duas ocasiões, artigos de Huizinga para a *Annales*. Huizinga o atendeu no segundo pedido, enviando dois textos, que, todavia, jamais foram publicados[69]. Descompassos que Jacques Le Goff, em entrevista a Hilário Franco Jr., por ocasião da recente publicação de Huizinga entre nós, resumiu nestes termos: "[...] a história dos *Annales* é sobretudo uma história econômica e social, diferente de *O outono da Idade Média*. De qualquer forma, acho que o sucesso dos *Annales* contribuiu muito para bloquear a influência de Huizinga"[70].

Havendo se inserido entre uma canônica historiográfica e outra, Huizinga também transformou-se, em meio ao ruído de século dramático. Contabilizando-se tão somente as quatro décadas finais de sua vida, ele, tendo operado seu câmbio da linguística para a história cultural e já na titularidade de cátedra universitária em história, acompanhou dois devastadores conflitos mundiais e a profunda depressão econômica do entreguerras. Foi também espectador da Revolução Russa de 1917, que deu corpo e concretude histórica ao espectro comunista antecipado por Marx e Engels quase 70 anos antes. Eventos, todos eles, que colocaram em xeque o mundo no qual Huizinga cresceu e cultivou seus valores cívicos, aquele do liberalismo europeu. Eventos, todos eles, que acrescentaram à reflexão acadêmica de nosso autor, tão voltada a questões estéticas, inequívoca dimensão ética.

Dimensão mais claramente discernível a partir das obras de Huizinga sobre os Estados Unidos. País que, se por um lado o atraía, também causava fortes resistências, mormente devido ao fenômeno da mecanização e da massificação, consideradas desumanizadoras[71]. Mais que problema político, Huizinga enxergava a máquina e a sociedade de massas como ameaçadoras a seu ideal de cultura. Risco que, concretizado nos Estados Unidos, cedo ou tarde engolfaria a Europa. Fenômeno que, com efeito, irá se fortalecer no velho continente, sendo-lhe acrescentada outra ameaça na década de 1930: a do totalitarismo nazi-fascista. Tal conjuntura exigiu de Huizinga outra transformação, de historiador da cultura em crítico da cultura moderna[72].

Papel exercido com maior vigor em *Nas sombras do amanhã* e em *Homo Ludens*. O último título concentraria praticamente todos os temas elaborados por Huizinga ao longo da vida[73], síntese pioneira cuja discussão pormenorizada extrapolaria, em muito, os limites desta apresentação. Já *Nas sombras do amanhã* tem aplicação mais direta à presente análise. Com o subtítulo *"diagnóstico da enfermidade* [ou do padecimento] *espiritual do nosso tempo"*, a obra expõe seu autor tal qual médico a descrever as moléstias que acometeriam a civilização contemporânea: abuso da ciência, indiferença crítica generalizada, decadência de normas morais, culto extremado à vida (superestimando a felicidade terrena, em prejuízo de ideais metafísicos), culto do heroísmo (tomado por apropriação vulgar da filosofia de Nietzsche), entre outros[74].

Sem dúvida, um olhar aristocrático diante do mundo em convulsão. Porém, para Wesseling, não se trata de retórica passadista:

> [... Huizinga] compara o presente ao passado, idealizado ou não, e assim procedia porque, de outra forma, não se pode discernir mudanças nem declínio. [...] ele [Huizinga] não quer retornar àquele passado [...] imagina que tal é impossível e ele é por demais historiador para acreditar em tal retorno. A civilização desenvolveu-se e irá se desenvolver mais. Não devemos voltar, ele argumenta, devemos, sim, nos mover adiante. [...] Temos que continuar a forjar cultura, ele sustenta. Isto demonstra que Huizinga não era um reacionário[75].

Não há, nesta obra, oferecimento de soluções (*Nas sombras do amanhã*, lembre-se, é apresentada como "diagnóstico", não uma prescrição terapêutica). Há apelos para a recuperação moral interior de cada um e a revitalização da moral calcada em ideais metafísicos[76].

Em *Nas sombras do amanhã*, Huizinga, apesar do quadro preocupante que traça da situação então corrente na Europa, afirma crer na redenção continental (e, por extensão, na salvação do próprio ideal civilizacional no qual foi criado). Na apresentação do livro, ele é categórico: "É possível que muitos de meus leitores me chamem de pessimista. Tenho aqui uma única réplica: sou otimista"[77]. Diagnóstico e prognóstico repetidos, aliás. *Nas sombras do amanhã*, como adiantado acima, ele desenvolve os argumentos de conferência proferida em Bruxelas, em 1935, mesmo ano da publicação do livro em questão. A apresentação belga foi seguida de debate com intelectuais como Aldous Huxley e Paul Valéry. Ela contém duas ideias principais, depois elaboradas, com mais fôlego, no livro. A primeira vem da seguinte advertência de Huizinga: "A Europa hoje se encontra exposta a mais de uma força que a ameaça com o retorno ao barbarismo". Perigo passível de ser anulado, como o intelectual holandês sustenta na segunda sentença "[pel]a prática moral das comunidades e indivíduos, que podem curar nosso pobre mundo, tão rico e débil"[78].

Questionamentos sobre o futuro e resposta otimista às ameaças, a propósito, que seriam novamente registrados em *A ruína do mundo: refletindo sobre as possibilidades de restaurar nossa civilização*, redigido quando Huizinga se encontrava cativo em De Steeg e publicado após a sua morte[79]. Nesta última obra, Huizinga afirma, ao refletir sobre virtudes e pecados, conjunto basilar da moral cristã:

> Que não haja zombaria: [como a expressa na questão] "O que estas velhas abstrações familiares têm a dizer para nós hoje, estas noções gerais de um mundo conceitual que há muito desapareceu?" Tem sido minha convicção por mais de quarenta anos, e expressei tal crença em mais de uma ocasião, que este conjunto de virtudes e vícios [...] estão entre os mais preciosos instrumentos conceituais, hoje como há dois mil anos atrás, para que se explore tudo relacionado à vida emocional e ao código moral dos seres humanos[80].

Reiteração da mensagem cristã em tempos de borrasca. E não apenas a fé religiosa e sua herança são confirmadas por Huizinga em cenário desolador. *A ruína do mundo* assinala também outra crença: no futuro papel a ser desempenhado pela Holanda quando da construção de nova ordem. E tal como a validade do espírito cristão, essa ideia era proclamada, por ele, há anos. Já o dissera, por exemplo, em pequeno texto, publicado em Leipzig, no entreguerras: *Die Mittlerstellung der Niederlande zwishen West- und Mitteleuropa (Os Países Baixos como intermediários entre a Europa Ocidental e Central*, de 1933)[81]. Anos depois, duplamente cativo, testemunhando a ocupação alemã em sua terra e sob prisão domiciliar, ele assinala proposição semelhante na obra que lhe será póstuma. A Holanda é retratada, nas páginas de *A ruína do mundo*, como local que, por reunir tripla herança (latina, anglo-saxã e germânica), seria privilegiado em tempos de reconstrução civilizacional. Assim, apresentando seu país como espécie de nação intermediária (e reaparece, de novo, ainda que em roupagem diversa, a ideia de trânsito!), Huizinga consigna o papel que a singular cultura holandesa poderia exercer na regeneração de um mundo estilhaçado[82].

4 Considerações finais

Delio Cantimori, ao analisar a trajetória de Huizinga, alistou-o entre os cidadãos de etérea "República de espíritos livres", restrito mundo culto internacional do qual fariam parte Thomas Mann, José Ortega y Gasset, André Gide, Ilya Ehrenburg, Stephan Zweig, Ernest Curtius, entre outros. Aristocráticos representantes de tradicional cultura "centro europeia", homens que conferiram grande peso e significado à história intelectual e cultural, de fins do século XIX à primeira metade do seguinte. Todos reunidos em torno de determinado mundo, universo superado. "Personagens de Italo Calvino?", indaga Delio Cantimori[83]. Mesmo sem fornecer resposta explícita à pergunta, Cantimori escreve que, dos cidadãos da "República dos espíritos livres" ainda ressoaria o eco de seu canto de cisne, cada vez mais longínquo e débil, porém ainda discernível em sua autenticidade e pureza[84].

Deseja-se sugerir outra caracterização relativa a Johan Huizinga, comparando-o a Erasmo, mais exatamente ao Erasmo retratado pelo historiador em pauta, em já aludido texto: o homem da gradação, dos entretons, que não se manteve em posição fixa, impulsionado e premido pelo torvelinho dos tempos então correntes. Assim, como o Erasmo imortalizado pela pena de Huizinga, ele mesmo, o historiador holandês, também reagiu às demandas de sua época de forma nuançada. Um homem, um intelectual em trânsito.

Isto posto, valeria adotar e, em certa medida, adaptar imagem-síntese de Erasmo cunhada pelo próprio Huizinga na célebre biografia: alguém que, em difícil conjuntura, fita o mar bravio. Como Erasmo, Huizinga também enfrentou o turbilhão do século em debates acadêmicos, morais e políticos, pondo-se, cautelosamente, em ação. Cautela que, sim, pode ser comparada, conforme se viu acima, ao ato de contemplar a arrebentação à beira-mar. Propõe-se, aqui, complementar essa imagem com outra, igualmente válida para ambos os personagens. (Tal qual Erasmo) Huizinga, mais que divisar as ondas, tentou caminhar sobre elas.

Notas

[1] In: HUIZINGA, J. *El concepto de la historia y otros ensayos*. Cidade do México: Fondo de Cultura Económica, 1992, p. 92.

[2] A referência completa é: HUIZINGA, J. *O outono da Idade Média*. São Paulo: Cosac Naify, 2010.

[3] Intitulada *O declínio da Idade Média*, tal edição foi lançada pela Verbo/Edusp, de São Paulo, em 1978.

[4] Movimento que, levado ao extremo, produziu livros como *Ensaios de ego-história*, no qual consagrados acadêmicos franceses fogem do modelo autobiográfico tradicional, relacionando, em olhar globalizante, as obras e as trajetórias individuais de cada autor. Cf. CHAUNU, P. et al. *Ensaios de ego-história*. Lisboa: Ed. 70, 1989.

[5] In: OTTERSPEER, W. *Reading Huizinga*. Amsterdam: Amsterdam University Press, 2011, p. 25. Todas as traduções aqui realizadas são de minha responsabilidade ou, em especial no caso do holandês, são aquelas que me foram acessíveis.

[6] A tese discutiu o papel de espécie de *clown* (chamado *vidûshaka*), no teatro da Índia Antiga. Cabe dizer que, ao me reportar às obras de Huizinga, irei proceder da seguinte forma: sempre que houver edição brasileira ou portuguesa da obra em questão, o título em português será enunciado em primeiro lugar, sendo acrescentado na sequência, e entre parênteses, o título original holandês. O mesmo procedimento será adotado quando houver tradução do livro citado para o espanhol. Para obras publicadas somente em idiomas menos acessíveis ao leitor nacional, forneço primeiro o título do livro em lume e, depois, entre parênteses e também entre aspas, registro tradução portuguesa livre do mesmo. Para facilitar a leitura, no caso de se repetirem as referências a tais obras não editadas em nosso idioma, passarei, a partir da segunda referência, a me referir a elas tão somente pelo título, ainda que vertido de maneira livre, em português.

[7] O estudo em questão foi intitulado *De Opkomst van Haarlem* ("A ascensão do Haarlem"). Cf. COLIE, R.L. "Johan Huizinga and the Task of Cultural History". *The American Historical Review*, vol. LXIX, n. 3, abr./1964, p. 612. Chicago: The University of Chicago Press.

[8] *O outono da Idade Média*, p. 6. Cf. tb., a este propósito, OTTERSPEER, W. *Reading Huizinga*. Op. cit., p. 36.

[9] A importância do contraste entre o velho e o novo, na obra de Huizinga, será debatida na próxima seção.

[10] Voltarei a este ponto.

[11] As críticas mais incisivas diziam respeito ao estilo da obra, tido como por demais literário, e ao tratamento que Huizinga deu às fontes. Cf., p. ex., LEM, A. "Como surgiu O outono da Idade Média". In: HUIZINGA, J. *O outono da Idade Média*. São Paulo: Cosac Naify, 2010, p. 615-617.

[12] Vale acrescentar que Johan Huizinga foi editor da revista *De Gids* (O Guia), entre 1916 e 1932.

[13] Os títulos sobre os Estados Unidos foram, posteriormente, reunidos em tradução norte-americana. Cf. HUIZINGA, J. *America*: a Dutch Historian's Vision from Afar and Near. Nova York: Haper & Row, 1972.

[14] Cf. COLIE, R.L. "Johan Huizinga and the Task of Cultural History". Op. cit., p. 613. • WESSELING, H.L. "From cultural historian to cultural critic: Johan Huizinga and the spirit of the 1930s". *European Review*, vol. 10, n. 4, 2002, p. 488. Cambridge.

[15] Cf. as informações em WESSELING, H.L. "From cultural historian to cultural critic: Johan Huizinga and the spirit of the 1930s". Op. cit., p. 486. Vale acrescentar que *In de Schaduwen van Morgen* foi traduzida em Portugal. A indicação precisa é HUIZINGA, J. *Nas sombras do amanhã –* Diagnóstico da enfermidade espiritual de nosso tempo. Coimbra: Armênio Amado, 1944. Bem mais recentemente, em 2007, a Editora Península, de Barcelona, lançou a obra com o título *Entre las sombras del mañana –* Diagnóstico de la enfermedad cultural de nuestro tiempo.

[16] In "From cultural historian to cultural critic: Johan Huizinga and the spirit of the 1930s". Op. cit., p. 485.

[17] Sobre a prevalência, no pensamento de Huizinga já em idade madura, da mensagem cristã, para além da aceitação de qualquer denominação específica, cf. OTTERSPEER, W. *Reading Huizinga*. Op. cit., p. 33.

[18] "Este mundo tem as suas noites, e não são poucas."

[19] O título original holandês é: *Homo Ludens*: Proeve eener Bepaling van het Spel-element der cultuur. Haarlem, 1938.

[20] O intelectual holandês frisa: a "cultura surge no jogo, e enquanto jogo, para nunca mais perder esse caráter" (In: HUIZINGA, J. *Homo Ludens*. 2. ed. São Paulo: Perspectiva, 1980, p. 193). Segundo analista brasileira: "A implicação dessa assertiva estava no fato de que a civilização passava a ser entendida como o resultado da aceitação de um corpo de regras comum, voluntariamente aceito, que deveria ser respeitado, sendo isso a condição de sua própria existência" (In: RIBEIRO, N.S.D. *A Europa em jogo –* As críticas de Johan Huizinga à cultura de seu tempo (1926-1945). Rio de Janeiro: UFRJ, 2008, p. 89 [Dissertação de mestrado – Disponível em http://www.dominiopublico.gov.br/pesquisa/PesquisaObraForm.do?select_action=&co_autor=50913 – Acesso em jun./2011). Obs.: agradeço a Rebeca Gontijo pela indicação desta talentosa intérprete nacional de Huizinga.

[21] O trecho completo da citação é: "O leitor destas páginas não deve ter esperança de encontrar uma justificação pormenorizada de todas as palavras usadas. No exame dos problemas gerais da cultura, somos constantemente obrigados a efetuar incursões predatórias em regiões que o atacante ainda não explorou suficientemente. Estava fora de questão, para mim, preencher previamente todas as lacunas de meus conhecimentos. Tinha que escolher entre escrever agora ou nunca mais, e optei pela primeira solução" (In: *Homo Ludens*. 2. ed. São Paulo: Perspectiva, 1980, p. 2).

[22] Para a inclusão de Huizinga na listagem nazista de obras prejudiciais e indesejadas ("Listen des schädlichen und unerwünschten Schrifttums"), cf. WESSELING, H.L. "From cultural historian to cultural critic: Johan Huizinga and the spirit of the 1930s". Op. cit., p. 494.

[23] OTTERSPEER, W. *Reading Huizinga*. Op. cit., p. 40.

[24] In: ANTONI, C. *From History to Sociology*: The Transition in German Historical Thinking. Westport: Greenwood, 1976, p. 205.

[25] Cf. ibid., p. 41-42, a expressão citada encontra-se à p. 41.

[26] OTTERSPEER, W. *Reading Huizinga*. Op. cit., p. 97.

[27] Ibid.

[28] Cf. ANTONI, C. *From History to Sociology*. Op. cit., p. 188.

[29] Cf. OTTERSPEER, W. *Reading Huizinga*. Op. cit., p. 45.

[30] Entrevista de Jacques Le Goff a Claude Mettra. In: *O outono da Idade Média*, p. 589.

[31] Cf. *O outono da Idade Média*, p. 457.

[32] Entrevista de Jacques Le Goff a Claude Mettra. In: *O outono da Idade Média*, p. 589.

[33] Ibid.

[34] ANTONI, C. *From History to Sociology*. Op. cit., p. 193.

[35] Para informações contidas neste parágrafo, cf. entrevista de Jacques Le Goff a Claude Mettra. In: *O outono da Idade Média*. Para as citações, ir, respectivamente, às p. 590 e 592.

[36] Para a plausibilidade desta extensão, cf. a citada entrevista de Le Goff: "A Idade Média de Huizinga não tem uma localização, embora o subtítulo em holandês cite a França e os Países Baixos. Ora, a verdadeira unidade cultural do século XV é a Cristandade" (Op. cit., p. 596).

[37] Ibid., p. 11.

[38] Ibid., p. 11-12.

[39] Ibid., p. 221.

[40] Para este último ponto, cf. ARIÈS, P. *História da morte no Ocidente*. Rio de Janeiro: Francisco Alves, 1977. Ariès, nesta obra que se tornou clássica, propõe que, ao contrário do que ocorria na Idade Média e mesmo em séculos mais recentes, a Modernidade fez tabu da morte e do morrer. Tal se deu pelo triunfo, no século XX, de ideal societário bem-definido: "[...] a necessidade da felicidade, o dever moral e a obrigação social de contribuir para a felicidade coletiva, evitando toda causa de tristeza ou aborrecimento [...]. Demonstrando algum sinal de tristeza, peca-se contra a felicidade, que é posta em questão, e a sociedade arrisca-se, então, a perder sua razão de ser" (Op. cit., p. 56). Se este processo de interdição cultural da morte só vai se definir mais claramente após os anos de 1930, ele já estava em movimento na passagem dos séculos XIX para o XX, justificando, inclusive, o alerta que Huizinga faz a seus leitores para que pudessem melhor entender a dança macabra.

[41] Ibid., p. 233.

[42] Cf. "Problemas de historia de la cultura". In: HUIZINGA, J. *El concepto de la historia y otros ensayos*. Cidade do México: Fondo de Cultura Económica, 1992, p. 55.

[43] Cf. WESSELING, H.L. "From cultural historian to cultural critic: Johan Huizinga and the spirit of the 1930s". Op. cit., p. 489-490. Para consultar o registro do historiador francês, cf. FEBVRE, L. *Combates pela história*. 3. ed. Lisboa: Presença, 1989, p. 205-216. A expressão citada encontra-se à p. 212.

[44] Artigo também reunido em *Combates pela história*, p. 217-238. Para a citação ir à p. 230.

[45] Cf. WESSELING, H.L. "From cultural historian to cultural critic: Johan Huizinga and the spirit of the 1930s". Op. cit., p. 489-490. Diga-se que esta confluência de interesses entre Huizinga e Febvre não impediu que o historiador francês dirigisse duras críticas a Huizinga e a *O outono da Idade Média*, objeções consignadas no já citado "Como reconstituir a vida afetiva de outrora?"

[46] OTTERSPEER, W. *Reading Huizinga*. Op. cit., p. 44.

[47] Cf., p. ex., RIBEIRO, N.S.D. *A Europa em jogo*. Op. cit., p. 67-68.

[48] In: HUIZINGA, J. *Erasmus and the Age of Reformation*. Eugene: Wipf & Stock, 2010, p. 190.

[49] In: OTTERSPEER, W. *Reading Huizinga*. Op. cit., p. 69. Cf. tb. em HUIZINGA, J. *Erasmus and the Age of Reformation*. Op. cit., p. 164. Em outro trecho de sua obra, Otterspeer aponta nova comparação

realizada por Huizinga, o confronto entre a ideia de livre-arbítrio de Erasmo e a concepção de servidão da vontade luterana. Cf. ibid., p. 88.

[50] De acordo com o já dito acima, permanece inédito entre nós. Para o texto em inglês, cf. a primeira parte de *America – A Dutch Historian's Vision from Afar and Near*, também citado anteriormente.

[51] Como faz questão de frisar COLIE, R.L. "Johan Huizinga and the Task of Cultural History". Op. cit., p. 613.

[52] Cf. OTTERSPEER, W. *Reading Huizinga*. Op. cit., p. 46.

[53] Cf. ibid., p. 90.

[54] Cf. ibid., p. 49.

[55] Cf. ibid., p. 58. Para maior aprofundamento desta ideia de renascimento em Huizinga, cf., ainda no citado texto de Otterspeer, às p. 50-58.

[56] Dados os propósitos e limites do texto corrente, apenas registro este ponto. Aos interessados, há vasta bibliografia a respeito, em língua nacional e estrangeira.

[57] No original, "Het aesthetische bestanddeel van geschiedkundige voorstellingen", não disponível em português. Acessei a tradução argentina para o castelhano: "El elemento estético de las representaciones históricas", veiculada pela *Revista Prismas*, n. 9, 2005, p. 91-107. Universidad Nacional de Quilmes.

[58] "El elemento estético de las representaciones históricas", p. 103.

[59] Entrevista de Jacques Le Goff a Claude Mettra. In: *O outono da Idade Média*, p. 590-591.

[60] Apud ANTONI, C. *From History to Sociology*. Op. cit., p. 200.

[61] Ibid., p. 600.

[62] Em outras ocasião e obra, Huizinga preferiu a palavra *tijd* (no subtítulo), enfatizando, pois, a cronologia e denunciando o risco de tensos (creio que a palavra "invernais" serviria de bom contraponto...) dias futuros. Refiro-me ao livro *Nas sombras do amanhã*, cujo original holandês é *In de Schaduwen van Morgen*, seguido do subtítulo *een diagnose van het geestelijk leven van onze tijd* ("diagnóstico da enfermidade espiritual do nosso tempo").

[63] Cf. LE GOFF, J. "Huizinga". In: BURGUIÈRE, A. *Dicionário das Ciências Históricas*. Rio de Janeiro: Imago, 1993, p. 391.

[64] Ibid.

[65] Le GOFF, J. "Huizinga". Op. cit., p. 392-393. Cf. tb., acerca das diferenças entre pensamento holandês e alemão segundo Huizinga, ANTONI, C. *From History to Sociology*. Op. cit., p. 200.

[66] Le GOFF, J. "Huizinga". Op. cit., p. 392-393.

[67] "El elemento estético de las representaciones históricas", p. 93.

[68] Afinal, para Huizinga, a historiografia de dada época deve satisfazer as demandas que a criaram. Cf. ANTONI, C. *From History to Sociology*. Op. cit., p. 201-202.

[69] Cf. as informações deste parágrafo em WESSELING, H.L. "From cultural historian to cultural critic: Johan Huizinga and the spirit of the 1930s". Op. cit., p. 489-490.

[70] Cf. *Outono da Idade Média, obra de Huizinga, chega ao país* [Disponível em http://www.estadao.com. br/noticias/arteelazer,outono-da-idade-media-obra-de-huizinga-chega-ao-pais,631749,0.htm – Acesso em 18/11/10].

[71] Ideia, sem dúvida, tributária de determinada leitura cristã. Dela compartilharam, por exemplo, intelectuais católicos como o francês Georges Bernanos e, no Brasil, Alceu Amoroso Lima, este em sua fase reacionária.

[72] Cf. COLIE, R.L. "Johan Huizinga and the Task of Cultural History". Op. cit., p. 620. Cf. análise confluente em RIBEIRO, N.S.D. *A Europa em jogo*. Op. cit., p. 14-15. Descrição mais longa deste movimento se encontra em WESSELING, H.L. "From cultural historian to cultural critic: Johan Huizinga and the spirit of the 1930s". Op. cit., p. 491-494.

[73] Para esta especial concentração, cf. OTTERSPEER, W. *Reading Huizinga*. Op. cit., p. 49. Vale ainda dizer que tal reunião de saberes também despertou críticas. Alguns historiadores teriam ficado chocados com a ênfase, dada por Huizinga em *Homo Ludens*, em argumentos psicológicos e sociológicos. Cf. COLIE, R.L. "Johan Huizinga and the Task of Cultural History". Op. cit., p. 614.

[74] Cf. WESSELING, H.L. "From cultural historian to cultural critic: Johan Huizinga and the spirit of the 1930s". Op. cit., p. 492-493.

[75] Ibid., p. 496.

[76] Cf. ibid., p. 493.

[77] Retiro a citação da edição espanhola de *In de Schaduwen van Morgen*, mais acessível que a portuguesa, esgotada há anos. Cf., portanto, em *Entre las sombras del mañana* – Diagnóstico de la enfermedad cultural de nuestro tiempo. Barcelona: Península, 2007, p. 11.

[78] WESSELING, H.L. "From cultural historian to cultural critic: Johan Huizinga and the spirit of the 1930s". Op. cit., p. 492 e 498. A conferência belga pode ser encontrada em HUIZINGA, J. "Discours sur l'avenir de l'esprit européen". *Verzamelde Werken* (Obras Completas). Vol. VII, p. 261-268.

[79] Para o salvacionismo de *Nas sombras do amanhã*, cf. CANTIMORI, D. *Los historiadores y la historia*. Barcelona: Península, 1985, p. 224.

[80] Apud OTTERSPEER, W. *Reading Huizinga*. Op. cit., p. 232-233.

[81] Cf. ibid., p. 127.

[82] Cf. ibid., p. 112.

[83] A pergunta guarda, em si, dupla homenagem a Huizinga, tanto pelo uso da imagem para definir determinada ideia quanto pela referência ao universo literário, ambos recursos tão caros ao mestre holandês.

[84] Para este parágrafo, cf. CANTIMORI, D. *Los historiadores y la historia*. Op. cit., p. 224-231.

Referências

Obras de Johan Huizinga

HUIZINGA, J. *Erasmus and the Age of Reformation*. Eugene: Wipf & Stock, 2010.

_____. *O outono da Idade Média*. São Paulo: Cosac Naify, 2010.

_____. *Entre las sombras del mañana* – Diagnóstico de la enfermedad cultural de nuestro tiempo. Barcelona: Península, 2007.

_____. *El concepto de la historia y otros ensayos*. Cidade do México: Fondo de Cultura Económica, 1992.

_____. *Homo Ludens*. 2. ed. São Paulo: Perspectiva, 1980.

_____. *America*: a Dutch Historian's Vision from Afar and Near. Nova York: Haper & Row, 1972.

Outras obras

ANTONI, C. *From History to Sociology*: The Transition in German Historical Thinking. Westport: Greenwood, 1976.

ARIÈS, P. "A história das mentalidades". In: NOVAIS, F. & SILVA, R.F. (orgs.). *Nova história em perspectiva*. São Paulo: Cosac Naify, 2011.

_____. *História da morte no Ocidente*. Rio de Janeiro: Francisco Alves, 1977.

BURGUIÈRE, A. (org.). *Dicionário das Ciências Históricas*. Rio de Janeiro: Imago, 1993.

CATIMORI, D. *Los historiadores y la historia*. Barcelona: Península, 1985.

CHAUNU, P. et al. *Ensaios de ego-história*. Lisboa: Ed. 70, 1989.

COLIE, R.L. "Johan Huizinga and the Task of Cultural History". *The American Historical Review*, vol. LXIX, n. 3, abr./1964, p. 607-630. Chicago: The University of Chicago Press.

DE PAULA, J.A. "Lembrar Huizinga". *Revista Nova Economia*, n. 15, jan.-abr./2005. Belo Horizonte.

FEBVRE, L. *Combates pela história*. 3. ed. Lisboa: Presença, 1989.

LE GOFF, J. *O maravilhoso e o quotidiano no Ocidente Medieval*. Lisboa: Ed. 70, 1990.

NOORDEGRAAF, J. "On Light and Sound: Johan Huizinga and nineteenth-century linguistics". *The Dutch Pendulum* – Linguistics in the Netherlands 1740-1900. Münster: Nodus, 1996.

OTTERSPEER, W. *Reading Huizinga*. Amsterdam: Amsterdam University Press, 2011.

PAYTON, R.J. "Translators Introduction". In: HUIZINGA, J. *The Autumn of the Middle Ages*. Chicago: The University of Chicago Press, 1996.

RIBEIRO, N.S. *A Europa em jogo* – As críticas de Johan Huizinga à cultura de seu tempo (1926-1945). Rio de Janeiro: UFRJ, 2008 [Dissertação de mestrado].

WESSELING, H.L. "From cultural historian to cultural critic: Johan Huizinga and the spirit of the 1930s". *European Review*, vol. 10, n. 4, 2002, p. 485-499. Cambridge.

10
Henri Pirenne (1862–1935)

*Andréia Cristina Lopes Frazão da Silva**

1 O historiador e seu tempo

A trajetória de Henri Pirenne tem sido objeto de reflexões desde a sua morte, ocorrida na década de 1930. A partir de então foram publicados inventários de suas obras e de outras atividades acadêmicas que desenvolveu, edições de suas cartas e de partes de seus diários, reflexões sobre acontecimentos pontuais de sua vida, e biografias[1].

Henri Piernne nasceu no dia 23 de dezembro de 1862, na Bélgica, que se constituíra como reino independente somente 31 anos antes. O território do Estado belga abrangia duas grandes regiões que, devido a fatores históricos diversos, possuíam profundas diferenças. Ao norte encontrava-se Flandres, área em que era falado o neerlandês, e ao sul, a Valônia, francófona. Nas décadas finais do século XIX houve um grande crescimento econômico, garantido pela política imperialista, que redundou no controle do Congo, e pela industrialização em franca expansão, com a região de Valônia à frente. Neste contexto, o protagonismo econômico valão conjugou-se ao controle de vários setores da vida social, o que redundou na hegemonia política da burguesia valã face aos outros grupos sociais e étnicos belgas, até às primeiras décadas do século XX.

Os Pirenne residiam em Verviers, cidade valã onde nasceu Henri. O local era um centro de produção têxtil, atividade desenvolvida por sua família. Ele foi o primeiro dos oito filhos – quatro meninos e quatro meninas – de Lucien-Henri Pirenne e de Virginie Duesberg. Sua mãe era católica praticante e sua família também estava envolvida na indústria de tecidos. Seu pai provinha de uma família protestante. Era membro da maçonaria e um político liberal, que chegou a atuar como vereador durante diversos anos.

---

* Doutora em História Social pela UFRJ e professora do Departamento de História e do PPGCH da UFRJ.

Em 1869 Henri iniciou sua vida estudantil na escola comunal de sua cidade. Aluno exemplar, em 1879, quando estava com 16 anos, foi escolhido para proferir um discurso de boas-vindas ao Rei Leopoldo II[2] por ocasião de sua visita a Verviers para a inauguração da barragem de Gileppe. Este dado destacado pelos biógrafos visa, sem dúvida, realçar a precoce habilidade intelectual de Henri, mas também aponta para outra faceta da família Pirenne, que também marcou a trajetória de nosso historiador: o apoio à monarquia[3].

Em 1880 Pirenne ingressou na Universidade de Liège. Segundo apontam os biógrafos, havia uma pressão familiar para que ele seguisse a carreira de engenharia ou advocacia. Como não tinha talento para a matemática, ao ingressar no curso universitário a meta era cursar direito[4]. Contudo, acabou por optar pelas áreas de filosofia e letras.

Pirenne obteve o grau de doutorado em 6 de julho de 1883, com a tese *Le constitution de la ville de Dinant au Moyen Age*. Com este mesmo trabalho ele ganhou um concurso de bolsa de estudos. Assim, entre 1883 e 1885 completou a sua formação acadêmica nas universidades de Leipzig e Berlim, na Alemanha, e, em Paris, na *l'École des Chartes* e na *l'École Pratique des Hautes Études*. É importante destacar que, no final do século XIX, a produção historiográfica alemã e francesa era referencial para os estudiosos belgas[5].

Foram muitos os mestres que influenciaram a formação acadêmica de Henri Pirenne. Em Liège foi aluno de Godefroide Kurth, especialista em história dos francos, e, como o próprio Pirenne declarou anos depois, o responsável pelo seu interesse pelos séculos iniciais da Idade Média[6]. Outro professor de Liège que marcou Pirenne foi Paul Fré[d]ericq, que, depois, tornou-se seu colega de trabalho. Especialista no século XVI, em especial no tema da inquisição nos Países Baixos, segundo Powicke[7], teve um papel fundamental na formação intelectual de Pirenne ao demonstrar a importância do interesse pela historiografia e o estudo da história desenvolvido em outros países[8].

Durante o período em que foi bolsista teve contato com diversos outros professores que também contribuíram para sua formação. Cursou Paleografia com Wilhelm Arndt, professor da Universidade de Leipzig e responsável, dentre outros trabalhos, pela primeira edição da *Historia Pontificalis*. Em Berlim, além de estudar história econômica com Gustav von Schmoller, um dos principais pensadores da chamada escola histórica alemã, e diplomática com Harry Bresslau, que foi presidente da comissão histórica para o estudo dos judeus na Alemanha, teve reuniões com Georg Waitz, presidente da *Monumenta germaniae historica*; Theodor Mommsen, considerado um dos maiores especialistas em história da antiguidade latina, e com Leopold von Ranke, um dos principais formuladores da chamada história metódica ou positivista.

Neste período, Pirenne também conheceu o historiador alemão Karl Lamprecht, então adjunto em Bonn, ainda que não tenha sido seu aluno. Lamprecht foi um dos primeiros historiadores alemães a fazer críticas à história política personalista e a buscar a integração da história às ciências sociais, propondo o estudo das forças naturais e coletivas e a abordagem sintética e universal dos fenômenos históricos, atenta às questões sociais e culturais.

Como aponta Geneviève Warland, neste momento foi estabelecida uma parceria intelectual e uma amizade entre os dois, que perdurou por 25 anos e marcou profundamente a prática historiográfica de Pirenne[9].

Em Paris, Pirenne estudou diplomática e história econômica com Arthur Giry, responsável pela publicação de diversos documentos e trabalhos relacionados à França na Idade Média; história medieval com Gabriel Monod, um dos introdutores dos métodos historiográficos alemães na França e fundador da *Revue Historique*; história das instituições com Marcel Thèvenin, especialista em direito e instituições germânicas, e arqueologia medieval com Robert de Lasteyrie, autor de vários trabalhos de diplomática e de arquitetura religiosa e militar. Também assistiu a algumas aulas de Fustel de Coulanges, estudioso das instituições e autor de *A cidade antiga*.

Além de vínculos com professores, Henri estabeleceu, nos anos em que foi bolsista, laços de amizade com alunos de diversos países. Foi incorporado ao clube alemão de estudantes, o *Akademischer Historischer Verein*. Também fez contatos com Robert Hoeniger, que posteriormente escreveu sobre a peste negra e sobre os judeus na Alemanha. Em Paris, tornou-se amigo de Maurice Vauthier, que depois foi professor da área de direito na Universidade de Bruxelas; Maurice Prou, especialista em arquivística e diplomata, que chegou a diretor da *l'École des Chartes*, e Abel Lefranc, que foi um grande estudioso do Renascimento, em especial dos escritos de Rabelais.

No decorrer de sua vida, Pirenne fez diversos outros amigos e parcerias acadêmicas, como com Paul Vinogradoff, especialista em direito medieval. Russo de nacimento, por questões políticas acabou por se estabelecer na Inglaterra, onde foi professor da Universidade de Oxford. Dentre seus notáveis amigos também se destacam os *annalistes* Lucien Fevbre e Marc Bloch, com os quais trocou correspondência por vários anos, tema que será abordado de forma mais detida no desenrolar deste trabalho.

Todos os contatos estabelecidos por Pirenne foram fundamentais para a sua sólida formação acadêmica em dois eixos principais: na abordagem técnica dos vestígios históricos, aplicando conhecimentos de diplomática, paleografia e arqueologia, e na análise crítica de tais vestígios, à luz das novas perspectivas teóricas e metodológicas que se desenvolviam nos meios historiográficos desde fins do século XIX e que rejeitavam a perspectiva nacionalista e personalista do passado.

A carreira docente de Henri Pirenne inicou-se na Universidade Liège, em 1885, após sua estada no exterior como bolsista. Neste período, o ministro da educação belga estava contratando professores para as universidades públicas. Como ainda não existia a prática de realização de concursos, as contratações eram feitas, sobretudo, por indicações políticas. No momento, os católicos estavam no poder e houve uma resistência à contratação de Pirenne, identificado ao liberalismo. Segundo Prevenier, a contratação efetivou-se devido à intervenção do próprio ministro da Educação e de seu conselheiro, Kurth, que, como já assinalado, fora professor de Pirenne[10]. Ao ser finalmente contratado, ocupou-se da disciplina

202

"Paleografia e diplomática". Em 1885 ele também atuou na *l'École Normale des Humanités*, lecionando a disciplina "Exercícios históricos".

Em outubro de 1886 Pirenne transferiu-se para a Universidade de Gand, onde atuou como professor temporário. É importante destacar que Gand localizava-se ao norte, na região flamenga do país. Assim, mais do que o início de uma longa carreira docente, sua inserção nesta universidade significou também uma mudança de ambiente cultural.

Ele tornou-se responsável pelas disciplinas "História da Idade Média" e "História da Bélgica". Também lecionou nas *Sections normales flamandes*, anexadas à Faculdade de Filosofia e Letras da universidade, ficando responsável pelas matérias de "Geografia histórica da Idade Média" e "Exercícios práticos de história".

Pirenne foi efetivado como professor permanente em Gand poucos anos depois, em 1889. Neste ano, foram introduzidas diversas mudanças na universidade: as *Sections normales flamandes* foram extintas, o currículo de história foi remodelado, incorporando as novas perspectivas historiográficas que aproximavam os estudos históricos das demais ciências sociais, e foi criado um programa de doutorado[11]. Pirenne passou também a lecionar no curso de doutorado e, alguns anos depois, na Faculdade de Direito. Entre 1919 e 1921 ocupou o cargo de reitor. Em 1930, por razões que trataremos no decorrer do texto, solicitou sua aposentadoria. Contudo, continuou a ministrar cursos de curta duração em outras universidades, como em Bruxelas, Dijon e Roma.

Foi em Gand que Pirenne conheceu Jenny Vanderhaegen, com quem se casou em 1887. O casal teve quatro filhos: Henri-Edouard, que também foi professor da Universidade de Gand, atuando na área de filosofia; Jacques, que além de atuar como professor e advogado, foi secretário do Rei Leopoldo III; Pierre, que faleceu jovem, quando ainda cursava a universidade, e Robert, que foi substituto do procurador do rei em Bruxelas.

Além da docência, Henri Pirenne atuou em outras frentes acadêmicas. Participou de diversas comissões; foi membro de várias associações científicas, tanto na Bélgica como em outros países, inclusive como sócio-fundador e/ou membro de diretoria; realizou atividades editoriais; organizou eventos; ministrou conferências em diferentes universidades, recebeu diversos títulos acadêmicos etc. Além destas atividades, também envolveu-se em iniciativas de caráter político, como a participação na comissão para a pesquisa de violações de direitos humanos[12].

Um marco fundamental na vida de Pirenne foi a ocupação alemã da Bélgica durante a Primeira Guerra Mundial. Apesar de proclamar-se neutra, parte da Bélgica foi ocupada por exércitos alemães em 1914, que tornaram a região zona militar por quatro anos. Foi nesta ocasião que seu filho, Pierre, que servia no exército belga, foi morto em batalha. A Universidade de Gand foi fechada e o corpo docente ficou sem receber salários. Pirenne e seu antigo professor, agora colega, Paul Fredericq, organizaram a resistência contra a reabertura da universidade sob as diretrizes alemãs.

Em função desta resistência, em 1916, Pirenne e Fredericq foram deportados para a Alemanha, onde ficaram presos, primeiramente, em Krefeld, um campo para oficiais franceses, belgas, britânicos e russos. Ali, Pirenne começou a aprender russo, língua que continuou a aprimorar durante os anos de prisão. Menos de dois meses depois foi separado do amigo e transferido para uma prisão civil em Holzminden, onde ministrou aulas de História da Bélgica para os seus conterrâneos deportados e história econômica para estudantes russos.

A despeito dos pedidos feitos para que a dupla fosse enviada para a Suíça, pelo papa, pelo rei da Espanha, por governantes de países neutros e até por um grupo de historiadores americanos, após alguns poucos meses eles foram enviados para a cidade universitária de Jena. Ali os amigos se reencontraram, após um breve período de separação. Foi-lhes permitido residir em um hotel, desde que pagassem suas próprias despesas, e consultar a biblioteca universitária local, ainda que tivessem que se reportar diariamente às autoridades locais.

Em janeiro de 1917, acusado de intrigas contra o governo alemão, Fredericq e Pirenne foram novamente separados: o primeiro foi enviado para Birgel, o segundo, para Creuzburg, na Turíngia. Ali pôde finalmente reencontrar sua esposa e o seu filho mais novo, Robert, em agosto de 1918. Henri Pirenne só foi solto após a vitória dos aliados, retornando para Gand em dezembro de 1918.

Vale destacar que no mesmo mês da ocupação germânica de Gand um grupo de 93 intelectuais da Alemanha, dentre eles Lamprecht, que, como assinalamos, foi uma das principais referências historiográficas de Pirenne e seu amigo pessoal, assinaram uma declaração com a qual apoiavam o projeto político e militar alemão de expansão. Para Bryce Lyon este fato, juntamente com a morte de seu filho em batalha e da sua prisão, afetaram a concepção de história de Pirenne e, sobretudo, redundaram em um rompimento com a comunidade historiográfica alemã[13].

Assim, no mesmo mês em que retornou a Gand desligou-se da Academia de Leipzig e da Sociedade Real das Ciências de Gottingen. Nos anos em que foi reitor da Universidade de Gand, nos discursos de abertura do ano letivo que pronunciou, Pirenne tratou de temas antigermânicos[14]. Em 1923 apoiou a exclusão dos historiadores alemães do V Congresso Internacional das Ciências Históricas realizado em Bruxelas[15]. E a própria aposentadoria precoce de Pirenne, segundo Prevenier, foi motivada por este antigermanismo[16].

Em 1923, a Universidade de Gand, por iniciativa do Ministério da Educação, tornou-se bilíngue (francês e neerlandês). Em 1930, porém, o neerlandês tornou-se a língua exclusiva. Esta mudança linguística foi somente um dos episódios relacionados à reorganização das forças políticas na Bélgica no pós-guerra, que significou na perda do prestígio socioeconômico valão e a ascensão flamenga. Foi neste momento que Pirenne desligou-se da universidade, mudou-se para Uccle, localidade do município de Bruxelas, e passou a se dedicar à pesquisa, ao trabalho junto às associações acadêmicas, a proferir conferências e a ministrar cursos de pequena duração em diversos países.

É importante destacar que a inserção nacional e internacional de Pirenne ampliou-se muito após a guerra, pois passou a ser considerado um herói, que resistiu à dominação germânica e sobreviveu à prisão. Assim, tornou-se uma espécie de embaixador da cultura belga. Neste sentido, não é de estranhar que, ao visitar os Estados Unidos, em 1922, tenha encontrado com o então Presidente Warren Harding.

Os anos finais de Pirenne foram marcados por muitas viagens[17] e por perdas pessoais: outros dois de seus filhos faleceram – o caçula, Robert, em 1931, e o mais velho, Henri-Edouard, em 1935. Após ficar doente por um breve período, Pirenne morreu em Uccle, em 24 de outubro de 1935, com 73 anos.

Segundo Brundage, durante sua trajetória Pirenne escreveu cerca de 30 livros e 300 outros textos, entre artigos, resenhas, verbetes, notas e comentários[18]. Logo após a sua morte, quatro de seus discípulos – Ganshof, Sabbe, Vercauteren e Verlinden – elaboraram uma listagem de suas obras, que foi publicada em 1938[19]. Apesar de terem elaborado um inventário com 304 referências, na introdução destacam que não reuniram o conjunto completo da produção do autor, só os textos, as edições revistas e as traduções de seus trabalhos considerados mais significativos[20].

Alguns dos trabalhos publicados por Pirenne foram escritos em coautoria e, mesmo nos que compôs sozinho, fez referências e dialogou com as obras de seus antigos mestres, colegas e discípulos. Certos títulos de sua autoria só vieram a público após a sua morte, como a *História da Europa das invasões ao século XVI* (*Histoire de l'Europe des Invasions au XVIe siècle*) e *Maomé e Carlos Magno* (*Mahomet et Charlemagne*)[21].

Dentre o conjunto da produção de Pirenne destacamos primeiramente a *História da Bélgica* (*Histoire de Belgique*), à qual o historiador se dedicou por cerca de 35 anos de sua trajetória[22]. No Brasil este trabalho não é muito conhecido, mas foi o que deu maior notoriedade ao seu autor, fazendo-o conhecido além da comunidade dos historiadores[23]. Segundo Powicke, esta obra também é fundamental porque muitos dos textos publicados por Pirenne, como estudos diplomáticos, edições de fontes, e a elaboração de repertórios bibliográficos, funcionaram como estudos preparatórios para a redação da sua *História da Bélgica*[24].

Publicada entre 1900 e 1932, em 7 volumes, a obra em tela começou a ser elaborada, a pedido de Karl Lamprecht, para compor a série *Geschichte der europäischen Staaten*, que ele dirigia. O primeiro volume, que recebeu o subtítulo *Das origens ao século XVI* (*Des origines au commencement du XIVème siècle*), inicia-se com o estudo das épocas romana e franca. Este volume foi primeiramente traduzido para o alemão (*Geschichte Belgiens*) e publicado na Alemanha, em 1899; um ano depois, em francês, na Bélgica. Este livro foi revisto por Pirenne três vezes e reeditado cinco vezes enquanto o autor ainda vivia.

O segundo volume aborda do século XIV até a morte de Carlos o Temerário, em fins do XV (*du commencement du XIVe siècle à la mortde Charles Le Téméraire*) e foi publicado em 1902, tanto em francês quanto em alemão. Esta obra foi alvo de duas outras edições revistas, em 1908 e 1922.

205

O terceiro volume recebeu o subtítulo *De la mort de Charles Le Téméraire à l'arrivée du Duc d'Albe dans les Pays-Bas* (1567) e aborda do fim do século XV a meados do XVI. Também foi publicado no mesmo ano, 1907, em alemão e francês e foi alvo de duas edições revistas, em 1912 e 1923.

Com o subtítulo *La révolution politique et religieuse, le règne d'Albert et d'Isabelle, le régime espagnol jusqu'à la paix de Munster* (1648), o quarto volume se inicia com a figura do Duque de Alba. Foi publicado na Bélgica em 1911 e na Alemanha em 1913. Vale destacar que este foi o último volume que também veio a público na Alemanha[25], o que é explicado pelo início da Primeira Grande Guerra em 1914 e a postura antigermanista adotada por Pirenne após a sua prisão. Esta obra também foi alvo de revisões e foi republicada em 1915, 1919 e 1927.

O volume cinco aborda o fim do domínio espanhol e o domínio austríaco, finalizando com as revoluções brabantina e liejense, abarcando o período que vai do século XVIII às primeiras décadas do XIX (*La fin du régime espagnol, le régime autrichien, la révolution brabançonne et la révolution liégeoise*). A primeira edição foi publicada em 1921 e uma segunda, revista, em 1926.

O sexto volume aborda o período que vai de 1792 a 1830, analisando da conquista francesa à Revolução Belga (*La conquête française, le consulat et l'empire, le royaume des Pays-Bas, la révolution belge*) e foi publicado em 1926.

O último volume, lançado em 1932, tem como temática o estudo da Bélgica desde a revolução de 1830 ao início da guerra em 1914 (*De la révolution de 1830 à la guerre de 1914*). O prefácio deixa claro que o autor via que seu trabalho se completara e que não tinha o objetivo de escrever outros volumes registrando e analisando os acontecimentos contemporâneos[26].

A importância da *História da Bélgica* vai muito além de sua contribuição historiográfica. Sua composição foi iniciada cerca de sete décadas depois da criação do país e, como destaca Prevenier, deu aos belgas o sentimento de formarem uma nação com um longo passado, cujas origens estavam na Idade Média[27].

Como destaca Genicot, Pirenne tinha uma meta: mostrar que a Bélgica não era uma criação artificial[28]. Ao fazê-lo, entretanto, priorizou aspectos que, na opinião de alguns, não contemplaram, de fato, o que foram os fundamentos históricos do Estado recém-organizado. Assim, a obra suscitou diversas críticas: o trabalho foi considerado uma construção ideológica para legitimar a monarquia belga, particularista, repleto de anacronismos, que priorizava certas regiões do país em detrimento de outras, e fundamentado numa perspectiva teleológica do processo histórico, que o aproximava da historiografia romântica que, com sua prática docente e investigativa, Pirenne buscava superar. Entretanto, é inegável que a obra tenha incorporado diversas inovações historiográficas que se difundiam na virada do século XIX: o historiador realizou um rigoroso trabalho crítico das chamadas fontes primárias e não se limitou a analisar os acontecimentos políticos e militares, dando destaque aos atores coletivos e aos fenômenos sociais, econômicos, religiosos e culturais.

206

Para Prevenier, a *História da Bélgica* é fruto do paradoxo do autor, cuja chave está no convite realizado por Lamprechet para que Pirenne escrevesse uma obra sobre a Bélgica, um dos Estados europeus para compor a coleção *Geschichte der europäischen Staaten*, que dirigia. Este convite teria forçado o autor a refletir sobre a existência de uma coerência territorial e de um passado comum que pudesse ser denominado como História da Bélgica[29].

Preferimos pensar que Pirenne foi receptor de diferentes tradições historiográficas. Tais tradições foram selecionadas e aplicadas de formas diversas em seus trabalhos, em função de seus múltiplos pertencimentos e compromissos sociais; além de historiador, Pirenne era belga, oriundo da classe média industrial, francófono e partidário do governo monárquico, para só citar alguns aspectos. Assim, o paradoxo não deve ser lido como fruto de um equívoco ou como a solução para um problema historiográfico pontual, mas como um aspecto inerente ao intelectual inserido em uma dada organização social.

Além da *História da Bélgica*, sua obra que suscitou mais polêmicas, Henri Pirenne foi autor de diversos outros trabalhos, como já assinalado. Como não é possível fazer uma apresentação de cada um deles, devido ao grande número de publicações e ao objetivo central deste texto, optamos por criar uma tipologia de sua produção, que passamos a apresentar. Nossa tipologia agrupa os trabalhos de Pirenne por sua temática central.

Em primeiro lugar, destacamos os estudos e edições críticas de textos medievais, nos quais Pirenne aplicou seus conhecimentos de diplomática, filologia e paleografia, bem como os textos teóricos relacionados à arquivística e à arqueologia. Durante toda a sua carreira acadêmica o historiador dedicou-se à tarefa de analisar e divulgar documentos e o último artigo que tornou público foi justamente a publicação e crítica de uma doação feita no século VIII, intitulado *Un prétendu original de la donation d'Eisenach en 762 à l'abbaye d'Echternach*, elaborado em coautoria com Jules Vannérus.

Em um segundo grupo reunimos os trabalhos que denominamos genericamente de crítica historiográfica e que incluem a organização de repertórios bibliográficos, resenhas, reflexões sobre a trajetória e a produção de diferentes historiadores e do próprio campo da pesquisa e do ensino da história. Como exemplos de trabalhos dentro deste grupo, destacamos a resenha da obra de Funck-Brentano, *Les origines de la Guerre de Cent ans. Philippe-le-Bel en Flandres*, publicada em Paris pela Champion, em 1897, mesmo ano de publicação da resenha; o repertório bibliográfico, publicado em 1901, *Bibliographie de l'histoire de Belgique: Catalogue méthodique et chronologique des sources et des ouvrages principaux relatifs à l'histoire de tous les Pays-Bas jusqu'en 1598 et à l'histoire de Belgique jusqu'en 1830*; os artigos *Histoire de la Classe des Lettres et des Sciences morales et politiques: Sciences historiques*, publicado em 1922, e *Notice sur Léon Vanderkindere, membre de l'Académie: sa vie et ses travaux*, de 1908, para só citar alguns poucos exemplos.

As temáticas centrais das obras que reunimos no terceiro grupo são as questões relacionadas à teoria e à metodologia da história. Este tema redundou em um número menor de publicações face aos outros desenvolvidos por Pirenne. Contudo, é importante destacar que as preocupações de caráter teórico-metodológico também figuram em diversos outros trabalhos de sua autoria, mas que têm outros objetos como questão central. Deste grupo, destacamos o texto *What are historians trying to do?*, um dos capítulos do livro *Methods in social science – A case book*, organizado por Stuart Rice e publicado em 1931. Nele, o autor discute questões como o objeto do estudo da história, a crítica das fontes, a narrativa e a comparação em história. Ainda dentro desta temática encontra-se o discurso proferido na abertura do V Congresso Internacional das Ciências Históricas, publicado em 1923, *De la méthode comparative en histoire*, no qual o autor discorre sobre as potencialidades da comparação em história.

Classificamos como histórias gerais um quarto grupo de trabalhos de Pirenne. Nele encontram-se as obras que visam abordar longos períodos, em perspectiva de síntese, como o texto *Le mouvement économique et social du Xe au XVe siècle*, escrito a pedido de Gustave Glotz para compor o tomo VIII da *Histoire du Moyen Âge*, um dos volumes da coleção *Histoire générale* por ele dirigida, publicado em 1933; *Les périodes de l'histoire sociale du capitalisme*, cuja primeira versão foi publicada em 1914, e a *Histoire de l'Europe des Invasions au XVIe siècle*, obra póstuma.

Apesar de defender que a história deve abordar "os movimentos coletivos", não os individuais[30], Pirenne também foi autor de várias biografias, publicadas nos volumes VII a XXVI da *Biographie nationale*, entre 1885 a 1937. Assim, podemos considerar a temática do quinto grupo como biografias. Dentre os biografados pelo historiador encontram-se Sédelius Scotus, poeta de origem irlandesa, que viveu no século IX; a beguina Marie d'Oignies, que morreu por volta de 1213, e Jean de Mandeville, autor de um livro de viagens produzido no século XIV.

No sexto grupo encontram-se os trabalhos que discutem o fim do mundo antigo. Como sublinha Ganshof, nos anos que se seguiram ao fim da Primeira Grande Guerra, vários textos foram publicados sobre esta temática, como o de Alfons Dopsch, *Wirtschaftliche und soziale Grundlagen der europäischen Kulturentwicklung*; os de Hermann Aubin, que foram reunidos e publicados em *Vom Altertum zum Mittelalter*; a obra *La fin du monde antique et le début du moyen âge*, de Ferdinand Lot, e *The making of Europe – An introduction to the history of European unity*, de Christopher Dawson[31]. Pirenne contribuiu com tal debate: ministrou cursos e escreveu alguns ensaios sobre a questão nas décadas de 1920 e 1930, como o artigo *La fin du commerce des Syriens en Occident*, que culminaram com a publicação póstuma de *Maomé e Carlos Magno*.

No sétimo grupo encontram-se diversos trabalhos que estudam as cidades, tanto em abordagens de caso como reflexões sobre Bruges, Dinant e Saint-Omer, ou de uma região, como os Países Baixos, abordando aspectos diversos como as instituições, o comércio, a produção têxtil, as relações sociais etc. Exemplos de publicações deste grupo são os artigos *Les Comtes de la Hanse de Saint-Omer*, de 1899; *Le privilège de Louis de Male pour la Ville de Bruges du mois de juin 1380*, de 1903; *Dinant dans la Hanse teutonique*, de 1904; *Une crise industrielle* *au XVIème siècle. La draperie urbaine et la "nouvelle draperie" en Flandre*, de 1905, *Mediaeval Cities: their origins and the revival of trade*, publicada originariamente em inglês em 1925, e *La question des jurés dans les villes flamandes*, de 1926.

No oitavo e último grupo encontram-se os estudos dedicados à questão da demografia. Adepto do estudo das massas e do uso crítico das fontes, Pirenne também elaborou reflexões no campo da demografia histórica. Neste sentido, publicou *Les dénombrements de la population d'Ypres au XVe siècle*, além de uma reflexão mais teórica sobre o tema, *Les documents d'archives comme source de la démographie historique*, ambos em 1903.

Somente três obras de Pirenne foram traduzidas para o português. Por isso, optamos por apresentá-las de forma mais detida, e, destas, só duas foram lançadas no Brasil.

As cidades da Idade Média foi lançada em Portugal pelas Publicações Europa-América, na Coleção Saber, em 1962, a partir da versão em francês[32]. Como o autor destaca no Prefácio, o livro apresenta uma síntese das palestras ministradas em universidades americanas em 1922. Como ele mesmo adverte, não se trata de um manual didático, mas da apresentação de sua tese sobre "os grandes movimentos da evolução urbana desde o fim da Antiguidade até cerca de meados do século XII"[33].

A obra está dividida em oito capítulos. O primeiro trata do comércio no Mediterrâneo até o fim do século VIII; o segundo do que chama de decadência comercial do século IX; o terceiro trata das cidades e dos burgos, que, segundo o autor, eram as fortalezas que surgiram na Europa a partir do século IX; o renascimento do comércio é o tema do capítulo quatro; no quinto, aborda os mercadores; no sexto, a relação entre a formação das cidades e a burguesia; o sétimo enfoca as instituições urbanas, e o último a influência das cidades na civilização europeia.

História econômica e social da Idade Média foi publicada no Brasil pela Editora Mestre Jou, em 1963, e reeditada cinco vezes. Esta obra foi lançada originariamente com o título *La civilisation occidentale au moyen âge du XIe au milieu du XVe siècle – Le mouvement économique et social*, como parte da Coleção *Histoire générale*, em 1933, como já assinalado. A edição brasileira foi realizada a partir da oitava edição espanhola, de 1961.

A obra tem como objetivo, como destaca o próprio Pirenne, "expor ao público o caráter e o movimento geral da evolução social e econômica da Europa Ocidental, desde fins do Império Romano até meados do século XV"[34]. O livro está dividido em sete capítulos, precedido por uma introdução. Nesta, trata da Europa Ocidental desde a ruptura do equilíbrio econômico da Antiguidade até o século IX. O primeiro capítulo aborda o renascimento do comércio, com foco no Mediterrâneo e na Europa Setentrional. O segundo enfoca as vilas. O terceiro, a organização da produção agrária. O quarto se dedica ao estudo do comércio até fins do século XIII e o quinto, das importações e exportações no mesmo período. O sexto aborda a economia urbana, com destaque para o que o autor denomina como "indústria". O último capítulo discute as transformações dos séculos XIV e XV.

A outra obra de Pirenne publicada no Brasil é *Maomé e Carlos Magno – O impacto do Islã sobre a civilização europeia*, lançada pelas editoras Contraponto e PUC-Rio, conjuntamente, em 2010. O livro, como já assinalamos, foi editado após a morte do autor, em 1937. Como o texto ainda não estava totalmente acabado, já que faltava ainda uma revisão final e algumas notas, coube ao filho de Henri, Jacques Pirenne, e a um de seus ex-alunos, Fernand Vercauteren, prepararem o material para publicação.

O livro *Maomé e Carlos Magno* está dividido em duas partes. A primeira, com três capítulos, tem como título a Europa Ocidental antes do Islã. Nela são apresentados os elementos de continuação da civilização mediterrânica ocidental após o que denomina como "invasões germânicas", no primeiro capítulo; a situação econômica do período, no segundo, e a vida intelectual, no terceiro. A parte dois, o Islão e os carolíngios, também está dividida em três capítulos e aborda a expansão islâmica no Mediterrâneo, no quarto capítulo; a ascensão dos carolíngios, que o autor denomina como "o golpe de Estado" e a "meia-volta" do papa, no quinto, e os primórdios da Idade Média, no sexto. A obra finaliza com uma breve conclusão. A edição brasileira também inclui a tradução do artigo *Maomé e Carlos Magno*, publicado em 1922, e que contém as primeiras aproximações do autor ao tema.

Ainda que seja lembrado até hoje como um grande historiador e autor de livros clássicos, a trajetória de Pirenne, como vimos, não se reduziu às suas atividades acadêmicas. Ele ocupou vários papéis sociais e foi afetado por conjunturas históricas diversas, aspectos que muitas vezes são esquecidos, já que a sua contribuição para o desenvolvimento do conhecimento histórico não se limitou ao seu tempo, continuando a ser referencial até hoje.

2 Percursos e influências

É impossível inventariar e avaliar todos os percursos e as influências exercidas pela pessoa e a obra de Henri Pirenne para os estudos históricos. Além daqueles que foram seus orientandos e alunos na Universidade de Gand, milhares de pessoas assistiram aos seus cursos e conferências e/ou leram seus trabalhos em diferentes países e, certamente, elaboraram reflexões a partir das suas ideias, seja para opor-se às suas teses, revisá-las, ou aplicá-las a diferentes objetos de estudo.

Vejamos o caso de Braudel, para só citar um exemplo. Ele não foi discípulo de Pirenne[35], mas assistiu a uma conferência que o belga ministrou em Argel, em 1931, sobre o tema da expansão muçulmana e o fechamento do Mediterrâneo. Sobre o evento, ele escreveu em 1935:

> Sua presença produzira o efeito de um explosivo. Os estudos de História, já não digo sonolentos, mas certamente sossegados e tranquilos [sic], viram-se agitados com a sua chegada. Mais de mil pessoas enchiam a sala da conferência. Diante do auditório, Pirenne, um pedaço de papel entre os dedos, talvez um cartão de visita, pôs-se a falar com sua voz cheia: descia e subia o caminho do

210

tempo, discutindo consigo mesmo, entusiasmando-se com espantosa facilidade, pescando expressões e argumentos imprevistos, com essas frases robustas e flexíveis que fazem o encantamento de seus livros. E não pensem que fossem fáceis os assuntos abordados. Reportavam-se aos mais austeros problemas da História Medieval. "Mas então é isto a História, exclamava o público, pois não é a erudição, simples instrumento, nem os fatos e gestos dos grandes da terra – essa história que participa da arte – mas a própria vida [...][36].

Braudel, além de ter sido impactado pela pessoa de Pirenne, como o seu testemunho permite concluir, também não ignorou as teses que ele formulou. Delas se aproximou e se distanciou em diversos momentos de sua própria trajetória de pesquisa sobre o Mediterrâneo[37].

Tendo em vista esta constatação inicial, optamos por discutir os percursos e influências de Pirenne priorizando a apresentação dos seus discípulos mais diretos, bem como a sua relação com os primeiros *annalistes*, Marc Bloch e Lucien Febvre. Acreditamos que desta forma poderemos delinear, ainda que parcialmente, como o legado intelectual de Pirenne influenciou a escrita da história, tanto na Bélgica quanto em outros países com os quais manteve ligações mais estreitas.

Durante sua carreira docente, Pirenne orientou 32 alunos de doutorado. Destes, foi possível identificar 30 pessoas que atuaram em duas áreas principais, carreira docente e arquivística, que também foram campos de atuação do mestre. Mesmo que tenham desenvolvido carreiras em instituições diversas, a grande maioria deles, contudo, continuou a realizar pesquisas, como é possível constatar pelos trabalhos que publicaram no decorrer dos anos[38].

Ainda que diversos ex-orientandos de Pirenne tenham ingressado na carreira universitária em Gand, Walter Simons considera somente Hans van Werveke e François-Louis Ganshof como os sucessores diretos de Pirenne[39].

Hans van Werveke substituiu Pirenne na cadeira de "História da Bélgica", dando prosseguimento aos estudos iniciados por seu mestre nos campos da história econômica e social, pesquisando, dentre outras temáticas, cidades, demografia e finanças. Na opinião de Simons, foi dentre os dois sucessores diretos o que manteve de forma mais fiel o legado historiográfico de Pirenne em Gand, apesar de seu envolvimento com o movimento flamengo e de suas distintas ideias políticas face às do orientador[40].

François Louis Ganshof, de todos os discípulos de Pirenne, é o mais conhecido no Brasil. Ele ocupou-se da cadeira de "História Medieval". E apesar de ter tido a mesma origem social de seu orientador – burguesia francófona – e partilhar de suas ideias políticas liberais, só parcialmente manteve o legado de Pirenne, ao priorizar o estudo dos documentos. Não desenvolveu reflexões na área de história econômica ou social e especializou-se na história das instituições e do direito ocidentais no medievo, chegando a ser reconhecido como um dos maiores especialistas europeus nestas temáticas. Segundo Simons, Ganshof tampouco desenvolveu o legado de seu mestre no tocante à interdisciplinaridade, ao comparativismo e às abordagens gerais, produzindo, sobretudo, trabalhos com recortes particulares. Para o autor, a sua única obra de síntese é *O que é feudalismo?*, que foi publicada em português[41].

Também ingressaram como docentes na Universidade de Gand, mas responsáveis por outras disciplinas e/ou estudando outros períodos históricos, outros ex-alunos de Pirenne. Passamos a enumerá-los. Victor Fris, que teve uma breve carreira, vindo a falecer em 1925, e que se dedicou ao estudo da história da cidade de Gand, seguindo o caminho da história urbana iniciado por seu orientador. Charles Verlinden, que além de professor em Gand, foi diretor da *Académie belge de Rome* e vice-presidente da *Commission Internationale d'Histoire Maritime* em Paris. Especializou-se em história econômica, contudo, privilegiou o estudo da Península Ibérica, da escravidão e da colonização na América. Fritz Quicke, que também foi diretor da *Revue Belge de Philologie et d'Histoire*, fez sua pesquisa doutoral sobre a dinastia borgonhesa no Brabante, tema que continuou a aprofundar durante a sua vida acadêmica. Por fim, Gaston G. Dept, que desenvolveu estudos no campo das relações econômicas e políticas internacionais, analisando as influências da França e da Inglaterra em Flandres.

Simons argumenta que a inserção de discípulos de Pirenne em outras universidades belgas foi dificultada pela especificidade de Gand, uma instituição flamenga, devido a questões políticas e ideológicas[42]. Assim, somente três ex-alunos de Pirenne ingressam como docentes em outras universidades do país, como destacamos a seguir.

Guillaume Des Marez, que além de arquivista atuou como professor na Universidade de Bruxelas. Realizando uma abordagem interdisciplinar, estudou as propriedades de terra dentro das cidades da Idade Média, em particular na região de Flandres. Segundo Lyon, era o discípulo preferido de Pirenne, que, em seus trabalhos, chegou a fazer diversas críticas às teses do mestre. Apesar de adotar a elaboração de hipóteses na produção do conhecimento histórico, como propunha o professor, ele não produziu obras de síntese, gerais e comparativas, realizando, sobretudo, estudos baseados em meticulosa e profunda pesquisa analítica com recortes particulares[43]. Morreu, ainda jovem, em 1931.

Dois outros discípulos foram professores da Universidade de Liège, onde, como já assinalamos, Pirenne realizou os seus estudos: Fernand Vercauteren, que mantendo a tradição da história urbana estudou instituições e vilas da Idade Média, e Herman van der Linden, que estudou as guildas de mercadores.

Um caso particular é o de Hendrik De Man, que foi, além de professor da Universidade de Frankfurt e da Universidade Livre de Bruxelas, deputado e ministro do parlamento belga. Segundo Verbruggen e Pyenson, ele foi um dos pensadores marxistas mais significantes e inovadores do período entreguerras. Além de teórico, teve uma ativa participação política como membro do Partido Comunista Belga[44]. Sob a orientação de Pirenne ele escreveu uma tese sobre a indústria de roupas em Gand. Para os autores citados, De Man elaborou a sua revisão do marxismo a partir da concepção de história de Pirenne e de suas ideias sobre o capitalismo.

Aqui valem algumas reflexões sobre o diálogo que Pirenne teria travado com o marxismo. Segundo Prevenier, as ideias marxistas influenciaram o historiador em seus escritos do período anterior à guerra, em especial na elaboração do trabalho já citado, *Les périodes de l'histoire sociale du capitalisme*. Neste estudo, apesar do autor rejeitar um modelo linear para o desenvolvimento do capitalismo, sublinha suas causas econômicas e sociais[45]. No pós-guerra, porém, como sustentam o próprio Prevenier e Lyon[46], Pirenne acabou por considerar os modelos explicativos marxistas excessivamente lineares e a valorizar em suas análises os acasos, os acidentes e as ações de pessoas específicas para explicar as transformações históricas.

Por fim, ainda com inserção universitária, destaca-se Willem Blommaert, que levou o legado de Pirenne para a África do Sul, onde foi professor da Universidade de Stellenbosch. Ele estudou sobre os senhores castelães de Flandres. Sua carreira, porém, foi breve, pois faleceu ainda jovem.

Muitos dos discípulos de Pirenne foram responsáveis por diferentes arquivos belgas: Alfred Hansay, que ocupou os cargos de *Conservateur-adjoint des Archives de l'État*, em Liège e, posteriormente, nos *Archives de l'Etat* em Hasselt; Anne-Marie Bonenfant-Feytmans, curadora dos arquivos do *Centre Public d'Action Sociale*; Etienne Sabbe, que foi diretor-geral dos arquivos belgas; H. Nelis, que trabalhou nos *Archives générales du Royaume*; Joseph De Smet, que foi diretor do arquivo público de Bruges; Laurent Van Werveke que também trabalhou nos arquivos de Bruges; Henri Nowé, que foi arquivista da cidade de Gand, e Marcel Bourguignon, que atuou em Arlon.

Também foram alunos de Pirenne: Henri Berben, que aplicou as reflexões do historiador para estudar a Inglaterra, em particular o comércio de lã; Henri de Sagher, que trabalhou na preparação de um levantamento de fontes referentes à indústria de tecidos em Flandres, dando continuidade ao trabalho iniciado por Pirenne e Espinas; Paul Rolland, que estudou as origens da cidade de Tournai; Rene Stragier, que pesquisou sobre a burguesia em Flandres, e Lina Vercauteren-De Smet, que analisou as relações anglo-flamengas[47].

Por fim, vale destacar aqueles alunos que, apesar de terem sido discípulos de Pirenne, especializaram-se em áreas e temas que não foram alvo das reflexões do mestre. Neste sentido, Jean Denucé dedicou-se à história da cartografia e das descobertas; André Van de Vyver, ao estudo do pensamento científico e filosófico produzido na Idade Média; Denise Kallipolitis-Feytmans, ocupou-se da arqueologia antiga, e Antoine de Smet, da geografia histórica[48].

Pirenne contribuiu com a formação acadêmica de diversos profissionais, que se apropriaram de formas diversas do seu legado intelectual. Se alguns buscaram novos campos de reflexão, outros, de alguma forma, mantiveram-se mais próximos dos caminhos trilhados pelo orientador. Neste sentido, um grupo privilegiou o trabalho com os documentos, tanto no que concerne à sua guarda e preservação quanto à sua crítica e disponibilização. Outro deu continuidade aos estudos dentro das temáticas e campos da história que foram desenvolvidos pelo mestre – história econômica, história social, história urbana –, seja estudando as próprias cidades belgas ou abordando outros espaços, como a Península Ibérica, a América e a Inglaterra, ou ainda dedicando-se a outros períodos históricos além do medievo.

Para Lyon[49], a grande maioria dos discípulos de Pirenne não manteve os ideais de uma história universal[50], sintética e comparada proposta pelo mestre. Neste sentido, é possível apontar que o seu principal legado deu-se no campo da metodologia e da crítica histórica das fontes.

Indo além do círculo dos discípulos diretos, Genicot, fazendo um balanço sobre a produção historiográfica belga, na década de 1980, destaca que Pirenne contribuiu para a promoção da história econômica, sobretudo urbana, em seu país. Contudo, esta acabou por ligar-se à história jurídica, "pouco preocupada com problemas e técnicas de produção, câmbio e consumo"[51]. Por outro lado, a História da Bélgica, campo em que incontestavelmente Pirenne foi pioneiro, continuou a suscitar estudos, ainda que, com o movimento flamengo e as reformas políticas no país, foram elaboradas história do país levando em conta as especificidades culturais e étnicas internas[52].

Mas Pirenne também recebeu em seus seminários práticos de pesquisa estudiosos de outros países. Assim, Carl Stephenson, professor em Cornell; Charles H. Taylor, de Harvard; Fritz Roerig, da Alemanha; Henry Lucas, de Michingan; Gray C. Boyce, da Northwestern University, e Willem Sybrand Unger, dos Países Baixos pesquisaram algum tempo sob a direção de Pirenne. Sem dúvida, eles tiveram um papel fundamental na difusão das ideias do historiador, tanto pela Europa como pelos Estados Unidos. Neste sentido, segundo Lyon, ao lado de J. Huizinga e Marc Bloch, Pirenne foi um dos medievalistas mais lidos após 1928 na Europa. O autor também aponta que sua influência nos Estados Unidos foi grande, onde várias de suas obras foram traduzidas para o inglês e publicadas[53].

As ideias de Pirenne tiveram uma especial influência na França. Assim, não é de estranhar que num recente livro publicado sobre os historiadores franceses do século XX, um dos capítulos seja dedicado ao historiador belga. Os organizadores explicam esta opção pelo papel crucial ocupado pelo pesquisador no desenvolvimento da historiografia francesa no século passado[54].

No início dos anos de 1920 Pirenne já era um experimentado professor, reconhecido internacionalmente devido à sua postura combativa por uma história rigorosa e crítica, que rejeitava o estudo do particular, insistia na importância da análise econômica e social e apostava na história comparada. Não era o único a difundir tais ideias, mas, sem dúvida, um dos mais conhecidos. Também era uma figura influente no campo dos estudos históricos, ocupando o cargo de presidente da Union Acadèmique Internationale e do International Committee of Historical Sciences, e com contatos em diversas universidades da Europa, da América e até da África. Foi neste momento que Bloch e Febvre estabeleceram contatos estreitos com o historiador belga.

Pirenne, Bloch e Febvre encontraram-se em algumas ocasiões e trocaram correspondências por anos. Como já era um historiador internacionalmente reconhecido, Pirenne foi, para a dupla fundadora dos *Annales*, uma espécie de apoiador e mentor. Como destaca Lyon, muitas das ideias que foram desenvolvidas pela dupla, como a comparação e a perspectiva de totalidade na escrita da história e a preocupação com as forças sociais e econômicas foram apresentadas pelo antigo professor aos mais jovens[55]. E como testemunha o próprio Febvre, ele foi um conselheiro, que os estimulou a perseverar[56].

Desta forma, quando surgiu a ideia de fundar uma revista, pareceu a Bloch e Febvre que Pirenne era a pessoa ideal para dirigi-la. Ele não aceitou o convite, mas deu uma contribuição decisiva para os *Annales*, apresentando sugestões, encaminhando artigos e atraindo colegas para submeterem seus textos ao periódico. Ao aproximar-se dos primeiros *annalistes*, portanto, além de partilhar ideias, Pirenne deu respaldo acadêmico à dupla e à revista nascente.

Durante a sua trajetória, Henri Pirenne participou da formação de diversos pesquisadores e estabeleceu conexões com diferentes estudiosos de seu país e do exterior. Com suas ideias e ações contribuiu para a difusão de uma nova maneira de estudar o passado e provocou novas reflexões sobre problemas específicos, como o fim do Império Romano do Ocidente ou a origem das cidades medievais, que vamos discutir a seguir. As suas ideias continuam a circular, suscitando novas leituras e questões, como permite concluir a publicação no Brasil, em 2010, de sua obra *Maomé e Carlos Magno*.

3 Conceito-chave

Como é possível verificar pela tipologia de suas publicações, Pirenne tratou de diversos temas durante sua trajetória, ainda que com ênfases distintas. Além disso, como já exposto, muitos de seus trabalhos eram preparatórios ou apresentavam conclusões parciais de pesquisas em andamento.

Mais do que um conceito-chave, Pirenne propôs uma forma de fazer história, científica, atenta à crítica dos documentos, mas também analítica. Acreditamos que foram suas propostas metodológicas inovadoras e, sobretudo, suas teses originais que marcaram e definiram a sua abordagem como historiador. Neste sentido, elegemos como suas principais contribuições historiográficas a história comparada e suas teses sobre a passagem da antiguidade ao medievo e o nascimento das cidades na Europa Ocidental Medieval, teses que, por sua vez, estão relacionadas[57].

Segundo Prevenier, Pirenne começou a usar a comparação de forma sistemática em suas pesquisas sobre as cidades por volta de 1900[58]. Para o autor, ao mudar-se de Liège para Gand, ele teria ficado fascinado com as diversas especificidades sociais, econômicas e jurídicas que caracterizavam as cidades flamengas face às valãs que ele já havia estudado, como

Dinant, e teria se preocupado em compreender estas especificidades. Assim, em 1904, em um estudo sobre os mercadores de Dinant, já traçava comparações com os comerciantes de Douai, localizada em Flandres[59].

Contudo, verificando o conjunto das publicações de Pirenne, encontramos, entre seus primeiros trabalhos, um artigo intitulado *La version flamande et la version française de la Bataille de Courtrai*, publicado em 1890. Neste texto de quase 50 páginas, ainda que não faça referência direta à comparação, o autor analisa e confronta as diversas versões francesas e flamengas sobre a batalha que contrapôs estes dois grupos no início do século XIV.

Ainda que tenha praticado a comparação no decorrer de suas pesquisas, foi em 1923 que o autor apresentou uma reflexão mais específica sobre o tema. Trata-se do discurso proferido no V Congresso Internacional de Ciências Históricas[60]. Neste texto, sem a pretensão de apresentar algo inédito, como uma nota ao final do texto adverte, Pirenne defende que o método comparativo é o único que pode evitar que o historiador caia nas armadilhas da imparcialidade e torne-se mais crítico. Sem nos aprofundarmos sobre as formas como ele poderia ser aplicado, ele aponta que com a comparação a história se tornaria mais científica, na medida em que superaria o particular-nacional e permitira a proposição de hipóteses. Ele não nega as particularidades das nações, mas vê a comparação como a única forma de abandonar o nacionalismo cego e racista. Assim, o texto finaliza com a defesa de que, além das vantagens acadêmicas da comparação, ela também tornaria a história mais humana.

Adriaan Verhulst explica este discurso como ocasional e fruto da conjuntura específica vivida pelo historiador no pós-guerra, já assinalada. Para ele, Pirenne nunca demonstrou um real interesse pela comparação histórica e suas reflexões foram, portanto, "pouco sinceras" (*less sincere*)[61].

As motivações pessoais de Pirenne para defender o uso do método comparativo em história não nos parecem relevantes à luz do impacto desta metodologia para a historiografia na primeira metade do século XX. Ainda que tenha sido posteriormente retomada e aprofundada por Bloch e outros autores, o discurso do belga abriu caminho para que a comparação se tornasse "uma ferramenta com valor heurístico inigualado"[62], ao relacioná-la à proposição de hipóteses e à crítica histórica.

A tese de Pirenne sobre a passagem do mundo antigo ao medieval foi sendo elaborada no decorrer dos anos de 1920 e 1930 e foi sintetizada na obra *Maomé e Carlos Magno*, que, como já assinalamos, só foi publicada após a sua morte.

Em linhas gerais, a tese defendida propunha que as invasões germânicas não signficaram uma ruptura profunda com a civilização romana e sua organização econômica e social. Para Pirenne, "a unidade mediterrânica, que constitui o essencial desse mundo antigo, conserva-se em todas as suas manifestações"[63]. O autor ainda acrescenta que nem "a helenização crescente do Oriente o impediu de continuar a influenciar o Ocidente"... "Em certa medida, o Ocidente se bizantiniza"[64].

216

A grande mudança ocorrera no século VII, quando os muçulmanos passaram a controlar o Mediterrâneo, impedindo as relações entre o Ocidente e o Oriente. Nas palavras de Pirenne, "o Islã rompe a unidade mediterrânica que as invasões germânicas haviam deixado subsistir"[65]. Para o belga, este foi "o fato mais essencial da história europeia desde as guerras púnicas"[66], e significou o que denominou de "o fechamento do Mediterrâneo ocidental".

Com este isolamento do Oriente e da África, as populações da Europa Ocidental voltaram-se para o seu interior, deslocando o centro de gravidade da Europa, antes nas áreas romanizadas do Mediterrâneo, para o Norte, onde a ocupação germânica fora efetiva e a presença romana efêmera: "inaugura-se a Idade Média"[67].

A partir do século VIII, portanto, a Europa passou por um processo de germanização cultural e retração econômica, com a paralisação do comércio a longa distância, a ruralização, a tendência à autossuficiência produtiva e fim da vida urbana. Esta nova Europa, dirigida por Carlos Magno, só foi possível, portanto, graças a Maomé.

Para fundamentar a sua perspectiva sobre a questão, Pirenne analisou fontes textuais, cristãs e muçulmanas, e arqueológicas. É importante destacar que os estudos arqueológicos ainda eram muito incipientes à epoca e foram, sobretudo, os novos estudos neste campo que propiciaram uma revisão das principais hipóteses do autor. Neste sentido, em primeira edição em 1983 e numa segunda, revisada, lançada em 1996, Richard Hodges e David Whitehouse publicaram a obra *Mohammed, Charlemagne, and the Origins of Europe: Archeology and the Pirenne Thesis*, na qual, a partir dos resultados de pesquisas recentes, sobretudo escavações, sem romper radicalmente com a tese de Pirenne, revisitaram vários de seus argumentos, propondo novas interpretações.

Para Lyon, nenhuma outra tese histórica levantou tantos debates desde a década de 1920 quanto a presente em *Maomé e Carlos Magno*[68]. Desde então, diversos trabalhos foram publicados, seja para ressaltar e aprofundar aspectos propostos pelo autor ou para apontar falhas em suas teses, como a coletânea organizada por Alfred Havighurst, intitulada *The Pirenne Thesis: Analysis, Criticism and Revision*, na qual, além de textos do próprio Pirenne, são publicados estudos de Dellsle Burns, Rostovtseff, Lestocquoy, B. Moss, Norman H. Baynes, Robert S. Lopez, Lynn White Jr., Daniel Dennett Jr. e Anne Riising.

Lyon também destaca que a tese de Pirenne provocou estudos que não se preocuparam em discutir o mérito acadêmico de seus argumentos, mas suas motivações subjetivas, como o de Van Caenegem, publicado em 1987[69]. Este autor defende que a tese da unidade mediterrânica após as invasões germânicas foi fruto do antigermanismo desenvolvido por Pirenne no pós-guerra, o que o motivou a negar qualquer participação dos germanos na constituição da Europa Medieval.

Vinculada à tese das transformações econômicas que marcaram o surgimento da Idade Média, encontram-se as ideias de Pirenne sobre o surgimento das cidades medievais. Ele defendeu, como já assinalado, que com o fechamento do Mediterrâneo e a paralisação do comércio de longa distância, as cidades, a partir fundamentalmente do século VIII, perderam suas funções política, social e econômica. Desta forma, muitas cidades antigas foram abandonadas e outras só sobreviveram, ainda que parcialmente povoadas, devido à sua função religiosa.

A situação só começaria no século X, a partir de dois centros: "um situado ao sul, o outro situado ao norte da Europa: Veneza e a Itália do sul, por um lado; a costa de Flandres, por outro"[70]. Por intermédio de diversos processos, inclusive as cruzadas, não só o Mediterrâneo foi reaberto aos ocidentais, como também foi estabelecida uma importante área de comércio no Mar do Norte.

Segundo Pirenne, "que a origem das cidades da Idade Média se ligue diretamente, como um efeito à sua causa, ao renascimento comercial [...] é uma verdade incontroversa"[71]. Assim, ele defendeu que, com o desenvolvimento do comércio, a partir do século X, foram surgindo grupos de mercadores ambulantes que, de tempos em tempos, retornavam e se estabeleciam em pontos fixos, locais em que as comunicações eram facilitadas e era possível guardar com segurança seus bens. Foi a partir do crescimento destes núcleos, localizados fora das cidades episcopais ou dos centros de defesa senhoriais, que surgiram as novas cidades. Estas comunidades, enriquecidas com os ganhos do comércio, a partir do século XII conquistaram sua franquia face ao domínio senhorial leigo ou eclesiástico, muitas vezes mediante pagamento, e criam um conjunto de instituições que visavam gerir as cidades e proteger as atividades econômicas ali estabelecidas. Como sintetiza Pirenne:

> A cidade da Idade Média, tal como aparece no século XII, é uma comuna vivendo do comércio e da indústria, ao abrigo de um recinto fortificado, gozando de um direito, de uma administração e de uma jurisprudência de excepção [sic] que fizeram dela uma personagem coletiva privilegiada[72].

Pirenne desenvolveu suas reflexões sobre as cidades medievais baseando-se no estudo de localidades urbanas francesas, alemãs, italianas e, sobretudo, flamengas. Como ocorreu com a tese sobre o início da Idade Média, esta também foi criticada e revista, em particular quanto ao seu caráter esquemático e global; à ênfase nos aspectos externos, em particular o comércio de longa distância, para explicar o surgimento das cidades; à caracterização da cidade medieval por critérios unicamente econômicos, e à dicotomia que estabeleceu entre a economia urbana e a rural[73].

As duas grandes teses propostas por Pirenne, que ainda hoje o tornam um autor referencial nas discussões sobre o período medieval, estão interligadas. Em primeiro lugar, elas são complementares, já que sem o fechamento do Mediterrâneo não teria ocorrido o fim das funções econômicas das cidades antigas e, portanto, não teriam surgido novas cidades a partir do renascimento comercial. Em segundo lugar, porque elas se fundamentam em alguns princípios teórico-metodológicos comuns: privilegiam os aspectos econômicos, em especial o comércio, como forças transformadoras da história, ainda que não ignorem os aspectos sociais, políticos e culturais; são proposições de síntese, que buscam dar uma explicação geral para o desenrolar da civilização medieval; não se assentam em uma perspectiva linear e teleológica do processo histórico, já que pressupõem rupturas.

218

4 As considerações do autor

Elaborar uma síntese sobre a trajetória e produção de um dos mais conhecidos hstoriadores belgas não é uma tarefa fácil, sobretudo pelo esforço intelectual que deve ser feito a cada etapa de reflexão para não cairmos nas armadilhas da "ilusão biográfica", que tende a mininmizar as contradições e dar uma organização coerente às ações sobre quem se fala.

Como destacamos no decorrer do texto, Pirenne foi um homem extremamente ativo, que realizou muitas atividades em diferentes campos, criando laços sociais diversos. Oriundo de uma família valã, burguesa e francófona, desenvolveu sua carreira acadêmica em uma das principais universidades flamengas. Foi um intelectual liberal, que apoiou a monarquia. Foi um dos pensadores que combateu arduamente a historiografia romântica e nacionalista, mas foi o autor da primeira história sobre a Bélgica. Por resistir à dominação alemã em sua universidade, foi por mais de dois anos exilado de seu país e preso. Após ter sido um grande admirador da historiografia alemã, tornou-se um antigermanista. Participou da formação de novos pesquisadores, atuou junto a diferentes instituições acadêmicas, escreveu muitos trabalhos, foi conferencista em várias universidades, estabeleceu contatos com estudiosos de diversos países do mundo, mantendo, com muitos deles, troca de correspondência por anos. Todas estas facetas, contudo, não são suficientes para definir quem foi Pirenne, compreender suas opções historiográficas ou a formulação de suas teses originais. Entretanto, mais do que buscar explicar quem foi Pirenne e o porquê de suas ideias, como muitos historiadores se preocuparam em fazer, ao final deste texto queremos pontuar aquelas que foram, em nossa opinião, suas principais contribuições para a escrita da história e que transcenderam o seu tempo.

Ainda que com suas ações Pirenne tenha contribuído para o desenvolvimento da história como uma ciência social, sobretudo com o apoio dado a Marc Bloch e Lucien Fevbre, os fundadores do *Annales*, foi com sua prática historiográfica que ele se tornou um dos mais marcantes historiadores de fins do século XIX e das primeiras décadas do século XX. Ao unir o trabalho técnico de crítica das fontes à análise da documentação e ao defender que os historiadores deveriam superar os nacionalismos, elaborando trabalhos históricos de síntese, comparativos, com ênfase nos fenômenos socioeconômicos e no estudo de grupos, não de indivíduos, foi capaz de propor teses inovadoras sobre a Europa Ocidental Medieval que, como destaca Lyon, por décadas têm suscitado reflexões e debates[74].

A prática historiográfica de Pirenne foi fundamental no passado para a consolidação de uma história mais crítica e analítica, mas hoje, quando a escrita da história passa por profundas mudanças, priorizando o estudo dos aspectos culturais, dos discursos e do particular, suas contribuições para a história continuam relevantes? Defendemos que sim. Em primeiro lugar, todo o seu trabalho de crítica às fontes continua sendo inspirador e necessário. Em segundo, ainda que priorizando outras escalas e objetos, o conhecimento histórico continua a ser elaborado a partir de problemas e de hipóteses. Em terceiro, a comparação ainda é um instrumento metodológico fundamental para as pesquisas historiográficas. E, por fim, as próprias teses específicas sobre o medievo elaboradas por Pirenne, ao serem relidas à luz de novas conjunturas, podem suscitar novos debates. Por exemplo, como defende Flávia Eyler, as reflexões presentes em *Maomé e Carlos Magno* levantam hoje a questão sobre o que caracteriza uma civilização e o que a opõe à barbárie[75].

Notas

[1] A referência completa de alguns destes materiais encontra-se nas Referências.

[2] Segundo Lyon, foi o próprio Pirenne que elaborou o discurso proferido na ocasião. Cf. PIRENNE, H. *A Biographical and Intellectual Study*. Ghent: E. Story-Scientia, 1974, p. 20-21.

[3] Antes do episódio citado, o então futuro Rei Leopoldo II já havia visitado a fábrica da família, em 1856. O próprio Pirenne tornou-se próximo do filho do rei, Albert, que o sucedeu, e dois de seus filhos exerceram atividades junto à realeza.

[4] GANSHOF, F.-L. "Pirenne, Henri". In: VV.AA. *Biographie nationale*. T. 30. Bruxelas: Emile Bruylant, 1959, colunas 671-675.

[5] GENICOT, L. "Bélgica – Historiadores belgas". In: BURGUIÈRE, A. (org.). *Dicionário das Ciências Históricas*. Rio de Janeiro: Imago, 1993, p. 90-94; aqui, p. 90.

[6] PIRENNE, H. "Discours prononcè a la manifestation en l'honneur de G. Kurth". *A Godefroid Kurth*: professeur à l'Université de Liège, à l'occasion du XXVme anniversaire de la fondation de son cours pratique d'histoire. Liège: [s.e.], 1899, p. 162-163.

[7] POWICKE, F.M. "Henri Pirenne". *English Historical Review*, vol. 51, n. 201, 1936, p. 79-89; aqui, p. 80. Oxford.

[8] Uma amostragem deste interesse pode ser constatada na obra de Paul Frédericq, *L'Enseignement Supérieur de l'Histoire*, em que analisa a formação universitária no campo da história na Alemanha, França, Escócia, Inglaterra, Holanda e na própria Bélgica. A obra foi publicada em 1899.

[9] WARLAND, G. "Les métaphores de la nation chez Henri Pirenne et Karl Lamprecht: entre romantisme et humanism". In: ROLAND, H. & SCHMITZ, S. (orgs.). *Pour une iconographie des identités culturelles et nationales* – La construction des images collectives à travers le texte et l'image / Ikonographie kultureller und nationaler Identität: Zur Konstruktion kollektiver "Images" in Text und Bild. Frankfurt: Peter Lang, 2004, p. 179-207; aqui p. 180.

[10] PREVENIER, W. "Henri Pirenne (1862-1935)". In: DAILEADER, P. & WHALEN, P. *French Historians 1900-2000*: new historical writing in twentieth-century France. Malden: Blackwell, 2010, p. 486-500; aqui p. 487.

[11] Estas mudanças começaram a ser implementadas em 1883, quando o antigo professor de Pirenne, Paul Fredericq, estabeleceu-se em Gand e introduziu na universidade aulas práticas com o estudo de fontes.

[12] Uma listagem dos cursos e conferências ministrados por Pirenne e das associações em que foi membro foi publicada logo após sua morte. As referências encontram-se nas Referências.

[13] Sobre o tema, cf. LYON, B. "Henri Pirenne's *Reflexions d'un solitaire* and his re-evaluation of history". *Journal of Medieval History*, vol. 23, n. 3, 1997, p. 285-299. Amsterdam.

[14] No primeiro, *La nation beige et l 'Allemagne*, ele analisou o desenvolvimento das doutrinas raciais na Alemanha. No segundo, *L'Allemagne moderne et l'Empire Romain du Moyen Âge*, criticou o uso do Sacro Império medieval para justificar as ambições políticas e culturais alemãs contemporâneas. No terceiro, ele parafraseou o título da tese doutoral escrita em 1871 por Heinrich von Sybel, intitulada *Was wir von Frankreich lernen konnen*, propondo como título *Ce que nous devons désapprendre de l'Allemagne*. Nesta conferência, após destacar as contribuições germânicas para a historiografia, ele sublinhou que toda esta grande erudição acabou por servir aos interesses do Reich Alemão. Cf. LYON, B. "Henri Pirenne's *Reflexions d'un solitaire* and his re-evaluation of history". Op. cit., p. 291-292.

[15] Os alemães foram reintegrados em 1926.

[16] PREVENIER, W. "Henri Pirenne (1862-1935)". Op. cit., p. 494.

[17] Segundo Braudel, existia um projeto de trazer Pirenne à USP; contudo, ele faleceu antes do plano efetivar-se. BRAUDEL, F. "Henri Pirenne". *Revista de História*, n. 146, 2002, p. 47-51; aqui p. 50. São Paulo.

[18] BRYCE LYON. H.P. "A Biographical and Intellectual Study". *Speculum*, Cambridge, v. 54, n. 1, 1979. p. 174-176, p. 175 [Org. por J.A. Brundage].

[19] GANSHOF, F.-L. et al. "Bibliographie des travaux historiques d'Henri Pirenne". *Henri Pirenne, hommages et souvenirs*. 2 tomos. Bruxelas: Nouvelle Société d'Édition, 1938, t.1, p. 145-164.

[20] Ibid., p. 145.

[21] A biblioteca da Université Libre de Bruxelles disponibiliza, em formato pdf, diversas obras completas de Pirenne a partir do site http://digitheque.ulb.ac.be/fr/digitheque-henri-pirenne/publications-numerisees-par-lulb/classement-chronologique/index.html – Último acesso em 01/09/11.

[22] PIRENNE, H. *Histoire de Belgique*. 2. ed. 7 tomos. Bruxelas: Maurice Lamertin, 1948, t. 7, p. xii.

[23] GANSHOF, F.-L. "Pirenne, Henri". Op. cit., coluna 672.

[24] POWICKE, F.M. "Henri Pirenne". Op. cit., p. 81.

[25] Não encontramos informações se, após a morte de Pirenne, os demais volumes foram traduzidos e publicados em alemão.

[26] PIRENNE, H. *Histoire de Belgique*. Op. cit., p. xii.

[27] PREVENIER, W. "Henri Pirenne (1862-1935)". Op. cit., p. 490.

[28] GENICOT, L. "Pirenne". In: BURGUIÈRE, A. (org.). *Dicionário das Ciências Históricas*. Rio de Janeiro: Imago, 1993, p. 597-599; aqui p. 598.

[29] Ibid.

[30] PIRENNE, H. "What are historians trying to do?" In: RICE, S. *Methods in Social Science* – A case book. Chicago: University of Chicago, 1931, p. 435.

[31] GANSHOF, F.-L. "Pirenne, Henri". Op. cit., coluna 675.

[32] Esta obra foi reeditada quatro vezes em português.

[33] PIRENNE, H. *As cidades da Idade Média*. 4. ed. Lisboa: Europa-América, [s.d.], p. 7.

[34] PIRENNE, H. *História econômica e social da Idade Média*. Rio de Janeiro: Mestre Jou, 1963, p. 5.

[35] Como ele mesmo declarou, "Conheci o homem. Infelizmente pouco e rapidamente". BRAUDEL, F. "Henri Pirenne". Op. cit., p. 48.

[36] Ibid.

[37] FLORES, E.C. "Cultura histórica e historiografia na época de Fernand Braudel". In: FLORES, E.C.; CURY, C.E. & CORDEIRO JR., R.B. (orgs.). *Cultura histórica e historiografia*: legados e contribuições do século 20. João Pessoa: Ufpa, 2010, p. 98.

[38] Com raras exceções, a obra dos discípulos de Pirenne é pouco conhecida no Brasil, devido à dificuldade de acesso a tais materiais. Só nos últimos anos, com a difusão da internet e a disponibilização de textos acadêmicos *on-line*, é possível ter acesso aos trabalhos, sobretudo a partir da base www.persee.fr Por meio deste portal pode-se rastrear parte da produção deste grupo.

[39] SIMONS, W. "The Annales and Medieval Studies in the Low Countries". In: RUBIN, M. (org.). *The Work of Jacques Le Goff and the Challenges of Medieval History*. Woodbridge: Boydell Press, 1997, p. 99-122; aqui, p. 101.

[40] Ibid.

[41] Ibid., p. 104-105. Lyon, entretanto, considera a produção de Ganshof como geral. Cf. DES MAREZ, G. & PIRENNE, H. "A Remarkable Rapport". *Revue Belge de Philologie et d'Histoire*, vol. 77, n. 4, 1999, p. 1.051-1.078; aqui p. 1.078. Bruxelas.

[42] SIMONS, W. "The Annales and Medieval Studies in the Low Countries". Op. cit., p. 107.

[43] LYON, B. "Guillaume Des Marez and Henri Pirenne: A Remarkable Rapport". *Revue Belge de Philologie et d'Histoire*. Bruxelles, vol. 77, n. 4, 1999. p. 1.052 e 1.078. Bruxelas.

[44] VERBRUGGEN, C. & PYENSON, L. "History and the History of Science in the Work of Hendrik De Man". *Revue Belge d'Histoire Contemporaine*, 2011, p. 1-17; aqui, p. 1. Gand.

[45] PREVENIER, W. "Henri Pirenne (1862-1935)". Op. cit., p. 492.

[46] Ibid., p. 496. • LYON, B. "Henri Pirenne's *Reflexions d'un solitaire…*". Op. cit, sobretudo a partir da p. 291.

[47] Não conseguimos encontrar informações sobre a inserção institucional deste grupo de ex-alunos.

[48] Dentre os orientandos de Pirenne figuram seus filhos Robert e Jacques, que também se dedicaram a outras áreas do saber.

[49] LYON, B. "Guillaume Des Marez and Henri Pirenne…". Op. cit., p. 1.052 e 1.078.

[50] Para o autor, as exceções foram Ganshof e Verlinden. Como destacamos na nota 42, Simons não concorda com esta avaliação e vê Hans van Werveke como o grande perpetuador do legado intelectual de Pirenne em Gand.

[51] GENICOT, L. "Bélgica – Historiadores belgas". Op. cit., p. 91.

[52] Ibid., p. 92.

[53] LYON, B. "Henri Pirenne: Connu or Inconnu?" *Revue Belge de Philologie et d'Histoire*, vol. 81, n. 4, 2003, p. 1.231-1.242; aqui, p.1.236. Bruxelas.

[54] DAILEADER, P. & WHALEN, P. *French Historians 1900-2000*: new historical writing in twentieth-century France. Malden: Blackwell, 2010, p. xxvii.

[55] LYON, B. "Marc Bloch: Historian". *French Historical Studies*, vol. 15, n. 2, 1987, p. 195-207; aqui, p. 201. Durham.

[56] FEBVRE, L. "Henri Pirenne: 1862-1935". *Annales d'Histoire Économique et Sociale*, vol. 7, n. 35, 1935, p. 529-530. Paris.

[57] Quando lemos as obras sínteses que apresentam tais teses, *As cidades da Idade Média* e *Maomé e Carlos Magno*, verificamos que há muitos argumentos comuns.

[58] PREVENIER, W. "Henri Pirenne (1862-1935)". Op. cit., p. 491.

[59] Ibid.

[60] PIRENNE, H. "De la méthode comparative en histoire – Discours d'ouverture du Cinquième Congrès International des Sciences Historiques. In: DES MAREZ, G. & GANSHOF, F.-L. (orgs.). *Comp-*

te-rendu du Cinquième Congrès International des Sciences Historiques. Bruxelas: M. Weissenbruch, 1923, p. 1-13.

[61] VERHULST, A. "Marc Bloch and Henri Pirenne on Comparative History – A Biographical Note". *Revue Belge de Philologie et d'Histoire*, t. 79, n. 2, 2001, p. 507-510; aqui p. 510. Bruxelas.

[62] DUMOULIN, O. "Comparada (História)". In: BURGUIÈRE, A. (org.). *Dicionário das Ciências Históricas.* Rio de Janeiro: Imago, 1993, p.166-168; aqui p. 167.

[63] PIRENNE, H. *Maomé e Carlos Magno* – O impacto do Islã sobre a civilização europeia. Rio de Janeiro: Contraponto/PUC-Rio, 2010, p. 133-134.

[64] Ibid.

[65] Ibid., p. 155.

[66] Ibid.

[67] Ibid., p. 222.

[68] LYON, B. "Henri Pirenne: Connu or Inconnu?" Op. cit., p. 1.231.

[69] Ibid., p. 1232.

[70] PIRENNE, H. *As cidades da Idade Média.* Op. cit., p. 68.

[71] Ibid., p. 104.

[72] Ibid., p. 161.

[73] Um exemplo de trabalho de revisão das teses de Pirenne é o artigo de Adriaan Verhulst: "The Origins of Towns in the Low Countries and the Pirenne Thesis". *Past & Present*, n. 122, 1989, p. 3-35. Oxford.

[74] LYON, B. "Henri Pirenne: Connu or Inconnu?" Op. cit., p. 1.242.

[75] EYLER, F.M.S. "Apresentação". In: PIRENNE, H. *Maomé e Carlos Magno...* Op. cit., p. 7-13; aqui, p. 8.

Referências

BRAUDEL, F. "Henri Pirenne". *Revista de História*, n. 146, 2002, p. 47-51. São Paulo.

BRYCE LYON, H.P. "A Biographical and Intellectual Study". *Speculum*, vol. 54, n. 1, 1979, p. 174-176. Cambridge [Org. por J.A. Brundage].

CHICKERING, R. *Karl Lamprecht* – A german academic life (1856-1915). Nova Jersey: Humanities Press, 1993.

CURY, C.E.; FLORES, E.C. & CORDEIRO JR., R.B. (orgs.). *Cultura histórica e historiografia*: legados e contribuições do século 20. João Pessoa: Ufpa, 2010.

DUESBERG, J. "Chronologie d'Henri Pirenne". In: DUESBERG, J. (org.). *Henri Pirenne, hommages et souvenirs.* 2 tomos. Bruxelas: Nouvelle Société d'Édition, 1938, t. 1, p. 131-143.

_____. "Cours et conférences donnés par Henri Pirenne dans les universités étrangères". In: DUESBERG, J. (org.). *Henri Pirenne, hommages et souvenirs.* 2 tomos. Bruxelas: Nouvelle Société d'Édition, 1938, t.1, p. 81-82.

_____. "Participation à des sociétés scientifiques et savantes". In: DUESBERG, J. (org.). *Henri Pirenne, hommages et souvenirs*. 2 tomos. Bruxelas: Nouvelle Société d'Édition, 1938, t. 1, p. 99-100.

_____. "Principales conférences faites par Henri Pirenne". In: DUESBERG, J. (org.). *Henri Pirenne, hommages et souvenirs*. 2 tomos. Bruxelas: Nouvelle Société d'Édition, 1938, t. 1, p. 82-84.

DUMOULIN, O. "Comparada (História)". In: BURGUIÈRE, A. (org.). *Dicionário das Ciências Históricas*. Rio de Janeiro: Imago, 1993, p. 166-168; aqui p. 167.

EYLER, F.M.S. "Apresentação". In: PIRENNE, H. *Maomé e Carlos Magno* – O impacto do Islã sobre a civilização europeia. Rio de Janeiro: Contraponto/PUC-Rio, 2010, p. 7-13.

FEBVRE, L. "Henri Pirenne: 1862-1935". *Annales d'Histoire Économique et Sociale*, vol. 7, n. 35, 1935, p. 529-530. Paris.

FREDERICQ, P. *L'enseignement supérieur de l'histoire, notes et impressions de voyage*: Allemagne, France, Écosse, Angleterre, Hollande, Belgique. Gand: J. Vuylsteke, 1899.

GANSHOF, F.-L. "Pirenne, Henri". In: BRUYLANT, E. (org.). *Biographie nationale*. 34 tomos. Bruxelas: Académie Royale des Sciences, des Lettres et des Beaux-arts de Belgique, 1959, t. 30, colunas 671-675.

GANSHOF, F.-L. et al. "Bibliographie des travaux historiques d'Henri Pirenne". In: DUESBERG, J. (org.). *Henri Pirenne, hommages et souvenirs*. 2 tomos. Bruxelas: Nouvelle Société d'Édition, 1938, t. 1. p. 145-164.

GENICOT, L. "Bélgica – Historiadores belgas". In: BURGUIÈRE, A. (org.). *Dicionário das Ciências Históricas*. Rio de Janeiro: Imago, 1993, p. 90-94.

_____. "Pirenne". In: BURGUIÈRE, A. (org.). *Dicionário das Ciências Históricas*. Rio de Janeiro: Imago, 1993, p. 597-599.

LEFRANC, A. "Éloge funèbre de M. Henri Pirenne, associé étranger de l'Académie". *Comptes-rendus des Séances de l'Académie des Inscriptions et Belles-Lettres*, 79e année, n. 4, 1935, p. 439-448. Paris.

LYON, B. "Henri Pirenne: Connu or Inconnu?" *Revue Belge de Philologie et d'Histoire*, vol. 81, n. 4, 2003, p. 1.231-1.242. Bruxelas.

_____. "Guillaume Des Marez and Henri Pirenne: A Remarkable Rapport". *Revue Belge de Philologie et d'Histoire*, vol. 77, n. 4, 1999, p. 1.051-1.078. Bruxelas.

_____. "Henri Pirenne's *Reflexions d'un solitaire* and his re-evaluation of history". *Journal of Medieval History*, vol. 23, n. 3, 1997, p. 285-299. Amsterdam.

_____. "Marc Bloch: Historian". *French Historical Studies*, vol. 15, n. 2, 1987, p. 195-207. Durham.

_____ *Henri Pirenne* – A Biographical and Intellectual Study. Ghent: E. Story-Scientia, 1974.

LYON, B. & LYON, M. *The Birth of Annales History*: The Letters of Lucien Febvre and Marc Bloch to Henri Pirenne (1921-1935). Bruxelas: Académie Royale de Belgique, 1991.

PIRENNE, H. *História econômica e social da Idade Média*. Rio de Janeiro: Mestre Jou, 1963.

_____. *Histoire de Belgique*. 2. ed. 7 tomos. Bruxelas: Maurice Lamertin, 1948, t. 7.

_____. "What are historians trying to do?" In: RICE, S. *Methods in Social Science* – A case book. Chicago: University of Chicago Press, 1931.

_____. "De la méthode comparative en histoire – Discours d'ouverture du Cinquième Congrès International des Sciences historiques". In: DES MAREZ, G. & GANSHOF, F.-L. (orgs.). *Compte-rendu du Cinquième Congrès International des Sciences Historiques*. Bruxelas: M. Weissenbruch, 1923, p. 1-13.

_____. "Discours prononcè a la manifestation en l'honneur de G. Kurth". *A Godefroid Kurth*: professeur à l'Université de Liège, à l'occasion du XXVme anniversaire de la fondation de son cours pratique d'histoire. Liège: [s.e.], 1899. p. 162-163.

_____. *As cidades da Idade Média*. 4. ed. Lisboa: Europa-América, [s.d.].

POWICKE, F.M. "Henri Pirenne". *English Historical Review*, vol. 51, n. 201, 1936, p. 79-89. Oxford.

PREVENIER, W. "Henri Pirenne (1862-1935)". In: DAILEADER, P. & WHALEN, P. *French Historians 1900-2000*: new historical writing in twentieth-century France. Malden: Blackwell, 2010, p. 486-500.

QUICKE, F. "Henri Pirenne". *Revue Belge de Philologie et d'Histoire*, t. 14, fasc. 4, 1935, p. 1.665-1679. Bruxelas.

SIMONS, W. "The Annales and Medieval Studies in the Low Countries". In: RUBIN, M. (org.). *The Work of Jacques Le Goff and the Challenges of Medieval History*. Woodbridge: Boydell, 1997, p. 99-122.

VERBRUGGEN, C. & PYENSON, L. "History and the History of Science in the Work of Hendrik De Man". *Revue Belge d'Histoire Contemporaine*, 2011, p. 1-17. Gand.

VERHULST, A. "Marc Bloch and Henri Pirenne on Comparative History – A Biographical Note". *Revue Belge de Philologie et d'Histoire*, t. 79, n. 2, 2001, p. 507-510. Bruxelas.

_____. "The Origins of Towns in the Low Countries and the Pirenne Thesis". *Past & Present*, n. 122, 1989, p. 3-35. Oxford.

WARLAND, G. "Les métaphores de la nation chez Henri Pirenne et Karl Lamprecht: entre romantisme et humanism". In: ROLAND, H. & SCHMITZ, S. (org.). *Pour une iconographie des identités culturelles et nationales* – La construction des images collectives à travers le texte et l'image / Ikonographie kultureller und nationaler Identität: Zur Konstruktion kollektiver "Images" in Text und Bild. Frankfurt: Peter Lang, 2004, p. 179-207.

11
Lucien Febvre (1878–1956) e o novo saber histórico

Raimundo Barroso Cordeiro Júnior★

1 A profissionalização da história na França

Em relação às demais ciências humanas e sociais, a situação epistemológica e institucional da disciplina histórica no mundo intelectual francês, na passagem do século XIX para o XX, poderia ser definida como confortável e estável. Considerando-se os espaços ocupados nas diversas instituições de ensino e na representatividade social adquirida em função do contexto político, os historiadores desfrutavam de reconhecimento profissional e cultural nas universidades, bem como do público consumidor de cultura histórica.

Os efeitos dessa hegemonia foram sentidos com a rápida profissionalização de seus especialistas, na abertura de vagas para professores para o ensino superior, na valorização da disciplina nas reformas de ensino (o aumento da carga horária de história nas diversas séries do ensino básico), na inserção de historiadores em cargos políticos, em carreiras de Estado e na intensa divulgação de obras de conteúdo histórico. Em síntese, a história ocupava um lugar de preeminência num contexto de mudanças políticas, científicas e culturais.

No início do século XX a situação profissional privilegiada da história vai se alterar, considerando as consequências da Primeira Guerra e a crise mundial dos anos de 1930. Essa nova realidade repercutirá tanto no prestígio social da disciplina como no acesso de historiadores a postos de trabalho, principalmente nas universidades. Observa-se, então, que no lugar das certezas intelectuais inspiradas pelos estudos históricos, sobretudo aquelas que foram dedicadas à história da Nação, assim como a relevância no plano das disciplinas aca-

---

★ Doutor em História pela Universidade Estadual de Campinas, com tese sobre Lucien Febvre. Professor de Teoria da História do Departamento e do Programa de Pós-Graduação em História da Universidade Federal da Paraíba.

dêmicas, são alteradas por uma "crise" de identidade e de legitimidade que se abate sobre o campo epistêmico da história e da prática dos historiadores.

Em decorrência dos problemas econômicos vividos pela França nos anos de 1920 e 1930, o ritmo de recrutamento de professores para as universidades entrou em processo de estagnação. As cátedras universitárias foram mantidas por longo tempo inalteradas, aumentando a idade de aposentadoria dos professores. Além disso, poucas cadeiras de história foram criadas durante esse período, sendo preteridas por aquelas de conteúdo eminentemente literário[1].

Destaca-se nesse cenário um grupo de historiadores formados a partir de diversas experiências intelectuais, dialogando e assimilando as lições das ciências sociais, dentre as quais a sociologia, a psicologia e a geografia, e que se propuseram discutir as formulações para um paradigma mais apropriado à natureza do conhecimento histórico. Baseando-se na ideia de rompimento com a história política e *acontecimental*, esses historiadores propugnaram a história social como novo referencial teórico e metodológico para a ciência da história, cujo principal desafio seria doravante enfrentar os obstáculos ao trabalho coletivo e interdisciplinar, fortalecendo os laços de afinidade e parentesco entre as chamadas ciências humanas.

Esse espírito de inovação, contemporâneo a uma movimentação de ideias em toda a Europa, forjou a defesa da identidade e da autonomia epistemológica da história e encontrou sua principal fonte de inspiração nas propostas da nascente sociologia e no movimento historiográfico dos *Annales*. Enquanto a crítica sociológica à história metódica denunciava os *ídolos da tribo dos historiadores*[2], os *annallistes* assumiam o compromisso de garantir um novo *status* para a História. Assim, sintetizaram a precariedade de um conhecimento cujas bases se fundavam na abordagem do factual, do político e do individual demarcando as distâncias e diferenças tanto para com os aliados sociólogos quanto para com os adversários metódicos.

A conjuntura política francesa e a ordem internacional da década de 1930 se impunham à maioria das publicações de ciências humanas, independentemente de suas preferências por uma política editorial mais tradicional ou pela ênfase nos temas da história imediata. Apesar de o surgimento dos *Annales* não ter sido determinado pela crise econômica, a sua repercussão em vários países acabou por definir a escolha de temáticas contemporâneas, posteriormente priorizadas pela comissão editorial da revista. Em certo sentido, a crise colaborou na consolidação acadêmica da história econômica, disciplina que vinha sendo defendida por um crescente número de historiadores como uma das alternativas à história factual.

> As quebras dramáticas da economia capitalista em escala mundial, alcançando de um só golpe a América e a Europa, questionam a ideia do progresso contínuo da humanidade em direção ao acúmulo de bens materiais. Essa crise está relacionada às questões novas que valorizam os aspectos econômicos e sociais, por sua vez mergulhados na deflação, na recessão e no desemprego. Nesse contexto, em que é forte a demanda para compreender e agir, é que a revista dos *Annales*, que leva o título de *Annales d'Histoire économique et sociale*, responde

inteiramente às questões de uma época que desloca o olhar dos aspectos políticos para os econômicos[3].

O momento histórico vai propiciar o surgimento de novos projetos no campo das ciências humanas, envolvendo todo um capital cultural no rearranjo do quadro das disciplinas acadêmicas. Na maioria das vezes, esses projetos propunham a inclusão da história, em particular, e das ciências humanas, em geral, nos limites definidos por algum tipo de teoria. Se antes havia entre os intelectuais uma espécie de conivência ao modelo de conhecimento sugerido pelo método científico, como se fosse uma necessidade lógica e epistemológica acima das preferências teóricas, agora uma das alternativas apresentadas para a superação da crise seria a adesão a um desses projetos. Frequentemente essas ideias estavam assentadas sobre uma teoria do social, porquanto se vivencia, já neste período e aprofundado no imediato pós-Segunda Guerra, a derrocada de valores e princípios que se abalaram diante do barbarismo da destruição em massa.

2 Percursos: os *Annales* e a inovação na história

Desde as primeiras décadas do século XX uma variedade de matrizes teóricas influenciava ou mesmo determinava os caminhos da discussão sobre as possibilidades de inovação da história. Neste caso específico, são representativas algumas linhas fortes do pensamento acadêmico, por exemplo, o avanço progressivo do materialismo histórico em direção à história social e os desdobramentos de uma história inicialmente econômica e posteriormente quantitativa e serial.

Nesse sentido, parece unânime, na história da historiografia, a opinião de que foi um grupo de historiadores que articulou a publicação da revista *Annales d'Histoire Économique et Sociale* que mais contribuiu para a divulgação de novos modelos de fazeres destinados ao *métier* do historiador, tendo em vista os desdobramentos de suas críticas, especialmente à história política.

> Há dois eixos gerais que subentendem a experiência dos *Annales*: a reivindicação de uma história experimental científica (mais do que culta) por um lado; e, por outro, a convicção de uma unidade em construção entre a história e as ciências sociais. Os dados acerca destes dois pontos eram, à partida, abertos; e continuaram a ser reformulados desde os primórdios do movimento, ao mesmo tempo em que se transformavam as próprias condições do trabalho histórico[4].

Na Faculdade de Letras da recém-recuperada e afrancesada Universidade de Estrasburgo, Lucien Febvre e Marc Bloch fundaram e lançaram os *Annales*, projetados para serem o veículo de divulgação das ideias inovadoras defendidas naqueles meios intelectuais, e que, passados os primeiros combates contra a resistência metódica, tornou-se efetivamente uma das principais publicações especializadas do mercado editorial francês.

229

> Quando Lucien Febvre e Marc Bloch lançaram em Estrasburgo, em 1929, uma revista que retomava, modificado, um velho projeto de Lucien Febvre de uma revista internacional de história econômica que abortara, suas motivações eram de várias ordens. Antes de tudo, tirar a história do marasmo da rotina, em primeiro lugar de seu confinamento em barreiras estritamente disciplinares, era o que Lucien Febvre chamava, em 1932, de "derrubar as velhas paredes antiquadas, os amontoados babilônicos de preconceitos, rotinas, erros de concepção e de compreensão"[5].

Foi, portanto, exatamente contra a cidadela da "história historizante" que a revista dos *Annales* direcionou toda a sua capacidade de crítica, apontando para uma maneira outra de conceber a história. Os historiadores da Sorbonne tiveram que conviver por algum tempo com o imprevisto e o incômodo contidos nos escritos daquela revista que falava em nome de uma Nova História.

A princípio os *Annales* se apresentaram como os portadores de uma novidade histórica e optaram por divulgá-la da maneira mais polêmica possível, isto é, questionando a validade do saber daqueles que, inclusive, foram os responsáveis pela formação intelectual dos próprios fundadores da revista. Discutir a legitimidade dos patriarcas da história moderna francesa seria, no mínimo, um ato de impostura para com aqueles que fundaram a "ciência histórica", quando não, uma espécie de ingratidão geracional, posto que foram eles que estabeleceram as bases do processo de profissionalização da história e do historiador.

Segundo Barret-Kriegel (1973)[6] foram três as principais temáticas que orientaram a crítica à história metódica e assumidas como referência para a discussão teórica entre os historiadores, consolidando o perfil do modelo de história proposto pelos *Annales*: o antievolucionismo e a elaboração do conceito de temporalidade histórica, baseados nas discussões promovidas pela física, no que diz respeito à teoria clássica do espaço e à teoria da relatividade; o antipolitismo e a construção do conceito de materialidade histórica, recusando um tipo de história que se dedica apenas à política e à diplomacia, defendendo uma história da vida material; e, por fim, o antimoralismo e o conceito de lei histórica, estabelecendo uma crítica a qualquer tipo de julgamento à história, bem como à tentativa de submetê-la em um esquema explicativo totalizante, como faziam as filosofias da história.

Associado a este tom de contestação, os fundadores do movimento dos *Annales* adicionaram um elemento de denúncia à estratégia de divulgação dos seus princípios e valores, qual seja, a ideia de que, naquele momento, falavam de um lugar marginal frente ao *establishment* intelectual e acadêmico francês. Desse modo, guardam certa semelhança com as táticas e atitudes tomadas pelos sociólogos durkheimianos na sua luta por espaço institucional.

Assim, ao criticar os padrões historiográficos vigentes, faziam-se aparecer como sujeitos competentes e autorizados a propor novos padrões teóricos, embora excluídos pela relação desigual e injusta que as gerações de intelectuais estabeleciam entre si. Segundo o raciocínio, essas relações seriam constantemente ratificadas pela instituição universitária, como lugar tradicionalmente concentrador de privilégios e imobilista no que se refere à admissão de novos historiadores.

É preciso lembrar que, de fato, havia um cenário adverso às pretensões *annalistes*, porquanto os principais centros de ensino superior francês estavam encastelados em uma atitude de reacionarismo político e acadêmico. Além da Sorbonne, amparo dos principais representantes da história como aliada do Estado nacional, havia a *École des Chartes* que distribuía seus alunos para lugares estratégicos da produção histórica. A sua atuação em nível de formação profissional caracterizava-se por ser um conjunto de propostas conservadoras no que concerne ao aspecto teórico-metodológico da escrita da história. Em síntese, *Chartes* foi durante muito tempo o abrigo seguro para a direita católica, monarquista e antissemita[7].

Entretanto, contrariando essa marginalidade "construída", os fundadores dos *Annales*, e Lucien Febvre principalmente, estavam ativamente engajados nas lides intelectuais e universitárias, sendo nomes constantes nos principais periódicos da época.

> Eles dirigiam, um (Marc Bloch) o Instituto de História Medieval, o outro (Lucien Febvre), aquele de História Moderna; institutos que contribuíram para criar o quadro universitário renovado de Estrasburgo. Marc Bloch colabora ativamente com a oficialíssima *Revue Historique* e com a revista *Le Moyen Âge*. L. Febvre é membro do comitê diretor da *Revue d'Histoire Moderne* desde sua reaparição em 1925. Todos os dois publicam regularmente recensões na *Revue Critique d'Histoire et de Littérature* e são desde longos anos fiéis colaboradores da *Revue de Synthèse Historique*[8].

Apesar de todos esses aspectos políticos relevantes, demonstrativos de uma realidade marcada pelo tradicionalismo, e como se observou, foram potencializados no período que coincidiu com a ocupação nazista, parece que esta condição de marginalidade assumida pelos fundadores dos *Annales* na verdade faz parte de uma estratégia de conquista de espaços de legitimidade junto à comunidade ideológica dos intelectuais. Pois, afora os graves problemas políticos enfrentados por Marc Bloch devido à sua origem judaica, e do caráter "duvidoso" da preterição de Lucien Febvre ao seu ingresso na Sorbonne, não se tem informações sobre qualquer tipo de cerceamento mais ostensivo que eventualmente tenha sido desfechado contra os membros desse movimento inovador.

A revista dos *Annales* se inspirou em periódicos que lhe serviram de modelo, dentre as quais: a *L'Année Sociologique*, revista criada e mantida por Émile Durkheim como instrumento da luta que travava para garantir à sociologia um espaço institucional; os *Annales de Géographie* fundados por Vidal de la Blache na sua atuação pioneira e inovadora na divulgação de uma geografia humana, relativizando as "verdades" da geografia física plasmadas no determinismo geográfico ratzeliano; a *Revue de Synthèse Historique*, de Henri Berr, que propiciou a aproximação com o pensamento das ciências sociais francesas e europeias, na qual Lucien Febvre foi "para a história, o animador do Centro de Síntese que, quarenta anos antes do problema estivesse enfim na moda, procura já reagrupar as Ciências do Homem para ter uma visão de conjunto"[9]. O propósito desses inovadores era diminuir a distância

231

entre essas áreas do conhecimento humano, permitindo, assim, que a história viesse a se tornar também uma ciência social. Por fim, a revista alemã *Viertljahrschrift für sozial-und Wirtschaftgeschichte* (Revista Trimestral de História Social e Econômica), donde se poderiam verificar as "influências" mais profundas nos fundadores dos *Annales*, quando da escolha do seu nome e da sua linha editorial.

> [...] os fundadores dos *Annales* encontravam não apenas o acento posto no econômico, como também no social, aquele social que os seduzira por seu caráter vago que permitia falar de tudo. Porque se tratava de saltar muros, derrubar as divisões que separavam a história das ciências vizinhas, especialmente a sociologia. Sob a etiqueta de social, Lucien Febvre e Marc Bloch encontravam a inspiração sem fronteiras da *Revue de Synthèse Historique* [...][10].

Essa vontade de superar os obstáculos construídos por um tipo de conhecimento humano compartimentado fez com que, anteriormente à concretização dos *Annales* em 1929, os seus fundadores se envolvessem em experiências pioneiras no propósito de inovação das ciências humanas. Os *annalistes* quiseram, portanto, criar uma revista que fosse ao mesmo tempo um instrumento de crítica, discussão de métodos e divulgação de ideias novas. Isso tudo contra o que Febvre chamou de "história-manual", "história-narração" e "história-tese", ou seja, a história historizante que tanto desagradava àqueles intelectuais. Tomando de empréstimo a experiência de sucesso acumulada por aquelas publicações, os *Annales* vão se distinguindo delas na medida em que inovam o pensamento histórico em diversos aspectos.

Quanto aos temas mais recorrentes aparecidos na maioria dos seus números, pode-se destacar a preocupação com o debate produzido pelas ciências sociais sobre os limites da história, redundando na adoção de uma postura intransigente em face dos "dogmas" da história metódica. Assim, encontram-se em seus números, dentre outros, escritos que trazem a crítica ao núcleo central da história tradicional, qual seja, a política como manifestação dos atos e interesses do Estado nacional; a recusa à filosofia da história ou qualquer forma de atribuição de um sentido e um fim ao processo histórico; o abandono da prática da escrita histórica baseada nos eventos e na descrição dos acontecimentos. Além disso, e de modo especialmente relevante quanto às suas preferências teóricas e temáticas, a valorização das questões relativas aos problemas vividos no momento presente.

A conjuntura política e a ordem internacional dos anos de 1930 se impunham à maioria das publicações de ciências humanas, independentemente de suas preferências por temas da atualidade. O que os *Annales* propõem, em se tratando da história imediata, é estabelecer um tipo novo de tratamento para a relação entre o passado e o presente. Isto implica necessariamente na consolidação da noção de tempo como duração, pensada inicialmente pela sociologia e que, por fim, foi assumida por aqueles historiadores ávidos de mudanças. Ao admitirem o tempo como o conjunto das manifestações sincrônicas e diacrônicas da experiência humana, os *annalistes* estavam rompendo com a ideia de tempo cronológico e linear da história positivista.

232

A partir do conceito de duração, o historiador pode pressupor o presente como uma continuidade do passado, em termos da permanência de fenômenos históricos no tempo longo. O presente e o passado não estão mais distantes e impossibilitados de dialogarem, como preconizava a história tradicional, mas fazem parte de uma mesma simultaneidade histórica. Por isso, a contradição aparente produzida pelos historiadores dos *Annales* ao privilegiarem o presente nos trabalhos apresentados na revista, desfaz-se à medida que para efeito do trabalho do historiador as durações se interdependem mutuamente.

Em nome do "espírito" inovador, os fundadores do movimento dos *Annales* consolidaram suas obras e se inseriram definitivamente no cenário intelectual francês do início do século XX. O modo como investiram nesta publicação fez dela um veículo importante para a renovação da historiografia francesa e a sua institucionalização se concretizou de maneira a, praticamente, monopolizar o universo intelectual da história, preservado de tal maneira quando se percebe que o prestígio conquistado e garantido se mantém na atualidade. Antes mesmo do falecimento de Lucien Febvre, verifica-se uma intensa disputa por espaço entre as correntes historiográficas francesas dos anos de 1950, como é o caso do marxismo, e que tomava como principal concorrente o empoderado grupo dos *Annales*.

Os *Annales* representaram um momento de síntese de todos os questionamentos levantados desde a passagem do século XIX, no que concerne à problemática do estatuto do conhecimento histórico, bem como dos mecanismos de profissionalização do historiador. As motivações que espelharam suas preferências e suas práticas intelectuais são vastas e complexas. Em defesa do rigor científico e do antidogmatismo, foram o porta-voz de um programa contumaz para um projeto historiográfico renovado que "organiza-se em torno de uma proposta central: a urgência em fazer sair a história do seu isolamento disciplinar, a necessidade de que esteja aberta às interrogações e aos métodos das outras ciências sociais"[11]. Essa intenção de rompimento da distância entre a história e as ciências sociais, será temática constante na obra de Lucien Febvre, associada à proposta de um programa interdisciplinar de pesquisa.

Para além da importância da revista dos *Annales* na historiografia francesa, no que diz respeito à carreira e ao reconhecimento de Febvre como historiador, ela representa um papel fundamental de mudanças na correlação de forças políticas e teóricas, considerando que a sua participação ultrapassou a condição de idealizador, assumindo frequentemente a responsabilidade de editá-la quase sozinho, especialmente enquanto Bloch era perseguido pelo antissemitismo do governo de Vichy ou optava pela clandestinidade da resistência francesa.

É impossível pensar a obra febvriana sem prestar as devidas contas à revista dos *Annales*. Pode-se até conjeturar se a obra de Febvre teria a divulgação e aceitação sem que tivessem existido os *Annales*, já que mantinha uma colaboração regular em outras publicações. Entretanto, parece mais conveniente pensar que foi por meio deles que a sua principal contribuição se efetivou: os artigos e as resenhas que vieram constituir o seu principal patrimônio intelectual crítico. Foi por meio desse veículo que as suas propostas de renovação alcançaram o grande público, acadêmico e leigo, encontrando eco para que se iniciasse a aproximação das ciências humanas sob a regência da história.

3 Formação humanista em meio científico

Lucien Febvre teve uma formação intelectual dentro dos parâmetros da cultura geral do século XIX, assimilando as matrizes de um modelo de ilustração baseado na erudição e no humanismo. Deu-se, portanto, em um contexto predominantemente cientificista, isto é, sob a influência das conquistas teórico-metodológicas das ciências naturais, especialmente da física.

> Os livros, as palestras e os artigos de Lucien Febvre – e mesmo seus relatórios mais ácidos e maldosos – são, portanto, como demonstrações de que a escrita se esforça em tornar vivas, de que a história, para ser eficaz, deve articular-se a certo empirismo experimental[12].

Desde a infância percebeu as tendências de um novo momento da história política, social, econômica e cultural da França, marcado pela instalação da chamada República Radical, dos avanços da segunda revolução industrial, da formação da sociedade de acordo com os projetos de uma burguesia empreendedora e da revolução intelectual com as conquistas das ciências naturais e, principalmente, o nascimento e organização das ciências humanas. Em síntese, um período de excessivo otimismo, coroado pela política laica, republicana e colonialista, e de contradições importantes, concernentes aos problemas causados pela nova organização social.

> Como não reconhecer através desse diagnóstico coletivo (dos efeitos negativos da influência dos "positivistas" nos jovens estudantes), o itinerário pessoal de Febvre, do Liceu de Nancy à classe preparatória do Louis-le-Grand, em seguida à Rua d'Ulm? Nestes anos de formação, a história "historizante" quase chegou ao ponto de matar sua paixão pela história. Entrado na École Normale Supérieure em 1897, ele escolhia de se inscrever na seção de letras: "Isso foi uma traição: eu tinha desde minha mais tenra infância uma vocação de historiador afivelada ao corpo. Mas não pudera resistir a dois anos de retórica superior no Louis-le-Grand, a dois anos de repetição do *Manuel de politique étrangere* de Émile Bourgeois[13].

Desde cedo aprendeu a viver em um ambiente marcado por exigências intelectuais. "Sua infância e sua adolescência se passaram em Nancy, em um ambiente universitário onde o gosto da história se associou ao culto das letras clássicas"[14]. As influências familiares logo surtiram efeito sobre as suas opções de estudo. O seu pai, Paul Febvre, *agrégé* da École Normal Supérieure, foi professor de gramática, e um tio professor de História, ambos no Liceu de Nancy. As preferências pelos temas humanísticos definiram sua carreira profissional no campo da história.

234

Portanto, os primeiros estímulos foram dados no interior mesmo da família, desenvolvendo a curiosidade do menino que se fazia presente aos encontros intelectuais promovidos pelo pai professor. Passada a primeira infância e a curiosidade juvenil pelos "belos" livros do pai, Febvre se iniciou em outras leituras, sofisticando a sua experiência de historiador.

Fez os primeiros anos escolares no Liceu de Nancy. "Em 1895 ele é bacharel e um ano mais tarde licenciado em letras, antes de entrar no liceu Louis-le-Grand, em Paris, para ali se preparar na sua vez para o concurso de entrada na École. Ele é recebido em 1898 e, após um serviço militar de um ano, integra a Rua d'Ulm"[15]. Na *École Normale Supérieure*, instituição que congrega intelectuais renomados e faz frente à Sorbonne, considerando-se a sua tradição na formação de humanistas, Febvre receberá as contribuições "definitivas" que lhe acompanharão durante toda sua vida de intelectual, tais como a geografia de Vidal de la Blache, a sociologia de Durkheim, a psicologia de Charles Blondel, a antropologia de Marcel Mauss e Lucien Lévy-Bruhl, por fim, a história "historizante", a história política, diplomática e militar que era ensinada então nas faculdades, história da qual se declarou muito cedo adversário.

Em 1902 fez o concurso para a agregação[16] em história e geografia. Tendo sido aprovado, ensinou nos liceus de Bar-le-Duc (1902) e Besançon (1907). Após a temporada de bolsista na Fundação Thiers, instituição que "acolhe cada ano e por uma duração de três anos um número muito limitado de pensionistas, oferecendo-lhes um lugar privilegiado para a preparação de suas teses"[17], entre 1903 e 1906, prepara a sua tese de doutoramento na *Sorbonne*. Sob a orientação de Gabriel Monod, a quem a tese é dedicada, foi concluída em 1911, com o título *Philippe II et la Franche-Comté: la crise de 1567, ses origines et ses conséquences, étude d'histoire politique, religieuse et sociale*. Assim, aos 33 anos, Febvre supera as duas etapas da carreira de historiador profissional: a aprovação no concurso de *agrégation* e a defesa da *thèse*, que permitem ao candidato aspirar uma colocação na universidade.

Enfim, o historiador Lucien Febvre pode ser considerado como representante da "primeira geração de historiadores completamente 'profissionalizados', isto é, que aprenderam as regras do ofício desde o primeiro estágio de sua formação"[18]. Significa dizer que Febvre traz em si uma ambiguidade bastante positiva, ou seja, representa a um só momento o sucesso de um padrão formativo e a assimilação das diretrizes do movimento de renovação das ciências sociais que se consolidava na passagem do século XIX.

> [...] estranho chefe de escola revolucionária este, revolucionário de coração e espírito, mas ao mesmo tempo tão estreitamente fiel aos seus múltiplos elos tradicionais. Em consequência, o seu pensamento terá sido o acordo necessário, procurado consciente ou inconscientemente, afirmado tanto num sentido como noutro, e até em todos os sentidos simultaneamente, entre esta herança e as inovações tentadoras que todas o seduziram[19].

Sua carreira universitária se iniciou na Faculdade de Letras de Dijon (1912-1914), como *maître de conférences* e depois professor (1914), onde curiosamente torna-se encarregado do curso de história da Bourgogne e da arte bourgignona, tendo em vista que a sua tese versava sobre assuntos bastante diferentes.

As suas relações com o ensino universitário são suspensas durante o período da Primeira Guerra Mundial (1914-1918) devido à sua convocação para prestar serviço militar na frente de batalha.

> Convocado para o exército em 3 de agosto de 1914, atuou nas frentes de batalha até 7 de fevereiro de 1919. Durante esse tempo só deixou os campos em 1916, quando – ferido – teve de ser hospitalizado. De sargento foi a segundo-tenente, tenente e daí a comandante, tendo sob suas ordens uma companhia de metralhadoras[20].

Com o armistício ele é desmobilizado, finalizando sua carreira militar. Além das sequelas físicas, aquele conflito bélico parece ter contribuído de forma profunda para sedimentar ideias de pacifismo e combinar o papel do historiador com a militância cidadã. Lucien Febvre acresceu à sua compreensão de história, as características de um temperamento pessoal despojado e voluntarista, redundando em opiniões sobre a função social do historiador e da sua disciplina.

> E fazer história é ensinar aos outros, de toda a terra e contra as tentações destruidoras, a fazer história e a se descobrir um espaço e uma duração futura de esperança. É ajudar as civilizações a se encontrar e a se aceitar e se compreender[21].

Como contava 61 anos de idade quando do início da Segunda Guerra Mundial, tornou-se desobrigado a se apresentar para reassumir suas funções de oficial do exército. Esta passagem marca um momento relevante em sua vida, pois se observa mais uma vez sua divergência de opiniões com Bloch. Este, com 53 anos, retornou às tropas, atuando até o momento da ocupação nazista, quando passou para a clandestinidade na Resistência, sendo fuzilado pelos alemães em 1944. Em síntese, a experiência pessoal de Febvre com a guerra não o desmotivou nas suas inclinações intelectuais, como diz Morazé:

> [...] oficial de infantaria na lama das trincheiras de 1914 a 1918, guia impávido na obscuridade da guerra total de 1940-1945. Quando o sol luziu de novo sobre a Europa, Lucien Febvre apareceu em plena luz. Ancião? Certamente não pensa isso para si. Eis ele no Oriente, no México, nos Estados Unidos, em toda a Europa. Em Paris, atividade devorante. Reformar a pesquisa científica? Lucien Febvre está ao lado de Jean Perrin e de Joliot Curie. Reformar o ensino de ciências políticas? Eis ele, um dos animadores da nova Fondation Nationale. Reformar, enlarguecer o ensino das ciências do homem? Eis ele presidente da nova seção da École de Hautes Études[22].

Apesar da experiência trágica vivenciada nesse período, Febvre vai retirar dela grande parte da euforia para tratar dos assuntos humanos. Os seus textos e suas palestras serão um testemunho de esperança na paz e no repúdio às atrocidades da guerra. A manifestação de um sentimento unionista para a Europa, em particular, e para todas as nações do mundo em geral. Um estado de espírito que se espraiou por suas obras históricas, modificando sensivelmente a sua opinião sobre o modo como escrever história e definir seus temas.

Após a Segunda Guerra Mundial, quando "com o apoio financeiro dos americanos, e do governo francês", Lucien Febvre pode concretizar sua ambiciosa ideia de garantir um lugar para o encontro oficial entre a história e as ciências sociais, sob a égide da prática interdisciplinar, quando da criação da "VI Seção da École Pratique des Hautes Études (depois, École des Hautes Études en Sciences Sociales e a Maison des Sciences de l'Home)"[23], foi possível pôr em prática o trabalho coletivo, mas também uma das formas de garantia de sucesso dos *Annales* e do pensamento histórico dos seus idealizadores e mantenedores.

Antes, com o fim da Primeira Guerra, juntamente com uma equipe de professores formados no espírito pós-1870, Lucien Febvre é convidado por Christian Pfister, seu antigo professor da *École Normale*, para ensinar na reconquistada Universidade de Estrasburgo, ocupando a cátedra de história moderna. A antiga universidade alemã tinha sido fechada em 1918 e, a partir de então, várias comissões se dedicaram a incluí-la no sistema universitário francês. Com 41 anos de idade e uma experiência profissional expressiva, Febvre se impressionou com o clima acadêmico criado pela reunião de intelectuais de formação tão diferentes, mas tão próximos quanto a vontade de romper com a tradição positivista e pôr em prática os ideais da interdisciplinaridade.

> Quando Lucien Febvre chegou em 1919 em Estrasburgo, suas pesquisas já se organizavam em torno de duas linhas mestras que dominam sua obra de historiador. De uma parte, as relações de homens do passado com o meio natural, isso que se ousa chamar a geografia histórica, tanto que esta expressão foi desqualificada pela seca interpretação que se lhe deu no passado: ele pôs então à mão o seu grande livro *A terra e a evolução humana*. De outra parte, a história intelectual e religiosa do século XVI, humanismo, Renascimento, Reforma e Contrarreforma, a qual ele foi grande parte na sua tese sobre Felipe II e o Franco-Condado, assim como em diversos estudos[24].

Durante o período de anexação alemã da Alsácia-Lorena (1870-1918), aquele centro acadêmico, então Universidade Kaiser Guilherme (1872-1918), constituiu-se em uma referência concreta do ressentimento e do moral abalado do povo francês. Retomá-la seria uma demonstração de força do governo francês recém-saído da guerra. Feito isso, a Universidade de Estrasburgo passou a receber uma quantidade considerável de recursos financeiros e humanos, não se poupando esforços intelectuais e muito menos incentivo às mais variadas experiências acadêmicas.

O papel dos intelectuais convocados para Estrasburgo era principalmente fazer superar a "inferioridade" francesa em relação à Alemanha, desde 1870, tornada evidente no cotidiano da derrota e da ocupação. O interesse imediato das autoridades francesas era demonstrar a sua superioridade, montando uma universidade que em nada ficasse devendo às universidades alemãs, consideradas as melhores e mais organizadas pelos próprios franceses. O "ambiente favorável à inovação intelectual e facilitando o intercâmbio de ideias através das fronteiras disciplinares"[25], da Universidade de Estrasburgo permitiu a Febvre entrar em contato com uma experiência interdisciplinar expressiva.

Enquanto esteve naquela universidade (1919-1931), Lucien Febvre participou ativamente das atividades acadêmicas desenvolvidas pelos professores franceses, condição para que se desenvolvesse um espírito interdisciplinar efetivo. Nas "Reuniões de Sábado" da Faculdade de Letras, quando se reuniam professores de diversas áreas do conhecimento, conviveu com Charles Blondel, Maurice Halbwachs, Gabriel Le Bras, Georges Lefebvre, Henri Bremond, André Piganiol, entre outros.

Tanto Febvre como os outros intelectuais que "refundaram" a universidade francesa de Estrasburgo investiram fortemente na renovação do ensino universitário. Basicamente este projeto se compunha de uma nova ordenação de núcleos de formação, considerando disciplinas, seminários e pesquisa. Para isso haveria um conjunto de ensinamentos dividido em cursos de cultura geral e cursos especiais.

Durante o período estrasburguês, Lucien Febvre foi também nomeado professor do centro de Estudos Germânicos de Mayence, permanecendo neste cargo até 1930. Esta atividade o levou a realizar viagens anuais em missão de ensino para a Alemanha. Febvre tentou por duas vezes retornar a Paris, capital acadêmica do país e de maior valorização financeira dos professores universitários. Nesse contexto, vista a estagnação das condições de trabalho de sua carreira acadêmica, Estrasburgo já não atendia mais aos seus interesses. A efervescência do primeiro período foi se deteriorando, sendo substituído por um ambiente onde predominava o marasmo, acirrando-se a competição entre os professores locais e os "estrangeiros".

Esta situação redundou na sua decisão de abandonar a universidade. "Afastado da maioria de seus amigos, sofrido pelo clima de Estrasburgo que lhe é nefasto, alcançado o alto de sua carreira de docente de província, L. Febvre não tem mais nada a esperar de uma universidade que é doravante somente uma antecâmara de Paris"[26]. Diante da conjuntura universitária do período entreguerras, a paralisia na abertura de vagas para as escolas da capital e a prevalência das disciplinas literárias sobre a história, Lucien Febvre teve sua primeira oportunidade de regressar à capital em 1926.

Dois anos mais tarde, concorre a uma vaga ao *Collège de France*, mas novamente é preterido. Dessa vez a administração do *Collège* optou por criar uma cátedra de pré-história, eliminando qualquer possibilidade de sucesso. Para o cargo foi eleito o Abade Henri Breuil. O seu retorno à capital se daria somente em 1933, quando finalmente foi aceito para o *Collège*, ocupando a cadeira de história da civilização moderna.

Na sequência dessa proposta de trabalho interdisciplinar Lucien Febvre conquistará duas importantes posições. A primeira em 1932, quando foi convidado pelo então Ministro da Educação Nacional, Anatole de Monzie, para dirigir um projeto de uma *Encyclopédie Française*. A ideia era editar uma obra que se assemelhasse, na forma, às enciclopédias italia-

238

na, inglesa, russa e grega. Para o ministro, a França não podia se eximir de fazer divulgar as suas conquistas intelectuais ao mundo.

A composição da obra foi planejada para dez volumes temáticos, mais quatro de informações suplementares (mapas, iconografias, plantas e gráficos estatísticos). A *Encyclopédie* teve os seus primeiros volumes publicados em 1935. No projeto de Febvre, a Enciclopédia Francesa teria diferenças conceituais importantes em relação àquelas que inspiraram de Monzie. Ela seria

> [...] uma obra de síntese, viva e problematizante, não um repertório alfabético de saberes acumulados através dos séculos. Não um quadro de conhecimentos científicos reagrupados por domínios ou por disciplinas, mas um balanço: "o inventário metódico da civilização na data de 1935", uma "tentativa para saber isso que somos, isso que nós queremos e onde nós vamos – um esforço para ver novo e verdadeiro"[27].

A segunda tarefa foi a fundação (1947) e direção por quase dez anos da VI seção da Escola Prática de Estudos, desde 1975, Escola de Altos Estudos em Ciências Sociais. Projeto institucional, cuja finalidade era garantir a execução de uma proposta acadêmica interdisciplinar perseguida durante quase 50 anos de militância intelectual, bem como instalar, de uma vez por todas, a história no centro das ciências humanas. A estratégia de hegemonia posta em prática desde a fundação dos *Annales* surtiu efeito positivo, chegando ao ponto de conquistar para si um território a partir do qual fosse possível exercitar o experimentalismo do seu projeto historiográfico.

Além da contribuição de Febvre às mudanças no *métier* do historiador e na inserção da história nas discussões intelectuais na primeira metade do século XX, muitas outras de suas atividades serão assimiladas pelo contexto intelectual de sua época. "Por seus engajamentos múltiplos, ele exerceu muito cedo sobre os seus companheiros uma influência considerável e durável que ultrapassou largamente o círculo restrito dos historiadores"[28]. Participando de diversas comissões e entidades de representação civil, Lucien Febvre marcou com o seu comparecimento a presença da história.

Ocupando cargos importantes em várias instituições de origens diferentes – educacionais, diplomáticas, políticas etc. –, fez com que a sua carreira extrauniversitária fosse tão marcante quanto a eminentemente acadêmica. Dentre essas entidades, pode-se ressaltar: Comission Départamentale pour la Recherche et la Publication des Documents de l'Histoire Économique de la Révolution; Comission de Cartographie Historique du Comité Tecnique des Sciences Humaines à la Caisse Nationale des Sciences; Comission d'Histoire et Géographie du Conseil Supérieur de la Recherche Scientifique; Comission Nationale des Arts et Traditions Populaires; Comission Ministérielle d'Études pour la Réforme de l'Enseignement Supérior (Comission Langevin – Wallon, 1944); Comission d'Histoire de l'Occupation et de la Libération de la France (1944); Comité d'Histoire de la Seconde Guerre Mondiale (1946); Societé des historiens locaux; Fondation Nationale des sciences politiques; Centre Nationale de Recherche Scientifique (CNRS); Académie de Sciences Morales et Politiques (1945); Comité Français de Sciences historiques, Unesco; Comission Internationale pour l'Histoire de Développement Scientifique et Culturel de l'Humanité. A partir dessa vasta lista de atividades, pode-se deduzir que de fato Febvre viveu de acordo com a sua teoria, viveu a indissociabilidade entre a ação e o pensamento.

> Enquanto muitos daqueles que vivem o (e do) mundo acadêmico preferem comodamente não participar "destes órgãos burocráticos", Lucien Febvre parece ter convivido não em uma, mas em muitas instituições "burocráticas". Além dos cargos que assumiu, tomou parte em várias missões de ensino no exterior, sem arrolar todas elas, anotemos aquelas referentes à Universidade de Praga (1935), Universidade de Viena e Instituto Francês da Áustria (1935), Universidade de Buenos Aires (1937), Universidade de Montevidéu (1937), Universidades de Aberdeen e de Glasgow (1946), Universidade de Istambul (1948) e Universidade do Rio de Janeiro, Belo Horizonte, Bahia, Recife, Fortaleza e São Paulo, onde deixou marcas visíveis (1949)[29].

Sendo, portanto, a expressão de uma forma de pensamento militante, alimentado pelo prazer do debate de ideias e pela manutenção de regras mínimas de convivência entre os opostos. Luta que se desenrolou em várias frentes de combate, mas sempre em defesa de certa concepção de história e de ciências humanas, como um ideal de saber pleno e, se possível, total, sobre o homem.

4 Lucien Febvre e a inovação da história

O estado de ânimo diante das possibilidades abertas pelo saber objetivo da natureza acaba por perpassar todas as áreas do conhecimento humanístico. Em síntese, qualquer pretensão de rigor, objetividade e verificabilidade, estaria condicionada aos critérios de cientificidade instituídos pelo exemplo daqueles campos do conhecimento. A filosofia positivista de Augusto Comte, embora tenha deixado de fora da sua tipologia das ciências a história[30], vai influenciar a reflexão sobre a especificidade da história, na medida em que ao estabelecer os critérios para o conhecimento na "idade da ciência", os historiadores tenderão a buscar formas de adequação do seu saber ao programa positivista. Uma das questões que pesou sobremaneira no pensamento historiográfico da transição do século XIX para o século XX, com certeza foi a proposta de Comte de que a história renovada deveria ser uma história sem nomes. Quanto a Febvre,

> Ele despreza Auguste Comte e Karl Marx, por se recusarem a levar em conta o papel da individualidade na história e pela pretensão a uma objetividade, ele zomba dos defensores da imparcialidade, ele ataca os "doutrinários protestantes de observância estrita", cobre de sarcasmos Daniel Guérin por sua retórica negativa, escarnece dos historiadores romanescos, faz troça dos historiadores não profissionais, "espíritos brilhantes e rápidos" que surgem com pretensão

de compreender de um só lance algo sobre o qual homens passaram a vida inteira trabalhando com obstinação[31].

A história social assumiu esse postulado e o entronizou como um dos pilares de sua metodologia inovadora. A fim de garantirem-se no rol da ciência, os historiadores franceses da escola metódica vão recusar qualquer abordagem de cunho epistemológico, assumindo a definição dada pelo positivismo à história como sendo um *saber-fazer*. Assim, "[...] o nascimento da história universitária faz uma ciência sem teoria, mas ciência, no entanto, graças ao método"[32]. Dedicados a estabelecer os procedimentos empíricos desse saber prático, aqueles historiadores acabaram por estabelecer, como método, a técnica da crítica documental. Baseados nestes recursos da erudição acreditavam ter garantido à história a legitimidade científica, seguindo as orientações daquelas conquistas metodológicas realizadas pelos pesquisadores dos séculos XVI e XVII.

> A erudição histórica é, numa larga escala, uma criação dos grandes arqueólogos do século XVII, descobridores polivalentes, ao mesmo tempo que pesquisadores insaciáveis, vivendo em perfeita simbiose com a sociedade política e as grandes aventuras intelectuais de seu século – simbiose talvez mais profunda, e em todo caso mais feliz, do que a do positivismo com a ciência experimental; método cartesiano, o processo classificatório de que as ciências da vida iriam também aproveitar fornecem referências essenciais a seu trabalho. Mabillon, que estabeleceu os fundamentos da diplomática (1681); de Cange, os da lexicografia do latim medieval (1678), para não citar mais do que dois exemplos, não oferecem apenas instrumentos de trabalho ou conselhos. Herdeiros de um século XVI que instituiu como dogma o corte com o passado, contemporâneos de uma nação e de uma monarquia recém-criadas, eles forneceram terra firme para o historiador, elaborando procedimentos tidos hoje em dia como refinados, mas sempre funcionais, de investigação e de validação dos "vestígios" monumentais/documentais[33].

A valorização dos aspectos técnicos da pesquisa e o consequente fortalecimento da ideia de história como um ofício foi transmitida às gerações de historiadores que se conformaram ao desenho desse estatuto empiricista atribuído ao seu saber. Assimiladas de maneira aparentemente tranquila, essas lições de método fizeram com que esses historiadores viessem a recusar, mais ou menos inconscientemente, a teorização dos seus conteúdos. Apesar das muitas mudanças que se processaram na disciplina histórica, especialmente no que diz respeito ao alargamento do campo de atuação dos historiadores, bem como da expansão quase sem limites das temáticas e das abordagens até então desprezadas ou desconhecidas no século XIX, a mentalidade metódica produzida a partir das regras da erudição atingiu de maneira tão ampla e profunda o pensamento historiográfico que, ainda em 1957, Fernand Braudel dizia a respeito do futuro próximo da história:

> A tarefa que ela (história) nos propõe é, antes de mais nada, durante uns anos ainda, aperfeiçoar os nossos utensílios, as nossas técnicas, o nosso material de documentação. É preciso que os nossos conhecimentos estejam à altura das

nossas pretensões e das nossas responsabilidades. Ora, durante um século, a erudição apenas explorou uma parte dos arquivos e dos testemunhos, e por aqui podemos fazer uma ideia do que nos resta para descobrir[34].

Durante toda a segunda metade do século XIX a história recebera ataques por todos os lados, se bem que grande parte deles foram estratégias de cooptação utilizadas pelas nascentes ciências sociais. Sem contar com a crítica de Nietzsche (1844-1900), que se baseava na ideia de que havia no seu tempo um superdimensionamento da importância da cultura histórica, imobilizando os homens no gosto pelo passado e destruindo todo o potencial humano dos atos passados ao retirá-los do seu ambiente "natural" e neutralizando-os no presente. Entretanto, considerando que o filósofo não possuía nenhuma intenção de assimilar a história à filosofia ou a outra disciplina qualquer, foi a sociologia de É. Durkheim que mais investiu na possibilidade de levar a história a formar, sob a sua tutela, a ciência do social.

Ao seu modo, Durkheim manifestará o desejo de contribuir para o que chamavam a definitiva introdução da história no cortejo das ciências, libertando-a do passado quando o seu conhecimento se confundia com os da arte e da literatura. A sua proposta, estampada no prefácio do primeiro número da sua revista – *Année Sociologique* –, é auxiliar os historiadores a consolidarem a cientificidade da história. "É servir à causa da história, de levar o historiador a ultrapassar o seu ponto de vista ordinário [...], a se preocupar com questões gerais que levantam os fatos particulares que ele observa"[35]. Assim, em nome do propósito elevado de render homenagens à ciência, a sociologia durkheimiana construía para si, sob os auspícios da "notoriedade" social e acadêmica da história, uma via de acesso ao mundo institucional mantido pela tradicional respeitabilidade das humanidades.

Dadas as características de suas ideias e da extensão de suas propostas, amparadas na pesquisa erudita, na docência universitária e na atividade editorial especializada, o pensamento historiográfico febvriano é, sem dúvida, um ponto de partida privilegiado para uma aproximação compreensiva desse processo de alteração nas formas de pensar e escrever a história. Muito embora essas mudanças já estivessem na pauta dos debates sobre o destino das ciências humanas, em geral, e da história, em particular, desde as últimas décadas do século XIX, a participação de Febvre neste contexto foi com certeza de extrema importância, dadas as especificidades do seu engajamento. Por isso, é indispensável percebê-lo, sobretudo a partir da sua preocupação com a forma de pensar e escrever a história, com as relações da história com as demais ciências sociais, caracterizando assim o seu projeto de interdisciplinaridade, investindo na sua inclusão no contexto intelectual e acadêmico à época.

Pode-se dizer que a reescrita da história, enquanto princípio dinâmico da pesquisa histórica, é de fato um dos elementos marcantes da atitude intelectual febvriana. A aspiração por uma "história total", por sua vez, reflete com profundidade essa busca intransigente em direção a uma "ciência do homem", cuja característica fundamental é a disponibilidade para revisar sempre seus próprios enunciados e conquistas. Na obra histórica de Febvre, o revisionismo quase sempre foi o princípio e o fim de sua elaboração. O debate sobre as possibilidades de acesso ao acontecimento, os modos de exprimi-lo e as ideias subjacentes ao enredo dos fatos, alimentou e fortaleceu sua verve questionadora, orientando-o para uma *praxis* historiadora consistente e ousada do ponto de vista da aceitação de modelos inovadores e da construção de uma história mais próxima da ciência social.

> A história vivida por Lucien Febvre é a história de um *Miles* entendido no sentido erasmiano, partindo ao passado à busca da humanidade e movido por uma vontade de compreender a humanidade através de um projeto de história das emoções que, precisamente, carregam os homens para a infelicidade e a guerra: medo, ódio, violência, crueldade, amor. [...] Então, falar de História ou escrever História remete a estar sempre por inteiro [...] mas sugerindo uma "transposição simbólica" no presente[36].·

Febvre escreveu mais de uma dezena de livros e mais de dois mil artigos em revistas especializadas. Participou como fundador da *Revue d'Histoire Moderne* (1926), da *Revue d'Histoire de la Seconde Guerre Mondiale*, dos *Cahiers d'Histoire Mondiale* e, juntamente com Marc Bloch, fundou e dirigiu por 28 anos, a Revista *Annales d'Histoire Economique et Sociale*, na qual escreveu 1.454 textos, entre artigos, resenhas críticas etc.[37] Colaborou principalmente na *Revue de Synthèse Historique*, na *Revue Historique*, na *Revue de Histoire Moderne* e na *Revue de Critique d'Histoire et de Littérature*. Dirigiu a *Encyclopédie Française* (1935-1940), onde pode pôr em prática as suas ideias contra a especialização em história e a favor do espírito de colaboração entre as ciências humanas e sociais.

Foram muitos os envolvimentos institucionais e ideológicos, principalmente fora do ambiente acadêmico, que fizeram da sua biografia um grande relato de sua entrada e permanência nos lugares do poder político e do conhecimento acadêmico, caracterizando-se por singularidade como intelectual público[38].

> Pois o Febvre universitário, predominante aqui, houve um outro, o Febvre militante e cidadão do *Socialiste Comtois* ou do Comitê de vigilância dos intelectuais antifascistas, o Febvre conferencista e organizador, homem de palavra e de ação, enfim, um dos últimos espécimes destes historiadores românticos habitados pelo passado para melhor viver no presente, como Michelet, este mestre reconhecido e amado do historiador do *Franco-Condado*[39].

Sem dúvida, as peculiaridades intelectuais de Lucien Febvre, tanto na forma de pensar como na forma de escrever a história, remete para a ideia de luta por um estilo historiográfico, cujo propósito seria garantir a presença humana no seu relato. Estilo definido como o conceito que representa o modo específico de pronúncia da história como conhecimento. Somente se poderia avaliar o esforço de Febvre em instaurar um modo próprio de poética da história tomando-se sua prática de escrita que se constituía em uma contribuição à consolidação do conhecimento histórico.

Pode-se atribuir a Febvre um trabalho de confirmação desses ideais quando se observa a sua luta contra a "naturalização" da ciência histórica, ou seja, impedir que o discurso próprio à história seja obscurecido pelo das ciências naturais. Do mesmo modo, garantindo que a história, como as demais ciências humanas, deva assumir o fato de que seu objeto escapa a uma racionalização objetiva, tendo que se contentar em fazer uso da linguagem comum para expressar seu saber.

Em uma palavra, Febvre pensa uma nova história que se define através das diversas reformulações realizadas na prática dos historiadores. Essas mudanças podem ser verificadas na mais simples das tarefas do cotidiano da pesquisa, o alargamento da noção de fonte histórica, até a relação do produto final do trabalho com o público leitor. Uma história mais ampla nas suas investigações e mais "popular" nas suas formas de consumo.

> [...] com esta história, o elo perdido entre a pesquisa científica e o público leitor de história podia ser renovado. História das diferenças, história das civilizações, a história de Bloch e de Febvre era capaz de trazer ao homem do século XX o que lhe faltava: a compreensão a um só tempo da radical originalidade do seu tempo e das sobrevivências ainda presentes na sua sociedade[40].

As motivações que espelharam suas preferências e suas práticas intelectuais são vastas e complexas. Dentre elas pode-se aludir a certo espírito relativista ao valorizar a contemporaneidade da história; a uma crença na condição científica da história, ou pelo menos na construção progressiva desse estatuto; à vontade de edificar uma história que seja a apreensão total dos fenômenos produzidos pela ação humana e, por fim, uma compreensão de que a história é o conhecimento elaborado a partir da problematização elaborada pelo historiador, segundo suas relações com os múltiplos condicionamentos engendrados pelo panorama sociocultural no qual se insere como intelectual.

No início de sua carreira de intelectual, logo após sua saída da Escola Normal e o início do período de preparação da tese de doutoramento, Febvre compartilhará dos princípios teóricos defendidos por Henri Berr estabelecendo pontos de convergência com a proposta berriana da unidade da ciência, mesmo que seja de uma "unidade que não é das noções adquiridas, mas nos métodos e no espírito que dirige e liga. Em uma atitude comum de todos os sábios, qualquer que seja sua especialidade, diante de seus objetos particulares de estudo"[41].

Da sua aproximação com o Centro de Síntese, surgirão suas primeiras contribuições para o debate sobre a colaboração entre as ciências humanas, pensando a interdisciplinaridade como condição necessária para o amadurecimento epistemológico da história. Esse tipo de pensamento objetiva construir para a história um caminho metodológico que permite sejam produzidas sínteses, tendo em vista a elaboração de uma história total. Para Febvre, o ideal pan-científico de Berr aparecia naquele momento como uma possibilidade objetiva de apreensão do passado como totalidade histórica, sem cair nas armadilhas das "abstrações" próprias da filosofia da história.

5 Considerações finais

O ideal de uma história total diz respeito à preocupação teórica de apreender em um processo de síntese a multiplicidade de experiências vividas no tempo histórico, que é simultaneamente múltiplo e variado. Isto significa que ao abandonar as noções de progresso, linearidade, irreversibilidade, uniformidade, substituídas pelas ideias de pluridirecionalidade, multiplicidade, descontinuidade etc., a duração histórica somente pode ser assimilada se tomada em sua singularidade, o que permite formular uma compreensão total de seu sentido humano. O que se pretende não é a busca da unidade total de todos os acontecimentos, formulada a partir de uma soma infinita de pedaços de história, mas a síntese das multiplicidades, das descontinuidades, dadas pelas diversas dimensões do tempo histórico ou mesmo das experiências que se desenvolvem em tempos distintos.

Além do mais, na companhia de Berr, foi possível a Febvre construir e sedimentar as bases para a sua teoria da ciência, na medida em que avançavam as suas reflexões e os combates sobre a relação de interdependência entre todos os ramos do conhecimento, contrariando os dogmas da tradição que sustentam a natureza imanente do saber científico. Daí surgiram os ingredientes para a sua tese sobre os condicionamentos sociais do conhecimento científico, segundo a qual o saber é o resultado das múltiplas influências que se dão de forma ininterrupta entre o meio e o pensamento sistemático.

Em nome do rigor científico e do antidogmatismo, Febvre foi o porta-voz de um programa contumaz de defesa de um projeto historiográfico renovado que "organiza-se em torno de uma proposta central: a urgência em fazer sair a história do seu isolamento disciplinar, a necessidade de que esteja aberta às interrogações e os métodos das outras ciências sociais"[42]. Esta intenção de rompimento da distância entre a história e as ciências sociais, temática constante da obra de Lucien Febvre, associada à proposta de um programa interdisciplinar de pesquisa, será de fato o principal alvo do projeto de renovação associado ao movimento dos *Annales*. Através dele será possível aos *annalistes* realizar a superação teórica e metodológica da historiografia metódica, insistentemente chamada de positivista pelos fundadores e por alguns outros continuadores.

> Ao método artesanal saído do positivismo (a crítica das fontes) são adicionadas, por continuidade e por aprofundamento, a inquietude e a obrigação epistemológica de uma reflexão sobre o espaço e o tempo, sobre a implicação do historiador no seu objeto, sobre os desafios e as escolhas de uma escrita da história[43].

Enquanto isso, Febvre continuará desenvolvendo sua historiografia a partir do evento estruturado, concentrando sua investigação nas individualidades e nos fatos intelectuais produzidos por elas. As convicções intelectuais de Febvre concernentes a uma interpretação humanista da história podem ser observadas na sua atitude de relutância diante dos sinais de avanço do estruturalismo nas ciências sociais. No campo da história, estes sinais foram vistos primeiramente nos trabalhos de história econômica, lugar privilegiado para o experimentalismo das abordagens históricas sem sujeitos.

Embora não se possa afirmar que Lucien Febvre seja uma presença constante no horizonte da historiografia contemporânea, também não se deve menosprezar sua contribuição para tornar as atividades históricas mais livres para experimentar o que lhe fosse interessante. Se hoje são muitas as ousadias dos novos historiadores, inclusive, muitas delas jogando com a própria estabilidade profissional da história, com certeza esta liberdade para ousar, sentimento próprio daqueles espíritos que não se contentam com o que está dado, deve-se de modo direto ou indireto às audácias cometidas por Lucien Febvre em meio século de combates por uma nova história.

Para além do exemplo e do estímulo que Lucien Febvre possa representar aos historiadores atuais, ele deve ser considerado, principalmente, pela condição de ocupante de um lugar de destaque no rol dos construtores do edifício do conhecimento histórico. Portanto, como protagonista de uma prática intelectual extremamente refinada, embora muitas vezes ambígua e superficial na apreciação dos dados de conjuntura, tomando por princípio de avaliação sua capacidade de discernir sobre as possibilidades dos caminhos abertos à disciplina histórica e à vida humana.

Dessa forma, Febvre se colocou não apenas no centro dos debates epistemológicos que movimentaram as ciências humanas durante toda a primeira metade do século XX, mas fez questão de se pronunciar sobre todas as mudanças que se anunciavam e se confirmavam ao seu redor. O terror que representava a transformação da vida humana em "árvores de estufas, com todos os inconvenientes, todas as enfermidades, e todas as inferioridades das plantas de estufa"[44] e o domínio das matemáticas sobre as formas de pensamento e da imposição dos critérios de "eficácia" como parâmetros de validação dos esforços do homem.

Sem abdicar da noção de cientificidade, embora considerasse a história como um tipo de saber originalmente relacionado com a arte e com a literatura, Febvre vai se aliar àqueles que acreditavam na possibilidade de se construir o conhecimento histórico sobre bases objetivas e seguras de um ponto de vista epistemológico. Entretanto, não se deve afirmar que admita os pressupostos positivistas de maneira integral, simplesmente porque compartilha da crença na existência de um estatuto científico da história, mas se pode dizer que sua contribuição particular na elaboração de uma nova história redundou na formulação de uma nova noção de cientificidade.

A história e as demais ciências humanas se caracterizam, segundo o pensamento de Febvre, pelas mediações subjetivas na elaboração de seus saberes, manifestando-se através das formas "não científicas" do sujeito do conhecimento se relacionar com o seu objeto de estudo. A cientificidade da história tem de se construir na interseção da subjetividade do historiador – seus interesses, sua imaginação, sua cultura histórica, suas curiosidades etc. –, com as formas de condicionamento do seu conhecimento, concernentes à sua inserção no tempo presente, o uso das teorias, os conceitos e os problemas intelectuais exigidos pelo contexto de sua experiência de vida. Nesse sentido, a história estabelece para si novos critérios de verdade, reconhecendo seu caráter parcial e provisório, sinalizando para a necessidade constante de sua reescrita pelas novas gerações.

Uma tal concepção, naturalmente, negligencia o que existe de permanente, ou, em todo caso, o de mais estável na natureza e no homem, que faz o objeto de teorias científicas. Certamente, os conhecimentos científicos evoluem e Lucien Febvre tem razão de mostrar o lugar entre a vida que se faz e o questionamento de percepções e de representações, mesmo científicas, do real. Entretanto, o objeto da história é o tempo que passa, as coisas enquanto se modificam, em função de um futuro aberto, pressentido, imaginado, desejado, mas indeterminado[45].

Assim, Febvre fundamentará sua concepção científica da história, considerando as relações necessárias entre o passado e o presente em uma via de mão dupla. Este argumento pleiteia que a cognoscibilidade da história somente é possível quando se estabelece como método a problematização da vida dos homens do passado pelos homens do presente. O processo intelectual de questionamento do passado deve sempre ser mediado pela curiosidade e aflições atuais. Este procedimento permite que se construa um papel social para a história, qual seja, o de organizar o passado em função do presente.

Na verdade, a tese da história-problema estabelece uma nova atitude do historiador em relação ao passado histórico, porquanto se opõe a toda pretensão de reconstituição e, principalmente, com a ideia de que o passado é um dado e não mantém nenhuma vinculação com o presente. Como diz Febvre:

> Não há o Passado – este dado – o Passado, esta coleção de cadáveres em relação aos quais a função do historiador consistiria em encontrar todos os seus números, para fotografá-los e identificá-los um a um. Não há o Passado que engendra o historiador. Há o historiador que faz nascer a história[46].

Portanto, é exatamente em face de um novo entendimento da relação passado/presente e da noção de que a história é um conhecimento produzido a partir das exigências do contexto de vida do historiador, que Febvre vai aos poucos construindo seu pensamento historiográfico. Suas obras históricas são orientadas pelo princípio da problematização, observado na própria montagem do seu relato histórico, obedecendo a uma lógica de elaboração de perguntas ou hipóteses dirigidas ao passado. Assim, a história, como toda produção científica, independente do campo disciplinar ao qual pertença, tem como motivo fundante de seu exercício racional a busca por respostas a problemas que são postos à partida do trabalho de pesquisa.

A história-problema representa, pois, o eixo central do pensamento de Febvre, o elemento definidor de sua concepção de conhecimento científico e de conhecimento histórico. A problematização da história é de fato a expressão metodológica da recusa febvriana à história política e às demais experiências historiográficas que se fundamentam na mesma concepção de fato histórico. À sua maneira, a história conhecimento resulta de uma elaboração problematizante construída pelo historiador, a partir de questões postas por seu próprio presente. A história-problema, portanto, propicia ao historiador uma aproximação significativa em relação à historicidade das práticas humanas e à história, uma percepção do passado que permite atribuir um sentido existencial ao presente.

Por conseguinte, o conhecimento histórico deve buscar sua legitimidade na *praxis* social e não apenas como um saber pelo saber, acreditando que a história deva consagrar suas pesquisas à vida prática, porquanto a ciência em si mesma não possui uma finalidade outra que não seja propriamente científica. Assim, Febvre, intelectual em plena atividade político-científica no auge da idade da democracia, pensará a história e sua capacidade de orientar a vida prática, atribuindo a essa disciplina o papel de organizar o passado e dar sentido ao presente.

> O gênio particular de Lucien Febvre é o de ter intuitivamente compreendido isto: a história não poderia fazer uma revolução que fosse a sua senão jogando com a ambivalência de seu nome, recusando, na prática da língua, a oposição da ciência e da literatura. Isto não era simplesmente poder conciliar os rigores de uma com os charmes da outra. Era, muito mais profundamente, que só a língua das histórias estava apta a marcar a cientificidade própria da ciência histórica: tarefa não da retórica, colocando a jovem ciência de acordo com os prejulgamentos dos velhos mestres e as regras da instituição, mas da poética, constituindo em língua de verdade a língua tão verdadeira quanto falsa dos historiadores[47].

Desse modo, o empenho intelectual de Lucien Febvre, considerando a aceleração histórica vivida na primeira metade do século XX, revela-se na sua disposição de crítica profunda e assimilação, quando preciso, de tudo o que se assemelhava à renovação historiográfica, em particular, e às ciências humanas, em geral. Permitiu-se, pois, propugnar uma formulação a partir de diversas interfaces de saberes, com o propósito de engendrar uma cientificidade possível para a história.

Uma alma de páginas e letras que aos poucos vai se construindo, estabelecendo os horizontes, edificando as suas estruturas. Uma personalidade de leitor insaciável que devora textos e depois os devolve na forma de comentários críticos e resenhas, gêneros escolhidos e aprimorados durante toda a sua trajetória de combatente intelectual. Uma alma de papel nutrida pela atividade incessante da escrita, consolidando um estilo marcado pela agilidade de compreensão, argúcia de raciocínio e arrojo na formulação da crítica.

Notas

[1] Cf. em DUMOULIN, O.A. *Profession historien: 1919-1939* – Un métier en crise? Thèse pour le doctorat de 3ème. cycle présentée et soutenue publiquement par. André Burguière (directeur de recherche). Paris: École des Hautes Études en Sciences Sociales, 1983, especialmente o terceiro capítulo, no qual o autor apresenta várias informações sobre o problema, inclusive com dados estatísticos sobre a quantidade de cadeiras de história, o número de ingressos, idade de aposentadoria etc.

[2] Os ídolos da tribo dos historiadores, como se encontra em SIMIAND, F. *Método histórico e ciência social.* Bauru: Edusc, 2003 [Trad. de J.L. Nascimento].

[3] DOSSE, F. *A história em migalhas* – Dos *Annales* à Nova História. São Paulo: Ensaio/Unicamp, 1992, p. 22 [Trad. de D.A. Ramos].

[4] REVEL, J. *A invenção da sociedade*. Lisboa: Difel/Bertrand Brasil, 1990, p. 12 [Trad. de V. Anastácio].

[5] LE GOFF, J. & ROUSSELLIER, N. "Préface". In: BÉDARIDA, F. *L'Histoire et le métier d'historien en France 1945-1995*. Paris: Éditions de la Maison des Sciences de l'homme, 1995, p. 29-30 [Aspas dos autores].

[6] Cf. estas informações no texto *Histoire et politique ou l'histoire, science des effets*, em que a autora apresenta algumas considerações sobre o tratamento dado pelos *Annales* à história política.

[7] Sobre as posições políticas das principais instituições de ensino superior francês dos anos de 1930, cf. DUMOULIN, O.A. *Profession historien: 1919-1939...* Op. cit., p. 339ss.

[8] MÜLLER, B. (org.). *Marc Bloch, Lucien Febvre: correspondance* – I. La naissance des Annales, 1928-1933. Paris: Fayard, 1994, p. X.

[9] MORAZÉ, C. "Lucien Febvre: 1878-1956". *CHM*, vol. III, n. 3, 1957, p. 3. Paris: De la Baconnière/Neuchatel.

[10] LE GOFF, J. & ROUSSELLIER, N. "Préface". Op. cit., p. 30.

[11] REVEL, J. *A invenção da sociedade*. Op. cit., p. 17-18.

[12] CROUZET, apud SALES, V. (org.). *Os historiadores*. São Paulo: Unesp, 2011, p. 65-66 [Trad. de C.G. Colas].

[13] CHARTIER, R. & REVEL, J. "Lucien Febvre et les Sciences Sociales". *Historiens et Geographes* – Revue de l'Association des Professeurs d'Histoire et de Géographie de l'Enseignement Public, 69e année, n. 272, fev./1979, p. 427. Paris.

[14] BAULIG, H. "Lucien Febvre à Strasbourg". *Bulletin de la Faculté des Lettres de Strasbourg*, n. 10-12, jul.-set./1958, p. 175.

[15] MÜLLER, B. (org.). *Marc Bloch, Lucien Febvre*: correspondance... Op. cit., p. XII.

[16] Concurso realizado após os estudos superiores, para o qual se concorre a ser titular de um posto de professor de liceu ou de certas faculdades. O candidato aprovado é chamado *agregé*. "Ainda que se trate de um concurso destinado a recrutar professores do secundário, o êxito na agregação é, de fato, uma condição quase incontornável para aquele (ou aquela) que espera ser recrutado um dia pela universidade" (NOIRIEL, G. "Pour une approche subjectiviste du social". *Aesc*, 44e année, n. 6, nov.-dez./1989, p. 265. Paris: Armand Colin).

[17] MÜLLER, B. (org.). *Marc Bloch, Lucien Febvre*: correspondance... Op. cit., p. XIII.

[18] NOIRIEL, G. *Sur la "Crise" de l'Histoire*. Paris: Belin, 1996, p. 265.

[19] BRAUDEL, F. "Lucien Febvre e a história". *Revista de História*, vol. XXXI, ano XVI, ano 64, 1965, p. 402. São Paulo.

[20] MOTA, C.G. "Introdução – Uma trajetória: Lucien Febvre". *Febvre*. 2. ed. São Paulo: Ática, 1992, p. 8 [Grandes Cientistas Sociais].

[21] CROUZET, apud SALES, V. (org.). *Os historiadores*. Op. cit., p. 65-66.

[22] MORAZÉ, C. "Lucien Febvre. 1878-1956". Op. cit., p. 555.

[23] REIS, J.C. "Sobre a identidade ideológica dos *Annales*: a polêmica e uma hipótese". *História*. Vol. 15. São Paulo: Unesp, 1996, p. 125.

[24] DOLLINGER, P. "Lucien Febvre et l'Histoire d'Alsace". *Bulletin de la Faculté des Lettres de Strasbourg*, n. 10-12, jul.-set./1958, p. 193.

[25] BURKE, P. (org.). *A escrita da história*: novas perspectivas. São Paulo: Unesp, 1992, p. 27 [Trad. de M. Lopes].

[26] MÜLLER, B. (org.). *Marc Bloch, Lucien Febvre*: correspondance... Op. cit., p. XLVI.

[27] Ibid., LIII [Aspas do autor].

[28] Ibid., p. 9.

[29] MOTA, C.G. "Introdução – Uma trajetória: Lucien Febvre". Op. cit., p. 9.

[30] Para o positivismo comtiano a história é tão somente um procedimento de pesquisa que visa recuperar o passado e que, de certa forma, poderia ser utilizado pela ciência da sociedade (Sociologia) como método auxiliar.

[31] CROUZET, apud SALES, V. (org.). *Os historiadores*. Op. cit., p. 79.

[32] DUMOULIN, O.A. *Profession historien*: 1919-1939... Op. cit., p. 458.

[33] GUYOTJEANNIN, O. "A erudição desfigurada". In: BOUTIER, J. & JULIA, D. (orgs.). *Passados recompostos* – Campos e canteiros da história. Rio de Janeiro: UFRJ/FGV, 1998, p. 164 [Trad. de M. Mortara e A. Skinner].

[34] BRAUDEL, F. "Lucien Febvre e a história". Op. cit., p. 406.

[35] DURKHEIM, apud NOIRIEL, G. *Sur la "Crise" de l'Histoire*. Op. cit., p. 72.

[36] CROUZET, apud SALES, V. (org.). *Os historiadores*. Op. cit., p. 83.

[37] Dados fornecidos em MÜLLER, B. *Bibliographie des travaux de Lucien Febvre*. Paris: Armand Colin, 1990, p. 15.

[38] De acordo com Jacoby Russell (1990), o conceito de intelectual público refere-se àquele tipo de intelectual que dirige sua produção para um público educado e não especializado, estabelecendo, portanto, certa distância em relação à academia e às fronteiras disciplinares. A ênfase sobre a comunicação direta com um público mais amplo define sua condição de avessos à especialização, permitindo-se passear por diversos campos e temáticas do conhecimento.

[39] CHARLE, C. "Compte-rendu". *Aesc*, vol., 46, n. 6, 1991, p. 1488. Paris.

[40] CHARTIER, R. *A história cultural*: entre práticas e representações. Lisboa: Difel/Bertrand Brasil, 1990, p. 18 [Trad. de M.M. Galhardo].

[41] FEBVRE, L. "Sur Einstein et sur l'histoire": méditation de circonstance". *Aesc*, 10e année, n. 3, jul.-set., 1955, p. 306. Paris: Librairie Armand Colin.

[42] REVEL, J. *A invenção da sociedade*. Lisboa: Difel/Bertrand Brasil, 1989, p. 17-18 [Trad. de V. Anastácio].

[43] LE GOFF, J. & ROUSSELLIER, N. "Préface". Op. cit., p. 7-8.

[44] FEBVRE, L. "O homem do século XVI". *Revista de História*, vol. I, 1950, p. 10. São Paulo: USP.

[45] MASSICOTTE, G. *L'Histoire problème* – La méthode de Lucien Febvre. Quebec: Edisem, 1981, p. 24.

[46] FEBVRE, apud GLÉNISSON, J. *Iniciação aos estudos históricos*. 5. ed. São Paulo: Bertrand do Brasil, 1986, p. 191.

[47] RANCIÈRE, J. *Os nomes de história* – Um ensaio de poética do saber. São Paulo: Educ/Pontes, 1994, p. 14-15 [Trad. de E. Guimarães e E.P. Orlandi].

Referências

ALTUNA, J.A.E. *Lucien Febvre*: combates por el socialismo. Bilbao: Universidad de Deusto, 1994.

BARRET-KRIEGEL, B. "Histoire et politique, ou l'histoire science des effets". *Aesc*, 28e année, n. 6, nov.-dez./1973, p. 1.437-1.462. Paris.

BAULIG, H. "Lucien Febvre à Strasbourg". *Bulletin de la Faculté des Lettres de Strasbourg*, n. 10-12, jul.-set./1958, p. 175-184.

BÉDARIDA, F. *L'histoire et le métier d'historien en France 1945-1995*. Paris: Maison des Sciences de l'Homme, 1995.

BERR, H. *L'histoire traditionnele et la synthèse historique*. Paris: Félix Alcan, 1935.

BOURDÉ, G. & MARTIN, H. *As escolas históricas*. Lisboa: Europa-América, [s.d.].

BRAUDEL, F. "Lucien Febvre e a história". *Revista de História*, vol. XXXI, n. 64, ano XVI, 1965, p. 401-407. São Paulo.

_____. "Presence de Lucien Febvre". *Evantail de l'histoire vivante*. Paris: Armand Colin, 1953, p. 1-16.

BURGUIÈRE, A. "Les *Annales*, 1929-1979". *Aesc*, 34e année, n. 6, nov.-dez./1979, p. 1.344-1.346. Paris.

BURKE, P. (org.). *A escrita da história*: novas perspectivas. São Paulo: Unesp, 1992 [Trad. de M. Lopes].

CHARLE, C. "Compte-rendu". *Aesc*, tomo 46, n. 6, 1991, p. 1.488. Paris.

CHARTIER, R. *A história cultural*: entre práticas e representações. Lisboa: Difel/Bertrand Brasil, 1990 [Trad. de M.M. Galhardo].

_____. "A amizade da história". In: ARIÈS, P. *O tempo da história*. Rio de Janeiro: Francisco Alves, 1989, p. 9-32 [Trad. de R.L. Ferreira].

CHARTIER, R. & REVEL, J. "Lucien Febvre et les Sciences Sociales". *Historiens et Geographes* – Revue de l'Association des Professeurs d'Histoire et de Géographie de l'Enseignement Public, 69e année, n. 272, fev./1979, p. 427-442. Paris.

DOLLINGER, P. "Lucien Febvre et l'Histoire d'Alsace". *Bulletin de la Faculté des Lettres de Strasbourg*, n. 10-12, jul.-set./1958, p. 193-196.

DOSSE, F. *A história em migalhas*: dos *Annales* à Nova História. São Paulo: Ensaio/Unicamp, 1992 [Trad. de D.A.S. Ramos].

DUBY, G & LARDREAU, G. *Diálogos sobre a Nova História*. Lisboa: Dom Quixote, 1989.

DUMOULIN, O.A. *Profession historien 1919-1939: un métier en crise?* – Thèse pour le doctorat de 3ème cycle présentée et soutenue publiquement par. André Burguière (directeur de recherche). Paris: École des Hautes Études en Sciences Sociales, 1983.

FEBVRE, L. *Combates pela história*. 2 ed. Lisboa: Presença, 1985 [Trad. de L.M. Simões e G. Moniz].

_____. "Sur Einstein et sur l'histoire: méditation de circonstance". *Aesc*, 10e année, n. 3, jul.-set./1955, p. 305-312. Paris: Librairie Armand Colin,

_____. "O homem do século XVI". *Revista de História*, vol. I, 1950, p. 3-17. São Paulo: USP.

_____. "Avant-propos". *Encyclopédie Française*. Paris: Société de Gestion de l'Encyclopédie Française, t. XV, 1939, p. 15'02-1 a 15'02-6.

GLÉNISSON, J. *Iniciação aos estudos históricos*. 5. ed. São Paulo: Bertrand do Brasil, 1986.

GUYOTJEANNIN, O. "A erudição desfigurada". In: BOUTIER, J. & JULIA, D. (orgs.). *Passados recompostos* – Campos e canteiros da história. Rio de Janeiro: UFRJ/FGV, 1998 [Trad. de M. Mortara e A. Skinner].

LES DIRECTEURS. "A nos lecteurs". *Ahes*, 1re. année, n. 1, 15/01/29, p. 1-2. Paris: Armand Colin.

LE GOFF, J. *A História Nova*. 4. ed. São Paulo: Martins Fontes, 1998 [Trad. de E. Brandão].

_____. *Memória e história*. 2 ed. Campinas: Unicamp, 1992 [Trad. de B. Leitão et al.].

LE GOFF, J. & ROUSSELLIER, N. "Préface". In: BÉDARIDA, F. *L'Histoire et le métier d'historien en France 1945-1995*. Paris: Maison des Sciences de l'Homme, 1995, p. 3-17.

MANN, H.-D. *Lucien Febvre* – La pensée vivante d'un historien. Paris: Armand Colin, 1971.

MASSICOTTE, G. *L'Histoire problem*: la méthode de Lucien Febvre. Quebec: Edisem, 1981.

MORAZÉ, C. "Lucien Febvre: 1878-1956". *CHM*, vol. III, n. 3, 1957, p. 553-557. Paris: De la Baconnière/Neuchatel.

MOTA, C.G. "Introdução – Uma trajetória: Lucien Febvre". *Febvre*. 2. ed. São Paulo: Ática, 1992 [Coleção Grandes Cientistas Sociais].

MÜLLER, B. *Bibliographie des travaux de Lucien Febvre*. Paris: Armand Colin, 1990.

MÜLLER, B. (org.). *Marc Bloch, Lucien Febvre: correspondance* – I. La naissance des Annales. 1928-1933. Paris: Fayard, 1994.

NOIRIEL, G. *Sur la "Crise" de l'Histoire*. Paris: Belin, 1996.

_____. "Pour une approche subjectiviste du social". *Aesc*, 44e année, n. 6, nov.-dez./1989, p. 1.435-1.459. Paris: Armand Colin.

RANCIÈRE, J. *Os nomes de história* – Um ensaio de poética do saber. São Paulo: Educ/Pontes, 1994 [Trad. de E. Guimarães e E.P. Orlandi].

REIS, J.C "Sobre a identidade ideológica dos *Annales*: a polêmica e uma hipótese". *História*. Vol. 15. São Paulo: Unesp, 1996, p. 111-127.

REVEL, J. "História e Ciências Sociais: uma confrontação instável". In: BOUTIER, J. & JULIA, D. (orgs.). *Passados recompostos* – Campos e canteiros da história. Rio de Janeiro: UFRJ/FGV, 1998 [Trad. de M. Mortara e A. Skinner].

_____. "Febvre, Lucien, 1878-1956". *Dicionário das Ciências Históricas*. Rio de Janeiro: Imago, 1993, p. 324-327 [Org. de A. Burguière; trad. de H.A. Mesquita].

_____. *A invenção da sociedade*. Lisboa: Difel/Bertrand Brasil, 1990 [Trad. de V. Anastácio].

RUSSEL, J. *Os últimos intelectuais* – A cultura americana na era da academia. São Paulo: Trajetória Cultural/Edusp, 1990 [Trad. de M. Lopes].

SALES, V. (org.). *Os historiadores*. São Paulo: Unesp, 2011 [Trad. de C.G. Colas].

12
Marc Bloch (1886–1944), o paradigma da história estrutural

José Carlos Reis★

1 O homem, a obra e o método histórico

Marc Bloch foi um dos maiores historiadores do século XX e, para Burguière, o que influenciou mais fortemente a renovação da ciência histórica feita pelos *Annales*. Era descendente de uma família judia alsaciana, filho de Gustave Bloch, um reconhecido historiador do Império Romano, e de Sara Ebstein Bloch. Ele se preparou nas melhores escolas parisienses, na Escola Normal Superior, esteve em Berlim e Leipzig pesquisando "método histórico". Foi professor nos liceus de Montpellier e Amiens (1913-1914). Em 1919, tendo a Alsácia-Lorena voltado a pertencer à França, muitos professores foram enviados para a Universidade de Estrasburgo porque, estrategicamente, o governo francês passou a investir nessa universidade situada na fronteira alemã, em uma província fortemente germanizada. Bloch foi nomeado professor-assistente e, depois, em 1920, após ter defendido a tese "Reis e servos", foi efetivado como professor. Ali casou-se com Simone Vidal e constituiu família. Ensinou em Estrasburgo até 1936, teve amigos importantes como Lucien Febvre, Gabriel le Bras, Maurice Halbwachs, Charles Blondel, o medievalista belga Henri Pirenne. As grandes obras de Bloch foram produzidas em Estrasburgo: *Os reis taumaturgos* (*Les Rois Thaumaturges*, 1924), *Os caracteres originais da história rural francesa* (*Les caractères originaux de l'histoire rurale française*, 1931), *A sociedade feudal* (*La societé féodale*, 2 vols., 1939/1940).

Na Universidade de Estrasburgo ligou-se a Lucien Febvre e dessa amizade profunda nasceria os *Annales*. Depois, Febvre obteve uma vaga no Collège de France e Bloch foi re-

---

★ Historiador e filósofo, autor de dez livros, é doutor em Filosofia pela Université Catholique de Louvain e pós-doutor pela École des Hautes Études en Sciences Sociales e pela Université Catholique de Louvain. Atualmente é professor do Departamento de História da Universidade Federal de Minas Gerais.

cusado, talvez por sua ascendência judia e seus pontos de vista originais sobre a história. Decepcionado, voltou a sua atenção para a Sorbonne, onde, em 1936, obteve uma cadeira de história econômica e social. A partir de 1929 a sua atividade científica se confundiu com a dos *Annales*. Mas não abandonou a sua obra pessoal, porque o paradigma que definiu a revista que criara com Febvre, a história econômico-social-mental, era também o que dominava a sua obra: o estudo de grupos humanos e não de indivíduos, a ênfase nas construções produtivas, monetárias, as trajetórias tecnológicas, as representações mentais, que controlam os conflitos e asseguram a coesão social. Por isso, neste capítulo, preferimos não abordar a obra de Bloch isoladamente, mas como fundador dos *Annales*, como modelo da mais importante escola historiográfica do século XX[1].

Bloch era judeu, ateu, patriota, um intelectual engajado, que não se fechou na torre de marfim da erudição. Lutou nas duas guerras, não se exilou nos Estados Unidos, apesar de ter sido convidado, segundo Burguière, à *New School for Social Research*, de Nova York, uma instituição criada para acolher intelectuais perseguidos pelos nazistas. Lutou na Primeira Guerra Mundial, feriu-se, foi condecorado e promovido a capitão. Em 1939 foi mobilizado novamente para a guerra. O exército francês foi derrotado em 1940 e grande extensão do território da França ficou sob o controle da Alemanha. Bloch e família fugiram para a região livre, para Clermont Ferrand, mas eram perseguidos pelos antissemitas de Vichy. Sem alternativa, aderiu à Resistência em 1943 e caiu na clandestinidade. Foi preso em Lyon, torturado e executado pelos alemães em junho de 1944. Durante a ocupação, continuou a colaborar na "Miscelânea de História Social" (*Mélanges d'Histoire Social*), o título que revelava a nova identidade da revista dos *Annales*, segundo Burguière, sob o pseudônimo de "*Fougères*". Contudo, segundo Hughes-Warrington, "fougères" era um local da Suíça para onde tentou fugir e apuramos que é também o nome de uma pequena cidade francesa da região da Bretanha. Ele assinou a fraternal dedicatória da *Apologie de L'Histoire* a Febvre assim: "Fougères (Creuse), 10/05/1941". Seria pseudônimo ou um local/data? Há este *quid pro quo* em relação à sua identidade "fougères". Após este desfecho trágico-heroico da sua vida, os historiadores dos *Annales* tornaram ainda mais viva a sua herança intelectual. Uma excelente obra para se conhecer a vida, a obra e o método histórico de Marc Bloch é a coletânea organizada por Burguière e Atsma, *Marc Bloch Aujourd'hui: histoire comparée & sciences sociales* (1990). André Burguière, em seus seminários na *École des Hautes Études en Sciences Sociales*, refere-se a Bloch com emoção, perfilando-se, discretamente, e colocando um quepe imaginário junto ao peito.

Marc Bloch teria se aproximado do marxismo n'*A sociedade feudal*? Outro *quid pro quo* que alimenta os seus intérpretes. Para uns, ele teria explicado atitudes morais ou afetivas pelo seu enraizamento econômico-social. Para Schmitt, a influência de Marx seria mais sensível, ainda que implícita, no plano de *A sociedade feudal* e em sua definição de *classe senhorial* – "o seu traço característico reside na forma de exploração do trabalho dos camponeses". Para Duby, Bloch confessou a sua admiração pela capacidade de análise de Marx da sociedade, mas não precisava de sua influência direta para fazer essa opção; havia as presenças de H. Pirenne, F. Simiand, H. Hauser, o que não descarta a presença indireta de Marx. Para outros, não, a sua referência é Durkheim/Simiand, o oposto de Marx. Febvre, na resenha que fez de *A sociedade feudal*, censurou o seu "sociologismo"[2].

Para Bloch, portanto, um durkheimiano-simiandiano, que (re)conhecia a obra de Marx, a história só pode ser uma ciência social na medida em que explica e a explicação só é possível pela comparação. As pesquisas e ideias sobre a história comparada valeram a Bloch, nos anos de 1930, uma reputação internacional, tendo sido convidado a dar conferências na Inglaterra, Noruega, e outros países. Ele foi pioneiro do método comparativo, quis fazer uma história comparada das sociedades europeias e, para ele, o sucesso da disciplina histórica dependia do uso da comparação. Para ele há dois modos de usar a comparação: a) pesquisar/comparar fenômenos universais em culturas separadas no tempo/espaço; b) estudar/comparar sociedades vizinhas ou contemporâneas. Ele preferiu a segunda via e quis fazer uma história econômica da França no quadro da civilização europeia ou uma história comparada da Europa. Ele escreveu um extenso artigo-programa "Por uma história comparada das sociedades europeias" (1928), tornando-se um pioneiro do atual projeto político-econômico-social da unidade europeia[3].

Ao falar do seu método, Bloch considera-se um artesão e não um epistemólogo da história, mas as suas bases epistemológicas são seguras. Além do comparatismo, uma das características mais inovadoras do seu trabalho foi a "interdisciplinaridade". Ele procurou integrar à sua abordagem os métodos e os conceitos das outras ciências sociais. A aliança com a sociologia de Durkheim e Simiand, que enfatiza mais os grupos sociais do que os indivíduos, foi a mais forte. Para ele, a história é a junção da sociologia com o tempo. Sob a influência da revista de Durkheim, *l'Année Sociologique*, escreveu um dos seus livros mais originais: *Os reis taumaturgos*. É uma obra de história sociológico-antropológica, história da crença no poder de curar dos reis, um poder sagrado, uma dimensão mágica da realeza francesa, que ele compara com a da monarquia inglesa e outras monarquias europeias. Para ele, o poder real consagrado pela Igreja Católica gerou a crença popular no toque real curador de doenças. Os críticos elogiaram a maneira pela qual Bloch utilizou o toque real para elucidar a história política, mas censuraram-no por tê-lo abordado do ponto de vista do inconsciente coletivo e não em termos de ideologia. Mas era exatamente essa a sua novidade: o inconsciente coletivo explicando a história política, um caminho original para o passado. Esta obra revela que a etnologia também não esteve ausente das suas preocupações, embora tenha sido uma aliança interrompida. Ele não prosseguiu as suas investigações na linha antropológica de *Os reis taumaturgos*, o das mentalidades coletivas, para ele, um domínio inseparável da história social[4].

Ele foi também geógrafo; a observação das propriedades rurais o levou à história agrária. Bloch foi sobretudo um historiador da sociedade e da economia rural medieval. Um dos seus primeiros estudos foi sobre o desaparecimento da servidão nas regiões rurais ao redor de Paris nos século XII e XIII, *As formas de ruptura da homenagem no direito feudal antigo* (*Les formes de la rupture de l'hommage dans l'ancien Droit Féodal*, 1912). Ele examinou a natureza da servidão e criou mapas que mostravam o desaparecimento da servidão na região de Île de France. Baseado em documentos senhoriais e eclesiásticos, esperava produzir um relato sistemático dos aspectos sociais, legais, econômicos, da ruptura de uma pessoa com o vínculo feudal em uma área específica. A sua tese era a de que as leis e crises do feudalismo não eram uniformes e procurou prová-lo estudando a variação na cerimônia da quebra do vínculo feudal. Ele negava que a Île de France fosse uma região unificada. Para ele, o espaço é objeto e suporte da investigação histórica, mas não é determinista: o espaço rural é uma construção, um processo social, o espaço rural é como um palimpsesto sobre o qual cada geração, cada migração, cada reorientação da vida socioeconômica teria impresso a sua marca. Ele aplicou à geografia humana o seu método regressivo: partia das formas presentes para reencontrar a repartição das paisagens agrárias no passado. Bloch era fascinado pela variedade dos campos franceses e pelo impacto na vida rural da transformação das terras comunais em propriedades individuais cercadas. Alguns consideram o seu livro de 1931, *Os caracteres originais da história rural francesa*, a sua obra mais importante[5].

A última obra que viu impressa foi *A sociedade feudal* (1939/1940 – 2 vols.). Nesse livro, ele esboçou uma descrição da estrutura econômico-sócio-mental da Europa Ocidental e Central entre os séculos IX e XIII. Ele descreve dois períodos feudais: um que se desenvolveu com base na invasão e devastação, e outro marcado pela expansão econômica e pelo renascimento intelectual. Para Bloch, o sistema feudal foi um regime hierárquico baseado em laços recíprocos de dependência cujas formas de existência em toda a Europa e em outras partes do mundo foram mais ou menos semelhantes. Para discutir o feudalismo ele escolheu um caminho intermediário entre os que acreditavam que existiu um sistema feudal unificado na Europa, por volta dos séculos X/XIII, e aqueles que julgavam que as diferenças eram muito grandes para qualquer tipo de conclusão geral e homogênea sobre o feudalismo. Ele comparou os sistemas feudais da França, Alemanha, Itália, Escandinávia e sistemas fora da Europa, como o do Japão. O quadro que pintou sobre as maneiras de sentir, pensar, a coesão social, é amplo e rico em detalhes. O livro contém relatos sobre a compreensão medieval do tempo. Para outros, este é o seu livro mais importante, um clássico, a sua contribuição mais notável à historiografia[6].

Enfim, entre as suas três principais obras é difícil ou impossível escolher a mais importante, pois trouxeram contribuições metodológicas e de conteúdo histórico excepcionais. Bloch ainda analisou em um ensaio de história imediata, póstumo, *L'etrange defaite* (1957), a tragédia europeia da Segunda Guerra Mundial. A sua obra mais conhecida é *Apologia da história ou ofício de historiador* (*Apologie pour l'histoire ou métier d'historien* (1949)), que não foi concluída, pois foi escrita quando lutava na Resistência. Essa obra começa com a pergunta singela de uma criança: "O que é e para que serve a história?" Bloch respondeu definindo a história como "a ciência dos homens no tempo" e não apenas ciência do passado e das questões políticas ou das origens. Não há barreiras entre o passado e o presente, a história visa alcançar uma compreensão da experiência humana. A história se apoia em evidências, o historiador evita avaliar/julgar o passado, busca um vocabulário preciso. A incessante ida e volta ao passado, a combinação da história de longa duração com a história regressiva constituem, talvez, o aspecto mais original do seu método. O historiador não pode se afastar do presente e ele o provou com o sacrifício da própria vida.

O dever de compreender que Bloch atribuía ao historiador supõe um ir e vir constante entre a experiência vivida do presente e os traços documentais do passado. O movimento da sociedade envolve permanência e mudança, uma relação dialética entre passado e presente. Para ele, articular presente e passado é o papel do historiador. Bloch defendia a importância do espírito crítico para o historiador. O historiador é ao mesmo tempo propenso à fraqueza e à fragilidade da memória humana e quer identificar o falso e buscar a verdade. Por isso deve ser criterioso em seu uso das fontes primárias, deve cultivar o espírito crítico, sem decair em pirronista. O ceticismo, a incredulidade sistemática, é tão prejudicial quanto o dogmatismo, a credulidade ingênua. Nós entendemos que Bloch sugeriu que o historiador crítico deve ser um "dogmático-cético": recebe a informação, confia no informante, mas verifica, confere, processa a informação[7].

Bloch desenvolveu mais detalhadamente, em sua *Apologia da história*, duas proposições inovadoras que caracterizarão a Escola dos *Annales*. Trata-se da nova concepção do objeto da história e do "método retrospectivo". Bloch, na verdade, fez as primeiras reflexões sobre a concepção da temporalidade dos *Annales*. Para ele, embora o termo "história" seja velho e ambíguo, ainda define o que quer ser a nova história dos *Annales*. No seu novo sentido, esse termo designa um conhecimento que não se interdita e que não privilegia nenhuma direção de pesquisa. Esse conhecimento não se fecha em nenhum credo e não engaja nada mais além da pesquisa. A história continua fiel à tradição: é ainda o "estudo dos homens, das sociedades humanas no tempo". É uma ciência dos homens em sua diversidade. Atrás da paisagem visível, dos instrumentos de trabalho, dos documentos os mais indiferentes e frios, os mais involuntários, atrás das estatísticas, das instituições, dos monumentos, "são os homens que a história quer apreender". Esse conhecimento dos homens escapa à matematização e é construído principalmente com o "tato das palavras" ("uma frase justa é tão bela quanto uma equação"). A perspectiva do historiador sobre esse objeto comum das ciências sociais é o "humano na duração". O tempo da história, ele afirma, é "o plasma em que se banham os fenômenos, o lugar de sua inteligibilidade". Esse tempo da história dos *Annales* é descrito por Bloch como uma realidade concreta e viva, um impulso irreversível, que é ao mesmo tempo continuidade e descontinuidade. Para ele, é da antítese desses dois atributos que nos vêm os grandes problemas da pesquisa histórica[8].

A nova concepção da temporalidade que apresenta terá como consequência nada menos que a mudança dos objetos privilegiados do historiador, embora este não esteja impedido de estudar nenhum aspecto da realidade social. Se a história tradicional enfatizava o evento e o que ele significa, a mudança, o tempo curto, o que a levava a fixar-se no Estado, em suas instituições, seus líderes, suas relações exteriores, suas guerras, e em suas instituições associadas, a Igreja, instituições intelectuais e culturais, que o legitimam, e a pensar a história como uma continuidade, uma evolução progressista, os *Annales* tratarão prioritariamente dos fenômenos "econômico-sócio-mentais". Essa mudança de objeto se associa e é fundada por uma nova concepção do tempo. Os fenômenos econômico-sócio-mentais são abordáveis cientificamente porque se repetem, são mensuráveis, quantificáveis, seriáveis, empiricamente verificáveis. Eles são pensáveis em termos de ciclos, interciclos, tendências. A inteligibilidade da história mudou através de uma nova periodização. O "acontecimental", rápido e dramático, o tempo das "decisões" individuais e declaradas, foi substituído por uma temporalidade silenciosa, implícita, lenta, duradoura, "estrutural". A história tradicional tratava do evento político, visível, breve, narrável. A história dos *Annales* se quer mais sincrônica e procura estabelecer os laços entre esses eventos visíveis, e não exclusivamente políticos, com a sua base profunda, sua duração invisível[9].

Para Bloch, embora não se possa deixar de "narrar", a forma narrativa não é mais a marca exclusiva do discurso histórico. A abordagem desse "invisível estrutural" só pode se dar através da reconstrução conceitual. A história não se reduz a uma narração factual, é um esforço de conceituação, isto é, de reunião da diversidade factual sob a unidade do conceito. Mas, temendo sempre a tendência do conceito à autonomização, à abstração, contrasta constantemente seus conceitos com a diversidade do real, para testar os limites temporais de sua validade. À questão essencial, "se o evento é impensável, como pensá-lo sem recair em uma filosofia da história?", a resposta da história sob a influência das ciências sociais será: a diversidade da realidade é pensável através da sua unificação conceitual, hipotética, testável, contrastável com os limites da duração concreta dos fenômenos. O evento é pensável, portanto, pelo conceito, que reconstrói as estruturas que emolduram a dispersão eventual. Esses conceitos possuem um correspondente real e não são criações subjetivistas, embora sejam uma construção subjetiva do historiador[10].

Os eventos interessam não por sua singularidade, mas enquanto elementos de uma série, por revelarem um fundo mais duradouro de tendências conjunturais e estruturais. O conhecimento do passado não é mais uma descrição de eventos "percebidos" imediatamente, mas uma mediata reconstrução conceitual. A história tradicional se limitava, sem dizer o porquê, a narrar os fatos ocorridos em tal lugar e data: ela tratava do perceptível, do visível. A história dos *Annales* não abandonou esse visível e não lhe deu um sentido providencial ou espiritual, mas situou-o em uma "duração" mais lenta, invisível, que o sustenta e explica, e somente apreensível mediatamente pelo "conceito". Esse conceito, é claro, não é a ideia hegeliana de uma "realidade em si", mas é mais próximo da ideia kantiana da construção pelo sujeito de "formas" que apreendem a realidade objetiva. São construções disciplinadas, controláveis, submetidas a regras, comunicáveis, falsificáveis, tecnicamente verificáveis[11].

Essa temporalidade mais duradoura é constatável menos nos fenômenos políticos do que nas estruturas econômico-sociais e nas relações dos homens com o meio geográfico e em suas estruturas mentais. Essas regiões duradouras da experiência vivida dos homens é o lugar das verdadeiras decisões históricas, construídas ao longo prazo e de consequências mais permanentes. Nessa perspectiva, a instância política, antes dirigente e construtora de toda a realidade, é considerada epifenomênica. Essa história estrutural e conceitual não é constituída de abstrações formais, pois a "estrutura" não é concebida como um conjunto de elementos abstratos, independente da realidade objetiva. A estrutura do historiador é um quadro estável, que confere às atividades um caráter monótono, repetitivo; é uma "longa duração", concreta, mas "invisível", que só a pesquisa e a reconstrução conceitual podem apreender. Bloch elaborou mais, embora não definitivamente, a posição dos *Annales* em relação ao seu objeto: os homens na perspectiva da duração. Braudel retomará essa questão mais tarde e, se não dará sua teoria definitiva, pois ainda polêmica, vai elaborá-la e explicitá-la de maneira mais conclusiva[12].

Outra proposta "inovadora" dos *Annales* será enfatizada por Bloch: trata-se do "método regressivo/retrospectivo", que já fora desenvolvido e defendido por Weber. Através dessa abordagem de seus materiais, o historiador quer vencer aquilo que Simiand denominou como "ídolo das origens". Este consistiria em sempre se procurar explicar o mais próximo pelo mais distante, o passado legitimando o presente, pois o preparou e construiu. As origens são concebidas como um "começo que explica" todo o desenrolar do processo. Mas, afirma Bloch, não basta conhecer o começo ou o passado de um processo para explicá-lo. Explicar não é estabelecer uma filiação. O presente guarda uma certa autonomia e não se deixa explicar inteiramente pela sua origem[13].

Enquanto os historiadores tradicionais interditavam o presente como objeto do historiador, que não seria abordável serena e refletidamente, pois espaço da experiência e não da reflexão, Bloch propõe que o historiador vá do presente ao passado e do passado ao presente. Os historiadores tradicionais separavam o passado, objeto da história, do presente, objeto dos sociólogos, jornalistas, politólogos, que jamais abordam o passado. Bloch, pelo ir e vir do historiador do presente ao passado, sustenta que o historiador não deve ser um pesquisador de origens. Para ele, por um lado, o passado explica o presente, pois o presente não é uma mudança radical, uma ruptura rápida e total. Os mecanismos sociais tendem à inércia, são prisões de longa duração: código civil, mentalidades, estruturas sociais. Ignorar o passado comprometeria a ação no presente. Entretanto, por outro lado, o presente não se explica exclusivamente pelo passado imediato, ele possui raízes longas, é também um conjunto de tendências para o futuro e é o espaço de uma iniciativa original. O presente está enraizado no passado, mas conhecer essa sua raiz não esgota o seu conhecimento. Ele exige um estudo em si, pois é um momento original, que combina origens passadas, tendências futuras e ação atual.

É a partir dessa concepção mais complexa das relações de determinação recíproca entre passado e presente que Bloch proporá o "método regressivo/retrospectivo". O passado não é compreensível se não se vai até ele com uma problematização suscitada pelo presente. O historiador não pode ignorar o presente que o cerca, precisa olhar em torno de si, ter a sensibilidade histórica de seu presente, para, a partir dele, interrogar e explicar o passado. Ele faz o caminho do mais conhecido, o presente, ao menos conhecido, o passado, para conhecê-lo mais. Ele sabe mais dos tempos mais próximos e parte deles para descobrir os tempos mais longínquos. Esta é a estratégia regressiva do conhecimento histórico, um conhecimento a contrapelo: do presente ao passado e de volta ao presente. Há um interesse vivo do presente pelo passado, perguntas que ele se faz para se compreender melhor enquanto continuidade e diferença em relação ao passado. A história, a ciência dos homens no tempo, "une o estudo dos mortos ao dos vivos". Evita-se, assim, a vinda mecânica do atrás para frente e evita-se também a busca das origens, que leva a uma retrospecção infinita, que exclui definitivamente o presente da perspectiva do historiador. Esse "método regressivo" é o sustentáculo da "história-problema". Temática, essa história elege, a partir da análise do presente, os temas que interessam a esse presente, problematiza-os e trata-os no passado, trazendo informações para o presente, que o esclarecem sobre a sua própria experiência vivida[14].

2 Percursos: Marc Bloch entre Febvre e Durkheim/Simiand

Para compreender a obra de Bloch, uma questão que se põe é a das relações entre o seu pensamento histórico e o de Febvre: seriam pensamentos próximos, distantes, convergentes ou divergentes? As posições de seus analistas são diferentes sobre essa questão. M. Bloch teve sua formação na linguística, que o levou ao método comparativo; na ciência histórica da Alemanha, país em que estudou de 1908 a 1909 e onde aprendeu a reconhecer a solidez das técnicas eruditas, considerando-as como meio e não como fim da pesquisa; na sociologia durkheimiana e na geografia de Vidal de la Blache. *L'Année Sociologique* e Durkheim estão para Bloch assim como a *Révue de Synthèse Historique* e Henri Berr estão para Febvre. Bloch optou pela história econômico-social, sempre no quadro da longa duração, do método regressivo, da delimitação de áreas geo-históricas[15].

G. Iggers procura estabelecer algumas distinções entre os pensamentos de Febvre e Bloch. Para ele, enquanto Febvre dá mais lugar à consciência, Bloch progressivamente enfatizará a estrutura material dentro da qual a consciência se exprime. Embora fundadores de uma "nova história", Bloch se ligaria à tradição metódica e durkheimiana e Febvre à tradição hermenêutica e diltheyana. M. Aymard vê entre eles mais diferenças do que coincidências. Para ele seria um erro reduzi-los a uma identidade comum. Bloch, para Aymard, era mais "cientista social", utilizava as técnicas e as bibliografias das ciências sociais, fazia pesquisas geográficas e linguísticas, já na perspectiva da "longa duração". Febvre foi sempre mais ligado aos elementos concretos do tempo que estuda, era "humanista" e temia o formalismo conceitual. Aymard chega a concluir que Febvre e Bloch tinham pensamentos bem diferentes e concepções da história divergentes. Para ele, Febvre concebia a história no plural,

261

isto é, como "o estudo dos homens no tempo", "estudo das mudanças", enquanto Bloch a concebia no singular, isto é, como "o estudo do homem no tempo", "estudo da mudança"[16].

T. Stoianovitch e H.D. Mann apontam para uma possível influência sobre ambos da "geração espanhola de 1898", composta por homens como Miguel de Unamuno, Angel Ganivet, José Martinez Ruiz (Azorin), cujo representante francês foi Paul Valéry. Os autores dessa "geração", afirma Mann, aprofundaram e alargaram o passado para além da esfera dos fatos e das tradições, convencidos de que a significação do presente se extrai de uma reconstrução imaginativa do passado. Miguel de Unamuno usava a metáfora do mar, para definir o movimento da história: a história só poderia ser compreendida a partir de sua "profundidade", assim como o mar não é compreendido pelas suas ondas espumosas, mas pelas suas regiões profundas que as sustentam. Era uma "geração" deprimida com o momento em que vivia a Espanha, ex-imperial e, naquele momento, em crise. Repensavam o Império Espanhol com nostalgia, mesmo considerando-o a causa da ruína espanhola; rediscutiam o etnocentrismo, o eurocentrismo, valorizando mais o que é durável, o povo, esvaziando a história de eventos e heróis. Ambos os analistas de Febvre e Bloch consideram que essa influência sobre eles tenha existido, pois essas ideias da "geração espanhola de 1898" expressavam o horizonte europeu daquela época e não somente o horizonte espanhol[17].

Para Burguière, Febvre e Bloch tinham divergências que não eram secundárias. Elas apareceram no território que devia reuni-los, na noção de "mentalidades". Quando fundaram os *Annales*, Febvre acabara de publicar *Um destino, Martinho Lutero* (1928), o estudo das mentalidades era o centro das suas atenções. Febvre se apoia na *Révue de Synthèse Historique*, de Henri Berr, que contesta a redução da ciência do homem ao social. A sociologia não esgota a história, nem tudo é social. A atividade psicológica é singular, individual, intelectual e afetiva, a consciência é individual. Febvre se decepcionou com o conceito de mentalidade de Bloch em sua resenha de *A sociedade feudal*: o indivíduo desapareceu, não há análise psicológica, Bloch é coletivista. Febvre usa mentalidades para fazer uma história da alma humana, concebe a história das mentalidades como uma psicologia histórica. Ele reconstitui o universo mental de uma época, das formas mais emocionais às mais reflexivas tal como se encontra sua unidade na consciência individual. Ele procurava "compreender" (*verstehen*) uma época, uma organização social, por dentro, pela consciência mais elaborada que teve um de seus membros. Ele enfatizava as manifestações mais reflexivas e intelectuais da vida mental de uma época e se especializou na estrutura mental da Renascença, no século XVI, que analisou através das obras individuais de Lutero, Rabelais e Margarida de Navarra.

Bloch, ao contrário, usa mentalidades para fazer uma história das sociedades humanas, não quer encontrar a experiência vivida de um nobre medieval, mas as regras de uma cultura da distinção. A guerra, o amor cortês, não são sensibilidades individuais, mas busca de honra e ganha-pão de uma classe que queria ser percebida como superior. Bloch quer identificar normas, justificações, atitudes. Os sentimentos são incluídos em representações e atitudes sociais. Para ele, a atividade psicológica não é individual, mas comandada pela realidade social. O coletivo é que orienta os indivíduos, Bloch enfatiza o inconsciente coletivo. O inconsciente coletivo estrutura a sociedade e se encarna em instituições, hábitos, costumes. Há arquétipos mentais antigos que sobrevivem, permanecem ou ressurgem. As realidades sociais têm um horizonte comum: ideias, sentimentos, necessidades. Sem chegar a ser marxista, dá mais ênfase às constrições materiais[18].

Febvre abriu o caminho da psicologia histórica e Bloch o da antropologia histórica. Bloch deu ao historiador o gosto de explorar estruturas mentais profundas, antecipando a abordagem estruturalista das ciências sociais. O tempo das mentalidades é o da permanência de hábitos ou a ressurgência de concepções antigas. É um tempo de longa duração, antropológico, feito de encavalamentos, recomeços e inovações súbitas, um fundo cultural antigo e praticamente comum a toda humanidade. Os homens mudaram muito, mas há um fundo de permanência sem o qual os nomes "homem" e "sociedade" não significam nada. As mentalidades não são o cerne da ordem social, mas são o que lhe dá sentido, o que permite regulamentar a sua dinâmica. As mentalidades não são atividades da consciência, vida do espírito, mas estruturas mentais[19].

Apoiados nesses autores acima e em outros, nós sustentamos no livro *Nouvelle Histoire e o tempo histórico: a contribuição de Febvre, Bloch e Braudel*[20], que Febvre foi o último dos historiadores tradicionais e Bloch foi o primeiro historiador dos *Annales*, o paradigma da história estrutural. Os dois se encontraram na fronteira da mudança substancial que a historiografia sofreu, por iniciativa deles e de outros, na primeira metade do século XX. Como primeiro historiador dos *Annales*, foi Bloch quem, de fato, rompeu com o tempo histórico tradicional e deixou-se influenciar de maneira mais exclusiva pelas ciências sociais. O que não quer dizer que tenha esquecido/abandonado a historiografia anterior. Se aderiu de maneira mais radical ao movimento durkheimiano e se sobre ele a revista *L'Année Sociologique* exerceu influência tão significativa, guardava ainda as conquistas da tradição historiográfica: o método crítico, o sentido geral do conceito de compreensão, a sensibilidade propriamente historiadora da mudança. Nos "combates pela história" dos *Annales* Bloch venceu pelo exemplo e pelo fato, é o paradigma da história estrutural; Febvre venceu pelas declarações e pelo gerenciamento do patrimônio. Portanto, do ponto de vista das orientações da pesquisa histórica, a escola dos *Annales* é bem mais blochiana do que febvriana[21].

Para não ser tão simples e ingênuo como na formulação acima, pode-se dizer que Febvre não pertence exclusivamente à historiografia dos *Annales*, pertence também à historiografia tradicional e à saída dos *Annales* pela hermenêutica. Ele teria ultrapassado a história tradicional, conservando-a, e teria ultrapassado os *Annales* mantendo-se no grupo. Quanto a Bloch, seria um historiador específico do século XX. Sua obra é representativa do tipo de conhecimento histórico que o século XX pode produzir. Ele pertence ao movimento dos *Annales* como o seu mais legítimo fundador, a sua obra ofereceu a formação principal que tiveram os historiadores franceses e ocidentais do século XX. Bloch abriu a via propriamente da história estrutural, também construída por Durkheim, Simiand e, depois deles, por

Labrousse, Braudel, E. Le Roy Ladurie, G. Duby e J. Le Goff, entre outros. As origens dos *Annales*, paradoxalmente, são positivistas, no sentido durkheimiano do termo. Para Dosse, ironicamente, os *Annales* é que tendiam ao positivismo[22].

A outra corrente no interior dos *Annales*, a estrutural-historicista, de Febvre, ficará limitada a ele próprio, no início, e reaparecerá nas obras recentes que tratam do evento estruturado, na biografia, na história intelectual, nas ideologias formuladas por grandes pensadores. Os analistas da obra de Bloch são unânimes em conferir-lhe esta posição de verdadeiro precursor, de paradigma da historiografia dos *Annales*. Burguière considera que "a sua influência sobre a renovação da ciência histórica foi talvez a mais decisiva e a mais durável". Para Duby, "o seu método é o da história mais nova, a de hoje", isto é, dos anos 1945/1970[23].

O que tornou Bloch exemplar para a historiografia que o sucedeu? Para nós, foi a sua compreensão do tempo histórico sob a influência da sociologia durkheimiana. Bloch tenderá a apagar da sua obra a presença do evento e a pensar estruturalmente o tempo vivido. Ao contrário de Febvre, ele não vai do grande evento intelectual à sua estrutura, mas analisa estruturas onde os eventos são tratados como meros sinais reveladores e em posição secundária, como elementos. Bloch faz um estudo objetivo dos homens em grupos, retirando a ênfase das iniciativas individuais, da consciência dos sujeitos atuantes. Seu tempo não é o tempo da alma ou da consciência, de indivíduos capazes de uma reflexão mais profunda, mas o tempo inconsciente de coletividades. Entretanto, pode-se supor que este tempo do inconsciente coletivo seja ainda o tempo da consciência em um momento de irreflexão, porque é passível de reflexão. Mas, enquanto tempo irrefletido, está submetido à necessidade e possibilita o seu estudo pela aplicação das características do tempo físico.

Este tempo da consciência irrefletida pode, então, ser tratado como permanência, regularidade, homogeneidade, repetição. Bloch não chega ao extremo de "naturalizá-lo", como fazem as ciências sociais. Mesmo seguindo a orientação durkheimiana, Bloch não adere ao seu caráter positivista, não reduz o tempo humano ao tempo natural, mas produz naquele uma aplicação das características deste, sem ignorar a sua especificidade. Esta aplicação possibilitou a história da "longa duração". A análise quantitativa toma espaço à análise qualitativa; a homogeneização quantitativa possibilita a comparação entre épocas diferentes; a ampliação do quadro temporal possibilita a utilização de novas fontes massivas; a ênfase no aspecto inconsciente e coletivo possibilita a análise de novos objetos: as estruturas agrárias, estruturas econômicas, estruturas sociais, estruturas demográficas, as prisões de longa duração mentais, as técnicas, os costumes, as crenças.

R.C. Rhodes procurou mostrar a influência de Durkheim sobre Bloch e o momento em que este se afasta daquele. Para Rhodes, Bloch não via muita diferença entre o trabalho do historiador e do sociólogo. Tanto um como o outro deveria apreender atrás dos indivíduos o seu grupo social. O que interessa a ambos não é o homem, mas as sociedades humanas enquanto estrutura, isto é, uma coesão de elementos aparentemente dispersos. P. Burke considera *La societé féodale* como a obra mais durkheimiana de Bloch: "ele continua a usar a linguagem da 'consciência coletiva', 'memória coletiva', 'representações coletivas' [...] O livro trata essencialmente de um dos temas centrais da obra de Durkheim, a 'coesão social'"[24].

Retornando a Rodhes, o feudalismo, em Bloch, é uma estrutura social, ou seja, cada parte do mundo medieval é significativa em relação ao todo. A sociedade feudal correspondia mais a forças econômico-sócio-mentais do que a movimentos políticos ou militares. Os grandes indivíduos aparecem mais como expressão dos movimentos de longo termo do que por eles mesmos. Bloch ainda defende uma história total, numa perspectiva diferente da de Febvre. Para ele, as estruturas econômico-sócio-mentais eram interdependentes, interagiam continuamente, formando uma totalidade social. Bloch privilegiava as estruturas econômico-sociais em suas análises, visava as condições materiais de existência, sempre pondo o aspecto estrutural acima dos eventos. A estrutura permanece independentemente de todo evento que possa determiná-la ou influenciá-la. Uma estrutura, entretanto, possui sua história, isto é, pode mudar, transformar-se, dissolver-se, mas somente a longo termo. A abordagem estrutural possibilitou a Bloch fixar estados sucessivos da sociedade e explicar suas mudanças em termos de processos longos. Uma estrutura social, no sentido amplo de sociedade global, para Bloch, é uma entidade envolvente, que incorpora o econômico, o social e o mental, que mudam muito lentamente. Ela pode ser analisada sob dois aspectos: o permanente e o mutante.

Como Durkheim, e diferente de Febvre, o ponto de partida da história blochiana era a sociedade e não o indivíduo. Seu realismo social, continua Rodhes, insistia em apreender o todo social antes de querer apreender as partes. Este todo, composto de interações individuais, era concebido como não redutível à vontade dos indivíduos-membros. O indivíduo é que é reduzido à mera expressão da vida coletiva. Assim como Durkheim, Bloch considerava que a estrutura social, a solidariedade, a ordem ou coesão social são as realidades básicas onde se encontram os princípios explicadores da sociedade. E, aqui, confirma-se a hipótese de que este tempo inconsciente é ainda tempo da consciência, pois Bloch denomina esta solidariedade social como "consciência coletiva", que forma comportamentos, impõe valores, constrói personalidades. O específico desta "consciência coletiva" é a sua lentidão na mudança. Ela é um consenso, que envolve todos os membros da sociedade, oferecendo-lhes valores e normas de vida. É uma consciência pré-fabricada pronta para o uso individual e que aparece ao indivíduo como algo dado e natural. Mas trata-se de uma construção de longa duração.

Enfim, conclui Rodhes, o que Bloch recebe de Durkheim é esta consideração primeira da consciência coletiva, a abordagem da mudança somente a longo termo, e o método comparativo. Bloch recusou de Durkheim o teoricismo sociológico e seu positivismo, isto é, a sua naturalização do tempo humano. A influência de Durkheim sobre Bloch foi possível porque este havia percebido que a história política não sabia explicar os processos econômico-sociais. O mundo social era uma ordem determinada, necessária, que as iniciativas de indivíduos da esfera política não sabiam influenciar e controlar. Na verdade, quem controlava estas iniciativas livres era a ordem econômico-sócio-mental. Devia-se partir dela, então, para explicar aquelas decisões e atitudes individuais aparentemente livres. Finalmente, Rodhes avalia:

> [...] a maior contribuição de Durkheim a Bloch e de Bloch aos *Annales* é a abordagem coletiva. Isto quer dizer que os historiadores franceses após Bloch estarão preocupados com a estrutura da sociedade. Bloch se interessou pela solidariedade do sistema social, pela inter-relação entre ideias e instituições [...] Uma nova história nasceu baseada no determinismo social. Uma história mais preocupada com sociedades e tendências coletivas do que com indivíduos e eventos[25].

Em Bloch, portanto, o tempo da (in)consciência coletiva impõe-se sobre o tempo da consciência individual. A diferença entre uma e outra é a reflexão, a retomada de si que ocorre somente na segunda. Enquanto coletiva, a consciência possui um tempo inconsciente, que se caracteriza pela tendência ao repouso, à continuidade, à permanência. Trata-se de uma consciência que mais realiza movimentos do que mudanças. Uma consciência inconsciente, irrefletida, aproxima-se da temporalidade natural: produz movimentos, isto é, a sucessão articula o anterior, o posterior e o simultâneo. No movimento só há "deslocamento do mesmo", alteração espacial de posições. Enquanto produtora de movimentos, a consciência se repete, se homogeneíza, se automatiza, torna-se reversível, é sucessão sem mudança. São os mesmos hábitos, os mesmos modos, os mesmos gestos, as mesmas técnicas, os mesmos pratos, os mesmos horários, as mesmas palavras, os mesmos rituais, que se repetem continuamente, sem tematização ou problematização. Estes gestos repetitivos, porque eficazes, ou talvez não, pois gestos irracionais e ineficazes podem ser repetidos pela força da tradição, do hábito ou da inércia, são movimentos e não mudanças porque não têm a força criativa do evento. E são também movimentos porque repetidos por uma massa anônima, isto é, um mundo humano sem identidade que age às cegas, sem se interrogar e sem refletir.

O tempo humano se naturaliza, pois assume as características do tempo natural: são massas de indivíduos, quantidades de homens que indiferentemente realizam os mesmos movimentos. E estes movimentos são passíveis de um controle científico, pois têm as características dos fenômenos de que a física trata. Pode-se, então, numerar esses movimentos, contá-los, medi-los, agrupá-los, relacioná-los e, finalmente, prevê-los. Quando a história começa a considerar uma humanidade naturalizada, pois constante, uniforme, ela tende a se cientificizar, pois, finalmente, o futuro, imediato pelo menos, pode entrar mais objetivamente em suas considerações. Não se pode prevê-lo com certeza, mas pode-se antecipá-lo com alguma probabilidade estatística. Ao mesmo tempo, o passado pode ser conhecido com rigor: os movimentos humanos são conhecidos através de fontes massivas e numéricas, involuntárias, e podem ser descritos por meio das curvas de um gráfico. O tempo coletivo é duro, sob o signo da necessidade, e, por isso, deixa-se apreender pelas técnicas das ciências sociais e pelos seus conceitos em um quadro temporal mais amplo. Esta perspectiva sobre o tempo histórico, de Bloch, permitia o seu controle conceitual e técnico. Pelo menos era o que Durkheim e ele próprio pensavam.

Entretanto, Bloch é também diferente de Durkheim. Bloch procurou marcar a diferença da sua história em relação à sociologia. À história interessa sobretudo a mudança, onde não há somente deslocamento do mesmo, alteração espacial de posições. Não se movimenta somente de posições anteriores a posteriores mantendo-se a identidade. Tendo como objeto o mundo humano, a história tematiza a produção da diferença, da alteridade, no tempo. O mundo futuro não é o mesmo do presente e do passado. O deslocamento no tempo, do passado ao futuro, produz mudanças, isto é, o ser do futuro não se identifica com o que estava no passado, não é o mesmo. Ao articular movimento e mudança, espaço e tempo, estrutura e evento, permanência e transição, os *Annales* querem tornar inteligível a mudança, o efêmero.

Em sua *Apologie pour l'histoire*, Bloch analisa as relações entre a sociologia e a história no início do século XX. Para ele, este período da historiografia esteve dominado pela obsessão dos historiadores com o tempo da física. Eles consideravam que se se estendesse ao espírito o esquema temporal das ciências naturais, a história poderia oferecer um conhecimento autêntico, por meio de demonstrações irrefutáveis e pela descoberta de leis universais. Aplicada à história, Bloch explica, esta opinião teria dado nascimento a duas tendências opostas. Uns acreditavam ser possível instituir uma ciência da evolução humana nos moldes das ciências naturais. Para realizar esta ciência propunham deixar de lado realidades que lhes pareciam rebeldes a um saber racional. Este resíduo, que eles chamavam de evento, e Bloch lamenta, era boa parte da vida, a mais intimamente individual. Esta foi a posição da escola sociológica fundada por Durkheim e, afirma Bloch, "a este esforço, nossos estudos devem muito". Durkheim ensinou a história a analisar em profundidade, a definir mais nitidamente os problemas e a pensar mais rigorosamente. Outros, preocupados com as dificuldades, dúvidas e constantes recomeços da crítica documental, não teriam conseguido introduzir a história no legalismo físico. A história, então, não parecia capaz de conclusões. Em vez de conhecimento científico, tornou-se um jogo estético, prudente e mesmo impotente para concluir[26].

Bloch põe, aqui, a alternativa que se apresentava à história no início do século XX: ou ela se submetia ao tempo da física e se tornava uma história científica ou não fazia esta redução e continuaria sendo uma mera narrativa de eventos. A tendência de alguns analistas de Bloch é torná-lo imediatamente um discípulo de Durkheim e um promotor da história científica. Não é uma análise incorreta, pois o próprio Bloch confessa ser um devedor e seguidor de Durkheim. Mas ele não aderiu totalmente ao positivismo durkheimiano. A posição de Bloch é ambígua: a história poderia produzir um conhecimento científico de estruturas sociais mesmo mantendo a especificidade do seu tempo, a mudança.

Ainda na *Apologie pour l'histoire*, ele prossegue a sua argumentação. Aquela alternativa que se punha aos historiadores do início do século XX não obrigava a uma tomada de posição sem nuanças por uma ou por outra de suas indicações. A nova historiografia que ele queria fundar devia tomar uma direção intermediária: submeter-se ao tempo físico e manter a especificidade do tempo do espírito. Para ele, este caminho intermediário era possível porque a ideia de ciência tinha se flexibilizado. A ciência vivia, então, em um tempo relativo, provável e até qualitativo. A história não precisaria abrir mão de seu tempo original para se tornar uma ciência. E se ela pode inspirar-se no tempo das ciências naturais, já reelaborada pelas ciências sociais, não precisava se reduzir a este para ser um conhecimento racional.

A historiografia dos *Annales* seria "a ciência dos homens no tempo", o conhecimento de uma humanidade plural, marcada pela pluralidade de suas durações. Bloch já compreendia a história como "dialética da duração": para ele, o tempo dos homens é feito de continuidade e mudança. A pesquisa histórica deve apreender esta dialética, revelando, na continuidade, a mudança e, na mudança, a continuidade. A influência das ciências sociais sobre Bloch e os *Annales* aparecerá na consideração da não mudança, o que a história tradicional sempre se recusou a analisar. Bloch será o primeiro historiador dos *Annales* porque foi o primeiro a introduzir a perspectiva da permanência em história. Ao introduzir tal consideração em história, a da permanência, e da maneira como o fez, Bloch realizou uma mudança substancial na compreensão do tempo histórico. Considerar o constante, em história, significou a mudança de objetos, de fontes, de técnicas, de problemáticas e de interlocutores, alterou a relação da pesquisa histórica com o seu presente. Foi uma mudança substancial no modo de pensar as relações entre passado, presente e mesmo futuro. Nessa perspectiva o tempo da pesquisa histórica se autonomiza do tempo vivido, mas sempre se referindo a este. A periodização da pesquisa não se refere às fases da humanidade, mas a cortes que o historiador realiza em tempos vividos particulares e plurais, isto é, que não se encadeiam necessariamente.

Bloch oscilava entre a aspiração de uma história total e a consciência de sua impossibilidade. Para ele, a sociedade é um jogo de perpétuas interações. A pesquisa deve, primeiro, distinguir as partes, analisá-las e, depois, recompor as ligações que existem entre elas. Mas, ele prossegue, para que se seja fiel à vida no seu constante entrecruzamento de ações e reações, não é preciso abraçá-la inteira, pois seria um esforço superior à capacidade do mais sábio pesquisador. Melhor será, ele propôs, centrar o estudo de uma sociedade sobre um de seus aspectos particulares e sobre um problema preciso que sugere esses aspectos. Os problemas bem-postos sobre um aspecto fazem aparecer claramente as suas relações. A análise exige uma linguagem bem-definida, conceitos explicitados e bem articulados e, sobretudo, uma organização temporal, que é produzida pelos cortes feitos pelo olhar do historiador.

Bloch considera que o corte mais exato não é o que faz apelo a uma unidade de tempo menor, mas o mais bem-adaptado à natureza das coisas. Cada fenômeno tem sua espessura de medida particular. As transformações da estrutura social, econômica e mental se deformariam em uma cronometragem muito fechada. E, no geral, não se recobrem. Bloch explicita a especificidade do tempo humano em relação ao natural:

> [...] o tempo humano permanecerá sempre rebelde à implacável conformidade comum às divisões rígidas do tempo do relógio. São necessárias medidas ade-

quadas à variabilidade de seus ritmos [...]. É somente ao preço desta plasticidade que a história pode esperar adaptar, segundo a expressão de Bergson, suas classificações às "linhas mesmas do real", que é propriamente o fim último de toda ciência[27].

Inspirado em Ricoeur, para nós, Bloch construiu um "terceiro caminho" para a sua historiografia e a dos *Annales*: "a história não interdita nenhuma direção de pesquisa. Ela pode se voltar de preferência para o indivíduo ou a sociedade, para crises momentâneas ou elementos mais duráveis. Ela não se fecha em nenhum credo, ela não engaja nada mais além da pesquisa". Não foi a partir de Marx e sim de Durkheim/Simiand que ele construiu este terceiro tempo. Mas, em Bloch, o tempo histórico tende, mas não atinge o positivismo, isto é, ele não é reduzido ao tempo natural. Este "terceiro caminho" entre uma história naturalista e uma história espiritualista significa a afirmação do caráter diferenciado do tempo humano e a possibilidade de se encontrar nele as características do tempo natural, mas sem naturalizá-lo por isso. Trata-se de um "terceiro tempo", um tempo intermediário entre o da consciência e o da natureza, inspirado, mas diferenciado, na perspectiva temporal das ciências sociais. Mas, embora assuma esta perspectiva, Bloch também não vai às últimas consequências. As ciências sociais tendem a negligenciar o aspecto sucessivo do tempo histórico, a mudança e os seus aspectos conscientes, tendem a eliminar o evento[28].

Bloch segue esta orientação, mas, enquanto historiador, mantém a consideração da mudança qualitativa e olha para o inconsciente coletivo, que privilegia como tema, ainda como mundo humano e da consciência em um certo nível. Ele aborda o aspecto coletivo e inconsciente da sociedade simplesmente porque este possibilita uma abordagem científica, isto é, a aplicação, e não a redução, das características do tempo natural à sociedade. As ciências sociais pretendiam objetivar o homem e torná-lo natureza. Bloch não chegará até lá. Ele reafirmará sua identidade de historiador dentro do quadro mesmo das ciências sociais. Para ele, a história tem por matéria, em última análise, consciências humanas. Expressões como *homo economicus, homo politicus*, são fantasmas cômodos. Ele afirma que o único ser em carne e osso que reúne tudo isto ao mesmo tempo é o homem. O objeto da história, insiste, são os homens, no plural. A história é a ciência dos homens no tempo, pensa o humano em suas durações. A história tem como objeto "consciências humanas em suas durações diversas". Ainda segundo Duby, o pioneirismo de Bloch aparece na introdução em suas obras das diferenças de ritmo entre as estruturas econômica, política, mental, embora ainda discretamente; na pesquisa dos "silêncios" da história, no uso constante da documentação involuntária e em suas reflexões sobre as relações entre o individual e o coletivo.

No final da *Apologie pour l'histoire* Bloch recusa explicitamente o sociologismo durkheimiano e volta a se aproximar da concepção da história de Febvre ao afirmar que "os fatos humanos são essencialmente psicológicos". O mundo humano se insere no mundo físico e sofre suas pressões, mas lá mesmo, onde a intrusão destas forças parece a mais brutal, sua ação se exerce orientada pelo homem e seu espírito. Bloch mostra, então, o modo da consciência histórica que estuda: não uma consciência clara, vontades lógicas, transparentes, pois já se conhece a espessura da vida. A causalidade histórica não se reduz a motivos, à vontade consciente e transparente de sujeitos humanos e não se reduz também a um movimento determinado e marcado pelo relógio. E conclui: "entre uma intenção e certas condições dadas, as causas em história não se postulam, pesquisam-se"[29].

Para ele, o tempo histórico é o da consciência, mas de uma consciência opaca, irrefletida, que possui uma espessura profunda. É uma dimensão do tempo da consciência mais repetitiva do que criativa, mais estrutural do que acontecimental. Esta consciência tende a uma duração mais longa, pois repetitiva; ela é homogênea, pois massiva; é regular, pois é mais movimento do que mudança; é reversível, pois circular; é quantificável, pois coletiva; é comparável, por possuir todas estas características. Mas não é natureza, pois esta inconsciência pode tomar consciência de si, mesmo que leve alguns séculos para isto, e produzir a mudança. A compreensão do tempo histórico, em Bloch, só é o reconhecimento deste lado obscuro e profundo da consciência, que não se revela em eventos, mas em estruturas, e que pode ser cientificamente apreendido, já que a ideia de ciência não é mais incompatível com a medida relativa e com formulações qualitativas. Para apreendê-la, Bloch proporá algumas estratégias: o método regressivo, a quantificação, a comparação, a reconstrução conceitual[30].

Portanto, se queremos situar Bloch na história da historiografia, o tema da temporalidade histórica é o melhor ponto de observação. Se Febvre abriu o caminho subjetivista dos *Annales*, que não teve continuidade (mas retorna na historiografia pós-*Annales*), Bloch abriu o caminho objetivista, que foi o que venceu. E "objetivista" no sentido em que, mesmo não reduzindo o tempo da consciência ao da natureza, ele o aborda de uma forma naturalista. Ambos defendiam uma história estrutural, mas Bloch tendia ao sociologismo positivista e Febvre à hermenêutica historicista. Esta diferença de posições foi bem definida pelo já mencionado artigo de Burguière *"La notion de 'mentalités' chez M. Bloch et L. Febvre: deux conceptions, deux filiations"* (1983). Para Burguière, a diferença entre Bloch e Febvre se acentua quando tratam de um mesmo objeto: a história das mentalidades coletivas. A abordagem mais sociológica de Bloch leva-o a se concentrar sobre fenômenos mentais os mais afastados do pensamento refletido e mais articulados à vida material. Ele procura explicar as atitudes morais ou afetivas pelo seu engajamento social e nas condições econômico-demográficas da época. Bloch não parte da consciência refletida, como Febvre, observa comportamentos coletivos, crenças, hábitos, costumes, a consciência coletiva irrefletida. E foi esta a via vencedora dentro da historiografia dos *Annales*[31].

Bloch parece, então, ser o historiador mais completo entre os fundadores da escola dos *Annales*. Ele não só se tornou paradigmático com suas obras econômico-sociais, como também se tornou o modelo da antropologia histórica dos anos de 1960 com sua única obra sobre as mentalidades coletivas, *Les rois thaumaturges*. Duby e Burguière consideram Bloch e não Febvre o verdadeiro criador da história das mentalidades dentro da escola dos *Annales*. Na perspectiva de Bloch, a das estruturas coletivas e inconscientes social, econômico, demográfico e mental, a história pode aplicar ao mundo humano as características do tempo da ciência, sem, entretanto, reduzi-lo a este. Bloch não realiza esta redução, mas seus sucessores, alguns pelo menos, não hesitarão em fazê-la. E. Le Roy Ladurie insistirá sobre uma "história imóvel" completamente dominada e cientificizada pelo uso da informática. Esta "história imóvel" exclui o evento e o que ele significa, a mudança, a novidade, a intervenção consciente de sujeitos humanos, da observação do historiador. Bloch não fez isso! Ele tornou o evento secundário, até demais, mas não se transformou nem em estruturalista a-histórico nem em positivista mecanicista ou organicista. Foi no seu tempo histórico submetido à necessidade que os *Annales* se engajaram.

Finalmente, podemos dizer que Febvre e Bloch representam, dentro da escola dos *Annales*, a continuidade da aporia fundamental da especulação teórica sobre o tempo, que Ricoeur expôs em *Tempo e narrativa* (*Temps et récit*, 1983/1985): a da impossível conciliação entre tempo da consciência e tempo da natureza. Mas a continuidade que dão a esta aporia é, por um lado, atenuada: o tempo consciente de Febvre inclui o tempo inconsciente, embora não natural, mas com as características deste, e o tempo inconsciente de Bloch inclui o da consciência, que também não é um tempo natural, pois não chega a ser positivista. Por outro lado, talvez esta aporia exista mais radicalmente ainda nos *Annales* porque o tempo histórico se revela, como sempre, pertencente à esfera do tempo da consciência, excluindo a natureza, mesmo se tratado artificialmente de forma naturalista. Ao abordar de maneira objetivista o mundo humano, ao excluir o evento do seu ângulo de visão, mesmo o mais radical membro desta tendência não saberia reduzi-lo ao tempo natural, embora haja os que tenham esta ambição dentro dos *Annales*. Entretanto, quanto a Febvre e Bloch, o primeiro representará o tempo subjetivo da consciência e o segundo os aspectos objetivos deste mesmo tempo da consciência. Se os dois pudessem articular-se em um só tempo, teriam constituído uma história global, que Gurvitch definiu assim:

> [...] o princípio da história global consiste não na descrição de todos os aspectos possíveis da vida social e não só na multiplicação de abordagens dela. Ela pressupõe, primeiro, e mais importante, o estudo das inter-relações entre os aspectos material e ideal da sociedade[32].

Febvre se manteve do lado superestrutural da consciência refletida; Bloch, do lado da vida material, da consciência irrefletida. Mas ambos estão na esfera do tempo humano, na esfera da consciência, cada qual em uma borda: um tende ao tempo filosófico e, o outro, ao tempo sociológico, sem que ambos cheguem a extremos. Febvre é subjetivista demais para os parâmetros objetivistas dos *Annales* pós-blochianos. Mas, a rigor, a hipótese do tempo histórico como um terceiro tempo, proposta por Ricoeur com sua ideia do tempo calendário, que lançaria pontes entre o tempo cosmológico e o subjetivo, não se realizou na historiografia dos *Annales*. A aporia milenar do tempo prossegue no interior dessa escola: se o lado naturalizante predominará sobre o lado espiritualizante será para melhor revelar e analisar este segundo, que é específico do mundo humano, pois o objetivo é a transformação da historiografia em uma atividade científica[33].

3 Lições de Bloch: história é teoria e crítica documental

A obra de Bloch é, ao mesmo tempo, pequena e grandiosa. Ele foi assassinado ainda jovem, mas os seus poucos livros marcaram profundamente a historiografia do século XX, tanto como medievalista quanto como epistemólogo da história. Entre as suas inúmeras contribuições, gostaríamos de destacar duas lições de método: 1) a história é teoria; 2) a história é rigorosa, criteriosa, crítica documental.

A lição "a história é teoria" é de origem durkheimiana e sobretudo simiandiana. A obra do sociólogo François Simiand *Método histórico e ciência social*, de 1903, republicada em 1960, teve um grande impacto sobre a sua formação e, através dele, na escola dos *Annales*. Pode-se encontrar aqui o programa que os *Annales* defenderam contra a história tradicional, do qual Bloch foi o primeiro a se apropriar. O ataque de Simiand à história tradicional é epistemologicamente severo e consistente. Segundo ele, a história tradicional ou "historizante" (foi ele quem criou essa expressão) aborda o fato social como se fosse psicológico, subjetivo. Nas relações humanas é o elemento psicológico que conta, os indivíduos criam a sociedade por contrato social. A sociedade seria o resultado do acordo entre os homens e a causalidade histórica seria psicológica: intenções, consciência, motivações individuais, fatos anteriores escolhidos arbitrariamente, analogias inconsistentes, acidentes/acasos, enfim, uma psicologia vazia, em que a imaginação do "historiador genial" é que decide sobre a realidade. E, mesmo sendo assim tão precária, o "historiador historizante" achava que a sua "ciência" já estava consolidada, o método bem-definido se empregado com consciência e rigor. A história tradicional julgava fazer uma representação do passado exata, imparcial, não tendenciosa, não moralizadora, não literária, não anedótica. Mas este historiador não conseguia conhecer o todo social, o *zusammnenhang* é indemonstrável, por ser uma complexidade indivisível. Os historiadores não cumpriam o que prometiam porque não discutiam epistemologia da história.

E Simiand começa o seu ataque, que repercutirá fortemente em Bloch e nos *Annales*. Para ele, esta "fotografia do passado" pretendida pela história tradicional não é integral, automática. A história é teoria: há sempre escolha, triagem, um ponto de vista, hipóteses. A história tradicional reúne fatos dispersos, heterogêneos, colocando-os em ordem por reinados. Mas os fatos sociais não se explicam pela ascensão e morte de reis; organizar os eventos por reinados é absurdo! A simples sucessão de datas não tem valor científico, é só um instrumento e não o trabalho da história. É como a ordem alfabética no dicionário, só isso. Para Simiand, se o fato social é subjetivo, a ciência social positiva é impossível. A ciência trata de fatos objetivos, exteriores. O mundo social-exterior não se reduz a uma percepção subjetiva. Os fenômenos observados não procedem de nós, impõem-se a nós. O domínio da ciência é o da regularidade entre os fenômenos, das leis científicas, de um sistema de relações estáveis. Os fenômenos sociais são objetivos como os da física: uma regra de direito, um dogma religioso, o costume, a divisão de trabalho têm uma existência independente da vontade dos indivíduos. O objeto da ciência social não são os indivíduos, mas as relações necessárias entre os fenômenos que se impõem a eles. A explicação sociológica desvia de fatos únicos e irrepetíveis, descarta o individual, o acidental. Ela visa o coletivo e social. A ciência social despreza a contingência, o acaso e enfatiza a regularidade.

A ciência social é científica porque é teórica: formula problemas e hipóteses. Na pesquisa histórica científica o problema é anterior às fontes, o espírito antecede a heurística. O "historiador historizante" queria oferecer uma representação do passado sem pontos de vista, sem teoria abstrata, apoiado em documentação criticada e fiel aos fatos. Ilusão empirista. Não há registro fotográfico dos fatos, mas operação ativa do espírito. Não há constatação que já não seja uma escolha, uma perspectiva. O acúmulo de fatos não acrescenta nada à ciência social. O historiador colecionador deve ser superado, pois não é cientista. A história-ciência social deverá renunciar aos ídolos da tribo dos historiadores: o ídolo político, o ídolo individual, o ídolo cronológico. Era preciso libertar a história do historiador tradicional e fazer uma história que interessasse ao presente, uma "história teorizante", problemática, e não uma "história historizante", automática. Bloch aderiu radicalmente a este ponto de vista simiandiano e passou a praticar uma história-problema. A melhor teoria do método histórico dos *Annales* foi feita por ele em seu clássico *Apologia da história ou ofício de historiador*.

A lição "a história é crítica documental" é de origem historiadora e o mantém ligado à tradição historiográfica desde Heródoto. Para Burguière, em seu livro *L'École des Annales, une histoire intellectuelle*, de 2006, o surgimento dos *Annales* não se deveu somente ao ataque das ciências sociais. Os *Annales* são fustelianos, são historiadores que surgiram de historiadores. Fustel de Coulanges é um dos precursores da longa duração, formulou o conceito de mentalidades de Bloch e da antropologia histórica: profundidades escondidas movem a sociedade. Elas servem para resistir, para assegurar a sobrevivência do vínculo social. As revoluções só podem ser mentais. As mentalidades são uma tensão: resistência, transmissão e invenção da vida mental. Para Burguière, o conceito de Bloch de mentalidades não é devedor apenas de Durkheim e Simiand, mas sobretudo de Fustel de Coulanges, que, aliás, foi professor de Durkheim. Fustel de Coulanges defendia que o vínculo social é construído sobre crenças partilhadas, a ordem social como totalidade preexiste às partes. Fustel não confundia anterioridade e causa. A religião o interessava como crença coletiva, como instituinte da ordem social. Bloch é fusteliano ao se interessar por rituais sagrados, história rural, sociedade feudal. Fustel de Coulanges o marcou muito com *A cidade antiga*, levando-o a se interessar por história social e a compreender melhor o projeto de Durkheim, que também era discípulo de Fustel.

O cerne do seu livro *Apologia da história* é a atualização que julgava urgente da crítica documental. Durante as Guerras Mundiais, Bloch vivenciou o colapso do espírito crítico e o domínio da propaganda, da manipulação extremamente perigosa da documentação histórica para a justificação de ideologias violentas. Ele afirma ter vivido um retorno da Idade

Média na Primeira Guerra Mundial, quando a censura impediu a menor informação escrita: foi o retorno de uma comunicação oral que devolveu o ambiente medieval da crença, dos rumores, da contrainformação. Por isso, para ele, o historiador precisa manter-se "crítico", isto é, o seu espírito deve organizar a pesquisa formulando problemas e hipóteses e apoiando-se em fontes primárias e secundárias de todos os tipos, criteriosa e rigorosamente criticadas. Ele propôs uma mudança de fontes, para garantir a segurança da informação. Ele prefere "dar ouvidos" a códigos, costumes, representações coletivas, normas sociais, involuntária e inconscientemente registrados e quantitativamente tratáveis. A crítica documental devia ser revista, transformada, para se tornar uma prática científica. Esta lição é atualíssima. Se na Guerra Mundial foi a vitória do oral sobre o escrito, hoje assiste-se à fascinante vitória (arrasadora!) do visual/virtual, do tempo (ir) real e imediato, sobre qualquer recuo e esboço de reflexão crítica. Se Bloch visse, hoje, o mundo globalizado dominado pela ficção e pela informação eletrônica, por sinais luminosos que piscam, que acendem e apagam facilmente por um leve toque ou rearranjo de teclas, pelo dilúvio de imagens em cores, pelo pensamento único ocidental, que se mascara de multicultural, veiculado por uma mídia extremamente sofisticada e de alcance planetário, temeria ainda mais pela qualidade crítica e ética do ofício de historiador!

Notas

[1] Cf. BURGUIÈRE, A. (org.). *Dictionnaire des Sciences Historiques*. Paris: PUF, 1986.

[2] Cf. BURGUIÈRE, A. (org.). *Dictionnaire des Sciences Historiques*. Op. cit. • DUBY, G. "Préface". BLOCH, M. *Apologie pour l'histoire ou métier d'historien*. Paris: Armand Colin, 1974. • SCHMITT, J.C. "Marc Bloch". In: LE GOFF, J. *A Nova História*. Coimbra: Almedina, 1990 [1978].

[3] Cf. BURGUIÈRE, A. (org.). *Dictionnaire des Sciences Historiques*. Op. cit. • BURGUIÈRE, A. & ATSMA, H. (orgs.). *Marc Bloch Aujourd'hui*: histoire comparée et Sciences Sociales. Paris: Ehess, 1990.

[4] Cf. SCHMITT, J.C. "Marc Bloch". Op. cit.

[5] Ibid.

[6] Cf. HUGHES-WARRINGTON, M. *50 grandes pensadores da história*. São Paulo: Contexto, 2002.

[7] Cf. ibid.

[8] Cf. BLOCH, M. *Apologie pour l'histoire ou metier d'historien*. 7. ed. Paris: A. Colin, 1974 [1949].

[9] Cf. REIS, J.C. *Escola dos Annales, a inovação em história*. São Paulo: Paz e Terra, 2000.

[10] Cf. POMIAN, K. *L'ordre du temps*. Paris: Gallimard, 1984.

[11] Cf. ibid.

[12] Cf. ibid.

[13] Cf. BLOCH, M. *Apologie pour l'histoire ou metier d'historien*. Op. cit.

[14] Cf. ibid.

[15] Cf. ARIÈS, P. *Le temps de l'histoire*. Paris: Seuil, 1986 [1954]. • DUBY, G. "Préface". Op. cit., 1974.

[16] Cf. AYMARD, M. "The *Annales* and french historiography (1929/1972)". *The Journal of European Economic History, 1* (2), 1972. Roma: Banco di Roma. • IGGERS, G. *New directions in European historiography.* Londres: Methuen, 1984.

[17] Cf. STOIANOVITCH, T. *French historical method* – The *Annales* paradigm. Ithaca/Londres: Cornell University Press, 1976. • MANN, H.D. *L. Febvre, la pensée vivante d'um historien.* Paris: A. Colin, 1971 [Coll. Cahiers des Annales, 31].)

[18] Cf. BURGUIÈRE, A. (org.). *Dictionnaire des Sciences Historiques.* Op. cit.

[19] Cf. ibid.

[20] Cf. REIS, J.C. *Nouvelle Histoire e o tempo histórico*: a contribuição de Febvre, Bloch e Braudel. 2. ed. São Paulo: Annablume, 2008 [Ática, 1994].

[21] Cf. BURGUIÈRE, A. "La notion e 'mentalités' chez M. Bloch et L. Febvre: deux conceptions, deux filiations". *Revue de Synthèse*, n. 111/112. Paris: CIS/CNRS, jul.-dez., 1983. • BURGUIÈRE, A. (org.). *Dictionnaire des Sciences Historiques.* Op. cit., 1986. • BURGUIÈRE, A. *L'École des Annales*: une histoire intelectuelle. Paris: Odile Jacob, 2006.

[22] Cf. DOSSE, F. *A história em migalhas, dos* Annales *à nova história.* Bauru: Edusc, 2003.

[23] Cf. BURGUIÈRE, A. "La notion e 'mentalités' chez M. Bloch et L. Febvre: deux conceptions, deux filiations". Op. cit. • DUBY, G. "Préface". Op. cit.

[24] Cf. RHODES, R.C. "E. Durkheim and the historical thought of M. Bloch". *Theory and Society*, n. 1, jan./1978. Amsterdam/Londres/Nova York: Elsevier. • BURKE, P. *The French Historical Revolution* – The Annales School, 1929/1989. Cambridge: Polity Press, 1990.

[25] RHODES, R.C. "E. Durkheim and the historical thought of M. Bloch". Op. cit.

[26] BLOCH, M. *Apologie pour l'histoire ou metier d'historien.* Op. cit.

[27] Cf. ibid.

[28] Cf. RICOEUR, P. *Temps et récit.* 3 vols. Paris: Seuil, 1983/1985. • REIS, J.C. "O conceito de tempo histórico em Koselleck, Ricoeur e Annales: uma articulação possível". *História & Teoria* – Historicismo, modernidade, temporalidade e verdade. Rio de Janeiro: FGV, 2003.

[29] BLOCH, M. *Apologie pour l'histoire ou metier d'historien.* Op. cit.

[30] Cf. os textos de Aymard e Bois em BURGUIÈRE, A. & ATSMA, H. (orgs.). *Marc Bloch Aujourd'hui...* Op. cit.

[31] Cf. BURGUIÈRE, A. "La notion e 'mentalités' chez M. Bloch et L. Febvre: deux conceptions, deux filiations". Op. cit., 1983. • BURGUIÈRE, A. (org.). *Dictionnaire des Sciences Historiques.* Op. cit.

[32] Cf texto de Gurvitch em BURGUIÈRE, A. & ATSMA, H. (orgs.). *Marc Bloch Aujourd'hui...* Op. cit. • RICOEUR, P. *Temps et récit.* Op. cit.

[33] Cf. RICOEUR, P. *Temps et récit.* Op. cit. • • REIS, J.C. "O conceito de tempo histórico em Koselleck, Ricoeur e *Annales*: uma articulação possível". Op. cit.

Referências

ARIÈS, P. *Le temps de l'histoire.* Paris: Seuil, 1986 [1954].

AYMARD, M. "The *Annales* and french historiography (1929/1972)". *The Journal of European Economic History, 1* (2). Roma: Banco di Roma, 1972.

BERR, H. *La synthèse en histoire*: essai critique et théorique. Paris: F. Alcan, 1911.

BLOCH, M. *L'etrange défaite*. Paris: Gallimard, 1990 [Coll. Folio/Histoire – escrito em 1940].

_____. *Apologie pour l'histoire ou metier d'historien*. 7. ed. Paris: A. Colin, 1974 [1949].

_____. *La société féodale*. Paris: A. Michel, 1939.

_____. *Rois et serfs:* un chapitre d'histoire capetienne. Paris: Lahch, 1930.

BOURDE, G. & MARTIN, H. *Les écoles historiques.* Paris: Seuil, 1983 [Points-Histoire, H67].

BURGUIÈRE, A. *L'École des Annales*: une histoire intelectuelle. Paris: Odile Jacob, 2006.

_____. "L'aventure des *Annales*: histoire et ethnologie". *Hésiode Cahiers d'Ethnologie Méditerranéenne*, n. 1, 1991. Carcassonne, Fr.: Garae/Hesiode, 1991.

_____. "La notion e 'mentalités' chez M. Bloch et L. Febvre: deux conceptions, deux filiations". *Revue de Synthèse*, n. 111/112, jul.-dez./1983. Paris: CIS/CNRS.

_____. "Histoire d'une histoire – La naissance des *Annales*". *Annales ESC*, n. 6, nov.-dez/1979. Paris: A. Colin.

_____. "Histoire et structure". *Annales ESC*, n. 3, mai.-jun./1971. Paris: A. Colin.

BURGUIÈRE, A. (org.). *Dictionnaire des Sciences Historiques*. Paris: PUF, 1986.

BURGUIÈRE, A. & ATSMA, H. (orgs.). *Marc Bloch Aujourd'hui*: histoire comparée et sciences sociales. Paris: Ehess, 1990.

BURKE, P. *The French Historical Revolution* – The Annales School, 1929/1989. Cambridge: Polity Press, 1990.

DOSSE, F. *A história em migalhas*: dos *Annales* à Nova História. Bauru: Edusc, 2003.

DUBY, G. "Préface". In: BLOCH, M. *Apologie pour l'histoire ou métier d'historien*. Paris: Armand Colin, 1974.

DUMOULIN. "Structures". In: BURGUIÈRE, A. *Dictionnaire des Sciences Historiques*. Paris: PUF, 1986.

DURKHEIM, É. *Les régles de la méthode sociologique*. Paris: F. Alcan, 1901.

HUGHES-WARRINGTON, M. *50 grandes pensadores da história*. São Paulo: Contexto, 2002.

IGGERS, G. *New Directions in European Historiography.* Londres: Methuen, 1984.

MALERBA, J. *Lições de história*. Rio de Janeiro: FGV, 2010.

MANN, H.D. *L. Febvre*: la pensée vivante d'um historien. Paris: A. Colin, 1971 [Coll. Cahiers des Annales, 31].

POMIAN, K. "L'histoire des structures". In: LE GOFF, J. (org.). *La Nouvelle Histoire*. Bruxelas: Complexe, 1988.

_____. *L'ordre du temps*. Paris: Gallimard, 1984.

REIS, J.C. *A história, entre a filosofia e a ciência*. 4. ed. Belo Horizonte: Autêntica, 2011 [Ática, 1996 – Prefácio de Ciro F. Cardoso].

_____. *Nouvelle histoire e o tempo histórico*: a contribuição de Febvre, Bloch e Braudel. 2. ed. São Paulo: Annablume, 2008 [Ática, 1994].

_____. "O conceito de tempo histórico em Koselleck, Ricoeur e *Annales*: uma articulação possível". *História & Teoria*: historicismo, modernidade, temporalidade e verdade. Rio de Janeiro: FGV, 2003.

_____. *Escola dos* Annales, *a inovação em história*. São Paulo: Paz e Terra, 2000.

REVEL, J. "Les paradigmes des *Annales*". *Annales ESC*, n. 6, nov.-dez./1979. Paris: A. Colin.

ROJAS, C.A.A. *Os* Annales *e a historiografia francesa*. Maringá: UEM, 2000.

RHODES, R.C. "E. Durkheim and the Historical Thought of M. Bloch". *Theory and Society*, n. 1, jan./1978. Amsterdam/Londres/Nova York: Elsevier.

RICOEUR, P. *Temps et récit*. 3 vols. Paris: Seuil, 1983/1985.

SCHMITT, J.C. "Marc Bloch". In: LE GOFF, J. *A nova história*. Coimbra: Almedina, 1990 [1978].

SIMIAND, F. "Méthode historique et science sociale". *Annales ESC*, n. 1, jan.-fev./1960 [1903]. Paris: A. Colin.

STOIANOVITCH, T. *French Historical Method* – The Annales Paradigm. Ithaca/Londres: Cornell University Press, 1976.

WEBER, M. *Metodologia das Ciências Sociais*. 2 vols. São Paulo/Campinas: Cortez/Unicamp, 1992.

13
Fernand Braudel (1902-1985)

Luís Corrêa Lima★

1 O historiador e sua época

O historiador francês Fernand Braudel é um dos mais importantes historiadores do seu tempo. Ele é conhecido principalmente por sua obra sobre o Mediterrâneo do século XVI e por sua história mundial da vida material e do capitalismo. Braudel pertenceu ao grupo da revista *Annales*, que renovou a historiografia aproximando-a das ciências sociais. A sua característica principal é a busca da longa duração, ou seja, das permanências e das realidades duradouras nos processos históricos, tanto nas relações do ser humano com o meio quanto nas formas de vida coletiva e nas civilizações.

Braudel nasceu no Leste da França em um povoado da Lorena, Luméville-en-Ornois. O lugar tinha menos de 200 habitantes; e as províncias da Alsácia e da Lorena, na fronteira com a Alemanha, eram objeto de disputa renhida entre os dois países. Da Guerra Franco-Prussiana de 1870 à Segunda Guerra Mundial, as províncias mudaram de país diversas vezes. A família de Braudel morava na região parisiense, mas passava as férias naquele povoado, na casa da avó paterna.

O pai de Fernand Braudel, Charles Hilaire, era professor de Matemática no liceu. Fernand era o mais novo de dois irmãos. Por um problema de saúde respiratório, ele viveu dos 18 meses aos sete anos de idade com a avó paterna no campo. Apesar da ausência da mãe, a avó, Emilie Cornot-Braudel, a substituiu bem, com ternura e solicitude. Era também uma pessoa muito religiosa e lhe transmitiu o catolicismo. Por toda vida Fernand teve por ela uma grande paixão e uma enorme gratidão.

★ Padre jesuíta, doutor em História pela UnB, professor da PUC-Rio. É autor de *Fernand Braudel e o Brasil*: vivência e brasilianismo (1935-1945). São Paulo: Edusp, 2009.

A sua infância mergulhou no mundo rural. Ele conhecia pelo nome as plantas, as árvores da aldeia e cada um dos seus habitantes. Viu a alternância anual das terras de cultivo, o trabalho do ferreiro, do ceifador, do lenhador e um velho moinho funcionando. Um mundo que se conservava igual a si mesmo por muitos séculos. As lembranças militares na aldeia, incluindo as de sua família, eram muito fortes: das batalhas napoleônicas em Austerlitz à Guerra Franco-prussiana[1]. Eram histórias vividas pessoalmente ou transmitidas pelos antepassados. Estas recordações luminosas da infância o acompanharam por toda a vida.

Mesmo depois de retornar ao convívio dos pais, Braudel não perdeu contato com esta aldeia da Lorena. Até aos 20 anos lá retornava religiosamente nas férias de verão. Ele se considera um homem de origem camponesa. Este longo aprendizado campesino, renovado a cada ano, foi uma imersão na "longa duração"[2], ou seja, nas realidades sociais que se repetem e se conservam por séculos a fio. Este conceito, que ele formulou muitos anos depois e aplicou amplamente, tem fortes raízes na sua vivência da infância e da adolescência.

Na região parisiense Braudel morou três anos em um subúrbio, Meriel, que era quase inteiramente zona rural. Na escola primária teve um professor de História prodigioso e inteligente, que recitava a história da França como um sacerdote celebrando missa. Era a história de Ernest Lavisse, uma "Bíblia" que os alunos deviam decorar, um relato feito para incutir o sentimento nacionalista. O próprio Lavisse explica a intenção dessa obra e o papel do professor: "Se o aluno não carregar consigo a lembrança viva de nossas glórias nacionais, [...] se ele não se tornar o cidadão compenetrado de seus deveres e o soldado que ama seu fuzil, o professor primário terá perdido seu tempo"[3]. Aos 11 anos Braudel ingressa no Liceu Voltaire, em Paris, onde estudará até aos 18 anos.

Charles Hilaire, seu pai, era autoritário e despótico. A mãe de Braudel, Louise Fallet, já ausente na sua infância, pouca influência teve em sua educação. Ela veio de um colégio de religiosas e se manteve ligada ao catolicismo. Ficou na sombra do marido, um anticlerical intransigente, como tantos professores daquela época. Supõe-se, entretanto, que Braudel herdou dela uma grande capacidade de imaginação, que no futuro muito lhe ajudaria a escrever uma obra imensa no cativeiro.

O despotismo do pai fez Braudel sofrer muito. A sua religiosidade foi podada para sempre. A indisciplina do garoto era punida com surras exemplares. Para tentar escapar, o pequeno Fernand se escondia no fundo da casinha do cachorro ou pulava o muro rumo ao jardim do vizinho. Na adolescência conseguiu emprego em um banco para poder sair de casa. O pai descobriu e frustrou seus planos. Anos depois apaixonou-se por uma jovem professora, mas a oposição do pai inviabilizou o relacionamento.

Braudel quis ser médico, mas o pai se opôs. Por toda a vida ele guardaria uma certa melancolia a este respeito[4]. Aos 18 anos, triste e desorientado, foi estudar história na Sorbonne com vistas ao magistério. "Tive a impressão de haver vendido barato a minha vida, de haver escolhido a facilidade", confidenciou. A sua vocação de historiador só mais tarde iria surgir. Desta época na Sorbonne ele guarda uma boa lembrança do curso de Maurice

Holleaux sobre a história grega, bem como de Henri Hauser, que trazia uma linguagem diferente do mundo dos professores, a de uma história econômica e social. As turmas tinham muito poucos alunos: 3 ou 4 na de Holleaux, e 6 ou 7 na de Hauser, o que permitia a alunos e professores se conhecerem bem.

O curso se concluía com uma dissertação para obter o diploma de estudos superiores, que habilitava para o ensino secundário. Braudel escreve sobre Bar-le-Duc e os três primeiros anos da Revolução Francesa. Ele era um aprendiz da história dos acontecimentos, da crônica política e das biografias ilustres, conforme exigiam os programas do próprio ensino secundário. Uma história que o divertia, pois mesmo depois, ao ensinar, ele também aprendia[5].

Em 1923 ele cruza o Mediterrâneo pela primeira vez e vai à Argélia, então colônia francesa, para trabalhar no liceu de Constantina, lecionando na 6ª série. O contato com este mar e com sua imensidão azul fascinou Braudel e o apaixonou. Ele viveu a sedução que o Mediterrâneo exerce sobre os que vêm do norte da França. No norte da África a paisagem o impressiona com sua nudez e grandiosidade. Uma vila árabe com suas ruelas o faz retornar no tempo, e sua imaginação recria o mundo dos corsários e dos escravos cristãos. Ao cruzar o mar outras vezes, pensou: "É o mesmo Mediterrâneo dos fenícios, dos gregos, das galeras de D. João de Áustria". Já naquele ano ele começou a escrever um livro sobre a política mediterrânica de Felipe II. Este estudo, incentivado pelos seus mestres, enquadrava-se na história diplomática da época, um tanto indiferente à geografia, à economia e às questões sociais. O seu plano ainda iria passar por muitas transformações[6].

Em Constantina, Braudel viveu um tempo muito feliz em que descobriu a alegria de ensinar e a amizade dos alunos. Mas durou pouco. Ele se envolveu na política local e fez campanha aberta contra um deputado de direita. O resultado foi a sua transferência para Toulon. Recusou-a, e em troca conseguiu uma transferência para Argel. Nos anos em que viveu na Argélia, nunca aprendeu árabe, embora tentasse. Isso não lhe fez falta, tal era a força da presença cultural francesa. Anos depois reconhece que não compreendeu o drama social, político e colonial que se desenrolava na África do Norte diante de seus olhos[7].

Em 1925 foi recrutado para o serviço militar por 18 meses e destinado à Alemanha. Fez parte das tropas de ocupação francesa na região do Ruhr. Constatou os sofrimentos e rancores do povo alemão e previu: "a guerra vai recomeçar". De volta a Argel, aí viveu por seis anos com uma intensa carga horária de aulas no liceu. Em 1929 Braudel se torna também professor de retórica superior, encarregado de conferências na Faculdade de Letras. A carreira no ensino superior entra nos seus planos, e com ela a tese, etapa obrigatória. O seu bom desempenho na preparação dos alunos para os exames o faria obter uma nomeação para Paris, em 1932. Nos anos em que viveu na África, Braudel se casou, divorciou-se e se casou novamente com Paule Pradel, sua antiga aluna do liceu, com quem viveria até o fim da vida.

Escolher um tema para a tese foi um longo processo. A primeira ideia foi sobre a história da Alemanha, uma vez que ele conhecia razoavelmente a língua alemã e era vizinho daquele país por sua origem lorena. Entretanto, deu-se conta de que seus fortes sentimentos franceses iriam "envenenar" seu estudo. A história da Espanha foi a segunda ideia, motivada por um interessante trabalho de Émile Bourgeois sobre a paz de Vervins (1598). Braudel consultava por diversão documentos espanhóis saqueados por Napoleão, nos Arquivos Nacionais da França, e aprendeu espanhol por conta disso.

Ele cultivava o prazer da descoberta. Quando pesquisava um arquivo, raramente encontrava logo de início o que procurava. Entretanto, sempre encontrava alguma coisa inesperada que o agradava. Eram imprevistos que o deixavam feliz. Tudo o divertia[8]. E os documentos instigavam a sua imaginação fértil a viajar longe no tempo e no espaço para reconstruir o objeto histórico: "Se você não sonha com a história diante dos documentos, você não pode ser historiador"[9].

A partir de 1927 começou a frequentar os arquivos espanhóis nas férias de verão. Em Simancas, procurando uma máquina fotográfica para comprar, conheceu um operário americano, cineasta, que lhe mostrou uma velha máquina de filmagem. Aquele homem lhe sugeriu usar a máquina para fotografar documentos de arquivos. Braudel a adquiriu e, com um rolo de filme de 30 metros, podia fazer duas a três mil fotos por dia. Depois, em casa, com a ajuda de uma lâmpada, projetava os documentos e os estudava. Foi uma descoberta maravilhosa. Naquela época ainda não havia microfilme, mas aquele procedimento engenhoso antecipava o seu uso[10].

Já naquele ano, Braudel tinha em mente pesquisar Felipe II, a Espanha e o Mediterrâneo, prosseguindo o livro começado em 1923. Entretanto, tinha dúvidas a respeito: Felipe II, o prudente, o atraía cada vez menos; e o Mediterrâneo, cada vez mais. Uma das obras conhecidas sobre o tema era a de Lucien Febvre, *Felipe II e o Franco-condado*, de 1911. Braudel faz contato com Febvre e recebe dele uma carta com uma provocação estimulante: "Felipe II e o Mediterrâneo, belo tema. Mas por que não o Mediterrâneo e Felipe II? Um tema mais amplo ainda. Pois o confronto entre estes dois protagonistas, Felipe e o mar interior, não é equilibrado"[11].

O conselho de Lucien Febvre abre um novo horizonte na trajetória intelectual de Braudel. O então historiador dos acontecimentos, da crônica política e das biografias ilustres, conforme os moldes do *establishment* francês, vislumbra a possibilidade de aderir a uma nova historiografia em gestação. Esta historiografia quer ultrapassar os acontecimentos estrondosos para alcançar as realidades sociais e econômicas dos homens; quer romper as fronteiras estreitas de uma história isolada para um amplo diálogo interdisciplinar com a geografia, a sociologia, a economia, a psicologia, a antropologia cultural e outras ciências em vista de uma explicação globalizante dos fenômenos humanos. Dois anos depois, em 1929, Braudel decide passar da Espanha ao Mediterrâneo, mas sem abandonar Felipe II[12].

Henri Pirenne, historiador belga, também foi uma influência importante. Em 1931 ele faz conferências em Argel sobre as invasões muçulmanas e o Mediterrâneo. As ideias de abertura e fechamento do mar foram bem-assimiladas por Braudel. Posteriormente, Braudel dá continuidade ao pensamento de Pirenne, concebendo uma história global fundada sobre a economia, animada pela ideia de uma dinâmica de civilizações, articulando-se em grandes temas. Aí se situam: a civilização greco-romana, o Islã e a cristandade europeia, o renascimento do comércio internacional na Europa ocidental a partir da Holanda e do Norte da Itália, a superioridade da cultura bizantina sobre o Ocidente, o papel de Veneza como intermediária comercial entre o Mediterrâneo ocidental e o oriental, as comparações entre séculos diferentes onde o passado e o presente coexistem. Tudo isto, de certo modo, Braudel deve a Pirenne.

Braudel terá presente, ao concluir o seu *Mediterrâneo*, o ensinamento deste grande medievalista que colocou no centro de sua reflexão uma grande mutação: a passagem do Mediterrâneo unificado pela Roma Antiga a um Mediterrâneo compartilhado por três civilizações opostas e concorrentes: Bizâncio, o Islã e o Ocidente. Este último dividido entre a atração do Norte e a atração do Sul, e engajado na construção de uma Europa que havia escapado a Roma[13].

Em 1929 Lucien Febvre e Marc Bloch, professores da Universidade de Estrasburgo, fundam a revista *Annales d'Histoire Economique et Sociale*. O título vem de uma revista alemã, desejando encarnar o espírito de inovação já presente na Europa desde o início do século XX. Eles acreditavam que a pesquisa histórica na França estava aquém da desenvolvida na Alemanha, na Inglaterra e nos Estados Unidos. As razões se deviam ao conservadorismo da Sorbonne, que a tornou incapaz de elevar o padrão da historiografia, e também à falta de ousadia. A pesquisa ficava limitada a uma história política e minuciosa, fruto da derrota de 1870 e da meia-vitória de 1918[14].

A chamada história tradicional era biográfica, um tanto elitista, visando o individual e o singular. Também era partidária, legitimadora e comemorativa: uma narrativa justificadora do poder presente. Os historiadores dos *Annales* darão ênfase ao "não factual" da história: a vida material econômico-social e a vida mental, o mundo mais durável, mais estruturado, mais resistente à mudança. Sob a influência das ciências sociais, a história vive uma mudança no campo das técnicas e dos métodos. Antes, as fontes históricas diziam respeito ao evento e ao seu produtor, o grande personagem histórico em suas lutas históricas. Depois, elas se deslocam para o campo econômico-social-mental, na busca do massivo e do serial que revelem o duradouro, a permanência e as estruturas sociais. Os documentos vão se referir à vida cotidiana das massas anônimas, à sua vida produtiva, comercial, ao seu consumo, às suas crenças coletivas e às suas diversas formas de organização da vida social.

Os documentos não se limitam mais a ofícios, cartas, atas, editais, textos explícitos sobre a intenção do sujeito, porém, abrangem listas de preços e salários, séries de certidões de batismo, óbito, casamento, nascimento, fontes notariais, contratos, testamentos e inventários. A documentação massiva e mesmo involuntária torna-se prioritária em relação aos textos voluntários e oficiais. Os documentos são arqueológicos, pictográficos, iconográficos, fotográficos, cinematográficos, numéricos, orais e outros. Todos os meios são tentados para se vencer as lacunas e os silêncios das fontes, mesmo com o risco de serem considerados antiobjetivos[15].

Ao retornar a Paris, em 1932, Braudel leciona no liceu e se torna encarregado de conferências complementares na Faculdade de Letras da Sorbonne. A visita aos arquivos prossegue. Os papéis falam de príncipes, finanças, exércitos, terra e camponeses. A documentação era fragmentária e, às vezes, não classificada. Em 1934 Braudel chega a Dubrovnik (antiga Ragusa), Croácia, onde encontra registros antigos. Lá, tudo era conservado: construção dos navios, movimentação do porto, cartas de comércio, seguros marítimos, viagens comerciais no interior das terras. Tinha-se a imagem do funcionamento de uma Cidade-Estado, ainda que modesta, mas independente, uma imagem que se projetava nos outros centros do Mar Mediterrâneo. A fascinação foi tal que ele confessa: "Pela primeira vez eu via o Mediterrâneo do século XVI". A importância desta descoberta foi tamanha que ele concluiu: "Não sei o que teria feito se não tivesse estado em Dubrovnik"[16].

2 Percursos e diálogos

No Brasil

Todo este trabalho e a rotina parisiense serão transformados por um fato novo e inesperado: um convite para vir ao Brasil e se tornar professor da recém-fundada Universidade de São Paulo. A USP estava contratando professores franceses para os cursos de ciências humanas. Em acordo firmado com o governo paulista, o governo francês convidava os professores e organizava uma missão científica. Diversos professores no início de carreira aqui vieram, como Lévi-Strauss, Jean Maugüé, Pierre Monbeig e Roger Bastide.

Um colega de Braudel, da Sorbonne, tinha sido convidado para ensinar História da Civilização, mas morreu inesperadamente. O responsável pelos contatos, Georges Dumas, procurava desesperadamente alguém para substituí-lo. Braudel foi o único que se apresentou, e foi aceito. A ideia de viver no exterior o seduzia, bem como à sua mulher Paule. O *dépaysement*, mudança e contraste de ambiente, os atraía.

Ele partiu só, em 1935, pois sua mulher acabava de dar à luz e só viria mais tarde. O governo francês, cioso de completar os quadros da missão, enviou-o no luxuoso transatlântico Marsília, onde Braudel conheceu muitos homens de negócio que do exterior dominavam a vida econômica do Brasil, como representantes de consórcios norte-americanos e de companhias de seguros francesas. Até então, o que conhecia do Brasil era apenas um livro de geografia de Pierre Denis[17].

Logo que chegou a Santos impressionou-se com a ferrovia de cremalheiras que transpunha a Serra do Mar até chegar à Estação da Luz, em São Paulo. A cidade tinha um único arranha-céu, o Martinelli, que orientava os transeuntes. Se alguém se perdesse no subúrbio, bastava olhar o Martinelli e já sabia que direção tomar. Braudel morou em uma casa na Rua Padre João Manuel, travessa da Avenida Paulista.

Os cursos na USP, dados em francês, tinham como público alguns poucos estudantes filhos da alta sociedade. Depois, o governo paulista buscou alunos no ensino médio por meio de bolsas, chegando a ter mais de 200. Podia-se notar dois grupos, observa Braudel: gente que procurava distração intelectual e outros que buscavam o trabalho universitário sério. Este último grupo acabou se impondo e, nos anos seguintes, começou a assumir o ensino e a direção da universidade.

No início, o conhecimento da história europeia era muito insuficiente e obrigou Braudel a um esforço suplementar. Ele teve que ensinar simultaneamente História Antiga, Medieval e Moderna. Isto o fez repensar e reexplicar toda a história. Chegava às aulas sem nenhuma anotação, ouvia as questões e ia respondendo. Apesar das deficiências no conhecimento, os alunos eram muito inteligentes e interessados. Quando passava lição de casa, alguns alunos iam à casa de Braudel, que os ensinava uma segunda vez. Havia muita avidez intelectual e gosto pelo aprendizado, algo exemplar. Para ele, os alunos eram encantadores, contestadores sob certos aspectos, e o obrigavam a tomar partido a propósito de tudo.

Lecionando no Brasil, sentiu recomeçar a própria juventude. Foi algo como separar-se do que já vivia, do que já sabia, do que já compreendia, partindo para uma experiência diferente[18]. Os membros da missão francesa tiveram aqui uma oportunidade profissional e uma liberdade que não tinham em Paris. A universidade francesa levaria muitos anos para lhes dar voz. Na USP tinham a docência e um público muito interessado. Puderam dar o melhor de si[19].

Braudel fez três grandes amigos no Brasil: o filósofo João Cruz Costa, o jornalista Júlio de Mesquita Filho e o aluno Eurípedes Simões de Paula. O primeiro foi considerado um humanista de um requinte extraordinário. Ele ensinou ao historiador francês o que ler sobre o país e como se comportar. Por meio de sua biblioteca, Braudel afirma que aprendeu a "ver o Brasil". Lá, ele conheceu as obras de Jorge Amado e de Gilberto Freyre. Outros autores também chegaram às suas mãos, como Oswald de Andrade, Alcântara Machado e Monteiro Lobato.

O Brasil foi para ele um paraíso de trabalho e reflexão. No verão, Braudel aproveitava os meses de férias para ir ao Mediterrâneo e pesquisar arquivos. O abundante material que lhe interessava era reproduzido em quilométricos microfilmes. Durante o ano utilizava o tempo livre para estudá-lo. Na receptividade que encontrou e nos auditórios que conseguiu lotar, percebia o apreço brasileiro pela cultura francesa. Era algo que atiçava nele o orgulho e a nostalgia da grandiosidade da França, um sentimento que o acompanhou por toda a vida, apesar de Braudel não se considerar nacionalista[20].

A sociedade nova com suas transformações e contrastes deu a ele uma outra percepção da história. Assim como Talleyrand em sua viagem pela América do Norte, Braudel teve a impressão de viajar "para trás na história", como se a Europa de outrora pudesse ser vista e imaginada através do Brasil dos anos de 1930, com sua agricultura ainda itinerante, seus desmatamentos florestais e suas grandes famílias patriarcais sobrevivendo ao avanço impetuoso da Modernidade[21]. Uma velha cidade colonial do interior faz Braudel se transportar para a Idade Média europeia: "Imaginem uma cidade medieval, de pequeno porte, que trabalha para seu próprio mercado e, quando pode, para mercados longínquos". A loja, onde trabalham duas ou três pessoas, geralmente de uma mesma família, permite ao comprador adquirir produtos fabricados sob seus olhos, ou quase. Ela lhe traz a seguinte evocação: "Eis-nos à nossa vontade, por um instante, no século XVIII, no XVII, mais longe talvez, não importa onde no Ocidente..."[22]

Em 1937 ele e sua esposa Paule visitam a Bahia. Como Braudel já era apaixonado por mercados e feiras, Júlio de Mesquita Filho sugeriu-lhe que fosse a Feira de Santana. Com humor, alertou para o risco de encontrarem o bando de Lampião, que atuava na área. O casal achou graça, mas ao mesmo tempo ficou receoso, pois dois franceses tinham sido mortos pelos cangaceiros. Chegaram a Salvador e ficam encantados com tantas igrejas, candomblé, peixes, camarões e a beleza da gente. Em seguida, visitam Feira de Santana e seu grande movimento de boiadas. Eufórico, Braudel comprou um traje completo de vaqueiro com chapéu de abas largas, tudo em couro curtido de excelente qualidade. No retorno a Salvador o automóvel pifou no início da noite. Desceram no escuro, e logo depois surgiu uma enorme nuvem de vaga-lumes. Braudel virou um menino correndo atrás deles, e mandava Paule vestir a roupa de vaqueiro para não ser raptada por Lampião[23].

Este fato anedótico está ligado a uma comparação que ele fazia: "os acontecimentos são como os vaga-lumes nas noites brasileiras: brilham, mas não aclaram"[24]. Temos aí uma amostra da gestação de sua teoria da longa duração dos movimentos históricos. O que interessa no estudo da história não é tanto os acontecimentos, superfície agitada como as ondas do mar, tão alardeados pela historiografia dominante, mas as sociedades subjacentes com suas permanências e suas mudanças mais lentas.

A estada no Brasil termina em outubro de 1937, por causa de sua nomeação para a Escola Prática de Altos Estudos, em Paris. As transformações vividas nestes anos são um marco divisor na sua vida. Muitos anos depois, Braudel afirmou: "Eu me tornei inteligente indo ao Brasil. O espetáculo que tive diante dos olhos era um tal espetáculo de história, um tal espetáculo de gentileza social que eu compreendi a vida de outra maneira. Os mais belos anos de minha vida eu passei no Brasil"[25].

Em outras ocasiões ele falou desta transformação pessoal, concluindo: "Foi no Brasil que eu me tornei o que sou hoje"[26]. Em Santos, ao embarcar de volta à França, ele encontra Lucien Febvre, que voltava de uma série de conferências em Buenos Aires. Tiveram a oportunidade de conviver intensamente durante os 20 dias da viagem. Surge então uma forte amizade: Febvre se torna uma espécie de pai espiritual de Braudel[27].

As transformações vividas no Brasil podem ser constatadas no seu próprio depoimento, no de seus alunos e em diversas conferências e artigos publicados por Braudel naquela época. Apesar de menos conhecido, este material revela o encantamento com o Novo Mundo, várias descobertas pessoais e uma progressiva aproximação com a historiografia dos *Annales*. É no Brasil que Braudel "veste a camisa" da nova história, com um conjunto de intuições que iriam configurar o seu Mediterrâneo, tornando-o um grande historiador, ao mesmo tempo original e herdeiro de Lucien Febvre[28].

O retorno à Europa

Braudel inicia em 1939 a redação de *O Mediterrâneo*. Entretanto, a guerra estourou. Braudel, que era oficial da reserva, foi convocado e caiu prisioneiro da Alemanha nazista. Ficou cinco anos na prisão; primeiro em Mogúncia e depois em Lübeck. A prisão dos oficiais era diferente de um campo de concentração. Eles não podiam fazer trabalhos forçados. Braudel se tornou professor de História dos outros prisioneiros, e pôde se corresponder com Lucien Febvre. Tendo boas relações com os carcereiros, conseguiu até alguns livros da biblioteca de Mogúncia.

A situação da França derrotada, porém, era angustiante para ele, bem como o nazismo triunfante e o confinamento na prisão. As perspectivas sombrias o levaram a buscar na história um refúgio espiritual, ainda que evasivo, onde pudesse alimentar sua esperança. O recuo mental nos séculos passados, na paisagem mediterrânica e na sua história lentamente ritmada, permitiu-lhe enxergar o presente em perspectiva e os acontecimentos adversos como transitórios. Foi com esta motivação, dispondo de alguns livros e apontamentos, de sua memória prodigiosa e imaginação criativa, que ele reinicia a redação de *O Mediterrâneo*.

Braudel divide a obra em três partes, correspondentes a três velocidades dos movimentos históricos. A primeira parte é a da história lenta, quase imóvel, do homem nas suas relações com o meio que o rodeia. São espaços, ciclos sempre recomeçados, permanências milenares. É o tempo geográfico, relacionado à geografia física. Aí se encontra o que ele depois chamou a longa duração. A segunda parte é a da história dos grupos sociais e das economias, história menos lenta, do tempo social. A terceira parte, por fim, é a da história dos eventos: superficial, rápida, "nervosa" e sedutora. É o tempo individual. O Mediterrâneo do tempo de Felipe II é decomposto e analisado nestas três escalas[29]. Evidentemente, esta divisão só existe na mente do historiador. Na realidade, tudo está junto, tudo é simultâneo e articulado. Esta divisão, todavia, permite uma compreensão abrangente e aprofundada da história do mar interior na sua complexa globalidade.

As duas primeiras partes foram concluídas na prisão. A terceira foi feita depois. Além de *O Mediterrâneo*, Braudel escreveu nesta época um artigo sobre Gilberto Freyre. É o seu primeiro artigo nos *Annales*[30]. Até então, Braudel tinha publicado nesta revista apenas algumas curtas resenhas.

286

Escreve também um rascunho da história do Brasil, uma tese secundária derivada de sua pesquisa de doutorado, que nunca foi publicada[31]. Muitos anos depois Braudel faria referência a esta história, inédita, apesar da insistência de seus amigos brasileiros para publicá-la. Ficou a curiosidade sobre o seu conteúdo, e sobre o que ela pode revelar do Brasil e do seu próprio autor. Em 2002 foi possível ter acesso ao texto, que pertence ao arquivo privado de Madame Braudel. Após analisá-lo e organizá-lo, pode-se reconhecer um brasilianismo fecundo e interessante na linha da nova história, porém inacabado[32].

Na França ocupada pelos nazistas Febvre dirigia os *Annales* e buscava um modo de resistir culturalmente ao invasor. Os nazistas pretendiam minar toda a especificidade francesa, destruindo livros e tudo o que tivesse relação com a Revolução Francesa. Os *Annales* buscaram disseminar, sempre que possível, uma presença intelectual francesa através do livro ou de qualquer material legal impresso, driblando a censura. Henri Hauser, que era judeu, foi mencionado em resenhas. Marc Bloch, também judeu, ganhou um pseudônimo: Sr. Fougères. *La sociéte féodale*, uma de suas mais importantes obras, não deixou de ser citada.

Febvre faz a Braudel um apelo encorajador e dramático, para que ele não pare de escrever e de se corresponder:

> Mais que nunca precisamos do senhor, mais que nunca contamos consigo. Será que percebe a alegria que seus cadernos me dão? Já não se trata de promessas, trata-se de realizações. Que os homens da minha idade possam ver a continuidade assegurada pelos senhores, e terminarão em paz sua vida trágica e atormentada[33].

Após a guerra

Livre do cativeiro, Braudel retorna a Paris, conclui *O Mediterrâneo*, dá aulas na Sorbonne e passa a integrar a equipe dos *Annales*. Pedem-lhe cursos sobre a América Latina, aproveitando os seus anos vividos no Brasil e a boa recepção de seu artigo sobre Gilberto Freyre. Braudel é encarregado de preparar candidatos ao ensino fundamental e médio para a prova final, o exame de agregação. Seu conhecimento atualizado, estilo atraente e espírito inovador conquistaram grandes talentos como Marc Ferro, Jean Delumeau, Pierre Chaunu e Frederic Mauro. Braudel constituiu uma vasta biblioteca sobre este assunto, orientou pesquisas e preparou um número temático dos *Annales* sobre a América Latina.

Tentou também se tornar professor-titular da Sorbonne, mas não conseguiu porque, quando surgiu uma vaga, ainda não tinha defendido sua tese. Enquanto isso, L. Febvre inicia um empreendimento inovador: a VI Seção da École Pratique de Hautes Études. Inspirada nos *Seminare* alemães, era uma faculdade com uma organização mais flexível, de modo a favorecer o trabalho interdisciplinar, porém sem dar diploma oficial. Febvre queria uma espécie de ateliê de história, com a colaboração de economistas, sociólogos e geógrafos.

O Mediterrâneo é publicado em 1949. Muitos se transformaram intelectualmente com a sua leitura. No Brasil, o historiador Evaldo Cabral de Mello testemunha:

> O jovem leitor de hoje, que dispõe de uma escolha muito mais variada e rica de livros de história, inclusive no Brasil, mal pode avaliar o impacto sentido por quem, há 40 anos, leu o livro de Braudel sobre o Mediterrâneo no tempo de Felipe II. Para quem se via acuado entre a historiografia convencional, a vulgata marxista e o sociologismo, a leitura de Braudel foi uma autêntica libertação. Ali estava finalmente um historiador que nem tinha o ranço de uma nem o reducionismo da outra nem o doutrinarismo da terceira; e que, munido dos instrumentos da erudição mais recente, era capaz, como os grandes historiadores do século XIX, de dar corpo, alma e vida a largas fatias do passado. Ainda saudoso da minha primeira leitura de *O Mediterrâneo*, tendo a conceber uma profunda inveja de quem ainda não o leu, sem me lembrar, porém, que, após decênios de historiografia dos *Annales*, quem for fazê-lo agora não perceberá tanta novidade assim nem terá a mesma experiência inesquecível com aquela grande obra[34].

Ainda nos anos 1950 o livro foi traduzido para o espanhol e o italiano. A difusão maior, porém, só viria com a segunda edição em 1966, bastante revista e aumentada, e com a tradução inglesa. Braudel ingressa no Colégio da França em 1950, sucedendo L. Febvre. A sua aula inaugural foi um importante manifesto da nova historiografia. Foi aí que ele criou o termo *nouvelle histoire*, nova história, emblema do grupo dos *Annales*[35]. Em 1956 morre Lucien Febvre, e Braudel assume a direção da École e da revista. Além de professor e pesquisador, tinha uma notável ação empreendedora. Braudel não foi engajado politicamente como Sartre, mas o admirava por isso. A atuação de Braudel se deu no acompanhamento de pesquisadores e no fomento de instituições de produção e difusão do conhecimento. A sua produção teórica própria, no entanto, não deixa de ser muito volumosa.

Em 1958 ele escreve um artigo nos *Annales* sobre a longa duração, utilizando este conceito para as realidades da história lenta, tão trabalhadas em *O Mediterrâneo*. Braudel acabaria por fazer deste conceito um emblema de si mesmo e de sua obra. Ele assevera: "Sou o homem da longa duração. Quero ver o que ela pode me proporcionar"[36].

Nos anos de 1960 publica um manual de história para o ensino secundário, republicado depois como *Gramática das civilizações*[37], onde desenvolve o conceito de civilização, que tão bem manifesta a ideia de longa duração. Um convite anteriormente feito por Febvre, em 1952, havia lançado Braudel em uma história mundial da vida material e do capitalismo, cobrindo os séculos XV a XVIII. Ela seria parte de uma coleção intitulada Destinos do Mundo, em que Febvre escreveria sobre pensamentos e crenças do Ocidente no mesmo período.

A vida material, segundo Braudel, incorpora elementos na vida profunda e nas entranhas dos homens, fazendo com que experiências antigas se tornem necessidades do quotidiano, banalidades às quais ninguém dá atenção. É também um lugar de manifestação da longa duração. Com a morte do seu mestre, Braudel prosseguiu solitariamente a sua parte do projeto e lhe dedicou cerca de 20 anos de trabalho[38]. O primeiro volume saiu em 1967;

o segundo e o terceiro, em 1979. O título final é: *Civilização material, economia e capitalismo do séc. XV ao séc. XVIII*[39]. Ele lamentou a ausência da parte de Febvre, pois a história sempre deve ser global. Uma história somente material é uma história fatiada, uma realidade segmentada.

Os últimos anos da vida de Braudel foram de muito reconhecimento público. Ele e os outros homens dos *Annales* ocupam a mídia: livros, jornais, programas de rádio e televisão. As traduções de *O Mediterrâneo* e da *Civilização material* vendem muito e alcançam um sucesso extraordinário nos Estados Unidos. Diversas universidades no exterior o convidam e o homenageiam. Braudel foi eleito para a Academia Francesa, instituição similar à Academia Brasileira de Letras. Com quase 80 anos, resolveu dedicar-se à história da França. Um ato de amor à sua pátria. Esta história seria bem abrangente, conforme a sua concepção de história. A sua morte, aos 83 anos de idade, interrompeu o trabalho. Mas metade do que ele havia planejado foi concluído: cerca de 1.100 páginas, publicadas postumamente[40].

3 A longa duração

Para Braudel, no centro da realidade social há oposição viva, íntima, repetida incessantemente entre o instante e o tempo lento a escoar-se, entre o que muda e o que "teima" em permanecer. É a "dialética da duração"[41]. Outros já haviam estudado a realidade do tempo lento, onde prevalecem as permanências. Lucien Febvre dedicou-se a analisar a "ferramenta mental" do pensamento francês na época de Rabelais, um conjunto de concepções que, bem antes de Rabelais e muito tempo depois dele, comandou as artes de viver, de pensar e de crer, e limitou duramente a aventura intelectual dos espíritos mais livres. A ideia de cruzada, estudada por Alphonse Dupront, permaneceu, atravessou sociedades e tocou os homens desde a Idade Média até o século XIX. Pierre Francastel assinala a permanência de um espaço pictural geométrico desde o Renascimento florentino até o cubismo, no início do século XX. O universo aristotélico se mantém quase sem contestação até Galileu.

O gênio de Marx, o segredo de seu poder prolongado, segundo Braudel, deve-se ao fato de que ele foi o primeiro a fabricar verdadeiros modelos sociais a partir da longa duração histórica. Esses modelos foram congelados na sua simplicidade ao lhes ser dado o valor de lei, de explicação prévia, automática, aplicável a todos os lugares, a todas as sociedades. Esses modelos podem ser adaptados, matizados por outras estruturas e definidos por outras regras e modelos. A poderosa análise social do marxismo pode reencontrar sua força na longa duração. O risco do marxismo é o mesmo de toda ciência social apaixonada pelo modelo em estado puro, o modelo pelo modelo[42].

A longa duração estaria presente na Reforma Protestante e na Contrarreforma Católica. Seria por acaso que a antiga fronteira do Império Romano – o Reno e o Danúbio – da velha Europa e da Europa recentemente "colonizada", constituiu em grande parte a fronteira que dividiu o mundo católico e o mundo protestante? Não se nega à Reforma, pondera Braudel, razões puramente religiosas: a subida visível de "águas espirituais" em toda a Europa, que tornou o fiel atento aos abusos e às desordens da Igreja, e as insuficiências de uma devoção demasiado terra a terra, feita mais de gestos do que de verdadeiro fervor. Este sentimento, entretanto, toda a Cristandade teria experimentado. Só que a velha Europa era mais apegada às suas tradições religiosas antigas, que a ligavam estreitamente a Roma. Por isso manteve o vínculo. A nova Europa, mais mesclada, mais jovem, menos apegada à sua hierarquia religiosa, consumou a ruptura. Uma reação nacional estava em curso[43]. Depois da Guerra dos Cem Anos, a Cristandade teria sofrido o assalto de uma emersão de "águas religiosas". Sob o peso destas águas, rompeu-se, como uma árvore estalando a casca. No Norte, a Reforma se espalhou pela Alemanha, Polônia, Hungria, Península Escandinava e Grã-Bretanha. No Sul, difundiu-se a Contrarreforma e em seguida a civilização barroca[44].

Nos movimentos que afetam a massa da história atual haveria uma fantástica herança do passado. O passado lambuza o tempo presente. Toda sociedade é atingida pelas águas do passado. Este movimento não é uma força consciente, é de certa forma inumana, o inconsciente da história. O passado, sobretudo o passado antigo, invade o presente e de certo modo toma nossa vida. Por mais que nos esforcemos, assevera Braudel, somos arrastados pela massa. O presente é, em grande parte, a presa de um passado que teima em sobreviver; e o passado, por suas regras, diferenças e semelhanças, é a chave indispensável para qualquer compreensão séria do tempo presente. Em geral, não há mudanças sociais rápidas. As próprias revoluções não seriam rupturas totais[45].

A história voltada para este passado distante que persiste, também chamada história *estrutural*, está sob o signo da duração, da repetição e da insistência. A estrutura em questão não é a mesma do estruturalismo, onde se trata de um sistema de relações abstratas. Para a história, "estrutura" seria o que na massa de uma sociedade resiste ao tempo, perdura, escapa das vicissitudes e sobrevive com obstinação e sucesso. A imobilidade da estrutura, entretanto, não é absoluta. Ela é imóvel em relação a tudo que evolui ao seu redor, mais ou menos depressa. A estrutura está sujeita a rupturas, porém muito afastadas umas das outras no tempo. As rupturas, por mais importantes que sejam, nunca afetariam toda a arquitetura estrutural de uma sociedade, pois nem tudo se quebra de um só golpe.

A história lenta, estrutural, faz parte da história "global", que é a dialética permanente entre estrutura e não estrutura, entre permanência e mudança. A história seria não só o que muda, como pensava Marc Bloch, mas também o que não muda. Uma revolução tão profunda quanto a francesa, pondera Braudel, está longe de ter mudado tudo de um dia para o outro. A mudança sempre compõe com a não mudança. Assim como as águas de um rio condenado a correr entre duas margens, passando por ilhas, bancos de areia e obstáculos; a mudança é surpreendida numa cilada. Se ela consegue suprimir parte considerável do passado, é necessário que esta parte não tenha uma resistência forte demais, e que já esteja desgastada por si mesma. A mudança adere à não mudança, segue suas fragilidades e utiliza suas linhas de menor resistência. Ao lado de querelas e conflitos, há compromissos, coexistências e ajustes.

Na divisão constante entre o a favor e o contra, há, de um lado, o que se move; do outro, o que teima em ficar no mesmo lugar. A história, segundo os *Annales*, seria a globalidade, ou seja, uma grande orquestração. A dificuldade reside em incorporar-lhe a massa inconsciente dessa história "oceânica", originária de um passado inesgotável ao mesmo tempo difícil de perceber e impossível de dominar. Nesse âmbito das profundezas, seria irrisório dizer que o homem faz a história; ele a sofre[46]. A história global, para Braudel, é também uma história abastecida por todas as ciências do homem. Não se trata somente de escolher uma e se "casar" com ela, mas de viver em "concubinato" com todas as ciências do homem[47].

À longa duração, Braudel associa o conceito de "civilização", que é uma amostra da própria realidade das permanências. Surgido no século XVIII, este conceito logo vai se opor à barbárie. Posteriormente, Marcel Mauss afirma que civilização são "todas as conquistas humanas". Existindo tanto no singular quanto no plural, civilização é o bem comum partilhado, ainda que desigualmente, por todas as civilizações; é "aquilo que o homem não esquece mais". O fogo, a escrita, o cálculo, a domesticação das plantas e dos animais, já não se ligam mais a uma origem particular e se tornaram bens coletivos da civilização[48]. E é interessante notar que, depois da Segunda Guerra Mundial, a revista *Annales* muda de título, incorporando: economias, sociedades, civilizações.

As civilizações do Mediterrâneo são para Braudel personagens complexos e contraditórios. Elas possuem determinadas qualidades, e qualidades opostas: são fraternas, liberais, e ao mesmo tempo exclusivas e caprichosas; visitam as outras e são por elas visitadas; são pacíficas e guerreiras, rigidamente fixas e ao mesmo tempo móveis e vagabundas. São como as dunas, agarradas aos acidentes encobertos do solo: os seus grãos de areia voam, vêm, vão e se aglomeram ao sabor dos ventos, mas os inumeráveis movimentos têm uma soma imóvel, e a duna continua lá.

Nelas se encontram estrutura e conjuntura, instante e duração, e duração muito longa. Uma civilização não consegue "beliscar" sensivelmente o domínio da outra, ainda que use de força bruta ou do ensino amplamente difundido. No fundo, os jogos são realizados antecipadamente. A África do Norte, nas lutas de independência, não teria "traído" o Ocidente em 1962, mas desde o século VIII, com a fé islâmica, ou talvez até antes de Cristo, com a fundação de Cartago, filha do Oriente. Mobilidade e imobilidade acompanham-nas, interagindo. E ambas permitem a abordagem das civilizações, até mesmo a "poeira" de acontecimentos e os incidentes presentes em qualquer civilização viva[49].

As civilizações em relação às outras são capazes de dar, receber, emprestar e recusar. É também seu destino "partilharem-se" a si próprias, como dizia Michel Foucault, operando-se a si mesmas e deixando para trás parte de suas heranças e bagagens. Incessantemente, toda civilização herda de si própria e escolhe os bens que os pais legam aos filhos. Dentro da civilização o homem goza de liberdade. Ele e seus bens materiais e espirituais podem empreender escaladas, realizar transferências e vencer entraves, mas apenas individualmente. Tratando-se de um grupo ou de uma massa social, o movimento é mais difícil. Uma civilização não se desloca com toda a sua bagagem. Atravessando a fronteira, o indivíduo se expatria. Ele "trai", deixando para trás a sua civilização, abandonando-a. A civilização é ao mesmo tempo o paraíso e o inferno dos homens[50].

Para abordar as realidades estruturais na vida material e na história econômica Braudel usou o conceito alemão de *Weltwitschaft*, "economia-mundo", que são regiões do planeta integradas pela atividade econômica, formando uma espécie de todo. Ele é útil para explicar a dinâmica do capitalismo. A história econômica mostra certos limites e o poder do homem em determinada época, assim como a "ferramenta mental" de Febvre, ao estudar Rabelais, mostra as possibilidades e o nível intelectual do século XVI[51].

A teoria da história de Braudel se aprofundou na concepção e na apresentação da história social. É preciso abordar as realidades sociais em si mesmas e por si mesmas. Elas abrangem todas as formas amplas da vida coletiva, as economias, as instituições, as "arquiteturas sociais" e as civilizações. Os historiadores do passado não ignoraram estas realidades, porém, salvo exceções, viram-nas frequentemente apenas como parte do cenário para explicar as ações de indivíduos excepcionais nos quais o historiador se demora com complacência[52].

O perigo de uma história social, admite Braudel, é absorver-se na contemplação dos movimentos profundos da vida dos homens, e se esquecer de cada homem às voltas com sua própria vida, seu próprio destino; é esquecer-se ou talvez negar o que cada indivíduo sempre tem de insubstituível. Neste ponto Febvre, com a refinada cultura de um humanista, teria sido ao mesmo tempo sensível aos conjuntos, à história total do homem visto sob todos os seus aspectos; e capaz de sentir e de exprimir fortemente o que houve de particular e de único em cada aventura individual do espírito.

Há, no entanto, algo novo que se coloca para Braudel no horizonte da nova história: os homens, mesmo os maiores, não lhe parecem tão livres quanto pareceram a seus precursores na historiografia. Mesmo assim, o interesse por suas vidas não deve diminuir por isso. O problema não é conciliar, no plano dos princípios, a necessidade de uma história individual e de uma história social. O problema é ser capaz de sentir uma e outra ao mesmo tempo, de se encantar por uma sem desprezar a outra[53].

4 Considerações finais

Braudel não encontrou o equilíbrio entre a história individual e a história social, caindo em certo reducionismo. Já na época da Segunda Guerra o papel que ele atribuía aos grandes homens havia diminuído. O povo alemão é um "personagem" muito mais consistente do que Bismarck. Nos anos de 1960, ao preparar a segunda edição de *O Mediterrâneo*, ele pretendia suprimir a terceira parte, dos acontecimentos e do tempo individual, e deixar somente a primeira e a segunda, dos tempos geográfico e social. Marc Ferro, seu discípulo, contestou-o argumentando que dessa forma Braudel corria o risco de fazer do livro um agrupamento de micro-histórias factuais com temas novos, como a história da pimenta e a dos barcos. E, além disso, um livro é uma obra datada. Modificando-o, ele pode perder sua identidade. Braudel terminou por manter a terceira parte[54].

Nos anos de 1980 ele muda de posição em relação aos acontecimentos. Há acontecimentos que são raros, afirma Braudel, através dos quais se pode enxergar a profundidade da massa em movimento. Ele não é cegamente contra a história factual, mas sim contra a história factual isolada, da mesma forma que seria contra a história de longa duração isolada[55].

A liberdade humana, por sua vez, é bastante restringida por Braudel em sua teoria da história e sua visão. Para ele a história do mundo, onde estão inseridas tantas outras histórias, é uma história que vai em certa direção e, quaisquer que sejam nossas agitações, vontades, desejos e fantasmas, somos levados neste movimento geral. A memória da nossa história vivida condiciona o nosso devir. Quando se trata de um grupo humano extenso, apesar do voluntarismo, tentativas, desejo de fazer o bem, ideias de reforma, explosões revolucionárias, este grupo é como uma balsa levada pela corrente de um rio, deslocando-se lentamente de um modo quase imperceptível. Ele conclui com melancolia: "cada vez que eu reflito, a liberdade dos homens se encolhe mais e mais"[56].

Cada vez mais, ele vê o homem encerrado em um destino que ele dificilmente constrói, em uma paisagem desenhada nas perspectivas infinitas da longa duração. Na análise histórica é sempre o tempo longo que acaba vencendo, neutralizando uma infinidade de acontecimentos não incluídos na sua própria corrente, limitando o acaso e a liberdade dos homens.

Cabe dizer aqui que conceitos como longa duração, determinismo histórico e liberdade humana só podem ser devidamente aprofundados em um amplo diálogo interdisciplinar, senão permanecem superficiais e equívocos. Uma história globalizante, como a que Braudel se empenhou durante toda a sua vida, não pode se esquivar deste desafio. Ele avançou bastante propondo um "concubinato" da história com todas as ciências do homem. Seguindo o programa dos *Annales*, um longo caminho foi percorrido em relação às ciências sociais. Todavia, a filosofia ficou fora deste concubinato, e estes temas inegavelmente lhe dizem respeito. Braudel excluiu uma interlocução fundamental.

Por que esta exclusão? Trata-se de um problema intrinsecamente ligado aos *Annales*, abordado certa vez por Roger Chartier. A aproximação com a filosofia gerava nos historiadores o temor de verem ressurgir os fantasmas da filosofia da história. O próprio Lucien Febvre considerava história e filosofia dois universos do saber muito estranhos um ao outro. A epistemologia filosófica não interessa aos historiadores, pois não tem pertinência operatória. Os historiadores não se reconhecem nas reflexões filosóficas sobre a história e procuram produzir eles mesmos a reflexão teórica de que seu trabalho necessita.

História e filosofia teriam duas interfaces: a história da filosofia e a filosofia da história. A filosofia da história e seus conceitos (liberdade, necessidade, totalidade, finalidade, sentido, continuidade, consciência) representam tudo que os *Annales* recusaram. A história da filosofia postulada pelos filósofos é o tipo de história que os historiadores rejeitam: a absoluta liberdade de criação intelectual, totalmente desconectada das condições de possibilidade materiais, políticas e sociais; e a existência autônoma das ideias, alheias ao contexto onde foram elaboradas e onde circularam. Ela está longe da história produzida pelos historiadores, parecendo-lhes ela própria filosofia. O olhar do historiador é diferente: quer reconstruir a "realidade" de certas doutrinas, partindo das condições reais de produção e recepção dos discursos sustentados pelos filósofos neste ou naquele mundo de discursos[57].

Braudel não gostava de definições e procurava evitá-las. Pensava que definir de maneira precisa é acabar com a discussão. Não se pode mais discutir se houver definição. E criticava qualquer interlocutor que tinha o costume de definir o sentido das palavras, o sentido dos problemas, "como um teólogo"[58].

A questão da liberdade humana exige uma explicitação do próprio conceito de liberdade com o qual se opera. Este conceito é pressuposto por Braudel, mas não tematizado, o que gera problemas e equívocos. Quando ele fala em ilhas estreitas ou "prisões de longa duração"[59], pretendendo restringir enormemente a liberdade, é necessário que diga o que entende por liberdade. Se é uma autonomia que pretende excluir ao máximo os condicionamentos, mesmo a previsibilidade, ele pode ter razão. No entanto, se se trata da ausência de coação e da interação do indivíduo na configuração de seus limites, então não. Essas prisões que encarceram o indivíduo são projeções do olhar retrospectivo do historiador, em um enorme lapso de vários séculos. Os que viveram em outras épocas jamais as enxergaram. O sentido profundo da história não é dado *a priori* nem coage o ser humano. O movimento de longa duração é uma construção do historiador *a posteriori*, não arbitrária, sem dúvida, mas insuficiente para explicar a vida vivida e a trama das liberdades interagindo com os condicionamentos.

Febvre certa vez afirmou que o espírito filosófico e o histórico são dois espíritos irredutíveis. Não se trata de reduzi-los um ao outro, mas de fazer com que, permanecendo um e outro em suas posições, não ignorem o respectivo vizinho ao ponto de lhe ser estranho ou hostil[60]. A nova história, por sua vez, surgiu da aliança com as ciências sociais, excluindo a filosofia. Antes, a história chegou a se sustentar teoricamente na filosofia. A nova história significou o desmembramento da história, um tanto ruidoso e agressivo, sustentando-se teórica e tecnicamente nas ciências sociais.

Parece haver atualmente o ressurgimento de uma assim chamada "filosofia da consciência", com o retorno, nos anos de 1980, das abordagens do sujeito através da narração. Esta filosofia da consciência recusa determinismos sociais e certos condicionamentos coletivos, restabelecendo a eficácia histórica da ação intencional de sujeitos interagindo em situações dadas. A dimensão política recupera aí uma posição central, e a nova história não pode se afastar da ciência política e do direito. Não se pode ignorar a teoria da ação, do evento, de sujeito e motivos, que necessita do apoio conceitual da filosofia.

Para Chartier, é possível um diálogo epistemológico entre historiadores e filósofos, porém sob algumas condições: a filosofia deveria abandonar o seu desprezo pelo "empírico", identificado ao histórico, deveria abandonar o apriorismo e se interessar pela documentação, pelo arquivo, pela realidade econômico-social e mudar a forma de fazer a sua própria história[61].

Nos anos brasileiros, começando sua carreira, o próprio Braudel havia ensinado que o domínio da filosofia é necessário aos que se destinam à história. A filosofia é uma *mise en place* (arrumação) do pensamento. Os estudantes, incluindo os melhores, têm uma forte tendência de filosofar sem o saber. Se forem disciplinados neste domínio, desembaraçariam os seus trabalhos da névoa que se introduz sob o nome de ideia geral. É preciso pensar o próprio pensamento[62]. Ele mesmo acabou deixando de lado a filosofia e, como os melhores alunos, filosofou sem o saber e sem o devido rigor.

A própria biografia de Braudel contradiz o que ele pensa a respeito da liberdade do indivíduo, confinado em ilhas estreitas ou em prisões de longa duração. O Brasil, por exemplo, foi para ele "o início de uma segunda vida". Refletindo sobre esta experiência, ele diz ter "a certeza de que existe a possibilidade de se conduzir a si mesmo, de se conquistar a si mesmo, de se lançar ao que se pode fazer de melhor"[63]. Cada vez que refletia, enxergava com pesar a liberdade dos homens se encolher mais e mais. No entanto, ao pensar nos seus anos brasileiros, esta liberdade se expandia mais e mais. A vida de Braudel contrariou a sua teoria, para melhor.

Notas

[1] BRAUDEL, F. *Reflexões sobre a história*. São Paulo: Martins Fontes, 1992, p. 4-5.

[2] BRAUDEL, P. "Conferência no Colóquio Internacional sobre a Hungria e a Europa Mediterrânica (Budapeste, 1996)". *Manuscrito*. Paris: Arquivo privado de Paule Braudel, p. 10.

[3] DOSSE, F. *A história em migalhas*: dos *Annales* à Nova História. São Paulo: Ensaio, 1994, p. 41.

[4] DAIX, P. *Fernand Braudel*: uma biografia. Rio de Janeiro: Record, 1999, p. 22-45.

[5] BRAUDEL, F. *Reflexões sobre a história*. Op. cit., p. 5-6.

[6] BRAUDEL, F. *O Mediterrâneo e o mundo mediterrânico na época de Felipe II*. Vol. I. São Paulo: Martins Fontes, 1984, p. 23-24.

[7] BRAUDEL, F. *Reflexões sobre a história*. Op. cit., p. 5-6.

[8] BRAUDEL, P. "Origines intellectuelles de Fernand Braudel: un témoignage". *Annales ESC*, n. 1, 1992, p. 242.

[9] BRAUDEL, F. "Une vie pour l'histoire – Entrevista a F. Ewald e J.-J. Brochier". *Magazine Littéraire*, n. 212, 1984, p. 18.

[10] BRAUDEL, F. *Reflexões sobre a história*. Op. cit., p. 8-9.

[11] FEBVRE, L. "En livre qui grandit: La Mediterranée et le monde méditerranéen à l'époque de Philippe II". *Revue Historique*, n. 203, 1950, p. 207.

[12] BRAUDEL, F. "Une vie pour l'histoire…" Op. cit., p. 18.

[13] PARIS, E. *La genèse intellectuelle de l'oeuvre de Fernand Braudel*: La Méditerranée et le monde méditerranéen à l'époque de Philippe II (1923-1947). Atenas: Institut de Recherches Néohelléniques/ Fondation Nationale de la Recherche Scientifique de Grèce, 1999, p. 121-122.

[14] REIS, J.C. *Escola dos Annales*: a inovação em história. São Paulo: Paz e Terra, 2000, p. 88-89.

[15] REIS, J.C. *Nouvelle histoire e tempo histórico*: a contribuição de Febvre, Bloch e Braudel. São Paulo: Ática, 1994, p. 18-19.

[16] BRAUDEL, F. *Reflexões sobre a história*. Op. cit., p. 10. • BRAUDEL, F. "Une vie pour l'histoire…" Op. cit., p. 18.

[17] LIMA, L.C. *Fernand Braudel e o Brasil*: vivência e brasilianismo (1935-1945). São Paulo: Edusp, 2009, p. 27.

[18] BRAUDEL, F. "USP, lembranças do início, por um de seus mestres: Fernand Braudel – Entrevista a Reali Júnior". *Jornal da Tarde*, 28/01/1984.

[19] MAUGÜÉ, J. *Les dents agacée*. Paris: Buchet Chastel, 1982, p. 96.

[20] BRAUDEL, F. *Une leçon d'histoire de Fernand Braudel*: Châteauvallon/octobre 1985. Paris: Arthaud, 1986, p. 169-170.

[21] BRAUDEL, P. "Origines intellectuelles de Fernand Braudel…" Op. cit., p. 241.

[22] BRAUDEL, F. *Escritos sobre a história*. São Paulo: Perspectiva, 1992, p. 225.

[23] SABÓIA, N. "Espetáculo do mundo fascina Paule Braudel". *O Estado de S. Paulo*, 26/11/1995, p. D5.

[24] BRAUDEL, F. *Escritos sobre a história*… Op. cit., p. 23.

[25] BRAUDEL, F. *Une leçon d'histoire de Fernand Braudel*… Op. cit., p. 203.

[26] BRAUDEL, F. "Une vie pour l'histoire…" Op. cit., p. 18.

[27] BRAUDEL, F. *Reflexões sobre a história*… Op. cit., p. 10.

[28] LIMA, L.C. *Fernand Braudel e o Brasil*… Op. cit., p. 16.

[29] BRAUDEL, F. *O Mediterrâneo e o mundo mediterrânico*… Vol. I. Op. cit., p. 25.

[30] BRAUDEL, F. "À travers un continent d'histoire: le Brésil et l'oeuvre de Gilberto Freyre: Mélanges d'Histoire Social IV" – Annales d'Histoire Sociale, 1943, p. 3-20. In: *Les écrits de Fernand Braudel*. Vol. III. Paris: De Fallois, 2001, p. 60-84.

[31] BRAUDEL, P. "Braudel en captivité". In: CARMIGNANI, P. (org.). *Autour de F. Braudel*. Saint-Estève: Presses Universitaires de Perpignan, 2002, p. 20.

[32] LIMA, L.C. *Fernand Braudel e o Brasil*… Op. cit., p. 165-193.

[33] FEBVRE, L. *Carta a Fernand Braudel* (29/12/1941). Paris: Arquivo privado de Henri Febvre.

[34] MELLO, E.C. "Historiadores no confessionário". *Folha de S. Paulo*, Caderno Mais, 24/12/2000, p. 18-19.

[35] BRAUDEL, F. *Escritos sobre a história*… Op. cit., p. 17-38.

[36] DAIX, P. *Fernand Braudel*: uma biografia. Op. cit., p. 454.

[37] BRAUDEL, F. *Gramática das civilizações*. São Paulo: Martins Fontes, 1989.

[38] BRAUDEL, F. *A dinâmica do capitalismo*. Rio de Janeiro: Rocco, 1987, p. 12-15.

[39] BRAUDEL, F. *Civilização material, economia e capitalismo do séc. XV ao séc. XVIII*. São Paulo: Martins Fontes, 1995.

[40] BRAUDEL, F. *L'Identité de la France*. 3 vols. Paris: Flammarion, 1990.

[41] BRAUDEL, F. *Escritos sobre a história...* Op. cit, p. 43.

[42] Ibid., p. 75-76.

[43] BRAUDEL, F. *Gramática das civilizações*. Op. cit., p. 324.

[44] BRAUDEL, F. *O Mediterrâneo e o mundo mediterrânico...* Vol. II. Op. cit., p. 127.

[45] BRAUDEL, F. *Civilização material, economia e capitalismo...* Vol. III. Op. cit., p. 10 e 50.

[46] BRAUDEL, F. *Reflexões sobre a história...* Op. cit., p. 356-357.

[47] BRAUDEL, F. *Une leçon d'histoire de Fernand Braudel...* Op. cit., p. 162.

[48] BRAUDEL, F. *Gramática das civilizações*. Op. cit., p. 25-29.

[49] BRAUDEL, F. *O Mediterrâneo e o mundo mediterrânico...* Vol. II. Op. cit., p. 119-120.

[50] Ibid., p. 132 e 188.

[51] Ibid. Vol. I, p. 401.

[52] BRAUDEL, F. *Escritos sobre a história...* Op. cit., p. 25.

[53] Ibid., p. 35.

[54] FERRO, M. "Au nom du Père". *Espaces Temps*, n. 34/35, 1986, p. 8.

[55] BRAUDEL, F. "Une vie pour l'histoire..." Op. cit., p. 21-22.

[56] BRAUDEL, F. *Une leçon d'histoire de Fernand Braudel...* Op. cit., p. 8 e 158.

[57] REIS, J.C. *Escola dos* Annales... Op. cit., p. 133.

[58] BRAUDEL, F. *Une leçon d'histoire de Fernand Braudel...* Op. cit., p. 160-161.

[59] BRAUDEL, F. *Escritos sobre a história...* Op. cit., p. 50.

[60] FEBVRE, L. *Combats pour l'histoire*. Paris: A. Colin, 1965, p. 279.

[61] REIS, J.C. *Escola dos* Annales... Op. cit., p. 131-134.

[62] BRAUDEL, F. "O ensino da história: suas diretrizes". *Anuário da FFCL, 1934-1935*. São Paulo: Revista dos Tribunais, 1937, p. 117.

[63] BRAUDEL, F. *Entrevista a Marcello Tassara (gravação)*. Paris: Midialab/ECA-USP, 1984.

Referências

BRAUDEL, F. "À travers un continent d'histoire: le Brésil et l'oeuvre de Gilberto Freyre: Mélanges d'Histoire Social IV" – Annales d'Histoire Sociale, 1943, p. 3-20. In: *Les écrits de Fernand Braudel*. Vol. III. Paris: De Fallois, 2001, p. 60-84.

_____. *Civilização material, economia e capitalismo do séc. XV ao séc. XVIII*. São Paulo: Martins Fontes, 1995.

_____. *Escritos sobre a história*. São Paulo: Perspectiva, 1992.

_____. *Reflexões sobre a história*. São Paulo: Martins Fontes, 1992.

_____. *L'Identité de la France*. 3 vols. Paris: Flammarion, 1990.

_____. *Gramática das civilizações*. São Paulo: Martins Fontes, 1989.

_____. *A dinâmica do capitalismo*. Rio de Janeiro: Rocco, 1987.

_____. *Une Leçon d'histoire de Fernand Braudel*: Châteauvallon/octobre 1985. Paris: Arthaud, 1986.

_____. "Une vie pour l'histoire – Entrevista a F. Ewald e J.-J. Brochier". *Magazine Littéraire*, n. 212, 1984, p. 18-24.

_____. *O Mediterrâneo e o mundo mediterrânico na época de Felipe II*. 2 vols. São Paulo: Martins Fontes, 1984.

_____. "USP, lembranças do início, por um de seus mestres: Fernand Braudel – Entrevista a Reali Júnior". *Jornal da Tarde*, 28/01/1984.

_____. *Entrevista a Marcello Tassara (gravação)*. Paris: Midialab/ECA-USP, 1984.

_____. "O ensino da história: suas diretrizes". *Anuário da FFCL, 1934-1935*. São Paulo: Revista dos Tribunais, 1937, p. 113-121.

BRAUDEL, P. "Braudel en captivité". In: CARMIGNANI, P. (org.). *Autour de F. Braudel*. Saint-Estève: Presses Universitaires de Perpignan, 2002.

_____. "Conferência no Colóquio Internacional sobre a Hungria e a Europa Mediterrânica (Budapeste, 1996)". *Manuscrito*. Paris: Arquivo privado de Paule Braudel.

_____. "Origines intellectuelles de Fernand Braudel: un témoignage". *Annales ESC*, n. 1, 1992, p. 237-244.

DAIX, P. *Fernand Braudel*: uma biografia. Rio de Janeiro: Record, 1999.

DOSSE, F. *A história em migalhas*: dos *Annales* à Nova História. São Paulo: Ensaio, 1994.

FEBVRE, L. *Combats pour l'histoire*. Paris: A. Colin, 1965.

_____. "Un livre qui grandit: La Mediterranée et le monde méditerranéen à l'époque de Philippe II". *Revue Historique*, n. 203, 1950, p. 216-224.

_____. *Carta a Fernand Braudel (29/12/1941)*. Paris: Arquivo privado de Henri Febvre.

FERRO, M. "Au nom du Père". *Espaces Temps*, n. 34/35, 1986.

LIMA, L.C. *Fernand Braudel e o Brasil*: vivência e brasilianismo (1935-1945). São Paulo: Edusp, 2009.

MAUGÜÉ, J. *Les dents agacée*. Paris: Buchet Chastel, 1982.

MELLO, E.C. "Historiadores no confessionário". *Folha de S. Paulo*, Caderno Mais, 24/12/2000, p. 18-19.

PARIS, E. *La genèse intellectuelle de l'oeuvre de Fernand Braudel*: La Méditerranée et le monde méditerranéen à l'époque de Philippe II (1923-1947). Atenas: Institut de Recherches Néohelléniques/Fondation Nationale de la Recherche Scientifique de Grèce, 1999.

REIS, J.C. *Escola dos* Annales: a inovação em história. São Paulo: Paz e Terra, 2000.

SABÓIA, N. "Espetáculo do mundo fascina Paule Braudel". *O Estado de S. Paulo*, 26/11/1995, p. D5.

_____. *Nouvelle histoire e tempo histórico*: a contribuição de Febvre, Bloch e Braudel. São Paulo: Ática, 1994.

14
Edward Palmer Thompson (1924–1993)

João Alfredo Costa de Campos Melo Júnior★

1 O historiador e seu tempo

No dia 28 de agosto de 1993 falecia prematuramente, aos 69 anos de idade, Edward Palmer Thompson, historiador marxista e militante político, autor do consagrado clássico *A formação da classe operária inglesa*, de 1963.

A formação da classe operária inglesa buscou em seus três volumes destacar a autoformação e a organização do operariado inglês no século XVIII. Pensar a classe operária inglesa no ato de sua formação levou o ainda quase desconhecido professor de cursos básicos de educação popular para o centro do debate acadêmico, tornando o livro uma das principais referências dos anos de 1960, 1970 e 1980.

Oriundo de uma família de metodistas, Edward Palmer Thompson nasceu em Oxford, a 3 de fevereiro de 1924. Seu pai, Edward Thompson[1], tornou-se bacharel em Humanidades pela Universidade de Londres em 1909, em seguida ordenou-se pastor metodista[2], tornando-se missionário na Índia, onde passou 13 anos.

Sua mãe, a missionária Theodosia Jessup Thompson, de visão política liberal, tornou-se uma obstinada crítica do imperialismo inglês no Oriente, o que se refletiu em sua missão religiosa, colocando-se contrária à tentativa de "ocidentalizar o Oriente".

Em seus pais Thompson encontrou o estímulo e o exemplo de ação política militante, herdando a capacidade de se indignar contra as diferenças sociais.

Em 1942 filia-se no Partido Comunista da Grã-Bretanha, período em que cursava, influenciado por seu irmão mais velho Frank Thompson[3], a graduação em história. Uma vez cursando história, é eleito presidente do Clube dos Estudantes Socialistas da Universidade,

---

★ Doutor em Ciências Sociais pela Universidade Federal de São Carlos (UFSCar) e professor da Universidade Federal de Viçosa (UFV).

período em que foi bastante influenciado por Christopher Hill e Maurice Dobb, com os quais construiu um núcleo de pensamento e estudos, denominado Marxistas Humanistas. Além de Thompson e Hill, também integravam o grupo: Raymond Williams, Raphael Samuel, John Saville, Eric Hobsbawm, Dorothy Thompson entre outros. A união desse grupo de intelectuais ingleses foi o embrião da Escola Marxista Revisionista ou Escola Neomarxista Inglesa[4].

Os encontros cotidianos com esse grupo de intelectuais britânicos foram decisivos para a opção profissional de Thompson. O convívio desperta a vontade de se tornar um historiador profissional da classe operária e de suas ações coletivas, impregnadas de cultura romântica e resistência popular. Thompson definia-se politicamente nesse momento como um marxista humanista ou um morrissiano-marxista, uma clara alusão/homenagem ao poeta William Morris.

Com a entrada da Inglaterra na Segunda Guerra Mundial, Thompson resolve se alistar como voluntário no exército inglês, obrigando-o a abandonar temporariamente seus estudos na Universidade de Cambridge. São poucas as informações da atuação de Edward Thompson na frente de batalha durante a Segunda Guerra. Ele serviu no norte da Itália e também na frente africana. O fim da guerra deixou em Thompson sentimentos dúbios e conflitantes. De um lado, a alegria incontida pela vitória sobre o nazifascismo e a possibilidade em aberto do avanço das forças democráticas e de esquerda. De outro, a dor e a tristeza pela morte de seu irmão Frank[5] por fascistas búlgaros em 1944.

Com o fim da guerra Thompson retoma seus estudos na universidade, graduando-se em 1946. Ao contrário de seus colegas, não prosseguiu em seus estudos na pós-graduação, alistando-se em uma brigada jovem de solidariedade à Iugoslávia. Nesse trabalho voluntário Thompson ajudou no reerguimento daquele país, auxiliando na construção de ferrovias. Nesse período Thompson trabalha lado a lado com Dorothy Towers, sua esposa e companheira de militância e intelectual por mais de 40 anos.

Dorothy e Edward Thompson se conheceram em seminários socialistas e comunistas sobre a história do movimento operário e trabalhista inglês (PALMER, 1996).

A aproximação sentimental e intelectual aconteceu entre manifestações, debates acadêmicos e militância política socialista. A identificação tornou-se recíproca e forte, levando-os a optarem por morar juntos a partir de 1945.

O casamento ocorreu alguns anos depois, em 1948, devido a problemas relacionados ao primeiro casamento de Dorothy. Pelo fato de ter sido anteriormente casada, tiveram que esperar por três anos. A relação foi marcada pelo companheirismo intelectual, militante e pessoal[6].

Ao retornarem da temporada na Iugoslávia, Edward e Dorothy Thompson não optaram por uma carreira acadêmica tradicional. Nenhum dos dois possuía títulos acadêmicos, além da graduação, caminhando à margem da academia tradicional inglesa. Thompson, durante toda a sua fértil trajetória intelectual, sempre se interessou pela história e pela literatura, optando por trabalhar nas duas áreas acadêmicas: sempre em zona de fronteira entre a história e a literatura[7].

Não se encaixando em cursos de graduação, tanto um quanto outro foram trabalhar em cursos não acadêmicos para adultos e operários. Edward Thompson empregou-se como educador e pesquisador no Departamento de Estudos Extracurriculares da Universidade de Leeds. Dorothy também conseguiu a mesma função, trabalhando como pesquisadora na mesma instituição. Enquanto Thompson dedicava-se a pesquisas de cunho mais histórico, Dorothy dedicava-se a pesquisas sociológicas[8].

Como professor, Thompson procurava em suas aulas alimentar suas duas grandes paixões intelectuais: a história social associada à literatura. Através dessa metodologia de ensino conseguia despertar em seus alunos o interesse pela história social inglesa, em particular do século XVIII. O método possibilitava aos alunos perceberem que a história era "viva" e que eles eram partes integrantes.

Do Professor Edward Thompson os alunos tinham a imagem de um mestre exigente, porém doce e respeitoso em relação à individualidade de cada aluno. Afeito ao debate intelectual, aguerrido em defender suas ideias, mantinha com seus alunos uma relação marcada por afeição e rigidez acadêmica.

Em meio às aulas para adultos, Thompson mantinha uma extensa agenda de militância política junto ao Partido Comunista da Grã-Bretanha. No PC britânico foi membro integrante do Grupo de Historiadores do Partido. Nesse período dedicava-se com afinco e extrema abnegação pessoal ao trabalho em função do partido, tornando-se posteriormente presidente do "Halifax Peace Committee"[9] e ocupando outros cargos ligados a organizações voltadas para a paz[10].

Findado seu período na Universidade de Leeds, transfere-se, em 1965, para a Universidade de Warwick, com o intuito de dirigir o Centro de Estudos em História Social. Entretanto, sua estadia em Warwick foi repentinamente encurtada, desligando-se da instituição em 1971. A saída teve como pivô central a descoberta pelo movimento estudantil de documentos que comprovavam que o historiador britânico David Montgmorey vinha sendo monitorado pela espionagem da polícia inglesa. De posse da informação e descontente com ela, Thompson, em parceria com os estudantes de Warwick, não se furtou em denunciar a perseguição sofrida por Montgmorey, desligando-se de imediato de suas funções.

2 Percursos: Edward Thompson, entre a militância e a produção histórica

Em Thompson, o militante e o historiador sempre estiveram juntos e não distanciados, nele os dois ofícios confundiam-se em perfeita harmonia. Seus trabalhos acadêmicos, artigos, conferências e aulas exalavam o militante, como também o militante tinha sempre o historiador em proximidade.

A relação entre a militância e a história para o autor será aqui abordada por meio de sua produção intelectual e pelos grandes debates de Thompson com a esquerda inglesa e com membros do PCGB.

A formação e a consolidação intelectual de Thompson e de toda a sua geração se deu no seio do Partido Comunista da Grã-Bretanha, estabelecendo vínculos de aprendizado com o partido e com seus participantes mais ativos, entre eles Eric Hobsbawm, Christopher Hill, John Saville, Raphael Samuel, Raymond Willians, Dorothy Thompson, entre outros. Todos eles, influenciados por Maurice Dobb, fundam um grupo de pensadores denominados de "Marxistas-humanistas".

Thompson lança em 1955 seu livro intitulado *Willians Morris*, primeiro trabalho de peso e consistência acadêmica. A ascendência de Morris sobre Thompson é gritante, a ponto de o próprio Thompson autodenominar-se de morrissiano-marxista. Dorothy, sua esposa, mencionou textualmente que Morris, o poeta e desenhista inglês do século XIX, teve preponderância na opção socialista de Edward Thompson e em seus trabalhos sobre a cultura popular inglesa do século XVIII.

Nesse mesmo período, no ano de 1956, lança, em parceria com John Saville, a revista *Reasoner*. O editorial da revista deixava claro: era uma publicação comunista e de caráter independente. Já no primeiro número, a independência vem à tona com um artigo que criticava veementemente a invasão húngara pelas forças do Pacto de Varsóvia. Como o PCGB apoiava a invasão das forças armadas do Pacto de Varsóvia contra as forças populares, a revista editada por Thompson e Saville foi proibida e execrada pelo comitê central do partido, sendo fechada.

As divergências entre Thompson e o partido tornaram-se tempestuosas, agravadas com a suspensão de suas atividades partidárias e as de John Saville. Imediatamente após a decisão do comitê central do PCGB, Thompson e Saville desligam-se do partido. Não obstante, vários outros importantes membros também abandonam o partido em virtude da repressão húngara. Dos antigos militantes, Maurice Dobb e Eric Hobsbawm continuaram nas fileiras do partido.

Fora do PCGB, Edward Thompson e John Saville lançam, em 1957, outra revista intitulada *New Reasoner*. Em seu primeiro número Thompson lança um artigo fundamental intitulado *Socialist Humanism*. Nesse artigo apresentou, pela primeira vez, as divergências existentes na interpretação estruturalista da história, mostrando a distância existente entre a estrutura e a superestrutura. A criação dessa dicotomia trazia consigo, segundo Thompson, a separação insuperável entre a base e os homens e as mulheres reais. Em outros termos, as análises estruturalistas aprisionariam as ações humanas a um duro e frio determinismo econômico.

No referido artigo Thompson começava a trabalhar com uma metodologia analítica que buscava evidenciar as ações humanas inseridas na complexidade das relações sociais, culturais, políticas e econômicas. O texto inaugura um debate no centro da esquerda inglesa: de um lado, os intelectuais marxistas identificados com a teoria estruturalista, e, de outro, os intelectuais marxistas humanistas, entre eles Edward Thompson, que propunham realizar uma revisão das teorias marxianas e das interpretações de Louis Althusser.

Nesse mesmo período um grupo de estudantes de ciências sociais e história cria uma revista chamada *Universities and Left Review.* Em 1959 as duas revistas fundem-se, criando a conhecida *New Left Review*; Thompson torna-se seu primeiro editor. Dessa nova revista participavam, como escritores, importantes cientistas sociais, tais como: Stuart Hall, Ralph Milliband, Raymond Willians, Dorothy e Edward Thompson, entre outros pensadores.

Em comum, todos os artigos ressaltavam a premente necessidade da mudança de atitude do operariado inglês para a formação/desenvolvimento de uma mentalidade socialista na Grã-Bretanha. É importante colocar que parte desses intelectuais, entre eles Edward e Dorothy Thompson, engajaram-se em movimentos de desarmamento, na luta antinuclear, em movimentos pacifistas, movimentos verdes e outras ações democráticas. Parte considerável dos autores que publicavam na revista compartilhava da perspectiva de que a ação política não poderia ser resumida somente na militância partidária. Se assim o fosse, o ambiente tornar-se-ia estreito e circunscrito, as fronteiras deveriam ser ampliadas, uma vez que as partes se interconectavam nas ações políticas e militantes.

A circulação da *New Left Review* estimulou a criação de grupos de estudos e pesquisas, como também de ações sociais que orbitavam na militância socialista e de temas ligados às áreas de ações coletivas e movimento operário. Em pouco tempo o número de grupos em torno da revista aumentou consideravelmente. Entretanto, após análises rigorosas, percebeu-se que os grupos políticos não conseguiam atingir seus objetivos prioritários, sendo extintos. Alegando dificuldades na gestão financeira da revista, é proposto o encerramento da *New Left Review* em 1961.

Durante esse período Thompson escreveu artigos com temáticas que versavam sobre socialismo, transições políticas na Grã-Bretanha, ações operárias, entre outras propostas relacionadas. Os textos despertaram interesses diversos em seus leitores. Os opositores criticavam com veemência sua posição de evidenciar as ações humanas sem a interferência direta da estrutura econômica. Estava posto o debate entre as correntes historiográficas: de um lado Thompson e os marxistas revisionistas, e, de outro, Perry Anderson e Ton Nairn, que seguiam no caminho de um marxismo ortodoxo estruturalista.

Thompson dirigiu severas críticas à corrente estruturalista marxista e em particular a Perry Anderson e Ton Nairn, propagadores das teorias althusserianas na Inglaterra. O cerne do debate apoiava-se nas noções de classe e luta de classes. Os dois primeiros historiadores advogavam classe social como elemento componente indissociável das categorias de infraestrutura e superestrutura. Em outras palavras, concebiam a formação da classe social e de sua consciência como derivação do processo da base produtiva.

Por seu turno, Thompson manifestava claramente suas objeções e oposições a essa visão marcadamente estrutural e estática sobre classe social. De acordo com suas indagações, o conceito de classe social não podia ser apreendido como um simples produto do desenvolvimento estrutural das forças produtivas. Todavia, procurou demonstrar que o termo "classe social" é dinâmico e guarda em seu interior diferentes interpretações e significados.

Thompson analisou a formação da classe operária inglesa situada em um contexto de industrialização, fato que lhe confere dinâmica histórica derivadas de processos sociais articulados ao longo do tempo[11]. É através das múltiplas experiências que se constituem a classe social e suas diferentes formas de ações coletivas. A citação que segue revela com precisão esse fenômeno histórico:

> *Thus working men formed a picture of the organization of society, out in their own experience and with the help of their hard-won and the erratic education, which was above all a political picture. They learned to see their own lives as part of a general history of conflict between the loosely defined "industrious class" on the one hand, the unreformed house of commons on the other*[12].

Assim, Thompson procurou evidenciar que a formatação da classe operária inglesa e de suas ações coletivas acontece com a participação de "gente comum", para usar um termo caro ao autor. Dessa forma, é inaugurada a história das massas comuns como forma de perceber a formação da classe social. De acordo com o autor, as camadas populares são ativamente participantes, preenchendo as lacunas históricas deixadas pela historiografia marxista tradicional.

Ao propositalmente negligenciarem aspectos da tradição cultural e radical das camadas populares da Inglaterra do século XVIII, as análises estruturalistas referentes à formação de ações coletivas partiam de uma grosseira simplificação do objeto estudado. Dizia Thompson que a radicalidade da "gente comum" é um elemento indispensável para a formação de ações coletivas daquele momento. O ludismo talvez fosse seu exemplo mais notório e bem-sucedido.

É dentro desse perfil que Thompson procura resgatar a formação de ações coletivas originárias de movimentos sociais e populares da Inglaterra do século XVIII. A cultura popular seria, segundo o historiador britânico, o elemento formador das ações coletivas e das estratégias de resistência do operariado inglês do XVIII. A utilização da cultura popular preencheria o vazio sentido na produção acadêmica marxista estruturalista inglesa, que propositalmente desprezava as manifestações culturais das classes baixas.

O ano de 1963 é marcado pelo lançamento do clássico *The Making of the English Working Class*, traduzido no Brasil, na década de 1980, sob o título *A formação da classe operária inglesa*. Em sua versão brasileira, a tradutora da obra adverte aos leitores que não conseguiu captar plenamente a intenção de Thompson quando propôs o título do livro. Ao substantivar *The Making*, o autor, de modo consciente e racional, pretendeu evidenciar o movimento de autoformação da classe operária inglesa ao longo do século XVIII, tendo como suporte básico a luta de classes.

Composto por três volumes, "A árvore da liberdade", "A maldição de Adão" e "A força dos trabalhadores", o livro procurou resgatar as ações coletivas de homens e mulheres comuns, empreendedores da história e de suas ações políticas. Sem sombra de dúvidas, esse é o principal registro dos trabalhos historiográficos produzido por E.P. Thompson: tentar dar "voz aos excluídos da história".

A formação da classe operária inglesa, de 1963, é o exemplo mais notório da influência de Morris na obra de Thompson. A trilogia tenta, com sucesso, trazer à tona um marxismo revigorado pelo humanismo romântico e literário de William Morris. A verve assumida por Thompson evidenciava a história escrita pela perspectiva dos vencidos, graças à perspectiva romântico-socialista inspirada em Williams Morris[13].

Thompson vê nesse processo o momento de transformação do discurso produzido pelas elites e pela historiografia oficial e ortodoxa, que não evidenciavam propositalmente a constituição do proletariado enquanto classe social.

Desde sua concepção original, o escopo da obra era refletir a formação dos processos de ação coletiva associados a elementos da cultura popular e literária, como formas de resistências aos efeitos danosos da Revolução Industrial nas baixas camadas populares da Inglaterra naquele momento histórico.

O debate sobre ações coletivas em *A formação da classe operária inglesa* articula-se, segundo Thompson, em torno da noção de classe operária, tema recorrente nas obras do autor, o qual considera classe social com algo fluido e de dinâmicas relações, apenas entendidas através de seus contextos históricos e sociais[14]. Não existia um padrão teórico estabelecido que conseguiria dimensionar classe social no seu tipo/modelo mais puro e intocado, tamanha sua volatilidade.

Edward Thompson buscou entender as classes sociais formadoras do operariado britânico como categorias sociais vivas, e não como simples dados numéricos, presos às grandes estruturas sociais. Em outros termos, Thompson se posicionava em dissonância, nesse livro, em relação às análises puramente economicistas que descartavam propositalmente as ações humanas em sociedade. A luta de classes seria o elemento fundamental para a construção da autonomia operária e da consciência classista.

A formação da consciência operária estaria, segundo Thompson, ligada às ações reais de um processo social e cultural, e não no seu sentido puramente mecânico e estrutural. De acordo com o autor:

> Quando digo que classe e consciência de classe são sempre o último estágio de um processo real, naturalmente não penso que isso seja tomado no sentido literal e mecânico. Uma vez que uma consciência de classe madura tenha se desenvolvido, os jovens podem ser socializados em um sentido classista, e as instruções de classe prolongam as condições ou costumes de antagonismos de classes que não correspondem mais a um antagonismo de interesses. De classe que não correspondam mais a um antagonismo de interesses. Mas tudo isso

306

faz parte da complexidade que habitualmente encontramos em nossa análise histórica, especialmente contemporânea[15].

A proposta de Thompson é que não se deve falar em consciência de classe sem mencionar pessoas reais e concretas, que se colocam diante de outros grupos sociais, originando lutas de classes, lutas culturais e sociais. O autor queria revelar que a luta de classes, quando analisada em sua totalidade, extrapolava a simplória relação material econômica. Dentro dela, para fins de análises, inserem-se questões do cotidiano social dos grupos envolvidos, construindo a formação de uma consciência operária de si e do mundo.

Atribuir o termo "classe" a um grupo desprovido de consciência de classe torna-se uma afirmação completamente incoerente, tanto de suporte teórico quanto empírico. O que propunha Thompson era mostrar que as leituras puramente economicistas e estruturalistas retiravam forçosamente do centro do palco homens e mulheres reais, colocando em seus assentos rígidas formações estruturais que empobreciam demasiadamente as análises historiográficas ao descartarem a vivacidade e espontaneidade das ações humanas nos processos de luta política e social.

Ao contrário de alguns de seus consortes, Thompson indicava que a luta de classes transcendia a própria classe social, uma vez que a primeira é mais importante que a segunda. A explicação do historiador mostrava que a luta de classes é universal e histórica, enquanto a classe é restrita ao seu local de origem:

> Talvez diga isso porque a luta de classes é evidentemente um conceito histórico, pois implica um processo, e, portanto, seja o filósofo, o sociólogo ou criador de teorias, todos têm dificuldade em utilizá-lo. Para dizê-lo com todas as letras: as classes não existem como entidades separadas que olham ao redor, acham um inimigo de classe e partem para a batalha[16].

Encarando a luta de classes como um conceito prioritário, Thompson repensou o materialismo histórico e dialético, retirando de suas análises historiográficas a hegemonia do modelo estático voltado para a relação estrutura/superestrutura. *A formação da classe operária inglesa* é um exemplo concreto de superação do determinismo econômico reducionista[17]. *A formação da classe operária inglesa* desafiou os padrões acadêmicos dos anos de 1960 e 1970 por reescrever a história inglesa do século XVIII através do perfil e das experiências de trabalhadores e trabalhadoras esquecidos nos manuais históricos oficiais.

O primeiro volume, *A árvore da liberdade*, evidencia a ação das tradições culturais populares e operárias e a formação dos primeiros grupos operários ingleses. Em *A maldição de Adão*, relembra as lutas populares e as experiências operárias no século XVIII inglês e as transformações ocorridas com a introdução do metodismo na Grã-Bretanha. Thompson argumenta, nesse segundo volume, que, anteriormente ao metodismo e à formação de associações populares e de trabalhadores, já existia uma tradição de resistência popular. No terceiro volume, *A força dos trabalhadores*, é eleita a formação e a organização das primeiras associações operárias influenciadas pelo radicalismo jacobino. Sob os holofotes estava o ludismo radical oriundo do fim das guerras napoleônicas[18].

Com a obra conseguiu dar voz e luz àqueles esquecidos dentro das estruturas sociais. Rejeitou os olhares macroestruturais que reivindicavam o progresso social vinculado ao fortalecimento da estrutura social. O historiador britânico mostrou, nessa obra, a face sombria e excludente da Revolução Industrial, que martirizava os operários através de um sistema de produção cada vez mais crescente, associado a um ritmo de trabalho industrial. No entanto, o que Thompson historiou nos três volumes foram as reações populares contrárias à disciplina imposta ao movimento operário inglês. Entre as formas de manifestações apregoadas por Thompson, encontrava-se a educação popular.

Nesse sentido, a educação serviria como esteio para a construção de uma consciência operária mais fecunda e enraizada através das experiências pessoais de cada educando. A educação de adultos traria mudanças em suas experiências, podendo os processos educacionais ser modificados em similaridade com as experiências radicais ou sutis dos participantes. Os contextos históricos e culturais seriam fundamentais para a inserção da noção de experiência.

O conceito de experiência torna-se fundamental nas análises thompsonianas, aparecendo como ponto inicial para a formação de operários conscientes a partir de diferentes experiências vividas em seus cotidianos.

Quando o processo educacional não se coadunava com a experiência pessoal de cada um dos educandos, Thompson argumentava que o ato de ensinar serviria apenas como forma de controle social que demandaria contra a validade da experiência vivida pelos alunos que lá estavam. De acordo com Thompson:

> Durante um século ou mais, a maior parte dos educadores da classe média não conseguia distinguir o trabalho educacional do controle social, isso impunha com demasiada frequência uma repressão à validade da experiência da vida dos alunos ou sua própria negação, tal como a que se expressava em dialetos incultos ou nas formas de culturas tradicionais. O resultado foi que a educação e a experiência herdadas se opunham uma à outra[19].

E continua:

> E os trabalhadores, que por seus esforços conseguiam penetrar na cultura letrada, viam-se imediatamente no mesmo lugar de tensão, onde a educação trazia consigo o perigo da rejeição por parte de seus camaradas e a autodesconfiança. Essa tensão ainda permanece[20].

A tese central de Thompson procurou mostrar que as relações entre cultura popular, classe social e educação estabeleceram-se na Inglaterra dos séculos XVIII e XIX, com a Revolução Francesa (THOMPSON, 2002).

A pretensão foi demonstrar que a lógica histórica enraizava-se nas categorias de experiências dos grupos participantes. Os conceitos de lógica histórica e de experiência são basilares nos trabalhos e pesquisas do autor. Thompson conseguia, como poucos de sua geração, transitar sem maiores dificuldades entre a teoria e a empiria.

A categoria de experiência articulava-se, em suas análises, com diferentes perspectivas metodológicas, entre elas, ação política, ação social, educação, cultura, folclore e outras. O conceito de experiência histórica aparece diluído em todas as obras. O livro *The Poverty of Theory and other Essays* é o exemplo mais notório da introdução do termo experiência em seus escritos.

A coletânea *The Poverty of Theory and other Essays*, traduzida sob o título *A miséria da teoria e outros ensaios*, foi apresentada ao público em função de um debate originado entre Edward Thompson e Perry Anderson em função da direção editorial da revista *New Left*.

O cerne da crise entre os dois historiadores britânicos tornou-se mais evidente quando, em 1963, Anderson assume a direção do conselho editorial da *New Left Review*, dando um novo redirecionamento à revista, privilegiando publicações voltadas para um marxismo estruturalista. Nesse debate Anderson publicou *Origins of the present crises*, sendo imediatamente respondido por Thompson em *Pecualiarities of the English*. Alguns anos depois este ensaio foi publicado na coletânea *The Poverty of Theory and other essays*. Com a publicação da obra, as relações entre Thompson e Perry Anderson tornam-se insustentáveis.

Cada qual analisava a formação da sociedade inglesa sob uma perspectiva. Perry Anderson entendia sua formação centrada em uma análise estrutural, Thompson a concebia como um conjunto de possibilidades e transformações dos agentes humanos em sociedade.

É necessário retomar o debate intelectual entre Edward Thompson e Perry Anderson com as publicações de *Origins of the Present Crises* e a contrapartida *Pecualiarities of the English*. No centro do palco, a experiência histórica de formação da classe operária inglesa e o empreendimento das ações coletivas.

Enquanto Anderson definia seu campo de análise historiográfica ancorado em uma análise estrutural, Thompson trabalhava a hipótese da ação humana como transformadora da sociedade. Ambas as análises partem de perspectivas quase antagônicas. A citação não deixa dúvidas:

> Nos idos de 1962, quando as atividades da *New Left Review* estavam um pouco confusas, a direção da Nova Esquerda convidou um hábil colaborador, Perry Anderson, para assumir a editoria da revista. Encontramos, como esperávamos, no camarada Anderson a decisão e a coerência intelectual necessárias para assegurar sua continuidade[21].

E ainda acrescenta:

> Todos os ramais secundários não econômicos e desvios socioculturais da *New Left*, que estavam, de resto, recebendo cada vez menos tráfego, foram abruptamente desativados. As principais linhas da revista sofreram uma modernização igualmente brusca. As marias-fumaça da Velha Esquerda foram varridas dos trilhos, as paradas marginais (Compromisso, Qual o futuro do CND?, Mulhe-

res apaixonadas), foram fechadas, e as linhas, eletrificadas para o tráfego expresso Rive Gauche marxistencialista[22].

Em outro momento:

> Em menos de um ano os fundadores da revista descobriram, para seu pesar, que o conselho editorial vivia em um ramal que, após rigoroso balanço intelectual foi considerado deficitário. Percebendo-nos supérfluos, colocamos nossos cargos à disposição[23].

A discordância intelectual entre os dois pensadores da esquerda inglesa organizava-se em torno da nova proposta editorial adotada pela *New Left Review*, que, segundo Thompson, articulava-se em três principais eixos aglutinadores: análises do Terceiro Mundo, definições da teoria marxista[24] e análise da história e estruturas sociais britânicas[25].

A miséria da teoria, editado no Brasil em 1981, traz aos seus leitores os conceitos de experiência histórica e cultural como formas de ação social ao longo da história operária inglesa do século XVIII. Thompson percebeu, nas superestruturas sociais, a ação das experiências históricas e culturais.

Ao trabalhar a noção de experiência cultural, o historiador inglês provocou propositalmente a desvinculação com a base estrutural da sociedade, separando-as em fronteiras. Há que se considerar que, em função do escopo de sua produção acadêmica, recebeu críticas que o colocavam como historiador culturalista, empiricista e pouco teórico.

Seus críticos argumentavam que, ao privilegiar a superestrutura em detrimento da estrutura, utilizava do mesmo expediente daqueles a quem criticava com veemência. Em outro sentido, se os historiadores estruturalistas privilegiavam os aspectos puramente econômicos, Thompson elegeu as categorias socioculturais como palco privilegiado de seus trabalhos. Se, de um lado, poderia existir o determinismo econômico, de outro surgia o determinismo sociocultural[26].

O debate provocou controvérsias dentro da esquerda acadêmica inglesa. Seus opositores intelectuais argumentavam que em suas análises existia um intencional abandono da esfera econômica, desprezando as categorias estruturais construtoras da sociedade. Por outro viés, Thompson contra-argumentava que esta era uma opção empírica por ele adotada. Dentre todas as divergências suscitadas pelos trabalhos inovadores de Edward Thompson, aquelas que o acusavam de culturalista eram respondidas com mais ênfase. Sua resposta rejeitava veementemente o "título" de "culturalista", colocando-se como representante legítimo do materialismo histórico.

Assumindo-se enquanto intelectual de tradição materialista, Thompson demonstrou que seria muito complicado pensar as ações sociais e históricas sem efetivamente trabalhar as noções de experiência advindas da luta de classes e dos embates políticos pelos quais passava a classe operária inglesa. Além disso, seria importante levar em consideração as experiências oriundas das ações culturais, sociais, religiosas, entre outras.

310

O conceito de experiência nos trabalhos de Thompson precisa ser analisado como princípio unificador das ações humanas. É pela luta de classes que as experiências de homens e mulheres reais se articulam, construindo-se pelas suas ações na sociedade através das consciências coletivas e individuais.

Ao vivenciar as experiências em seu cotidiano os trabalhadores conseguiriam, de acordo com Thompson, articular, construindo-se enquanto classe social ativa. A relação deveria ser construída nas esferas material, econômica e cultural. A classe se delineava em função das experiências, como assevera Thompson:

> A classe se delineia segundo o modo como os homens e mulheres vivem suas relações de produção e segundo a experiência de suas situações determinadas, no interior do conjunto de suas relações sociais, com a cultura e as expectativas a eles transmitidas e com base no modo pelo qual se valeram dessas experiências em nível cultural[27].

Não obstante, Thompson alertou que não é possível constituir um modelo preciso e confiável que consiga mensurar efetivamente a verdadeira dinâmica de formação das classes, tamanha a fluidez e dinamicidade de sua estruturação. Acrescenta o autor:

> Em uma análise comparativa, o modelo tem apenas valor heurístico, passível de geralmente redundar em perigo dada sua tendência em direção a uma estase conceitual. Na história, nenhuma formação de classe específica é mais autêntica ou mais real que outra. As classes se definem de acordo com o modo como tal formação acontece efetivamente[28].

A experiência dividia-se em vivida e percebida. Este segundo modelo era compreendido como problemático, de raízes frágeis e pouco profundas, sujeito a interferências ideológicas de toda ordem. É importante consignar que Thompson alertou que a base material de uma sociedade pode, em muitos casos, ser a responsável pelas alterações nas experiências vividas. Independentemente da intencionalidade, ou da consciência de seus atores, haverá, esclarece o autor, sua ocorrência. Os aspectos materiais, relata o historiador inglês, seriam a fonte das experiências vividas pelos atores sociais, todavia não poderiam ser sentidas nas experiências percebidas.

A utilização dos conceitos de experiência vivida e de experiência percebida serviria, para o autor, como elementos constituidores das mudanças históricas. Nesse passo, ao levar em consideração as experiências em suas análises historiográficas e sociais, Edward Thompson buscou explicações e resultados empíricos racionais e consistentes nos conceitos de experiências vividas e percebidas.

A experiência vivida é aquela oriunda da formação classista e da luta de classes. Nela estariam todas as determinações objetivas e culturais, delineando os homens e as mulheres reais em vivências reais, que estariam em constante choque com os modelos de consciência imposta ideologicamente. A experiência pensada serviria como arsenal e ao mesmo tempo como o alvo da ideologia, revelando sua fragilidade. O resultado mais visível da articulação das experiências seria a luta de classes, percebida por Thompson como um conceito puramente histórico.

Construindo sua análise de modo dialético, Thompson percebe as experiências e a formação da classe social como processos dialeticamente construídos e articulados na estruturação da consciência de classe, como assevera o autor:

> Ao contrário, para mim, as pessoas se veem numa sociedade estruturada de um certo modo (por meio de relações de produção fundamentalmente), suportam a exploração (ou buscam manter poder sobre os explorados), identificam os nós dos interesses antagônicos, debatem-se em torno desses mesmos nós e, no curso de tal processo de luta, descobrem a si mesmas como uma classe, vindo, pois, a fazer a descoberta da sua consciência de classe. Classe e consciência de classe são sempre o último e não o primeiro degrau de um processo histórico real[29].

Ao propor a noção de experiência em seus trabalhos, Thompson, antes de tudo, procurou afastá-la de seu sentido vulgar e pobre, isto é, apartou-o do empirismo "chulo", por acreditar que pensar a experiência apenas pelo viés empírico levaria o pesquisador em história social ao relativismo e ao conformismo em relação a determinadas produções historiográficas, que propositalmente não enxergavam a ação humana em detrimento dos aspectos macroestruturais. Todavia, como já alertava o próprio autor, os estudos e as pesquisas na área, particularmente os oriundos da escola revisionista inglesa, começavam a romper com a ortodoxia reinante nos estudos sobre movimento operário e sindicalismo. Dizia ele:

> Portanto, até recentemente, a "história operária" tem-se definido mais por seu antagonismo com a ortodoxia do que qualquer outra coisa. Isso tem representado muito mais do que uma diferença quanto a temas de matérias, podendo ser encontrado nos estilos e métodos usados por marxistas e independentes ligados àqueles[30].

Thompson mostrou que, mesmo com todos os percalços, prevalecia um grupo de historiadores e cientistas sociais dedicados ao tema do movimento operário e sindical que utilizavam outras metodologias de trabalhos e pesquisas, que "preenchiam os vazios e corrigiam os contornos"[31] deixados por uma produção estruturalista e meramente economicista.

Por outro lado, os extremos metodológicos levariam inevitavelmente à fragilidade da pesquisa. Não obstante, as interpretações não poderiam assentar em terreno frágil puramente cultural ou em solo árido economicista. Em verdade, a experiência origina-se da história real e concreta dos atores sociais envolvidos no processo real.

Quando capturadas isoladamente, a cultura e a economia tornam-se analiticamente problemáticas em função de seus contornos imprecisos. Seria necessário e útil associar, contextualizando tanto uma quanto outra, com as experiências históricas reais. Afirmava que, quando analisadas em si mesmas, a cultura e a economia não possuíam autonomia empírica e nem teórica.

Asseverava Thompson que a junção da economia e da cultura no campo empírico serviria de subsídio para a construção de um trabalho sólido que ocuparia os espaços vazios deixados por trabalhos acadêmicos tradicionais de linhagem estruturalista althusseriana. Diz ele:

> Muitos trabalhos recentes têm consistido no preenchimento de espaços vazios e na correção dos contornos dos mapas deixados pelos Webbs e por G.D.H. Cole (John Saville tem realmente se dedicado, faz alguns anos, ao preparo de um dicionário biográfico do movimento operário que, aliás, encontrou sua origem nas notas legadas por Cole)[32].

O propugnado pelo historiador inglês consistia na articulação de elementos culturais com os aspectos econômicos materiais, que serviriam de subsídios para uma pesquisa abalizada teórica e empiricamente. A unificação da cultura com a economia permitiria a realização de trabalhos acadêmicos consistentes e tecnicamente abalizados, distanciando-se ontologicamente dos estruturalismos e do culturalismo pós-moderno.

As proposições thompsonianas dirigiam-se contra a historiografia althusseriana que, de acordo com o historiador, silenciava os ecos da ação humana, ao negar a capacidade de organização classista, como também, do agir humano. Todavia, a preocupação de Thompson com a nova história cultural e sua vertente da *Linguistic Turn* apareceu já em fins da década de 1980 e começo dos anos de 1990. Porém, suas críticas e embates não foram tão contundentes. As explicações podem se assentar, principalmente, em sua saúde degradada e em sua inserção na militância antinuclear e ecológica.

Apesar do distanciamento racional mantido por Thompson em relação às produções da *Linguistic Turn*[33], conseguiu mostrar o lado perverso dessa corrente de pensamento, que intencionalmente colocava ao lado as experiências sociais e culturais, em detrimento das experiências puramente linguísticas. Era inaceitável, colocava Thompson, atrelar as experiências adquiridas e conquistadas através das lutas de classes a meros atributos de linguagem. Se assim o fosse, seria menosprezar o trabalho empírico e teórico do historiador, diria Thompson.

A utilização da *Linguistic Turn* em pesquisas historiográficas e sociais conduz forçadamente a um relativismo cultural de resultados frágeis e provisórios. Ao negar a teoria como função propedêutica do ato de historiar, sustentava-se a base ficcional do conhecimento histórico. A postura de Thompson é radicalmente oposta: defensor ardoroso de uma primorosa pesquisa empírica associada e respaldada por uma vigorosa base teórica.

Mas qual a importância de Thompson para a produção historiográfica contemporânea? Quais seriam as impressões, por ele deixadas, na linhagem de pesquisa sobre o movimento operário e suas ações sociais coletivas? Enfim, pode-se colocar Edward Thompson no panteão dos clássicos do pensamento histórico?

Ao revisitar os trabalhos de Thompson constata-se que os clássicos, e ele inegavelmente é um deles, não foram produzidos para permanecerem isolados e imunes nas estantes. Foram, sim, pensados e concebidos como aparelhos de ação intelectual que se permitem o diálogo com outras perspectivas contrárias, sem obnubilar suas feições iniciais. Em verdade, o escopo de um clássico do pensamento social e histórico é a construção de suportes seguros para a promoção do debate e do confronto salutar de ideias, e Thompson nunca se negou em defendê-las ou aprimorá-las através de discussões acadêmicas e pelas polêmicas intelectuais. Ele as encarou como estímulo à necessária combustão para a progressão intelectual.

O papel preponderante de um clássico é sua contribuição para a solidificação em bases concretas da área, estimulando pesquisas e estudos. Thompson conseguiu, enquanto historiador, dimensionar positivamente a linha de movimentos sociais e ações coletivas contribuindo para a formatação teórica e prática, tornando-se referencial e farol seguro para os que se aventuram nesses mares.

Intelectual engajado e ativista político, Edward Palmer Thompson inscreveu seu nome como um dos mais influentes historiadores e pensadores da contemporaneidade. Sua profícua produção acadêmica, voltada para temas como ações coletivas, culturas populares, movimentos sociais e operários e outras áreas correlatas, tornou-se referência para estudiosos das ciências sociais e históricas de diferentes partes do mundo. Oriundo de uma geração de historiadores militantes do Partido Comunista britânico, foi um dos responsáveis pelo avanço do entendimento do marxismo ao interpretá-lo com a audácia revisionista, questionando os estéreis postulados das interpretações de Althusser e seus seguidores. A proposta de Thompson foi avançar, ao propor a utilização de outros mecanismos conceituais que extrapolavam o reducionismo mecanicista econômico e estrutural[34]. Ao incorporar elementos culturais em seus trabalhos historiográficos conseguiu, com êxito, revelar outras possibilidades de construção temática que se organizavam em torno de outras searas, e não apenas aquelas presas ao materialismo economicista.

A historiografia inglesa à época, além da divisão entre as vertentes estruturalistas e revisionistas estruturada no Partido Comunista da Grã-Bretanha, vivenciava academicamente período de um individualismo liberal, com forte respaldo na escola histórica positivista. O grupo composto por Thompson, Hill, Hobsbawm, Dobb e outros historiadores trabalhava fortemente buscando opções contrárias à historiografia acadêmica oficial inglesa. Buscava, pois, defender a liberdade de pensamento, colocando-se contra o racionalismo científico burguês imperante nas universidades inglesas.

No interior da escola revisionista notam-se diferentes dimensões de trabalhos e temáticas pesquisadas por cada um dos seus membros, que, com abordagens próprias, organizavam seus trabalhos e linhas de pesquisa. Apesar das diferenças de campo intelectual e de estilo, os integrantes dessa escola construíram uma tradição historiográfica através de seus trabalhos[35]. O legado deixado por esta escola de pensamento tinha como ponto central a construção de teorias a partir da práxis da pesquisa. A partir dessa premissa, as pesquisas se organizavam em diferentes áreas da historiografia, tendo sempre como ponto de partida as relações políticas e de trabalho no capitalismo[36].

Trabalhando a história como uma ciência que possui contornos próprios, Thompson alegava que a identidade e essência históricas são construídas na prática do seu campo de

314

pesquisa. Ao reafirmar suas fronteiras, a história passava a ser percebida como uma ciência, assim como a filosofia, as ciências sociais, a economia e outras. Mesmo cada uma delas possuindo suas tradições e estruturas científicas, Thompson nunca se furtou de recorrer a outras vertentes do conhecimento para fortalecer teórica e metodologicamente suas pesquisas sobre cultura popular. A antropologia e a economia eram as áreas de maior proximidade em seus trabalhos. Com relação ao conhecimento antropológico e filosófico em suas pesquisas, afirmava:

> Quero frisar que, embora a relação história antropológica social e a história social deve ser encorajada, não pode ser de qualquer tipo. Um terceiro integrante é necessário como mediador e, geralmente, seu nome é a filosofia. Se tentarmos formar pares com partes dessas disciplinas arranjando encontro entre elas – apresentando a história econométrica positivista ao estruturalismo lévi-straussiano –, então poderemos estar certos de que algum enlace acontecerá[37].

Em relação à economia e às ciências sociais, Thompson destacava a recente importância e a influência para as pesquisas históricas de sociólogos e economistas que, segundo ele, não possuíam trabalhos acadêmicos totalmente históricos. Deixa claro que a aproximação da história com a economia sempre ocorreu em estreita parceria intelectual. Recentemente, argumenta Thompson, coube à história, diante de muitas dificuldades, buscar parceria com outras áreas das ciências sociais em função da especificidade dos temas pesquisados por um grupo de historiadores. Mesmo olhando positivamente a aproximação, deixava transparecer sua preocupação:

> A economia e a história econômica se desenvolveram em estreita parceria intelectual. Contudo, mais recentemente, a uma história social emergente foi oferecida (ou, mais repetidamente, teve de solicitar, diante de alguma indiferença) uma parceria com disciplinas sociais que são, em parte, explicitamente anti-históricas. Pense-se na influência de Durkheim, Radcliffe-Browm, Talcott Parsons e Lévi Strauss[38].

E a preocupação vai um pouco mais adiante:

> Quer dizer, embora leve em consideração a "vida material" proposta por Fernand Braudel, seu tema tradicional a deixa empobrecida e, por vezes, ativamente resistente ao "econômico". Mas não devemos esperar um "avanço" na história social sistemática fazendo ouvidos moucos para a história econômica[39].

A inquietude de Thompson caminhava no sentido de mostrar que a formação dos conceitos históricos, antropológicos, sociológicos, econômicos e de outras áreas afins do saber surge das análises dos processos que são construídos diacronicamente e em muitos casos estudados por disciplinas completamente sincrônicas. Tal recado tinha endereço certo: o positivismo e o estruturalismo.

Colocando-se enquanto pensador oriundo da tradição marxista, Edward Thompson entendia que o desempenho da teoria da história serviria como elemento indispensável para a produção do conhecimento historiográfico, penetrando em todas as áreas da pesquisa.

A teoria, alertou o historiador britânico, não teria função alguma se ficasse circunscrita à própria teoria. Saber usá-la é trabalhar em diálogo com a empiria, erigindo o conhecimento dialético. Para Thompson: "[...] No meu caso, devo definir minha relação com a tradição marxista. Não poderia me valer de certos conceitos sociológicos familiares a não ser que, em primeiro lugar, fossem revestidos com uma ambivalência dialética"[40].

A proposta levantada é a construção do constante diálogo teórico e metodológico entre as ciências humanas e sociais, aproximando conhecimentos através de uma relação de causalidade dos acontecimentos estudados por uma ótica racional. Caberia a cada ciência "o ato de doar-se" como similitude do "ato de ganhar-se". Seria este o princípio ativo da dialética.

Outrossim, para a completa efetivação do trabalho multidisciplinar entre a história e outras ciências sociais, como a sociologia, a antropologia social e outras áreas, faz-se imprescindível o completo abandono, como diria Thompson, da relação estreita entre base material e superestrutura cultural. A proposição mostrava que não se poderia afirmar a primazia dos comportamentos econômicos em detrimento de sistemas culturais e sociais. A apreensão thompsoniana corria no sentido de revelar que o "ser social determina a consciência social"[41]. Em outros termos, o que o historiador britânico queria demonstrar com a afirmativa era a possibilidade de descrever o ser social sem a prerrogativa de associá-lo às necessidades estruturais das sociedades.

A vertente marxista tradicional negava frontalmente a possibilidade de o "ser social tornar-se o condicionador da consciência social" por dirigir atenções aos modelos de infraestrutura e superestrutura, marcadamente economicistas. Thompson revelou que esse método histórico foi absolutamente incorporado por historiadores de ordem marxistas estruturalistas.

Diante da radicalidade ontológica de alguns setores da historiografia estrutural marxista, Thompson alertou que a ênfase na relação de reciprocidade entre as estruturas sociais clarifica exponencialmente as autonomias de cada uma das esferas sociais. A primazia se aninhava na possibilidade de refinar e diminuir as determinações estruturais. Constituiria em erro de estreitos limites somente utilizar os recursos econômicos como "provas" do determinismo da infraestrutura sobre os componentes culturais. Mesmo Marx, alegou Thompson, valeu-se poucas vezes desse expediente teórico[42].

Assegurou Thompson que a realidade concreta é dinâmica e fluídica. Por isso mesmo, a divisão teórica entre infra e superestrutura não conseguiria captar em sua plenitude as constantes oscilações das sociedades. Com a palavra Thompson: "Quando procedemos ao exame de uma sociedade real, seja qual for, rapidamente descobrimos (ou pelo menos devemos descobrir) a inutilidade de se esboçar respeito a uma divisão assim"[43].

O argumento trazido à baila mostrou que, por mais sofisticada que seja a proposição entre base e superestrutura, empiricamente torna-se inadequada e enfraquecida, por reduzir superficialmente todas as demais atribuições e atividades humanas em sociedade. A redução forçada, complementa Thompson, ocorreria pela categorização desses conceitos: a superestrutura abarcaria os aspectos sociais, religiosos, legislativos morais da sociedade, na base encontram-se as tecnologias, a economia, as ciências aplicadas e outras. Esta divisão é arbitrária ao menosprezar outras características, tais como: o trabalho, as artes, a linguística, as disciplinas sociais e outras[44].

De acordo com Thompson, a construção de processos analíticos estruturados dentro do perfil base e superestrutura revelava-se extremamente positivista e utilitarista burguesa, oposta à tradição historiográfica marxista[45].

Evidentemente, as críticas de Thompson ao modelo althusseriano encontraram assento e respaldo em outras objeções perpetradas por marxistas que coadunavam com tais proposições. As réplicas aninhavam-se em torno dos problemas empíricos gerados pela categoria economia, pois não podem ser completamente empregadas em sociedades não industrializadas, ou seja, tornam-se de certa forma incompreensíveis para as sociedades antigas. Todavia, poderiam aparecer oportunidades de análises historiográficas de sociedades pré-capitalistas através da história econômica. A incongruência faria morada se os historiadores utilizassem conceitos anacrônicos ao estudar as sociedades pré-industriais. Para Thompson:

> Naturalmente, isso não significa dizer que não haja espaço para uma história econômica de sociedades pré-industriais ou pré-capitalistas, mas serve para nos recordar que as expectativas e motivações das pessoas que viveram aquela época não podem se entendidas em termos econômicos anacrônicos. Mais sutilmente, o mesmo problema reaparece no interior do próprio capitalismo industrial[46].

O sinal deixado por Thompson mostrou aos cientistas sociais e também aos historiadores que é impreterível pensar o objeto dentro de seus limites cronológicos. Desprezá-los seria incorrer em erro teórico e analítico.

Dentre os equívocos encontrados nas análises deixadas por historiadores e cientistas sociais comprometidos com a teoria marxista, Thompson, em tom provocativo e crítico, revelou que foram os leitores contemporâneos de Karl Marx que hermeneuticamente o interpretam através de um pesado economicismo que arrastava consigo as demais linhas de análise e percepção histórica. A maior injúria ao capitalismo, continua o historiador britânico, é abrandá-lo, podando todas as relações em termos puramente econômicos e financeiros.

As grandes demandas sociais e suas manifestações populares reclamariam abrigo nos movimentos populares, que demandariam ações contrárias ao estabelecimento de questões sociais que ultrapassariam, ao largo, teses que reduziram todas as expectativas da sociedade ao palco econômico[47].

Os postulados thompsonianos recusavam veementemente a analogia base e superestrutura como a prioridade interpretativa para a compreensão das demandas oriundas das sociedades históricas. De imediato, o próprio autor levanta a seguinte questão: Como ele próprio se encaixaria na tradição intelectual marxista, uma vez que repudiava as noções de infra e superestrutura em seus trabalhos? A resposta torna-se alentadora e reconfortante quando Thompson demonstra que Marx não se organizava em função de um olhar puramente economicista, é puramente quimérico pensar neste sentido. As tradicionais análises marxistas de valorização dos aparatos economicistas caminhavam para longe do pensamento marxiano.

3 Considerações finais

Determinada tradição marxista associou erroneamente, dizia Thompson, o conceito de produção ao ambiente estritamente econômico, confundindo, com isso, ideologia e cultura da classe dominante como sendo a mesma cultura social e moral. A argumentação thompsoniana caminha no sentido de revelar que é possível examinar e reconhecer na superestrutura partes integrantes da cultura. Todavia, associar a cultura somente às estruturas é descartar a vivacidade formadora da sociedade e de seus propósitos ritualísticos. É comum associar a faceta cultural como intrínseca aos modos de produção da vida material[48].

Ao propor que através de processos relacionais o "ser social determina a consciência social", comprovou que classe social é um princípio ativo, dinâmico e multifacetado. Neste prisma, em seus genes, as classes sociais possuíam aspectos formadores econômicos e culturais, possuindo igual peso e medida, não podendo favorecer um em detrimento do outro. Para o historiador: "Nesse sentido, classe é uma formação tão 'econômica' quanto 'cultural'; é impossível favorecer um aspecto em detrimento do outro, atribuindo-se uma prioridade teórica"[49].

A citação de Thompson mostra que o determinismo pode ser tanto econômico quanto cultural, e as mudanças ocorrem nas experiências de homens e mulheres reais. As mudanças e transformações são constituidoras dos contornos classistas oriundos das escolhas de cada um em sociedade.

A separação entre base e superestrutura pouco tem a responder sobre a possibilidade concreta de atuação do ser social sobre a consciência social. As dinâmicas das ações sociais ultrapassam esse endurecido modelo ao revelar diferentes possibilidades interpretativas. Thompson elenca uma gama de funções do ser social em relação à consciência social. Cada uma traz consigo as regras indispensáveis para formação das relações produtivas, os conflitos como formações do caráter exploratório das relações produtivas nas sociedades industriais, e, por fim, não se pode menosprezar o avanço das tecnologias e saberes ligados à produção industrial.

Tais possibilidades ultrapassam a clivagem entre base e estrutura por colocar em evidência o cotidiano de pessoas reais e suas metamorfoses diárias em virtude da dinamicidade da história de homens e mulheres reais.

A importância de Thompson para a formação da historiografia é inegável e propalada através de seus trabalhos acadêmicos. Entre as enormes contribuições intelectuais deixadas por ele encontram-se as definições da denominada "história vista de baixo" (*history from be-*

low), que serviram para traçar e iluminar o caminho para os historiadores e cientistas sociais que por opção trabalham com esta metodologia.

Para além da utilização da *history from below*, suas produções estimularam também mudanças nas ênfases nos temas referentes à história do trabalho, história operária e sindical, ao se inserir entre os temas pesquisados elementos da cultura popular e operária, visando preencher uma lacuna há muito existente que renegava a possibilidade da efetivação de pesquisas voltadas para o cotidiano de operários e operárias.

Trata-se de um autor referencial para aqueles dedicados aos estudos sobre trabalho, movimento operário e sindical e ações coletivas de trabalhadores. As obras acadêmicas de Thompson são faróis que iluminam os historiadores e cientistas sociais que se aventuram no rompimento dos reducionismos e do culturalismo vulgar, percebidos em produções acadêmicas seguidoras dessas tradições intelectuais.

Segundo Harvey Kaye, Edward Palmer Thompson figura entre os mais prestigiados, influentes e visitados historiadores do século XX. O livro *A formação da classe operária inglesa* pode ser classificado como um importante registro da história operária e popular, tanto na Inglaterra quanto em outras partes do mundo. O seu texto, de sabor inconfundível, é recheado de poesias e sentimentos dos "excluídos da história". Aí está o fundamento dos trabalhos de Thompson: permitir a entrada em cena de homens e mulheres reais, ignorados por correntes historiográficas oficiais.

Pensador instigante e irrequieto que despertou a partir de seus trabalhos uma profusão de leituras: algumas consistentes e outras mais apressadas. Dentre elas, as que o colocavam como um culturalista advindo do marxismo, sugerindo palidamente um possível rompimento com as teorias de Marx. Ao propor tal afirmação, evidenciava-se como leitura equivocada e reducionista de Edward Thompson, uma vez que o próprio historiador nunca se manifestou enquanto um culturalista, mas sim como um estudioso eficiente da cultura popular inglesa do século XVIII, encarando-a como poderoso instrumento de ação operária. De outra ótica, em momento algum de sua trajetória intelectual Thompson propôs a ruptura com os postulados marxianos, ao contrário. Objetivou, sim, fazer uma releitura crítica de Marx, estendendo-a também às escolas de pensamento que faziam uma interpretação ortodoxa de seus postulados.

É sim possível dizer que Thompson empreendeu um afastamento consciente e racional em relação ao marxismo britânico de origem althusseriana, quando evidenciou as identidades formadoras das classes populares ingleses, no momento histórico da formação do capitalismo industrial inglês nos séculos XVIII e XIX.

E.P. Thompson, historiador militante poeta, através de seus trabalhos acadêmicos, culturais, e por seu exemplo de dedicação e abnegação militante, permitiu que historiadores e cientistas sociais espalhados pelo mundo pudessem pensar a construção da história a partir de experiências de homens e mulheres reais. Está aqui talvez a maior e melhor inovação trazida por Thompson. Para compreender tal grandeza epistemológica basta-nos degustá-lo com dedicação.

Notas

[1] E.P. Thompson tinha em seu pai uma grande influência intelectual e pessoal. Muito da personalidade eloquente, combativa de atitudes vinha de seu pai. Em muitas situações a relação entre pai e filho poderia ser considerada tumultuada e turbulenta.

[2] A ordenação de Edward Thompson ocorreu em função de pressão de sua mãe, uma importante e influente trabalhadora metodista.

[3] Frank Thompson foi outro grande influenciador na trajetória acadêmica e militante de Edward Thompson. É pelos braços do irmão mais velho que o jovem Thompson resolve abandonar a graduação em letras para cursar história. A militância comunista é também o resultado da influência de Frank Thompson.

[4] A constituição desse grupo aglutinou-se em torno das críticas ao marxismo estruturalista, particularmente a um de seus principais representantes, Louis Althusser (1918-1990). As oposições articulavam contrárias noções de falsa consciência e a percepção de classe social como uma entidade estática e presa no tempo.

[5] De acordo com Hobsbawm, Frank era um intelectual ainda mais brilhante que seu irmão mais novo. Em homenagem, Theodosia e Thompson organizaram e lançaram o livro *There is a spirit in Europe: a memoir of Frank Thompson*. Londres: Victor Gollancz, 1947.

[6] Bryan Palmer relata da seguinte maneira a relação entre Thompson e Dorothy: "[...] Por quase cinquenta anos foram parceiros em uma série de movimentos e causas políticas, numa relação em que suas personalidades, temperamentos e estilos se complementavam, em que escreviam separadamente sobre a história da Grã-Bretanha dos séculos XIX e XX, mas não se furtavam a confiar no apoio mútuo, no incentivo, nas ideias, nas críticas e na pesquisa comum, o que Richard Hogart consideraria um modelo. Nenhum casal de importância política na comunidade esquerdista falante de língua inglesa desde os Webbs teria uma influência combinada maior; nenhum casal de importância acadêmica desde os Hammonds dominaria o campo da história social de forma tão decisiva" (PALMER, 1996: 70).

[7] Em todos os seus trabalhos históricos, buscou colocar elementos literários em seus escritos. Talvez buscasse tal influência em Raymond Williams. Ao apresentar a seus leitores a história operária e popular inglesa do século XVIII, a literatura do período era sempre um elemento unificador da ação operária.

[8] Conta Palmer:"[...] Edward conseguiu um cargo de educador e pesquisador em tempo integral na área de Inglês do Departamento de Estudos Extracurriculares da Universidade de Leeds, onde lecionaria por dezessete anos; Dorothy obteve um emprego na mesma área e também fazia pesquisas, geralmente de cunho sociológico, para diversos departamentos da universidade. Dentro e fora da universidade, parecia que não pertenciam ao meio acadêmico [...]" (PALMER, 1996: 70).

[9] Comitê de Halifax para a Paz. Foi na militância em grupos e organizações pacifistas que Thompson dedicou parte de seus esforços físicos, intelectuais e financeiros.

[10] O desencanto de Thompson com a direção política do PCGB, e com os rumos que o partido tomava, afastava-o da militância político-partidária em detrimento da militância pela paz mundial e pela luta antinuclear.

[11] Thompson adverte que a categoria classe social é construída historicamente, portanto deve ser pensada e analisada, inserida em um contexto específico. As classes só existem porque, segundo o autor, as pessoas se comportam de modo classista em diversas situações, fato que pode gerar um amadurecimento no conceito de classe social. O comportamento classista é um dos responsáveis diretos

pela formação de instituições e ações coletivas alicerçadas em uma base cultural que, em alguns casos, podem conter semelhanças com outros movimentos sociais. Não obstante, não é possível tentar forçadamente conceber uma teoria que consiga encontrar regularidades em certos estágios de desenvolvimento daquelas categorias sociais, pois, acima de tudo, o fenômeno histórico e social prevalece sobre a teoria (THOMPSON, 2001).

[12] Cf. Thompson, 1962, p. 74.

[13] De acordo com Löwy: "[...] É graças à sua perspectiva romântico-socialista que seu autor pôde tornar visível o avesso do cenário e reescrever a história da virada do século XVIII a partir da experiência das vítimas do progresso. A formação da classe operária inglesa é também, como Miguel Abensour notou muito bem no seu prefácio à tradução francesa do livro 'morrisiano'; isto é, profundamente impregnada pelos modos de percepção formados na leitura de Williams Morris, talvez o mais romântico dos revolucionários socialistas" (1999: 48).

[14] De acordo com Thompson: *"By class I understand an historical phenomenon, unifying a number of disparate and seemingly unconnected events, both in the raw material of experience and consciousness. I emphasise that it is a historical phenomenon. I do not see class as 'structure', nor even as a 'category', but as something which fact happens (and can be shown to have happened) in human relationships"* (THOMPSON, 1962: 03).

[15] Cf. Thompson, 2001, p. 274, 275.

[16] Cf. ibid., p. 274.

[17] Com essa postura teórica, Thompson rompeu com os conceitos fixados pelas produções marxistas tradicionais, gerando enormes críticas as suas pesquisas e trabalhos.

[18] Sobre o livro *A formação da classe operária inglesa*, de 1963, Michel Löwy esclarece: "[...] É graças à sua perspectiva romântico-socialista que seu autor pôde tornar visível o avesso do cenário e reescrever a história da virada do século XVIII a partir das vítimas do progresso [...]" (LÖWY, 1999: 48).

[19] Cf. Thompson, 2002, p. 36.

[20] Cf. ibid., p. 36.

[21] Cf. ibid., p. 75.

[22] Cf. Thompson, 2001, p. 76.

[23] Cf. ibid., p. 76.

[24] É interessante mencionar que Thompson considerava as análises marxistas estruturalistas como evasivas e soltas teoricamente, por não levarem em consideração as formas de ação humana como articuladoras e criadoras das teorias históricas e sociais.

[25] Cf. Thompson, 2001, p. 76.

[26] Esta argumentação trazia à tona as críticas que relatavam que Thompson havia negligenciado as categorias econômicas em função dos aspectos culturais, fragilizando suas análises por afastar-se das ações materiais.

[27] Cf. Thompson, 2001, p. 277.

[28] Cf. ibid., p. 277.

[29] Cf. ibid., p. 274.

[30] Cf. ibid., p. 186.

[31] Cf. ibid.

[32] Cf. ibid., p. 188.

[33] O afastamento de Edward Thompson com relação às produções acadêmicas estendeu-se nas críticas, nos embates e objeções a esse segmento intelectual. Fato é que Thompson dispendeu pouca energia intelectual ou física com as produções pós-modernas.

[34] Há que ressaltar que Thompson e seus consortes de pensamento não negavam a importância do pensamento econômico material, apenas sua prioridade interpretativa, acrescentando outros marcos analíticos, como a cultura popular, as ações coletivas, as lutas de classes e outras temáticas relacionais.

[35] Para maiores detalhes, ver o excelente trabalho de Harvey Kaye: *The British marxist historians* – An introductory analysis, de 1984.

[36] De acordo com Holien Gonçalves de Bezerra: "Enquanto tradição historiográfica, acentuaram-se algumas características básicas: estudo das origens, desenvolvimento e expansão do capitalismo do ponto de vista social; preocupação em desenvolver o marxismo como teoria para a determinação de classes, recolocando-se a luta de classes como sendo de importância capital no processo histórico; a história focalizada de baixo para cima; elaboração da teoria a partir da prática histórica; contribuição à cultura política britânica para uma consciência histórica socialista e democrática" (BEZERRA, 1995: 121).

[37] Cf. Thompson, 2001, p. 252.

[38] Cf. ibid., p. 251.

[39] Cf. ibid.

[40] Cf. ibid., p. 252.

[41] Ao colocar que o ser social determina a consciência social, Edward Thompson esclareceu que tal assertiva mereceria estudos e pesquisas mais acuradas.

[42] Cf. Thompson, 2001.

[43] Cf. ibid., p. 255.

[44] Cf. ibid.

[45] Cf. ibid.

[46] Cf. ibid., p. 258.

[47] Edward Thompson resume que as ações coletivas empreendidas por movimentos sociais dos séculos XIX e XX tinham como ponto primordial a luta por uma humanidade no seu sentido mais amplo e abrangente.

[48] Cf. Thompson, 2001, p. 258.

[49] Cf. ibid., p. 260.

Referências

ANDERSON, P. *Teoría, política y historia* – Un debate con E.P. Thompson. Madri: Siglo XXI, 1985.

_____. "Origins of the present crises". *New Left Review*, n. 23, jan.-fev./1964. Londres.

ARRUDA, J.J.A. "Experiência de classe e experimento historiográfico em E.P. Thompson". *Projeto História* – Revista do Programa de Estudos Pós-Graduados em História e do Departamento de História da PUC-SP, n. 12, out./1995.

BAKHTIN, M. *A cultura popular na Idade Média e no Renascimento* – O contexto de François Rabelais. São Paulo: Hucitec, 2008.

BARREIRO, J.C. "E.P. Thompson e a historiografia brasileira: revisões críticas e projeções". *Projeto História* – Revista do Programa de Estudos Pós-Graduados em História e do Departamento de História da PUC-SP, n. 12, out./1995.

BEZERRA, H.G. "E.P. Thompson e a teoria na história". *Projeto História* – Revista do Programa de Estudos Pós-Graduados em História e do Departamento de História da PUC-SP, n. 12, out./1995.

DECCA, E.S. "E.P. Thompson: um personagem dissidente e libertário". *Projeto História* – Revista do Programa de Estudos Pós-Graduados em História e do Departamento de História da PUC-SP, n. 12, out./1995.

FENELON, D.R. "E.P. Thompson – História e política". *Projeto História* – Revista do Programa de Estudos Pós-Graduados em História e do Departamento de História da PUC-SP, n. 12, out./1995.

HOBSBWAM, E. "E.P. Thompson". In: THOMPSON, E.P. *As peculiaridades dos ingleses e outros artigos.* Campinas: Unicamp, 2001.

KAYE, H. *The British Marxist Historians* – An introductory analysis. Cambridge: UK: [s.e.], 1984.

LÖWY, M. *Walter Benjamin: aviso de incêndio* – Uma leitura das teses sobre o "conceito de história". São Paulo: Boitempo, 2005.

_____. "A corrente romântica nas Ciências Sociais da Inglaterra: Edward P. Thompson e Raymond Willians". *Revista Crítica Marxista*, n. 8, jun./1999, p. 43-68. Campinas.

MATTOS, M.B. *E.P. Thompson no Brasil* [mimeo.].

MUNHOZ, S. "Fragmentos de um possível diálogo com Edward Palmer Thompson e com alguns de seus críticos". *Revista de História Regional*, vol. 2, n. 2, set./1997. Ponta Grossa.

MORAES, M.C.M. & MÜLLER, R.G. "História e experiência – Contribuições de E.P. Thompson à pesquisa em educação". *Perspectiva*, vol. 21, n. 02, jul.-dez./2003, p. 329-349. Florianópolis.

NICOLAZZI, F. "A narrativa da experiência em Foucault e Thompson". *Anos 90*, vol. 11, n. 19/20, jan.-dez./2004, p. 101-138. Porto Alegre.

PALMER, B. *Edward Thompson*: objeções e oposições. Rio de Janeiro: Paz e Terra, 1996.

THOMPSON, E. *Os românticos* – A Inglaterra na era revolucionária. Rio de Janeiro: Civilização Brasileira, 2002.

_____. *As peculiaridades dos ingleses e outros artigos.* Campinas: Unicamp, 2001.

_____. *The Essential E.P. Thompson.* Nova York: New York Press, 2001.

_____. *Agenda para una historia radical.* [s.l. (Esp.): Critica Espanha, 2000.

_____. *Costumes em comum.* São Paulo: Companhia das Letras, 1998.

_____. *Making History* – Writtings on History and Culture. Nova York: New York Press, 1995.

_____. *Witness Against the Beast*: Willian Blacke and the Moral Law. Cambridge: Cambridge University Press, 1993.

_____. *Senhores e caçadores.* Rio de Janeiro: Paz e Terra, 1987.

_____. *A formação da classe operária inglesa.* Rio de Janeiro: Paz e Terra, 1987.

_____. *Exterminismo e Guerra Fria.* São Paulo: Brasiliense, 1987.

_____. *Zero Option.* Manchester Road: British Library, 1982.

_____. *A miséria da teoria ou um planetário de erros.* Rio de Janeiro: Zahar, 1981.

_____. "Socialist Humanism". *The New Reasoner*, n. 1, Summer/1957, p. 105-143. Londres.

WILLIANS, R. *Tragédia moderna.* São Paulo: Cosac e Naify, 2002.

_____. *Cultura.* Rio de Janeiro: Paz e Terra, 2000.

História, Espaço, Geografia
Diálogos interdisciplinares
José D'Assunção Barros

História e Geografia são disciplinas irmãs. Embora cada qual tenha adquirido uma identidade específica ao longo de sua história como campo de saber e de pesquisa, estas duas ciências estão destinadas a se encontrarem e reencontrarem inúmeras vezes diante da possibilidade de compartilhar teorias, metodologias e temas de estudo. O Espaço – noção central da Geografia ao lado da Vida Humana e do Meio – e o Tempo – dimensão que configura diretamente a História, são mostrados neste livro como pontes de comunicação entre os dois saberes.

Ao longo destas páginas são discutidos conceitos como: região, população, escala, lugar e território. São abordados universos de estudo como a Geografia humana, a História local, a Micro-história e a Geo-história. É mostrado como o tempo se concretiza no próprio espaço através de marcas deixadas por diversas épocas nas paisagens, e como geógrafos e historiadores podem literalmente "ler" o tempo através da observação sistemática dos ambientes naturais e construídos pelo homem. A interação entre Tempo e Espaço, como se verá, produz uma harmonia quase musical que pode ser compreendida por meio da sensibilidade historiográfica e geográfica.

José D'Assunção Barros é historiador e professor-adjunto de História na Universidade Federal Rural do Rio de Janeiro (UFRRJ), além de professor-colaborador no Programa de Pós-Graduação em História Comparada da Universidade Federal do Rio de Janeiro (UFRJ). Doutor em História pela Universidade Federal Fluminense (UFF) e graduado em História pela Universidade Federal do Rio de Janeiro (UFRJ), possui ainda graduação em Música (UFRJ), área à qual também se dedica ao lado da pesquisa em História. Além de uma centena de artigos publicados, trinta dos quais em revistas internacionais, publicou diversos livros dedicados à pesquisa historiográfica, à Teoria da História e aos grandes temas de interesse dos estudiosos da área.

CULTURAL

Administração
Antropologia
Biografias
Comunicação
Dinâmicas e Jogos
Ecologia e Meio Ambiente
Educação e Pedagogia
Filosofia
História
Letras e Literatura
Obras de referência
Política
Psicologia
Saúde e Nutrição
Serviço Social e Trabalho
Sociologia

CATEQUÉTICO PASTORAL

Catequese
Geral
Crisma
Primeira Eucaristia

Pastoral
Geral
Sacramental
Familiar
Social
Ensino Religioso Escolar

TEOLÓGICO ESPIRITUAL

Biografias
Devocionários
Espiritualidade e Mística
Espiritualidade Mariana
Franciscanismo
Autoconhecimento
Liturgia
Obras de referência
Sagrada Escritura e Livros Apócrifos

Teologia
Bíblica
Histórica
Prática
Sistemática

VOZES NOBILIS

Uma linha editorial especial, com importantes autores, alto valor agregado e qualidade superior.

REVISTAS

Concilium
Estudos Bíblicos
Grande Sinal
REB (Revista Eclesiástica Brasileira)

VOZES DE BOLSO

Obras clássicas de Ciências Humanas em formato de bolso.

PRODUTOS SAZONAIS

Folhinha do Sagrado Coração de Jesus
Calendário de mesa do Sagrado Coração de Jesus
Agenda do Sagrado Coração de Jesus
Almanaque Santo Antônio
Agendinha
Diário Vozes
Meditações para o dia a dia
Encontro diário com Deus
Guia Litúrgico

CADASTRE-SE
www.vozes.com.br

EDITORA VOZES LTDA.
Rua Frei Luís, 100 – Centro – Cep 25689-900 – Petrópolis, RJ
Tel.: (24) 2233-9000 – Fax: (24) 2231-4676 – E-mail: vendas@vozes.com.br

UNIDADES NO BRASIL: Belo Horizonte, MG – Brasília, DF – Campinas, SP – Cuiabá, MT
Curitiba, PR – Fortaleza, CE – Goiânia, GO – Juiz de Fora, MG
Manaus, AM – Petrópolis, RJ – Porto Alegre, RS – Recife, PE – Rio de Janeiro, RJ
Salvador, BA – São Paulo, SP